国家自然科学基金项目研究成果

防范"贫困化增长"
——后危机时代FDI评价、甄别与优化机制研究

刘渝琳 著

2014年·北京

图书在版编目(CIP)数据

防范"贫困化增长":后危机时代 FDI 评价、甄别与优化机制研究/刘渝琳著.—北京:商务印书馆,2014
ISBN 978-7-100-10745-7

Ⅰ.①防… Ⅱ.①刘… Ⅲ.①对外投资—直接投资—研究—中国 Ⅳ.①F832.6

中国版本图书馆 CIP 数据核字(2014)第 219988 号

所有权利保留。
未经许可,不得以任何方式使用。

防范"贫困化增长"
——后危机时代 FDI 评价、甄别与优化机制研究

刘渝琳 著

商务印书馆出版
(北京王府井大街36号 邮政编码100710)
商务印书馆发行
北京市松源印刷有限公司印刷
ISBN 978-7-100-10745-7

2014年11月第1版　　开本 850×1168 1/32
2014年11月北京第1次印刷　印张 16 7/8
定价:48.00元

- 国家自然科学基金项目
- 中国博士后科学基金特别资助项目　　**研究成果**
- 中国博士后科学基金一等奖项目

目 录

前言 ……………………………………………………… 1
引子 中国有"贫困化增长"吗 ………………………… 1
第一章 绪论 ……………………………………………… 13
   1.1 研究背景及问题 ………………………………… 13
   1.2 研究的目的及意义 ……………………………… 22
   1.3 研究的思路与方法 ……………………………… 24
   1.4 研究的难点与创新 ……………………………… 28

第二章 国内外文献综述及理论借鉴 ………………… 37
   2.1 国内外文献综述 ………………………………… 37
   2.2 理论拓展及借鉴 ………………………………… 72
   2.3 对现有研究的反思及进一步研究的必要性 …… 77
   2.4 本章小结 ………………………………………… 79

第三章 理论拓展模型 ………………………………… 81
   3.1 "贫困化增长"的理论拓展 …………………… 82
   3.2 理论拓展模型构建 ……………………………… 89
   3.3 本章小结 ………………………………………… 118

第四章 FDI 福利指标体系的构建 …………………… 119

4.1 FDI 福利指标体系的构建原则 …………… 120

4.2 应用本体领域构建 FDI 评价模型 ………… 126

4.3 FDI "福利条件"指标体系的具体框架 …… 148

4.4 FDI 评价指标体系的进一步说明 …………… 157

4.5 本章小结 ……………………………………… 158

第五章 FDI "福利条件"综合评价指数的确定 ……… 160

5.1 评价指数的构造 …………………………… 161

5.2 基于层次分析法（AHP）的 FDI "福利条件"

指标权重的确定 …………………………… 163

5.3 基于因子分析法构建的 FDI "福利条件"综合

指数的确定 ………………………………… 179

5.4 本章小结 …………………………………… 194

第六章 FDI "福利条件"综合指数实证——来自公因子

的解释 ………………………………………… 195

6.1 我国 FDI 的时空特征 ……………………… 196

6.2 "FDI 综合福利指数"的时空估计 ………… 201

6.3 "数量型 FDI 福利指数"的时空估计 ……… 214

6.4 "质量型 FDI 福利指数"的时空估计 ……… 224

6.5 质量型 FDI 与数量型 FDI 的"福利条件"比较 … 234

6.6 总结 ………………………………………… 239

6.7 本章小结 …………………………………… 240

第七章 FDI "福利条件"综合指数实证——来自效应及

指标的解释 ………………………………… 241

- 7.1 FDI 福利效应的实证分析
  ——来自效应层的检验 …………………… 242
- 7.2 FDI 福利效应的实证分析
  ——来自指标层的检验 …………………… 272
- 7.3 结论与建议 ………………………………… 289
- 7.4 本章小结 …………………………………… 291

第八章 问题及成因分析 …………………………… 292
- 8.1 问题表现 …………………………………… 293
- 8.2 外部原因分析 ……………………………… 301
- 8.3 内部成因分析——来自于两个公因子的解释 … 331
- 8.4 结论 ………………………………………… 343
- 8.5 本章小结 …………………………………… 346

第九章 FDI 甄别、优化机制的构建及弹性政策体系的设计 …………………………………………… 347
- 9.1 现行 FDI 政策梳理与判断 ………………… 348
- 9.2 后危机时代 FDI 甄别设计 ………………… 361
- 9.3 后危机时代 FDI 优化机制构建 …………… 374
- 9.4 后危机时代 FDI 的政策设计思路 ………… 393
- 9.5 后危机时代 FDI 弹性政策体系的设想 …… 403
- 9.6 本章小结 …………………………………… 406

第十章 研究结论与政策运用 ……………………… 407
- 10.1 研究结论 …………………………………… 408
- 10.2 政策运用 …………………………………… 416

10.3 研究展望 ································ 425
附录 ································ 429
　附表1　原始数据表 ································ 429
　附表2　整理数据表 ································ 435
　附表3　省际面板数据表 ································ 444
参考文献 ································ 508

前　言

从 1979 年以来，我国引进外商直接投资额（Foreign Direct Investment，FDI）不断扩大。到目前为止，我国引进外商直接投资经历了如下几个阶段：即 1979—1986 年的起步阶段、1987—1991 年的稳步发展阶段、1992—1996 年的高速发展阶段、1997—2001 年的调整与提高阶段、2002—2007 年的新发展阶段以及 2008 年以后的后危机时代。纵观三十多年 FDI 与中国经济互动发展的进程发现：FDI 对经济增长、就业扩大、产业结构升级、技术引进等诸多正面效应显现的同时，也伴随着环境破坏、生态恶化、技术引进受限等负面效应的应运而生。如果后危机时代这些负面影响所造成的福利损失进一步扩大，甚至超过经济增长产生的正面效应，就可能出现"贫困化增长"。在此背景下，本书以防范"贫困化增长"为研究的切入点，对 FDI 进行评价与优化研究能积极回应"后危机时代"对 FDI 转型的新需求，重新审视 FDI 在中国经济发展中的定位，正确处理 FDI、福利变化、经济可持续发展的关系，实现从招商"引资"到招商"选资"的飞跃。

目前关于对 FDI 的研究已涉足经济社会的方方面面，查询众多关于FDI的文献中很少明确提到"贫困化增长"的概念，但在仔细研读的过程中，我们常常会感觉到其中蕴含着"贫困化增长"的精髓。纵观国内外研究现状，可以发现如下重要特征："贫困化增长"与FDI效应理论虽然是两个不同的理论体系，但其本质有着惊人的一致性：即探讨效应对东道国的影响。一方面，FDI效应理论偏重于研究某一方面的正负效应，尽管学术界对FDI效应的研究已经从单一的生产效应扩展到了生产、消费、要素、进出口、生态等许多方面，但仍然忽略了对制度效应及不同效应动态联系的把握，削弱了综合效应对相关政策的指导性。迄今为止学术界还没有将上述FDI的各种效应统一在一个框架下进行系统研究的成果。另一方面，"贫困化增长"理论则偏向于对不同效应特别是综合福利效应进行对比。该理论发展至今所涉及的效应仅局限于政策扭曲下的产出效应、消费效应与收入效应，其没有充分反映动态综合效应的局限性成为限制该理论的最大瓶颈，但该理论提倡的将不同效应结合起来进行综合比较评价的思想值得借鉴，本书正是在这一启示下展开的。

基于以上启示，本书力图回答以下几个问题：FDI是否会引发东道国产生"贫困化增长"或出现"贫困化增长"趋势？如果FDI有可能导致"贫困化增长"，那么FDI是如何引发"贫困化增长"或出现"贫困化增长"趋势的？后危机时代如何避免FDI可能引发的"贫困化增长"？对此，本书的主要内容及观点包括：（1）以本体建模技术和层次分析法为基础构建的 FDI 评价指标体系包括产出效应、要素效应、收入效应、消费效应、进出口效应、生态效应等六个方面的内容，通过多种效应构建的综合"福利条件"以拓展贸易条件来评价"贫困化增长"更具有现实性与科学性；（2）将 FDI 六大效应下的各单指标集合划分为数量型 FDI 与质量型 FDI 的结果，不仅可以检验不同类型 FDI 引进的正负效应，而且通过时空差异的实证分析可以刻画东、中、西部在不同时期可能出现的"贫困化增长"的数量表现，为后危机时代数量型 FDI 与质量型 FDI 的互动与协调发展提供理论依据；（3）如何实现"福利增进型 FDI"的关键是设计基于委托代理模型基础上的 FDI 甄别、优化机制，设计"选择性优惠 + 选择性惩罚政策"是后危机时代我国优化引资政策的基本思路；（4）保持对 FDI 冷静的态度、有选择性的引进外资、合理引导 FDI 流向、避免西部 FDI 引资政策对东部的简单复制是消除引资决策盲目性的根本。对此，后危机时代建立具有"动态性、激励性、外部性、福利性"特征的 FDI 弹性政策体系使防范"贫困化增长"成为可能。

本书《防范"贫困化增长"——后危机时代 FDI 评价、甄别与优化机制研究》是国家自然科学基金面上项目（71073179）、中国博士后科学基金（200801224）特别资助项目、中国博士后科学基金一等奖等项目资助的重要研究成果。该研究成果得到了昆明学院刘渝妍教授、商务部国际贸易经济合作研究院李俊研究员、重庆市对外经济贸易委员会刘渝川处长的积极参与及大力支持，他们对该研究倾注了大量的心血和汗水，并提出了很多有见地的思想和建设性意见，他们对该成果给予的智慧和帮助，为本书的完成奠定了重要的基础，在此向他们表示由衷地感谢。在研究成果出版之际，我还要感谢积极参与本项目研究的林永强博士（西南政法大学讲师）、刘明博士（重庆市委党校博士）、曹华（重庆大学博士生）同学等，他们对该研究成果的贡献是本书能够顺利完成的重要保证。

必须指出，本书中的研究成果属于学术研究，书中对FDI的评价只是本课题组的研究成果，不代表任何政府部门的观点。同时，我们也清楚地认识到，FDI评价与优化机制研究是一个复杂的经济社会工程，虽然历经五年对该问题的追踪研究取得了不少的研究成果，但由于数据可得性的局限及方法的不够深入全面，使研究还有待于进一步完善。当然，本书中的研究旨在抛砖引玉，不妥之处，热忱期望专家学者们不吝赐教指正。

刘渝琳

二〇一四年三月于重庆

引子

中国有"贫困化增长"吗

随着改革开放的发展，中国已成为全球吸收外商直接投资（FDI）最多的国家，外商直接投资在中国的经济增长过程中扮演着越来越举足轻重的角色。FDI既有正面效应，也有负面效应，很多学者认为，在我国，FDI主要投向具有比较优势的出口部门（劳动密集型产业），从而出口部门（多采用加工贸易的方式）的扩张形成了超额供给，造成地方政府在吸引FDI上的恶性竞争。同时，外商投资企业的内部采购行为也使得进口价格居高不下，这有可能出现我国贸易条件的恶化趋势，容易导致"贫困化增长"。从我国FDI进入的前后30年来看，呈现在我国加工、旅游、制造、纺织、能源、汽车等行业的现状及可能出现的"贫困化增长"趋势不得不令人担忧。

（1）林木加工业的"贫困化增长"苗头

改革开放以来，我国利用劳动力价格的比较优势，大力发展林业的劳动密集型产业，大量进行来料加工。同时国家鼓励外向出口，为我国创造了大量城乡就业机会，使得我国的木材与木制品的生产数量、贸易数量和金额增长迅速，特别是近十年来，我国木质林产品进出口势头更加迅猛。

然而，大量出口进行来料加工，外向出口，会导致对外贸易依存度过高，容易落入"比较优势陷阱"。目前，我国木材加工业正面临这样的困境：一方面，我们面临来自巴西、智利、印度尼西亚等国家更具有竞争优势的劳动密集型经济体的竞争，他们的劳动力和其他初级要素（如租金、森林资源等）更具有比较优势，随着中国劳动力成本不断上升，产业升级出现滞后，再把竞争优势聚集于原来的初级要素，非但难以实现出口收入的持续增加，反而会使木材产业的出口贸易条件恶化，陷入"贫困化增长"。另一方面，我国木材加工业继续把自己定位于专业化生产劳动密集型的产品，很容易在全球价值链中，被走"高端道路"的先进国家的先进林产企业所俘获，被锁定在产业链的低端，只能长期维持粗放型增长模式。另外，在我国木材加工业产业链各个环节也存在不少问题：在上游环节，我国企业研发设计能力不强；原料采购对国外进口依赖过大，随着各国环境保护意识日益增强，进口价格越来越高，原材料进口越来越难；在中游环节，企业生产力水平低下，劳动力成本的比较优势正在逐渐消失；在下游环节，高度依赖少数国家市场，林产品销售受人掣肘。这些因素造成了我国木材加工业的产业链困境，并最终严重影响我国木材产业的国际竞争力。

——资料来源：蓝瞻瞻，"中国木材加工业产业链优化研究"，博士论文，2012（6）。

（2）加工贸易的"贫困化增长"倾向

从1985年到2011年，中国的加工贸易在进出口贸易中的比重由10.9%增加到35.8%，其中加工贸易出口所占的比重由12.1%增加到44%。从表a-1可以看出，加工贸易占进出口贸易的比重经历了倒U型变化趋势，尤其在2000年，中国加工贸易占出口贸易的比重超过50%，此后，这一比重虽然不断下降，但是降幅甚微。

表a-1 部分年份一般贸易和加工贸易占进出口额的比重对比表

年份	出口总额（亿美元）	一般贸易占比（%）	加工贸易占比（%）	进口总额（亿美元）	一般贸易占比（%）	加工贸易占比（%）
1985	273.5	86.8	12.1	422.5	88.2	10.1
1990	620.9	57.1	40.9	533.5	49.1	35.2
1995	1,487.8	48.0	49.5	1,320.8	32.8	44.2
2000	2,492.0	42.2	55.2	2,250.9	44.5	41.1

(续表)

年份	出口总额（亿美元）	一般贸易占比（%）	加工贸易占比（%）	进口总额（亿美元）	一般贸易占比（%）	加工贸易占比（%）
2005	7,619.5	41.3	54.7	6,599.5	42.4	41.5
2010	15,777.5	45.7	46.9	13,962.4	55.1	29.9
2011	18,983.8	48.3	44.0	17,434.8	57.8	26.9

数据来源：《2012中国贸易外经统计年鉴》整理得到。

加工贸易的实质是赚取加工过程的加工费。加工贸易的比重偏高，虽然有促进增长、带动就业、增加税收、技术溢出、创汇和吸引外资等效应，但是从根本上说，我国的加工贸易相当部分处于典型的简单加工与组装的发展阶段，附加值和技术含量不高，拥有自主知识产权和自主品牌产品少，对国内中上游产业的带动作用小，对我国产品结构调整与升级的作用并不明显，加工贸易的超高速发展所带来的巨额顺差和外汇储备、贸易摩擦、外贸依存度过高、贸易条件恶化现象越来越突出，呈现出"贫困化"增长的特征，粗放型增长的加工贸易给中国带来了贫困化增长的威胁。

"贫困化增长"最初指由技术进步或要素积累增加所导致的实际产出的增加有可能使贸易价格条件不利于正在增长的国家，而且价格贸易条件的恶化所造成的损失会超出产出增加所带来的收益，最终使该国的景况不如从前。虽然根据现有的标准还不能明确判定我国加工贸易陷入严格的"比较优势陷阱"（贫困化增长），但是，从价格贸易条件的不断恶化、加工贸易增值率的停滞不前和产业结构升级的困难等这些不争的事实看，我国的加工贸易已经陷入了非严格的"比较优势陷阱"，如果不能有效扭转目前的情况，促进加工贸易的转型升级，我国的加工贸易迟早会陷入"贫困化增长"，最终带来福利的降低。

——资料来源：杨威、王甘，"加工贸易贫困化增长的黑箱：对中国贸易条件不断恶化的一种试探性解释"，《湖北经济学院学报》，2012（04）。

焦雨生，"我国加工贸易'比较优势陷阱'形成的判定"，《商业时代》，2011（12）。

马玉霞，"警惕我国加工贸易的'贫困化增长'"，《对外经贸实务》，2006（11）。

（3）制造业的"贫困化增长"趋势

制造业的贸易竞争力水平是一国技术进步和产业结构升级、优化的重要体现。经济全球化的发展促使中国快速成为世界主要的制造业加工生产基地，据联合国工业发展组织的统计数据显示，2010年中国制造业增加值为17,568亿美元，占世界制造业增加值的17.58%，位居美国之后，排在世界第二位。

然而，从长期来看，贸易竞争力不可能单纯依靠低成本数量竞争优势维持，竞争力的最终获取要依赖于技术创新和产品质量的提升。对中国制造业28个行业"质"与"量"两个层面的价格贸易条件和贸易竞争指数的测算,可得到以下结论:(1)从出口数量看,制造业多数行业的贸易竞争指数大于0,具有出口竞争优势。该指数较大的行业多为传统的劳动密集型行业,人均资本较低,表明我国制造业的产品出口竞争力长期表现为劳动密集型行业。(2)从出口质量看,制造业多数行业的价格贸易条件小于1,2000—2010年制造业多数行业的价格贸易条件都在恶化,而且价格贸易条件恶化的行业通常人均资本较低,且都为劳动密集型行业。(3)总体上看制造业贸易竞争指数和价格贸易条件呈现负相关关系,这表明中国制造业在产品出口数量快速增长的同时,出口产品品质并没有相应提高。(4)中低制造业行业的价格贸易条件不断恶化,中高制造业行业的价格贸易条件不断改善,两类行业的贸易竞争指数都在提升,这表明,中高技术行业呈现"价量齐升"的特点,中低技术行业呈现"量长价跌"的特点。可以看出,中国制造业在出口量不断增加的同时,价格贸易条件持续恶化,最终可能陷入"贫困化增长"的怪圈。

——资料来源:王文治、陆建明,"中国制造业的贸易竞争力与价格贸易条件——基于微观贸易数据的测算",《当代财经》,2012(9)。

(4)纺织品服装出口的"贫困化增长"危机

近30年来,我国纺织品服装出口在全球的地位逐年上升,在世界纺织品服装出口的排名由 1980 年的第 10 位跃居 1995 年的第 1 位，成为世界最大的纺织品服装出口国，出口额占世界出口总量的 1/5。2004 年我国纺织品服装在世界三大纺织品服装进口国家和地区如欧盟、美国、日本的市场占有率分别达到了 14.0%、19.47% 和 74.23%，位列这些国家和地区纺织品服装进口的首位，而这 3 个国家和地区当年的纺织品服装进口总额占世界贸易总额的 68.25%。同时我国纺织品服装在国际市场上的占有率以每年 8.9% 的速度递增，总体上呈现出持续、强劲的增长态势。纺织品服装行业近年来一直是我国贸易顺差的主要来源。但是在贸易量不断增加的同时，统计数据却显示纺织品服装行业的贸易条件正呈现出不断恶化的趋势，作为一个具有出口偏向性，其出口量在国际市场上占有相当大的份额的行业，纺织品服装行业极有可能出现了"贫困化增长"。

——资料来源：方晨靓，"我国纺织品服装出口'贫困化增长'倾向的实证分析"，《对外贸易大学学报》，2008（3），42—48。

（5） 中国汽车行业的 "贫困化增长" 端倪

首先，汽车工业具有代表世界先进科技水平、产品附加值高、研发需要高科技人才等特点。贸易领域的"贫困化增长"最根本的原因在于贸易商品缺乏国际竞争力；其次，汽车工业属于新兴工业，与其他产业相比起步较晚，相比较其他产业，汽车工业与国外的技术差距相对较小，如果汽车贸易领域存在"贫困化增长",其他产业更有可能也存在"贫困化增长"的现象;再次,近年来我国汽车贸易出现了大幅度的增长,汽车工业总产值在我国国内生产总值中的比重增长迅速,已经成为了一个不容忽视的部分。因此,我国汽车工业是否存在"贫困化增长"问题应该引起足够重视。

表 a-2 汽车贸易"贫困化增长"判断条件

年份	价格贸易条件 P	收入贸易条件 C	要素贸易条件 E
2007	34.04	3,404.46	25,579,357.41
2008	36.51	3,956.52	30,841,680.99
2009	38.50	2,322.15	34,525,315.48
2010	32.76	3,027.63	35,468,254.34
2011	31.08	4,309.46	42,677,488.81

数据来源:《中国汽车工业年鉴》整理得到,其中,$P = (Px/Pm) \times 100$,$Px = $ 出口额/出口量,$Pm = $ 进口额/进口量;$C = P \times $ 出口量;$E = P \times $ 劳动生产率,劳动生产率 = 汽车工业生产总值/汽车工业从业人数。

根据表 a-2 分析,从价格贸易条件看,近五年来,我国汽车整车的价格贸易条件一直在以 35 为中心,不超过 5 的很小范围内徘徊,2007—2011 年我国汽车贸易的价格贸易条件有小幅的恶化。这五年内我国的汽车产品虽然在出口贸易量和国内消费两个方面都有很大增长,但是汽车的生产主要还是立足于自然资源和劳动密集程度,具有技术含量低、附加值少的特点,这说明我国在汽车整车进出口国际范围内处于劣势地位,致使我国汽车贸易只能以低价格进行。收入贸易条件方面,2007—2011年总体有改善趋势,2009年恶化严重,主要受金融危机的影响,贸易保护主义抬头,随着全球经济转暖,汽车贸易的收入贸易条件在2010年、2011年两年迅速好转,这在一定程度上反映了我国汽车工业竞争力的增强,但同时也应该看到我国汽车贸易条件的改善并不只因为出口贸易量的增大,汽车价格贸易条件的恶化也是原因之一。另外,贸易量的迅速扩大也并非完全由于技术优势所导致,从我国汽车出口主要以欠发达地区和国家为主就能看出,我国汽车出口主要以低端市场为主,缺乏国际竞争力。从要素贸易条件看,近些年我国的汽车贸易条件是逐年改善的,说明我国汽车工业在机器设备的投入上有所提高,从业人员技术能力有所提升。但是从双要素贸易条件考虑,我国汽车工业的劳动生产率相比较世界先进的发达国家的劳动生产率,一直处于落后地位,而且这种差距还在不断增大。综上可见,我国汽车工业的"贫困化增长"现象相当明显。

——资料来源:杜凤蕊,"中国汽车行业'贫困化增长'研究",《经济论坛》,38—41,2008(7);周延年,"关于中国贸易领域'贫困化增长'的研究——以汽车贸易为例",[M]硕士论文,2012。

（6）入境旅游产业的"贫困化增长"可能

伴随着中国经济的快速发展，中国旅游业也取得了快速发展，并跻身世界旅游大国行列。旅游外汇收入从1978年的2.63亿美元增至2009年的397.12亿美元，在世界排名第五位。中国旅游业的快速发展为各地区旅游产业发展提供了良好的机遇，而在入境旅游方面，旅游服务贸易更呈现出口偏向型特征。从实际情况来看，人民币升值对入境旅游的抑制效应相当小。首先，从我国旅游产品的特性来讲，目前我国入境旅游以团体观光游为主，这种产品的价格已经非常低，而度假旅游等需求价格弹性较大的高级旅游产品尚未成熟，说明我国旅游产品具有劳动密集型产品的属性；其次，从2007年我国入境旅游者的地区构成来看，港澳台游客占入境游客人数的80.20%，而外国人仅占19.80%。而且，在入境外国人中，亚洲占到61.55%，欧洲和美洲分别占两成和一成左右。由此可见，能对我国入境客源和国际旅游收入产生重大影响的主要是亚洲货币，而在人民币宣布汇率上升的同时，日元也应声上涨，这在一定程度上削弱了人民币汇率上升带来的影响。

另外，从入境旅游本身来看，我国入境旅游以团体观光游为主，这种非贸易产品的价格非常低，说明我国旅游产品具有劳动密集型产品的属性。其次，我国的旅游产品价格在世界范围内相当便宜，即使受当前汇率的影响，也改变不了我国旅游价格的国际定位状况。同时，从我国旅游产品的外部负效应来看，首先随着旅游目的地旅游业的快速扩张，本地生产不能满足大规模的外地投资者和旅游消费者的流入带来的消费品需求扩大，会导致本地物价水平的高涨，降低当地居民的消费能力；其次，地区性的旅游产业的快速发展会导致其他相关产业出现不断衰落的现象，这不仅会造成该地区产业结构过度单一而产生对外部经济体的过度依赖性，而且会影响该地区产业经济布局与经济可持续发展；再次，旅游产业的资产外部产权、基础设施或运行成本的外在性、旅游消费品外部输入和旅游线路对本地居民的隔离性等方面原因，会使很大一部分旅游收入不能转化为旅游目的地居民的真实收入；最后，随着旅游开发的不断深入，大量外地旅游者不断涌入，旅游目的地社会和生态环境的内部均衡随之被打破，在新的不均衡下，当地居民需要承受诸多旅游带来的负面影响，从而降低了福利水平，出现了"贫困化增长"的可能，必须警惕出现福利恶化性增长的到来。

——资料来源：刘长生，"一般均衡视角的旅游产业福利效应研究——基于中国四个世界双遗产旅游地的面板数据分析"，《旅游科学》，2011（8）。

谭鹏成，"入境旅游：基于福利恶性化增长视角的分析"，《黑龙江对外经贸》，2008（12）。

以上案例说明，无论是中国的传统产业、基础产业制造业还是旅游产业，FDI 对这些产业的影响都十分显著。一方面,FDI对这些产业的发展起到了重要的推动作用,但另一方面,在对外贸易的过程中,这些产业都不同程度地出现了"贫困化增长"的苗头,我们不禁要问:什么原因导致"贫困化增长"?后危机时代如何防范"贫困化增长"?这不能不引起政府和学术界的关注,本书就此从FDI角度进行探究以拨开"贫困化增长"的实质。

第一章
绪论

1.1 研究背景及问题

1.1.1 研究背景

从 1979 年以来,我国引进外商直接投资额不断扩大,FDI 成为中国经济发展的主要影响因素。从 1979 年到现在,我国引进外商直接投资可划分为以下几个阶段,并表现出不同的特征。

①起步阶段(1979—1986 年)。1979 年 7 月,我国为扩大国际经济合作和技术交流,实施了《中华人民共和国中外合资经营企业法》,允许外国公司、企业等经济组织与我国经济

组织共同举办合营企业，该法的实施为我国引进外资奠定了法律基础，但此时我国基础设施比较落后，相关配套法律不健全，引进外商直接投资较少，1979—1986 年我国合同利用外资额仅为 194.13 亿美元，实际利用外资额为 83.04 亿美元。投资主要来源于港、澳、台，其他国家和地区较少，投资地主要集中在沿海经济特区。

②稳步发展阶段（1987—1991 年）。1986 年 4 月，我国开始实施《中华人民共和国外资企业法》，这表明中国不仅允许外国投资者来华创办合资企业，也开始允许他们来华设立独资企业，并以立法形式保护外资企业的合法权益。此后两年间我国又相继出台了相关法律法规，为外资进入我国扫除制度障碍，不断扩大开放领域，对外商直接投资进行积极引导，同时基础设施也不断得到发展，这些措施对改善外商投资环境起到了极大地推动作用。1987—1991 年间我国实际利用外资额稳步增长，1987 年我国实际利用外资额为 23.14 亿美元，1991 年为 43.66 亿美元，五年间年均增长 17.74%。

③高速发展阶段（1992—1996 年）。1992 年 1 月，邓小平南行讲话提及"三资"企业："国家还要拿回税收，工人还要拿回工资，我国还可以学习技术和管理，还可以得到信息、打开市场。""三资"企业是社会主义经济的有益补充。以此为标志，我国利用外商直接投资进入了高速发展阶段，1992 年我国合同利用外资项目数为 48,764 个，合同利用外资额为 581.24 亿美元，实际利用外资额为 110.08 亿美元，是 1991 年

实际利用外资额的3.16倍。1993年我国实际利用外资额达到275.15亿美元，是1992年的2.5倍，我国开始成为发展中国家最大的外商直接投资接受国，是仅次于美国的第二大外商直接投资接受国。1994年、1995年实际利用外资额分别为337.67亿美元、375.21亿美元，1996年则突破400亿美元，达到417.26亿美元，1992—1996年五年间年均增长55.81%，在这一阶段外资来源地也有了新的变化，以美国、欧盟为代表的一些大型跨国公司也开始进入中国，外商直接投资的产业结构呈现优化发展趋势。

④调整与提高阶段（1997—2001年）。1997年爆发的亚洲金融危机，使得大量欧美资本开始投向投资收益高、市场更稳定的发达国家，其他发展中国家也开始实施积极引进外商直接投资政策。从1995年下半年开始，我国开始对利用外资政策进行调整，取消了部分优惠政策，利用外资开始从注重数量向注重提高质量、效益和优化结构方向转变。伴随国内国外投资形式的变化，我国实际利用外资增速开始放缓，1997年实际利用外资额为452.57亿美元，仅比1996年增长了8.46%，1998年实际利用外资额为454.63亿美元，增速进一步放缓至0.46%，而1999年我国实际利用外资额为403.19亿美元，比1998年下降了11.31%，出现了我国改革开放以来吸引外资的首次负增长。2001年实际利用外资额为468.78亿美元，仍在四百亿美元这一水平徘徊。虽然在1997—2001年五年间实际利用外资额增速放缓，但随着我国利用外资政策

的不断调整，外商直接投资的质量有所改善；地区、行业及投资来源地分布趋向合理，技术含量明显提高。

⑤**新发展阶段（2002—2007年）**。2001年12月，我国正式加入WTO，标志着我国进入了一个更宽领域、更深层次的对外开放阶段。为适应WTO要求，我国修订了有关外商投资的法律，制定了一系列促进外商投资的新政策，使得经济政策、法律法规、政府工作等方面更加透明，随着我国入世承诺的兑现，我国逐渐取消了许多行业限制，外国公司逐步进入中国服务业领域，包括银行、保险和证券在内的金融业，包括批发、外贸、物流在内的流通业，以及法律、会计在内的咨询业等，这极大地增强了对外商的吸引力，2002年我国实际利用外资527.43亿美元，比2001年增长了12.51%，在吸引外商直接投资数量上首次超过美国，成为全球吸引外资最多的国家。2004年我国实际利用外资突破600亿美元，2007年突破700亿美元大关。2002—2007年六年间实际利用外资年均增长8.31%，由此可见，加入WTO后，我国吸引外商投资水平进入了新一轮的高速发展期。

⑥**后危机时代（2008年以后）**。从2008年下半年以来，全球金融危机开始对各国实体经济产生了多方面影响，中国的外商直接投资（FDI）自然也不能幸免。2008年金融危机以来，我国利用外资的项目数和金额都出现了下滑。2009年外商直接投资项目数从2008年的27,537个减少到23,435个，实际使用外资金额也从2008年的1,083.12亿美元减少至900.33

亿美元。但 2010 年和 2011 年外资项目数和实际使用金额都出现了回升，实际利用外资额持续走高，截至 2011 年，我国实际利用外资高达 1,160.11 亿元，较之 2007 年增长 55% 以上。由此看来中国仍然是金融危机后 FDI 主要的吸收国家，但后危机时代，FDI 的规模、结构和流向等都发生了重大变化。特别表现在 FDI 的进入方式、投资主体、投资领域和投资动因等将出现新的发展趋势。全球行业大规模重组及跨国公司全球布局调整也为我国吸引高质量外资带来了契机，我国如何调整引资政策，提高引资质量，优化外资结构，促进经济社会健康平稳发展成为后危机时代中国引进外资的主要战略选择。

纵观三十多年中国引进 FDI 的发展过程，无论 FDI 在数量、规模、结构、增长速度等方面的表现在世界各国的 FDI 中都首屈一指。在伴随着 FDI 与中国经济互动发展的过程中，对经济增长、就业扩大、产业结构升级、技术引进等 FDI 诸多正面效应显现的同时，也伴随着环境破坏、生态恶化、技术引进受限等负面效应的应运而生。在此背景下，特别是面临后危机时代我国引进 FDI 的走向与发展趋势，选择此问题作为研究有基于以下理论和实践层面的考虑。

1.1.2　问题的提出

（1）基于后危机时代（post-financial-crisis era）背景的提出

自 2008 年下半年开始，受国际金融危机不断蔓延的严重影响，全球主要经济体经历第二次世界大战后的又一次冲击。在各国政府出台的一系列经济刺激政策的作用下，2009 年二季度以来，经济先行指标 PMI（制造业采购经理人指数）得到回升，工业实际产出开始回暖，经济增长预期上调，全球经济逐步渡过金融危机的恐慌而进入后危机时代。

在后危机时代面临经济波动、结构调整、环境恶化、区域不平衡为特征的宏观背景下，必然对中国外资利用形成较强的环境约束。金融危机对我国 FDI（外商直接投资）利用规模形成了较大的短期负面影响，在这个过程中，由于中国面临经济转型和开放战略升级的关键时期，如何实现外资利用政策和产业政策及区域政策的对接、协调，防范因为外资利用不当而产生的"贫困化增长"将是赋予这一转型时期的时代使命。

（2）基于理论层面问题的提出

外商直接投资（Foreign Direct Investment，FDI）通常是指由于一国厂商在另一个国家建立或扩大其分支机构而发生的国际资本流动。与狭义资本概念不同，FDI 是一个涵盖物质资本、人力资本和技术等多种因素的广义资本概念。FDI 携带技术、人力资本等要素流动的特点受到了现代经济学界的特别关注。主流经济学中颇具影响力的内生增长理论代表人物罗默（Romer）就认为发展中国家通过开放市场和引进 FDI 可以提高技术水平，从而实现经济增长的目的。FDI 是发展中国家经济增长的原动力之一，这一结论已得到了广泛的实证支持。

"贫困化增长"（Immiserizing Growth）是 20 世纪 50 年代印度经济学家巴格沃蒂（Bhagwati）在研究经济增长对发展中

国家国际贸易影响时提出的一项重要命题。他运用微观经济学的分析证明，发展中国家经济增长带来的产量提高和收益增加可能会被贸易条件的不断恶化所抵消，从而导致本国居民的实际收入水平和消费水平的绝对下降，出现所谓的"贫困化增长"。换言之，"贫困化增长"阐释的是发展中国家经济增长伴随福利恶化的现象。该理论的提出使传统国际贸易理论中贸易具有互利性的结论面临前所未有的严峻挑战。它不仅成功地将人们的目光转移到国际贸易分配利益的公平性问题上，使发展中国家在国际贸易中受到不公平待遇的问题得到了世界性地广泛关注，而且对发展中国家政府有效纠正对外政策上的盲目取向，实施积极的对外政策改革，避免在全球化进程中陷入"边缘化"危机起到了十分积极的作用。

FDI 与"贫困化增长"之间的关系在"贫困化增长"理论诞生之初就已成为该领域中一项重要议题。研究该问题的经济学家一直致力于求证 FDI 在促进发展中国家经济增长的同时，是否会隐含使东道国福利恶化的负效应而引发"贫困化增长"，并已获得许多阶段性成果。从前人的研究成果中，作者发现对以下几个问题的正确回答是揭示 FDI 与"贫困化增长"之间关系的关键所在：

①FDI 是否会引发东道国产生"贫困化增长"？或出现"贫困化增长"趋势？

②如果 FDI 有可能导致"贫困化增长"，那么 FDI 是如何引发"贫困化增长"或出现"贫困化增长"趋势的？

③后危机时代如何避免 FDI 可能引发的"贫困化增长"？

由于"贫困化增长"理论出现较晚，前后仅仅经历了五十余年的发展时间，理论尚未完全成熟，还存在许多缺陷。特别是用以衡量"贫困化增长"的核心概念——贸易条件（Terms Of Trade）并不能独立、全面地反映一国贸易利益的实际变动状况，成为了限制该理论发展的最大瓶颈，直接影响了对 FDI 与"贫困化增长"关系的正确认识。更为重要的是，在全球经济一体化的后危机时代的今天，世界各国争相发展本国经济、积极参与国际分工的全球经济环境已较之半个世纪前有了很大的不同。因此，在考察我国对外经济发展中的"贫困化增长"时，应着眼于中国对外贸易发展现状和中国经济运行状况，而不应拘泥于传统"贫困化增长"理论的框架。因此，本书将通过重新界定与拓展"贫困化增长"概念的内涵和外延以揭示 FDI 可能引发"贫困化增长"的理性缘由，并力图寻找到一套能够对"贫困化增长"进行全面、客观衡量的评价体系，为解析后危机时代 FDI 与"贫困化增长"的关系搭建一个全新的理论平台。

（3） 基于实践层面问题的提出

外商直接投资作为国际资本流动的一种重要方式，不仅可以弥补发展中国家外汇资金的短缺，还能间接地引进外国先进的技术和管理经验。并且这种投资方式相对其他方式而言，投资周期比较长，更有助于解决发展中国家就业困难的问题，因此这种方式受到了广大发展中国家的欢迎。我国 FDI 引进规模从 20 世纪 80 年代年均仅 20 亿美元，到 90 年代猛增到年均 328 亿美元。2002 年在全球 FDI 规模持续大幅下降的情况下，我国超过美国居全球吸收外商直接投资第一位，达到 527 亿美元，2011 年突破 1,000 亿美元大关，成为 2008 年金融危机后吸引外资最多的国家，因此，我国吸收外商直接投资可以说取得了举世瞩目的成就。

外商直接投资对我国经济发展做出了重大贡献，据核算，1980—1999 年的 20 年间，在中国 GDP 年均 9.7% 的增长速度中，大约有 2.7% 来自于利用外资的直接和间接贡献，也就是说，外商直接投资对中国经济增长的贡献率高达 28%。因此，近年来，我国政府部门继续通过税收优惠、政策优惠等积极鼓励引进外商直接投资，甚至把引进外商直接投资的数量作为考核地方政府官员的一项指标。然而，随着吸收外商直接投资规模的增大，特别是进入后危机时代以来，中国吸引 FDI 出现了一系列新的问题，主要包括：FDI 投向与结构尚不合理；FDI 对国内资本产生的挤出效应；FDI 集中流入沿海地区，扩大了我国区域经济发展的不平衡；外资企业存在大量"虚亏实赢"逃避税收的现象；发达国家通过对外直接投资的方式将高能耗、高污染的产业向我国转移；跨国公司的进入对本国产业发展带来的巨大冲击，等等。这说明，FDI 在促进我国经济增长的同时，也产生了一些负面影响。如果这些负面影响所造成的福利损失进一步扩大，甚至于超过经济增长产生的正面效应，就可能出现"贫困化增长"。

作为我国对外政策的组成部分，外资政策是中国经济与世界经济日益紧密结合的重要环节。而吸收外商直接投资是我国利用外资的主要方式，是我国加快经济发展和技术进步，进一步融入国际市场的必然选择。所以，后危机时代如何合理有效地引进 FDI 是我国制定引资政策过程中必须解决的重要问题。

因此，本书从防范"贫困化增长"的角度着手，建立一套能够对 FDI 进行客观、科学地甄别、优化的机制和评价体系，并以此作为我国引资依据的设想。希望该设想能够有效甄别与矫正外资政策上的盲目取向，为我国制定合理引资政策提供更为系统全面的理论支持。

1.2 研究的目的及意义

1.2.1 研究目的

本研究通过拓展"贫困化增长"概念的内涵和外延，利用本体建模技术构建 FDI 效应评价体系及综合福利指数，在此基础上结合多目标规划方法与博弈理论构造 FDI 效应评价模型及防范"贫困化增长"的 FDI 优化机制；达到对 FDI 可能导致的"贫困化增长"进行有效预警与优化的目的，为政府部门和相关企业引进 FDI 提供理论依据与实证支持。

研究的目的在于：①揭示后危机时代 FDI 的特征及趋势；拓展贫困化增长的内涵与外延；②建立防范我国"贫困化增

长"的 FDI 评价体系并构造 FDI 福利综合指数；③建立防范我国"贫困化增长"的 FDI 优化机制。

1.2.2 研究意义

理论意义。20 世纪 50 年代出现的"贫困化增长"（Immiserizing Growth，1958）理论主要是通过贸易条件变化导致福利恶化而进行的理论解析。然而在实际的进出口商品贸易中，特别是外商直接投资（Foreign Direct Investment，FDI，在本书中主要指外商对我国的直接投资）带来的生产要素变化、产业结构变化、就业结构变化、生态环境变化等随之影响的进出口贸易变化使贸易条件变得更加复杂。而用以衡量"贫困化增长"的核心概念——贸易条件（Terms Of Trade）并不能独立、全面地反映一国贸易利益的实际变动状况，直接影响了对 FDI 与"贫困化增长"关系的正确认识。本研究将 FDI 与"贫困化增长"联系起来进行研究不仅是面对后危机时代（指危机过去后进入的相对平稳时期，《中国新闻网》，2010）对 FDI 定位提出了新的要求，特别是在发达国家经济滞胀、我国产业结构失衡、贸易保护主义抬头等后危机时代背景下，揭示 FDI 与"贫困化增长"的内在机理，为防范 FDI 可能导致"贫困化增长"而建立的评价体系与优化机制搭建一个全新的理论平台。同时也为实现"十二五"规划提出的经济社会可持续发展战略目标以建立 FDI 的优化机制、促进我国经济的健康发展提供一种全新的思维与方法。

实践意义。自 20 世纪 70 年代末以来，我国以要素禀赋和外资政策上的巨大优势吸引了大量 FDI。90 年代以来，我国吸引 FDI 已连续 15 年位于发展中国家首位，成为全球吸引 FDI 最多的国家，FDI 被公认为是 20 多年来中国经济增长奇迹的最重要变量之一。受金融危机影响，中国 2009 年上半年吸收 FDI 下降 17.9%，但随着全球经济步入复苏轨道，中国吸收 FDI 呈现出连续回升的态势（国家商务部，2010）。实际上，中国傲视全球的 FDI 中，除了低工资的吸引之外，各地方政府以竞争方式对自然资源、环境、市场，甚至政府税收的甩卖在无形中增加了"贫困化增长"的隐患。随着后危机时代的到来，中国必须进行结构调整与转型，在产业结构调整和推动低碳经济发展中，将迎来 FDI 在该领域的大幅增长并可能成为推动新一轮 FDI 增长的热点（桑百川，2010）。因此，要有效防范 FDI 可能导致的"贫困化增长"，就必须对 FDI 进行甄别与优化。因此本研究对 FDI 评价与优化能积极回应后危机时代对 FDI 转型的新需求，重新审视 FDI 在中国经济发展中的定位，正确处理 FDI、福利变化、经济可持续发展的关系，实现从招商"引资"到招商"选资"的飞跃。

1.3 研究的思路与方法

1.3.1 研究思路

本研究在借鉴"贫困化增长"与 FDI 效应理论的基础上，揭示后危机时代 FDI 的发展趋势与特征，拓展传统理论模型，通过建立多目标规划下的宏观经济动态模型来揭示 FDI 引致东道国"贫困化增长"的机理，采用我国的省际面板数据对模型结论加以论证；在此基础上构建基于本体建模方法的防范"贫困化增长"的 FDI 指标评价体系，选取我国相关样本数据计算出我国 FDI 综合福利指数并进行时空检验；进一步，基于委托—代理理论构建防范"贫困化增长"的 FDI 优化机制博弈模型作为我国后危机时代引资政策调整的理论支持；最后，总结研究结论并提出相关政策建议（图 1-1）。

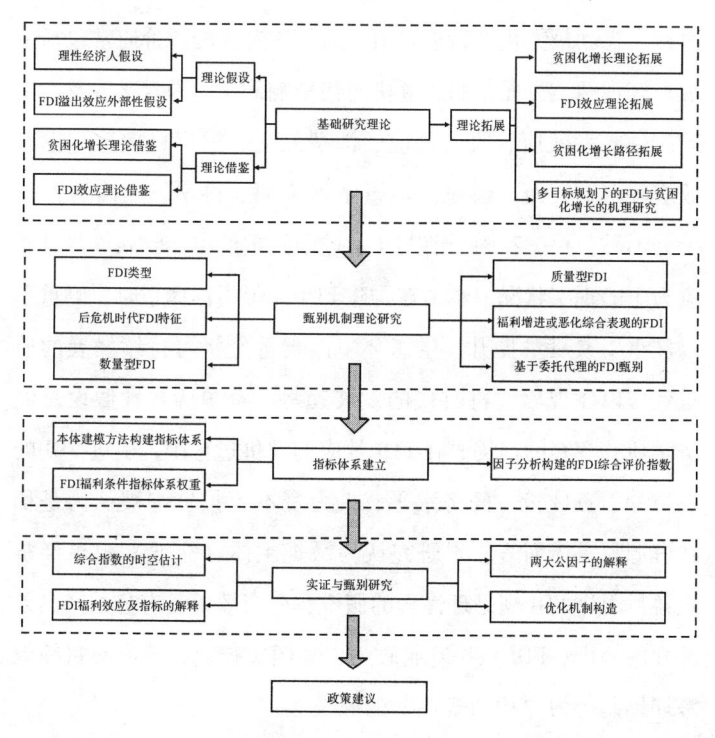

图 1-1 研究思路

1.3.2 研究方法

在社会经济理论研究的方法框架中，一般使用的方法和程序是：从假设、概念出发——现象范围——特定理论——检验方法——价值评判与具体建议。

基本假设：经济理论的基本假设包括理性人假设、资源稀缺性假设。理性人假设是指每一个从事社会活动和进行经济决策的个人或集体都以效用最大化为目标。落实到FDI与"贫困化增长"理论中，即国家或地区引进FDI的决策是基于对社会福利最大化的追求。由于对FDI效应的评价通常包括主观和客观两个方面，而后危机时代影响FDI的因素又涉及产出效应、要素效应、收入效应、消费效应、进出口效应、生态效应等多个方面，因而，要想做到全面、科学、准确地评价十分不易。根据我国当前FDI引进中注重产出、收入等数量效应为主的现实状况，本书在构建FDI评价指标体系时，侧重于以注重要素质量提升、生态环境改善等经济可持续发展的质量效应以体现后危机时代的发展趋势。资源稀缺性假设是经济学研究存在的前提，在FDI效应的评价过程中，引进FDI的环境如引资政策、经济水平、人力资本等投资都被认为是稀缺资源。具体而言，本研究认为微观主体（企业）追求经济效益、引进FDI满足理性人的假设；引资政策具有公共产品外部性的假设；FDI宽松管制政策、超国民待遇、政府数量绩效考评体制等为"**扭曲条件**"的假设。

概念体系：概念是形成理论框架的基石。FDI评价与防范贫困化增长问题的研究所涉及的概念相当广泛,包括与其研究密切相关的后危机时代、FDI、贫困化增长、数量效应、质量效应、综合指数等概念,此外还包括公共产品、指标赋权、外部性等。

研究对象:该研究以中华人民共和国的FDI为总体研究对象,以东、中、西部的行政区域划分下的FDI为具体研究对象,定位于不同区域防范"贫困化增长"的FDI效应评价研究。

特定理论:任何项目的研究都需要一定的理论作支撑,防范"贫困化增长"的FDI评价指标体系的研究涉及经济学、统计学、管理学等诸多理论的融合,是一个跨学科的交叉性课题,有坚实的理论基础并为推动该理论的进一步发展提供了广阔的研究空间,有很强的学术研究价值。本研究主要从经济学、管理学、计算机科学等角度进行研究,涉及以下理论:福利经济学理论、博弈论、计量经济学、计算机技术等。同时并期望通过理论与实践相结合来推动"贫困化增长"理论的发展。

研究方法:在"贫困化增长"理论基础上,针对研究的思路,还应用了制度经济学、计量经济学、国际贸易学等相关的研究方法。此外本书的价值观念还明显地体现在有关的规范分析与实证分析中,具体而言,拟采用以下技术路线和方法:①指标体系的设置采用本体领域建模方法;指标权重的确定采用专家咨询、层次分析(主观与客观)相结合的方法。表现在：根据现有反映 FDI 效应的各项指数进行专家分析——本体模型分析——提取指标——建立指标体系；运用层次分析法和专家咨询法相结合的方法确定各层次指标的权重并设置反映 FDI 效应评价的各项指标，从而形成 FDI 对东道国福利影响的指标体系，并运用统计分析方法对上述指标体系进行评价；分析 FDI 对我国综合福利的动态影响；②理论研究以历史分析、制度分析方法为主，"贫困化增长"的研究涉及福利经济学理论、国家贸易学、公共政策理论等，同时采用博弈模型等方法研究国家或不同地区引进 FDI 的效应和决策行为；结合增长理论，采用多目标动态规划方法，揭示 FDI 引致东道国"贫困化增长"的机理。运用信息经济学中的委托代理理论构建防范"贫困化增长"的 FDI 优化机制博弈模型，并采用博弈分析方法，得出博弈均衡命题；③实证研究在规范研究的基础上展开：采用归一化数学方法对指标进行标准化处理。数据处理主要运用软件 Eviews、SPSS 和 MATLAB 进行，但不排斥常规分析方法。④通过实证研究的结果，分析影响贫困化增长的制度成因，在此基础上，揭示出制定防范"贫困化增长"的内在机理，为政策建议提供理论及制度支撑。

1.4 研究的难点与创新

1.4.1 研究难点

①**理论研究**中的重点包括 FDI 的定位与评价指标体系的

构建。后危机时代FDI的定位及转型，这既是本研究的重点也是影响课题思路的关键。随着后危机时代的到来，围绕"产业转型、质量提升、低碳经济、福利改进"等国家在"十二五"期间的焦点问题，如果抽象地把FDI定位于以上目标的实现，无疑使FDI评价与优化流于形式，但如果以FDI"福利条件"作为评判标准，以影响福利条件的"六大内生效应"模块与"两大外生效应"模块的权重确定作为综合效应指数的依据，将可能使问题的研究有的放矢。由于传统的指标选取通常带有相当的随意性与主观性，因此该课题的难点在于构造主观与客观相结合的指标体系和指标权重的确定。

②理论研究中的又一重点是对"贫困化增长"概念的拓展及FDI与"贫困化增长"的机理表达。从"贫困化增长"的实质——效应分析出发，进一步界定"贫困化增长"的概念，拓展其内涵和外延。根据后危机时代的新需求，用"福利条件"替代贸易条件作为"贫困化增长"的衡量标准；用福利综合指数替代价格指数作为"福利条件"的衡量指标；设计的综合指数由内生指数和外生指数共同构成，而内生指数决定综合指数，外生指数影响综合指数。如图1-2所示：在传统"贫困化增长"理论基础上，沿着以下思路挖掘"贫困化增长"的拓展路径：FDI引进──→效应变动（六大效应反映的内生指数与两大效应反映的外生指数的内容）──→综合指数衡量──→"福利条件"恶化──→"贫困化增长"。揭示FDI可能导致"贫困化增长"的机理（构造扭曲条件与无扭

曲条件、差异FDI与无差异FDI的政企博弈模型)。这一情形看似比较简单，逻辑上可以认为是贸易条件拓展为"福利条件"的指数表达，其一般的处理思路可参考FDI效应对进出口价格指数的影响（Kumar，2005）。但考虑到FDI正负效应的不同表现及评价，因此核算其综合福利效应就显得特别重要，对该问题的处理采用多目标动态规划（John Gilbert，2009）虽有一定难度，但结合动态博弈理论及委托代理模型优化FDI类型是一个比较好的选择。

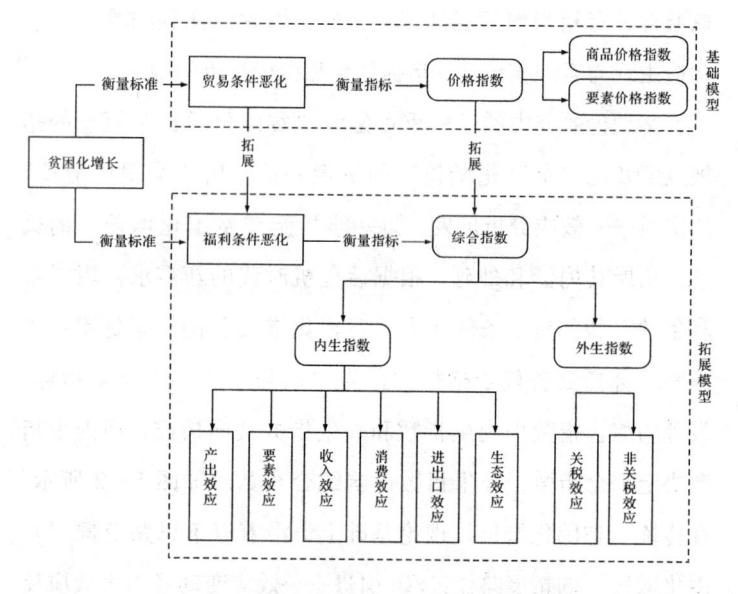

图 1-2 "贫困化增长"理论拓展示意图

③**实证研究**的重点是检验FDI效应的区域性差异与引资政策的内在关系与基本特征。难点在于指标数据的选取及有

效性检验。基于本体建模方法构建防范"贫困化增长"的FDI评价指标体系。这既是本研究的重点，也是课题的难点。如果抽象地对FDI评价体系展开等权重处理的一般性研究，缺乏针对性。因此，课题以较前沿的本体建模技术为切入点并结合层次分析展开研究，将使评价指数更趋于客观与科学。

④**对策研究**的重点在于防范"贫困化增长"与FDI甄别、优化的政策建议。难点在于避免贫困化增长负效应的内在化（公共性与市场化机制相结合）模式的政策支持。

1.4.2 研究的创新之处

国外的研究成果可以借鉴，但照搬欧美社会制度妨碍这一研究对本研究的支撑作用。只有通过分析中国FDI实境才能借石攻玉。与相关研究相比，本书的创新和特色在于：

①**理论拓展**：学术界认为仅仅用贸易条件指数衡量发展中国家的"贫困化增长"是不全面的，国外一些学者也曾提出贸易条件指数应该包括比价格指数宽泛得多的资本、技术等在内的生产要素指数。由于我国国内生产要素的流动不完全是按照市场运作的机制进行，因此国外的理论可以借鉴，但有局限性。而国内学者对该问题的研究目前还没有一个明确的界定。**本研究基于价格指数—贸易条件恶化—"贫困化增长"的传统思想，将其拓展为综合指数—"福利条件"恶化—"贫困化增长"**的新路径与传统的"贫困化增长"理论具有显著差别：一方面，从FDI角度分析福利条件可能导致的"贫困化增长"是一个新的切入点，是对传统的依靠单一贸易

条件评价经济增长理论的一种突破；另一方面，拟构造扭曲条件与无扭曲条件、差异 FDI 与无差异 FDI 的政企博弈模型，不仅是对传统的无差异 FDI 的拓展，而且对评价 FDI 类型并为后危机时代建立防范"贫困化增长"的 FDI 优化机制提供了新的思维平台。

②**思路创新**：国外学者利用要素指数表示贸易条件来衡量发展中国家的"贫困化增长"是建立在市场经济比较发达、信息比较充分的前提下，这个假设并不适合中国。在我国信息不完全充分的市场体制下，利用信息经济学中委托代理理论，构造了以东道国政府为委托人、外资企业为代理人的政企博弈模型，所得出的博弈均衡无疑为建立防范"贫困化增长"的 FDI 优化机制提供了新的思维平台。同时，与国内其他相关研究单独反映 FDI 某方面效应的思维不同，本研究设计的"FDI 福利条件"指标体系不仅包含了学术界惯常讨论的 FDI 对东道国经济增长、进出口等方面的影响，还涵盖了体现后危机时代特征的 FDI 对生产要素、收入、消费，乃至生态环境的影响。同时囊括"六大效应模块"的思想是一次从系统性角度全面评价 FDI 效应的尝试与创新。

③**方法创新**：本研究以独特的**本体建模方法**构建指标体系，克服了传统指标选择随意性的弊端；以工具变量替代制度变量设置主观指标及运用层次分析（主、客观）构造组合赋权的不等权重的标准突破了指标等权重的分析框架；同时，有些方法则是我们在前期研究中归纳、借鉴形成的（如层次

分析、博弈分析等），这些方法的应用使研究成果更具有科学性与可行性。

④**学术贡献**。"贫困化增长"理论的研究与福利经济学、国际贸易学、制度经济学的兴起是分不开的。本研究根据后危机时代研究对象的特殊性与内容的复杂性，在经济学领域中需要跨学科的参与和贡献。特别是构建FDI效应评价系统时采用计算机建模技术、统计学的结合将使该领域的研究有更广阔的空间。同时把FDI与"贫困化增长"结合起来进行研究不仅拓展了贸易条件的范围，"福利条件"概念的提出使其研究开始向多元化方向发展。福利经济学、博弈理论及计量经济学的应用在一定程度上拓展与开阔了"贫困化增长"理论的研究视野，使其问题的研究从表层走向深入。

第一，重新界定了"贫困化增长"的概念，直接利用"福利条件"代替贸易条件作为衡量"贫困化增长"的标准，不仅体现了后危机时代的特征，而且使之实现了福利经济学的回归。

第二，放宽了对"贫困化增长"问题传统研究中充分就业、市场出清等苛刻假设条件的限制，使结论更贴近现实，更具有效性。

第三，改变了传统意义上对社会效用函数的设定，将生态因素明确纳入社会效用考虑的范畴，使Hamilton系统的一般结果发生了变化。

具体来看，本研究的创新主要体现在以下五方面：

(1) 建立了基于理论、实证、机制构造三位一体的分析框架

本研究认为：FDI 效应指标体系选择的依据不仅是由 FDI 的数量因子与质量因子所决定，更重要的是由 FDI 引进中的区域特征及机制选择所决定的。对我国 FDI 效应评价的研究以经济可持续发展为研究的缘起，以不同地区为研究对象。针对长期以来学术界对 FDI 研究中的内容构成—指标评价—对策研究的一般范式，在内在机制功能的基础上，本研究的创新之处在于试图探究现行 FDI 绩效运行的内在机理及运行过程，建立一个关于评价 FDI 从理论拓展—指标体系构建—实证评价—甄别、优化机制选择的分析框架。第一次系统地揭示了 FDI 评价从"贫困化增长"角度、博弈理论进行分析的思想，拓展了研究的新视野。

(2) 拓展了"贫困化增长"的内涵

本研究认为："贫困化增长"的内容应该寓于福利增长的内容之中。在此基础上，界定"贫困化增长"的概念突破了仅聚焦于贸易条件的局限，以"福利条件"的评价作为衡量贫困化增长的本质不仅包括贸易条件的"要素、价格"等涵盖的内容，而且突出了 FDI 引致经济、社会可持续发展的全局性问题，研究视角不同于已有的相关研究。有不少学者关注到用 FDI 效应的客观评价来反映经济福利的不确定性，其阐述颇具启发性的观点。本研究从数量因子、质量因子两个方面，

第一章 绪论

并从产出效应、要素效应、收入效应、消费效应、进出口效应、生态效应六个方面对 FDI 进行贫困化增长的界定,既吸收了比较统一的研究范式,又突出了从不同角度进行研究而达到殊途同归的目的,更重要的是还体现了后危机时代 FDI 的发展趋势与特征,在此基础上才有可能对"贫困化增长"涵义的界定奠定基础,从而将问题的研究引向深入。

(3) 构造了基于本体建模技术的评价指标体系

本研究认为:FDI 综合效应的内容是多元的,全方位的。课题引入本体方法对指标体系进行选择,在此基础上利用层次分析法确定并揭示了数量因子、质量因子各指标对 FDI 效应的影响程度及贡献大小。本研究的创新之处在于通过本体建模方法对 FDI 评价指标体系的选择及检验,构造了一个在技术操作下的评价指标体系。

(4) 实证了 FDI 综合效应的程度与水平

本研究运用因子分析、计量经济学分析方法,采用 EVIEWS、SPSS 软件,在采集了 1992—2011 年 29 个样本地区反映 FDI 效应的 16 个面板数据基础上,实证地分析其基本特征、影响因素和相互关系,发现并揭示 FDI 的影响因素。同时,从数量因子、质量因子、FDI 六大效应的角度分析了质量因子指标的改善对 FDI 效应提升的重要意义。这不仅佐证了理论分析所得出的结论,而且为后危机时代的引资政策提供参考，使课题具有前瞻性。

（5）揭示了影响FDI的制度成因与防范"贫困化增长"的优化路径

本研究认为：影响FDI的因素很多，但从其内部寻找原因容易发现避免"贫困化增长"需要一定的制度作为保障。研究的创新之处在于从制度的深层原因发掘影响"贫困化增长"的制度障碍。主要构造了影响FDI的数量因子、质量因子的制度障碍、激励与约束机制，而且对FDI与经济可持续发展的互动影响也做了推断并确定了长远发展目标。因此，分析得出的结论，既是理论上的逻辑终点，又可看作是实践的起点。

第二章

国内外文献综述及理论借鉴

在跟踪和研读既有文献中发现，国内外学者分别对"贫困化增长"和FDI效应的研究有丰富的研究成果，但从FDI角度专门研究"贫困化增长"问题还十分欠缺，尽管如此却有不断"凸显"本研究主题并有促成趋势之苗头。因此，本章在继承与借鉴前人研究成果的基础上提出需进一步扩展的内容及空间，为本书的进一步展开奠定基础。

2.1 国内外文献综述

虽然从贸易角度研究"贫困化增长"的学术成果十分丰富，而从FDI角度直接研究"贫困化增长"的文献十分欠缺；

但学术界在 FDI 效应与"贫困化增长"两个方面各有不少的研究成果，是开展本研究的重要基础。

2.1.1 "贫困化增长"理论综述

（1）国外研究综述

"贫困化增长"（Immiserizing Growth）这一命题是 20 世纪 50 年代由经济学家巴格瓦蒂（Bhagwati，1958）提出的，这一理论说明在国际贸易存在的情况下，经济增长虽然会由于产出的增加而导致出口量的增加，但与此同时，本国的贸易条件却可能以更大的幅度下降，这反而造成了本国居民收入水平和消费水平的下降，这就是人们最初所理解的"贫困化增长"的内涵，该含义涉及经济增长、贸易条件变化与福利变化三者之间的关系。

"贫困化增长"的相关研究最早可追溯到 1950 年，R. 普雷维什（R. Prebisch，1950）从传统国际贸易模式出发，分析了发达国家与发展中国家之间国际贸易关系的历史数据，提出了发展中国家贸易条件长期趋于恶化的论点。紧随其后，汉斯·W. 辛格（H. W. Singer，1950）扩展了普雷维什理论，认为发展中国家以出口劳动密集型制成品替代出口初级产品，其结果只是转换了贸易条件恶化的内容，而没有从根本上解决发展中国家贸易条件长期恶化的问题。明确提出"贫困化增长"概念的印度经济学家巴格瓦蒂在"普雷维什-辛格命题"的基础上，运用微观经济学的分析证明，经济增长带来的产量提高和收益增加可能会被贸易条件的不断恶化所抵消,从而导致本国居民的实际收入水平和消费水平的绝对下降。与此同时,普雷维什(1959)又论证了外围国家贸易条件存在长期恶化的历史事实,他认为贸易条件恶化的趋势是需求的收入弹性差异和技术进步向世界经济传播的不平等方式的结果。自 20 世纪 80 年代末起,辛格和撒克尔(P. Sarkar and R. W. Singer,1991)对贸易条件恶化论做了新的解释和修改,将贸易条件恶化的适用范围从初级产品扩大到制成品,认为发展中国家以出口劳动密集型制成品取代出口初级产品,但并未根本解决贸易条件恶化问题,发展中国家的制成品贸易条件仍是呈恶化趋势。刘易斯(W. A. Lewis,1952)提出贸易条件决定论,认为贸易条件可分为生产要素贸易条件和商品贸易条件,生产要素的贸易条件决定了发展中国家的商品贸易条件,而决定生产要素贸易条件的是国内生产率差异和劳动力供给弹性无限。伊曼纽尔(1988)指出,工资的不平等是造成国际不平等交换而引致"贫困化增长"的唯一原因。进入 21 世纪以后,彼得·林德特(2001)在其《国际经济学》中对"贫困化增长"简明而深刻的诠释代表了该理论的最新研究成果,他认为如果一个国家贸易条件恶化所导致的国民福利的下降将足以抵消从增加供给中所得的收益应满足以下三个必要条件:一是国民经济的增长必须是偏向于出口;二是国外对本国出口商品的需求必须是无价格弹性的,以致出口供给的扩张将导致价格的大幅度下降;三是国家必须很大程度上依赖于国际贸易。然而,一些经济学家也对"贫困化增长"理论持批判态度。瓦伊纳指出，贸易条件恶化论中所暗含的把农业和矿业等初级产品等同于贫困的推论是没有根据的，而且该理论没有考虑初级产品与制成品在质量上的差异，因而存在偏差。哈伯勒（B. Higgins，1959）则认为，以比较成本为理论基础的国际分工同样会给发展中国家带来利益，在"贫困化增长"实证分析中所使用的统计材料完全以某国进出口贸易的指数为基础，不具有代表性。最新的研究成果认为，采用贸易条件衡量"贫困化增长"的标准主要反映在福利损失的基础上，这为本研究从福利条件出发进行"贫困化增长"的研究提供了借鉴与启发。综合文献发现关于"贫困化增长"的问题大都是围绕"贸易条件"而进行的分析。迄今为止，西方经济学家有关贸易条件的研究大致可分为三条主线。第一条主线主要从经济活动的消费需求方面，第二条主线重点考察了经济活动的生产供给方面，第三条主线则对生产和消费需求的中间环节——交换进行了研究论证。

第一条主线的代表人物是英国古典经济学家约翰·穆勒（John Stuart Mill，1848）的相互需求理论。他从贸易利益观点出发，认为贸易条件及其变动是由相互需求对方产品的强度决定的，具体表现就是一国对另一国产品的需求弹性。英国新古典经济学家阿尔弗雷德·马歇尔（Alfred Marshall，1879）在约翰·穆勒的理论基础上，利用提供曲线作为一种图解法来说明供给和需求如何共同决定贸易条件，他得出的结论与约翰·穆勒的结论一样。马歇尔的提供曲线在一定程度上可以说仍是穆勒相互需求理论的继承，只是开创了几何研究方法。这一阶段的贸易条件理论指出，只要贸易条件维持在一个合理的范围之内，两国都将从贸易中得益，只是各国不同的贸易条件决定了其得利的多寡。穆勒和马歇尔主要是从需求方面来说明，在两国进行专业化分工和贸易时，现实和交换比例是如何决定的，从而从需求角度对比较成本理论做了补充和发展。随着"贫困化增长"理论的提出，以雷文德·巴特鲁、杰拉尔德·斯卡利（Batra, Raveendra & Scully, Gerald W., 1971）为代表从工资差异的需求方面揭示其如何影响贸易条件从而引致福利恶化的可能性；科利、R·戴维（Collie, David R., 2009）也从李嘉图模型中揭示了外生要素对需求结构的影响从而产生贫困化增长的原因。伊拉·达布拉、吉尼·杭德等（Era Dabla-Norris, Jiro Honda, Amina Lahreche, Geneviève Verdier, 2010）从低收入国家引进 FDI 对经济增长的影响揭示了经济基础、经济改革、宏观经济政策对 FDI 所产生的作用及对 FDI 的需求有重要影响。

在考察生产阶段的第二条主线中，因为生产要素总产量增加意味着经济的增长，所以，考察要素增加与贸易条件的关系也可以说是从供给方面来研究经济发展中贸易利益的变动趋势。 希克斯（Hicks, 1932）研究了不同要素生产率提高对贸易条件的影响，包括了中性、劳动节约型和资本节约型技术进步。印度经济学家巴格瓦蒂（1958）将经济增长、贸易条件和社会福利结合起来所提出的"贫困化增长"（Immiserizing growth）理论，其学术思想意义非凡。约翰逊（Johnson, 1967）从另一个角度证明了"贫困化增长"现象的存在，他认为如果技术进步发生在受关税保护的进口竞争行业中，或者说，如果该行业中密集使用的要素在密集程度上进一步被强化，那么"贫困化增长"现象就会在国际贸易中不拥有垄断支配力的弱国中出现；而且认为在进口竞争部门是资本密集型产品的情况下，资本流入会对一个受保护的经济产生"贫困化增长"。因此，哈马达（Hamada, 2005）认为在要素市场存在扭曲的情况下，即使技术进步或要素积累的增加都没有出现，一个外生性的价格贸易条件改善也会使得一国的福利收入恶化，这又可以看作另外一种形式的贫困化增长；约翰·吉尔伯特等（John Gilbert, 2008）也认为雇工的收入差异对贫困化增长起到了重要作用；莱拉斯·迪莫（Lilas Demmou, 2012）从生产创新的角度揭示了李嘉图模型的可持续商品的可能性，为避免贫困化增长提供了新的思维创新。纳迪亚·多迪等（Nadia Doytch, Merih Uctumb, 2011）从 FDI 的制造业与服务业的角度分析了在不同经济发展与不同收入水平的国家对经济增长将产生不同的影响；特别值得一提的是 A. A. Awe（2013）以委内瑞拉为研究对象，通过两阶段的实证分析提出委内瑞拉的经济发展应该依靠其国内的资本投资而不是 FDI，说明 FDI 对经济影响的不同效应。

第三条主线围绕不平等交换理论的论战弥补了前两条主线之间的一些不足。第二次世界大战后，普雷维什（Rual Prebisch，1950）、辛格（H. W. Singer，1950）、冈纳·缪尔达尔（Gunner Myrdal，1972，1987）从不同角度皆对发展中国家易货贸易比价长期的恶化进行了证明，他们认为贸易比价长期恶化的含义就是收入或资源从发展中国家不断转移到发达国家，富国对穷国不断进行剥削，持有相同观点的普雷维什认为，"这种不平等的根源就在于，主要是那些集中了大部分生产资料的人们将经济剩余攫为己有"。针对普雷维什等人的发展中国家贸易条件恶化论，金德尔伯格（Kindelbelger，1956）和利普西（Lipsey，1994）等西方经济学家批评了贸易条件长期恶化的观点，并提出了种种质疑。有关不平衡交换的争论一直在延续。第三条主线的独特之处在于，它指出了贸易对一国有时甚至是有害的，是一国剥削另一国的手段。马蒂（Martia，2004）则在贸易条件的不平等争论中强调了单一贸易条件变化对国民福利的影响是有局限性的，需要对贸易条件的内容进行扩展。在此基础上以彼得·林德肯（Peter Lindeken，2007）为最新研究代表的经济学家认为"贫困化增长"的含义不应该仅仅从商品价格指数衡量的贸易条件进行分析，而应该从影响贸易条件的内在原因进行研究才能得出较全面的结论。托马斯·凯梅尼（Thomas Kemeny，2010）也认为FDI对东道国的技术进步或经济增长在富裕国家和贫困国家的作用是不同的，这更加剧了国家之间的不平等。德克·赫泽等（Herzer, Dierk, Hühne, Philipp, Nunnenkamp, Peter, 2012）通过对拉丁美洲五个东道国家的实证研究发现FDI进一步拉大了国家之间的收入差距，带来经济发展的不平等结果。

以穆勒、马歇尔为代表的第一条主线注重的是对经济活动中消费的分析，当一国面临相对占优势的世界需求曲线时，该国就会有相对有利的贸易条件，当其他条件不变时，就会在贸易利益的分配中获取更多的好处。而希克斯、巴格瓦蒂等人的研究则将生产的重要性提升到了一个新的高度，一国生产状况的变化会改变该国的贸易条件及其在利益分配中的地位。普雷维什和辛格等强调各国初始生产资料的不平等决定了各国在交换中不平衡的地位，交换阶段的不平衡也导致了最后分配不平等，富国更富，穷国更穷。这三条主线都对经济活动的某一阶段进行了着重的分析，并从中得出了最后的分配状况。

这些成果提示：影响"贫困化增长"的传统贸易条件理论应该赋予新的内容和含义才有可能对现实提出更合理的解释。

（2）国内研究综述

国内学者对"贫困化增长"的研究，**一是基于巴格瓦蒂的"贫困化增长"概念，从贸易条件入手。**如王如忠（1999）在《贫困化增长——贸易条件变动的疑问》一书中，认为贫困化增长的实质是价格贸易条件、收入贸易条件和要素贸易条件的全面恶化。龚家友、钱学锋（2003）用巴格瓦蒂的"贫困化增长"条件与中国近20年的对外贸易发展和经济总量指标比较得出中国对外贸易面临"贫困化增长"危险的结论。林林、周觉等（2005）从"贫困化增长"的前提条件、贸易条件以及国际竞争力角度论证了我国出口贸易中劳动密集型产品的扩张可能导致"贫困化增长"；李亚芬（2010）认为随着我国生产要素成本、企业环保成本、国际货运成本的上升，我国的贸易条件指数从2002—2006年均呈恶化趋势，因此在后危机时代应该调整FDI政策。最新研究成果陈昭、叶景成（2012）认为在运用"贸易条件恶化论"评价一国国际贸易绩效和国际贸易利益时，应当谨慎考察"贸易条件恶化论"赖以成立的经济环境和前提假设与该国经济现实是否相符，才能决定是否存在"贫困化增长"；同时刘渝琳、梅新想（2012）也认为仅仅用贸易条件作为衡量是否出现"贫困化增长"的标准具有一定的局限性，提出了用具有更丰富内容的指标替代贸易条件修正"贫困化增长"衡量标准的必要性。

二是从经济、要素扭曲这一层面分析导致贫困化增长的原因。王新奎（2007）从市场扭曲角度论证了由于出口贸易的过度竞争而有可能使生产要素的流动不充分而陷入"贫困化增长"陷阱；也有学者邹全胜（2009）基于经济全球化条件下认为中国只有通过要素的培育和提升才可以矫正要素不充分流动的现状，获得经济上的可持续发展，从而走出"贫困化增长"的误区。特别需要强调的是刘娟（2006）认为大多数学者在分析该问题时根据价格贸易条件进行贫困化问题的研究在生产要素流动不充分的情况下是不全面的，需要寻找新的研究方法与衡量工具。沈坤荣（2009）抓住我国制度安排的缺陷，认为在后危机时代，快速地退出劳动密集型FDI，实现FDI转型将陷入产业结构调整与低端劳动力失业的两难困境，如何矫正中央政府与地方政府行为的不一致，矫正制度扭曲带来的贸易利益损失将成为转型FDI的关键。

三是其他一些学者从产业、国际竞争力问题，以及关税、政策等方面来研究"贫困化增长"。廖发达（1996）认为，一国对外贸易是否属于"贫困化增长"，应以产业、经济的国际竞争力为标准，从贸易与经济相互作用的相对长期动态过程加以考察，认为目前中国各项"量"的指标都取得了显著成效，但最能体现一国竞争力地位的"质"的指标——产业国际竞争力并未得到实质性的提高。王如忠（1999）认为中国按照比较优势原理参与国际分工的方式，使制成品出口中传统劳动密集型所占比重偏大，而这些产品又具有需求弹性小、附加值低的特点，导致了"贫困化增长"的出现。谢飞（2003）则认为在出口部门存在很强的技术进步效应时，贸易条件恶化不会引致"贫困化增长"，由初期比较优势决定的自由贸易模式即使最终会引致"贫困化增长"，但存在一个时间过程，在此之前贸易仍能促进经济的发展，认为最适合的发展战略应为"动态比较优势战略"。代永华（2003）认为按照比较竞争优势原则定位我国的产业，既能解决长期困扰发展中国家的贫困化增长问题，又能推动我国产业结构的升级和就业的增加。林建红、徐元康（2004）从理论上对比较优势与竞争优势进行了详尽的比较研究，认为发展中国家出现贸易条件恶化与"贫困化增长"的局面，是因为陷入了"比较优势陷阱"。林林（2005）等从"贫困化增长"的前提条件、贸易条件以及国际竞争力角度论证了我国的出口贸易中劳动密集型产品的扩张可能导致"贫困化增长"，并分析其原因，从扶植战略性产业等方面探讨了我国如何把比较优势转化为竞争优势以规避贫困化增长。刘德伟、李连芬（2010）从过度竞争角度分析了"贫困化增长"的原因，并从理论上证明，过度竞争将导致贫困化增长。进一步地，王恕立、刘军（2011）选取77个国家1980—2008年的相关数据，并采取只考虑出口因素的lnRXA指数及同时考虑进出口因素的RC指数来衡量服务贸易国际竞争力，分别从总体、经济发展水平及服务业FDI限入水平三个层面进行了实证检验，结果表明FDI流入不会提高一国服务贸易国际竞争力，而不同经济发展水平及服务业FDI限入水平国家的FDI流入会产生不同的影响效应，因此，服务贸易国际竞争力衡量指数选取的不同会造成FDI流入的影响效应产生较大差异。

四是从实证的角度研究有不少成果：许云华（2001）在分析中国钨行业的市场结构及企业行为特征的基础上，剖析中国出口"贫困化增长"现象的成因，并从市场结构与企业行为转变方面提出解决中国出口贫困增长问题的对策。龚家友、钱学峰（2003）用巴格瓦蒂"贫困化增长"四条件与中国近 20 年的对外贸易发展和经济总量指标相比较，认为二者条件基本吻合，从而得出中国对外贸易发展基本是面临"贫困化增长"危险的结论。曾铮、胡小环（2005）对中国现实贸易模式进行了实证分析的结果表明，我国初级产品及制成品出口比重增减均与价格贸易条件成负相关关系，"贫困化增长"具有不确定性；余壮雄、王美今、章小韩（2010）在实证方程中引入 FDI 的空间滞后项，检验结果表明，在全国范围内 FDI 对进入地区存在挤出效应，FDI 的进入导致了地区资本从我国西部流向东部，从而加剧了我国地区经济发展的不平衡。钱学峰、陆丽娟、黄云湖、陈勇兵（2010）借鉴新贸易理论和企业异质性贸易模型新近拓展的理论框架，利用 HS6 位数级双边贸易流量数据，在考虑种类变化的情况下，测算了 1995—2004 年间中国与 40 个贸易伙伴的进出口价格指数和贸易条件的变化，发现中国的贸易增长结构应尽快转向扩展的贸易边际，以提升贸易品的种类，进而有效维护中国的贸易利得，以避免贫困化增长的出现；较新实证研究成果王文治、陆建明（2012）利用微观贸易数据对中国制造业的贸易竞争指数和价格贸易条件进行测算，结果显示进一步发展中高技术行业，同时提升中低技术行业出口产品的质量是防止中国制造业出现贫困化增长的有效途径。

这些成果提示：国外学者利用价格指数表示贸易条件衡

量发展中国家的"贫困化增长"是假设在市场经济比较发达、生产要素充分流动的基础上,这个假设并不适合中国。在我国制度存在扭曲、国内生产要素的流动不完全是按照市场运作的体制下,贸易条件衡量的"贫困化增长"的含义可能更加复杂。

2.1.2 贸易条件的文献综述

随着近年来中国经济的日益增长,出口额也逐年增加,许多学者也对贸易条件做了很多研究,主要是围绕中国贸易条件恶化与贫困化增长进行,即我国贸易条件变动趋势、影响我国贸易条件恶化的因素,贸易条件和贸易利益的关系以及通过贸易条件恶化来确定中国外贸是否存在"贫困化增长"。主要成果体现在以下几个方面:

(1) 中国贸易条件变化趋势研究

联合国贸发会议的一份研究显示(UNCTAD,2002),中国在1993—2002年间价格贸易条件下降10%以上。根据我国国际贸易经济合作所课题组编制的《1993—2000年中国贸易条件研究》,文章指出1993—2000年中国整体贸易条件下降13%,制成品贸易条件的下降是导致中国整体贸易条件下降的主要原因。武海峰和牛永平(2004)根据《中国统计年鉴》和《海关统计》的相关数据,选取30种代表性商品计算得到我国1985—2002年间的贸易条件结果,发现价格贸易条件不断下降。曾铮、胡小环(2005)则测算了我国1980—2001年的价格贸易条件和收入贸易条件，结果发现我国价格贸易条件呈现恶化趋势，但收入贸易条件显著改善。林丽、张素芳（2005）测算了我国1994—2002年的价格贸易条件、收入贸易条件和要素贸易条件，发现价格贸易条件明显恶化，而收入贸易条件是上升的，而从总体上看我国与主要贸易伙伴国的双要素贸易条件得到了一定改善。张先锋、刘厚俊（2006）通过分析经济增长、技术进步对我国贸易条件的影响，进一步说明，从长期来看，我国贸易条件可能会成"U形"变化。崔津渡、李诚邦（2006）通过对1995—2005年中国贸易条件的研究也表明，我国存在着收入贸易条件改善而价格贸易条件恶化的现象。王文治、扈涛（2013）通过建立SITC五位数分类商品与制造业28个行业的对照表，基于微观贸易数据测算了中国制造业28个行业的价格贸易条件，并采用动态面板GMM估计从行业层面分析了FDI对制造业价格贸易条件的影响。研究结果表明FDI与中国制造业价格贸易条件正相关，FDI不是造成中国制造业价格贸易条件恶化的因素，增加制造业各行业的资本和科技投入，实施规模生产是改善制造业价格贸易条件的有效途径。

（2）影响中国贸易条件变动的因素研究

众多学者从多个方面分析了我国贸易条件变化的原因，既有内部经济结构不合理的原因，也有国际经济环境方面的原因。

①出口商品结构。多数文献认为，低价格弹性和收入弹性的劳动密集型产品的出口结构是我国价格贸易条件恶化的重要原因（张建华、刘庆玉，2004；王允贵，2004等）。都晓岩等（2004）指出技术水平低下以及出口商品缺乏国际营销活动是导致中国出口效益低下、贸易条件不断恶化的直接原因。当然，我们不能忽视国际经济环境和国际价格走势对贸易条件的影响。特别是近年来初级产品的国际价格涨幅大大高于制造业产品，在一定程度上提高了原材料价格；以及金融危机和全球经济衰退造成国际商品市场需求趋减、价格下降（严灿，2005）；另外，柴庆春、胡添雨（2012）通过中国对外直接投资的进出口贸易效应研究认为我国对外直接投资的出口商品结构效应存在区域差异，对发展中国家的投资产生较大的贸易促进作用，因此，应该制定有差别的对外投资政策，促进多元化的、多格局的对外直接投资体系的建设以优化进出口贸易结构。

②技术进步。许多学者都将技术进步作为影响和改善贸易条件的重要因素。徐建斌、尹翔硕（2002）假设了一个自由贸易的两国经济模型，认为决定贸易条件的因素主要有三个，即对专业化产品的相对偏好、具有不同技术比较优势的两国居民的相对人口比例以及专业化生产者的相对劳动生产率。隋广军、申明浩等（2003）也做了类似的研究。万国峰（2003）在徐建斌、尹翔硕（2002）模型的基础上加入劳动力市场的均衡，更全面地分析了贸易条件的变化，认为提高劳

动生产率不但能改善贸易条件，而且可以增加居民福利。谢飞（2003）在 Cypher&Dietz（1998）模型的基础上引入贸易的技术进步效应，建立了一个动态的一般均衡模型，结论认为，当存在贸易的技术进步效应时，贸易条件恶化并不一定会产生"贫困化增长"。张建华、刘庆玉（2004）对我国贸易条件的影响因素进行回归分析，认为我国贸易条件变化的大部分可以由产业结构的变化来解释，虽然他们研究的角度不同，但都说明技术进步对贸易条件的改善乃至整个国际分工格局的改变都具有重要意义。

③汇率变动。中国经济研究中心教授宋国青（2004）在分析中国的贸易条件时，划分了两个阶段：在1993—1997年，中国的通货膨胀率高于美国，国内商品价格水平相对于美国是上升的，贸易条件是改善的。而1997年以后，中国出现通货紧缩，价格相对于美国下降，出现了中国的出口商品价格下降而进口商品价格上升，贸易条件恶化的情况，由此得出中国近年来的贸易条件恶化，是汇率扭曲和通货膨胀水平相对较低造成的。罗忠洲（2005）建立了一个汇率影响贸易条件的理论模型，分析指出当汇率波动时，贸易条件会以汇率波动的一定比例发生变动。汇率波动的贸易条件效应除了与原来的贸易条件和汇率有关外，还与进出口供给和需求弹性有关。他在此模型基础上实证分析了日元进入浮动汇率33年来汇率波动对贸易条件的影响，结论是总体上看日元升值具有改善贸易条件的作用。外汇体制改革和人民币贬值也是价

格贸易条件的影响因素。从 1994 年我国外汇管理制度实行重大改革后，人民币的贬值使以本币计算的出口商品价格下降而进口商品的价格上升，加剧了我国价格贸易条件指数的下降（赵玉敏等，2002；赵勇，2004）。

④贸易政策。王如忠（1999）在《贫困化增长——贸易条件变动的疑问》一书中，对贸易条件问题做了系统的阐述和研究，将贸易政策和贸易发展战略对贸易条件的效应做了讨论，以初级产品出口为主导的贸易发展战略会使价格贸易条件、收入贸易条件和要素贸易条件都面临不利局面；进口替代战略只能改善价格贸易条件，出口导向战略可以使价格贸易条件、收入贸易条件和要素贸易条件同时得到改善。朱立南（1996）在《国际贸易政策学》中，详细探讨了各种贸易政策工具（如各种关税、非关税壁垒、汇率制度、各种宏观政策工具的组合调整等）对贸易条件的效应。张幼文在《外贸政策与经济发展》（1997）、《双重体系的扭曲与外贸效益》（1995）等著作中抓住我国经济体制中的价格扭曲和体制双重这两个关键探讨了外贸效益的问题，说明经济中存在着扭曲增加了贫困化增长发生的可能性。

⑤外商直接投资。随着改革开放的发展，中国已成为全球吸收外商直接投资（FDI）最多的国家，外商直接投资在中国的经济增长过程中扮演着越来越举足轻重的角色，但对我国贸易条件的影响所产生的负面作用也不容忽视。很多学者认为，在我国，FDI 主要投向具有比较优势的出口部门（劳动

密集型产业），从而导致出口部门的扩张，形成超额供给，而且多采用加工贸易的方式，产品附加值低；同时外商投资企业为了达到减轻所得税负、转移资金和利润、逃避管制等目的，往往采取高价进口中间品、原材料和机器设备，而低价出口制成品的策略，在一定程度上提高了进口价格却降低了出口价格（杜哲俊，2005；林丽等，2005）。黄平、索瓦罗（2003）从 FDI 流向部门结构来分析对我国贸易条件的影响，并指出由于我国外商直接投资主要流向具有比较优势的出口部门，这导致了出口部门的扩张，形成超额供给，另一方面，由于对中间产品的进口需求不断增加，形成了超额需求，两者共同作用是导致我国贸易条件长期恶化的重要原因。庄芮（2005）在《FDI 流入的贸易条件效应：发展中国家视角》一书中，全面系统地分析了 FDI 对发展中国家贸易条件变动的影响，以及发生的路径和机制，认为 FDI 通过工资、贸易结构影响价格贸易条件，通过一国的出口数量影响收入贸易条件以及通过生产率变动影响要素贸易条件。朱廷珺、于宾（2007）详细分析了 FDI 对东道国的价格贸易条件、收入贸易条件和要素贸易条件的影响机理，认为 FDI 主要通过国际收支效应、工资外溢、产业结构变动效应等影响东道国的价格贸易条件，并在此基础上通过贸易数量效应和技术外溢进一步影响收入贸易条件和价格贸易条件。冯晓玲、张凡（2011）利用回归方程测算出 1985—2008 年中国价格贸易条件和收入贸易条件的变动趋势，得出由于出口量的扩张，导致中国在价格贸易条件下降的同时，收入贸易条件却呈现逐年上升态势的结论，由此得出，长期以来中国的收入贸易条件与 FDI 之间存在稳定的协整关系，FDI 的增长正是中国收入贸易条件改善的格兰杰原因。

（3）已有研究评价

半个多世纪以来，研究"贫困化增长"问题的国内外经济学者所取得的研究成果主要体现在以下几个方面：一是对"贫困化增长"中的核心问题——贸易条件的研究不断深化，经历了价格贸易条件——→收入贸易条件——→要素贸易条件的发展过程；二是对"贫困化增长"长期趋势的统计实证检验，由于先进计量手段和方法的运用而取得了很大进展；三是对如何解决"贫困化增长"问题、改善发展中国家的贸易条件的具体政策做了大量的探讨。但是由于"贫困化增长"问题的研究起步较晚，还远未形成完整、系统的研究体系，主要体现在以下几个方面：一是对贸易条件的研究范围较为狭窄，对贸易条件的衡量大都没有跳出由价格指数决定的框架，因此在分析贸易条件恶化导致"贫困化增长"的结果带有一定片面性；二是对发展中国家"贫困化增长"的原因研究大都从贸易条件出发，还没有找到一个有效指标体系来反映国际贸易引致的发展中国家与发达国家之间福利分配的实际状况；三是未将"贫困化增长"问题完全纳入发展中国家的经济发展过程进行相关分析，削弱了该理论对相关国家外资政策的指导作用。

这些成果提示:"贫困化增长"涉及国际贸易行为产生的多种效应的福利比较,要研究 FDI 对"贫困化增长"的影响,就必须从 FDI 对东道国可能产生的各种福利效应入手。

2.1.3 FDI 效应理论综述

(1) FDI 效应综述

①产出效应。20 世纪 90 年代,国内外学者开始关注 FDI 对经济增长的长期关系研究。国外具有代表性的成果有:布卢姆斯特罗姆(Blomstrom,1994)等依据 1960—1995 年间的数据对发展中国家与发达国家的有关情况进行研究的结果表明,发达国家的 FDI 流入量与人均 GDP 增长之间存在显著关系。巴兰钦(Balasubramanyam,1996)利用过去 20 年中 FDI 由发达工业国流向 69 个发展中国家的有关数据,对 FDI 对经济增长的影响进行了跨国分析,认为只有东道国具有一种充分吸引先进技术的能力时,FDI 对经济增长就会产生作用。A. 本多-纳本达(A. Bende-Nabende,1998)等从内生性增长理论的角度以台湾地区为例讨论了 FDI 对经济增长过程中的潜在作用,研究结果同样证明 FDI 促进 GDP 增长。但学者安·哈里森(Luosha Du, Ann Harrison, Gary Jefferson, 2011)等以中国大陆 FDI 为研究对象认为 FDI 的流入来源、产业性质等对经济的影响是不同的。与此同时,国内学者对该问题研究的成果也层出不穷:吴延润(1992)在新经济增长理论框架下,将 FDI 作为一个独立的生产要素投入,检验了 FDI 对东

道国经济发展的影响程度。陈浪南、陈景煌（2002）使用我国 1981—1998 年的有关数据证明 FDI 的存量增长率与 GDP 之间存在线性相关关系。任永菊（2003）根据中国 1983—2002 年的有关数据，在建立自回归模型的基础上，验证了 FDI 与 GDP 之间存在长期关系，但由于二者滞后期的不同，存在不同的因果关系。当然，还有许多学者都做出了很多类似的研究。许冰（2010）通过外商直接投资对区域经济的产出效应的分析，认为吸收外商直接投资的关键在于是否能够改变国内资本从挤出到挤入效应，而不在于其所引发的技术效应。

②要素效应。对 FDI 的要素效应的研究，实际上是探讨 FDI 与东道国技术、物质资本、劳动力、人力资本的关系。对于 FDI 对中国技术进步的影响的观点分歧较大。沈坤荣（2001）通过我国数据的实证分析证实，FDI 可以通过技术外溢效应，使东道国的技术水平、组织效率不断提高，从而提高国民经济的综合要素生产率。江小娟（2004）对跨国公司在华投资企业进行了调研，认为跨国公司的技术外溢效应是明显的。与此相反，王筱（2004）虽然承认外资的溢出效应，但是还认为同时存在表现为技术垄断和技术壁垒的挤出效应，以及表现为国内对外资技术的依赖和外国研发机构对国内研发机构的排挤的替代效应。王春法（2004）也提出了要认真反思以 FDI 提高内生技术能力的发展战略。最新的研究成果是，余泳泽（2012）基于"技术势能"假说，利用我国高技术产业数据进行实证检验表明，外商投资规模、技术势能与

潜在市场规模对FDI技术外溢的影响都具有一定的"门槛条件"，只有三者在适度值范围内技术外溢才会表现得积极而显著。

在FDI与国内投资的关系方面，具有代表性的成果有：陈创（1995）等从FDI的数量、来源、地理分布以及组成等几个方面讨论了中国在1978年以后的经济发展中FDI的作用问题，结果表明FDI不仅促进了中国经济增长和固定资产投资的增加，而且极大地改善了国内制造业在全球范围内的竞争力。国内学者田素华、张旭欣（2012）认为FDI进入占中国年度固定资产投资总额的比重经历了先增加后下降的过程，呈现出显著的倒U型变动特征，对中国国有企业（计划型企业）和民营企业（市场型企业）的投资活动产生不同影响。

在FDI与就业关系方面，胡祖六（2004）认为FDI对促进就业立下了汗马功劳，创造了数以千万计的工作岗位，为大量农村闲置劳动力进入制造业以及国企下岗职工重新就业也做出了积极的贡献。但与之相反的是，余永定（2004）认为，由于外资企业减员高效的用人目标与中国实现工业化、解决大量农村劳动力向城市转移的目标不一致，另外外资也使一部分国有企业倒闭，客观上造成失业增加，尤其是低技术水平工人的失业。因此，外资既有增加就业的创造效应，又有摧毁效应。在FDI与东道国人力资本关系的研究上，博伦斯坦（Borensztein，1998）等使用69个发展中国家1970—1989年的数据，对OECD成员国进行研究，发现FDI与人力资本之间具有很强的协同作用,当 FDI 给定时,劳动力教育水平越高,FDI 对经济增长的促进作用越大。戴维·惠勒和莫迪（Wheeler, David & Mody, 1997）则通过对中国的有关情况的研究证实了 FDI 与教育的相互作用。S. L. 赖特、H. 凯文和斯廷斯玛（S. L. Reiter, H. Kevin and Steensma, 2010）也认为 FDI 对人力资本的提升及影响效应是显而易见的。

③收入效应。FDI 收入效应的相关研究旨在发现 FDI 与东道国收入分配的关系,陈创等的研究中也指出了 FDI 流入中国所造成的诸如恶化了收入分配等一些不平等的现象。邵敏、黄玖立（2010）通过外资与我国劳动收入份额的分析认为 1998—2003 年我国工业行业劳动者报酬份额平均降低了约五个百分点,其中外资进入对该降幅具有相当的解释力,而这种负向作用主要来源于其负向的"工资溢出"效应。沈桂龙、宋芳钊（2011）基于多维变量基础上的实证研究认为 FDI 对中国城乡总量收入差距之间并不存在关联,但与人均收入差距有着明显的正相关关系,因此,为更好地利用 FDI 发挥其对收入分配的积极影响,应鼓励和引导外商投资企业在中西部地区投资,进一步降低外资在某些产业上的进入门槛,培育和壮大国内民营企业。

④消费效应。由于巴格瓦蒂所提出的"贫困化增长"的核心就是经济增长所伴随的居民消费水平的下降,因此与 FDI 的消费效应相关的重要研究成果实际已囊括在"贫困化增长"理论研究文献当中。所以,这里就不再重复枚举相关文献。

⑤进出口效应。研究 FDI 与进出口之间的关系的代表文献有：马明和（2003）选取 1983—2000 年间我国 FDI 与 GDP、进出口总额的时间序列资料，实际测算了 FDI 对对外贸易的贡献，结果表明，FDI 与我国经济增长、对外贸易具有较高的正相关关系。王少平（2006）在采用我国东、中、西部地区 1992—2003 年的面板数据分析 FDI 对我国对外贸易效应的研究中，得出结论：对东部地区而言，FDI 对出口有显著的创造效应，而对中、西部地区的创造效应却不显著。

⑥生态效应。FDI 的生态效应是近年来学术界探讨的一个新兴议题，出现了一些探讨 FDI 对东道国生态环境影响的相关文献，如俞海山（2005）认为国际直接投资产生的外部效应可能加剧发展中国家生态环境恶化。杨海生（2005）等从定性和定量描述的角度探讨了 FDI 对我国环境库兹涅茨曲线（ECK）的影响，研究发现 FDI 与水污染物排放之间呈现出显著的正相关关系。李子豪、刘辉煌（2010）利用我国 2001—2007 年 36 个工业行业的面板数据实证研究了 FDI 对我国环境的综合影响。结果表明 FDI 相对规模和技术水平的提高对环境产生了显著的积极影响，而 FDI 资本密集度的提高则对环境产生了一定的负面影响。另外，张学刚（2011）基于外商直接投资、经济规模、环境交互影响的分析框架，从规模效应、结构效应、环境技术效应、管制效应的多重角度探讨 FDI 影响环境的作用机理。研究结果表明：FDI 对环境产生了消极的规模效应、积极的结构效应、积极的环境技术效应，管制

效应尚不明显，总效应为负。因此，大力加强环境管制等政策措施应是实现 FDI 正面环境效应的有效途径。

（2） FDI 负效应

除了更多对 FDI 正面效应的分析外，有不少学者开始关注对 FDI 负面效应的研究。随着全球化进程的加速以及发展中国家的对外开放，FDI（Foreign Direct Investment，外商直接投资）的正负效应所出现的复杂化与不确定性越来越多地受到世界各国的普遍关注。尽管人们对 FDI 的积极效应存在着普遍的认同，但根据不同国家制造业数据所得到的经验研究结果却并不乐观，黄智聪（2004）针对中国制造业现状专门研究了 FDI 的产出效应具有不确定性的影响。另外，泰（Thee KW, 2006）、若兹·P. 戴米简（Joze P. Damijan, 2006）从产出效应、要素效应、进出口效应等角度分析了技术溢出对 FDI 引进国存在正负效应或不显著影响。如泰姆邦乌和艾莱·诺伊（Tam Bang Vu and Ilan Noy, 2009）运用 OECD 的六个成员国的部门数据进行研究得出投资于不同国家或不同部门的 FDI 对经济增长产生的各种效应差异较大。另外，也有部分学者（Vissak and Roolath, 2005; Andreas&Munisamy, 2008）的研究结论显示 FDI 可能对东道国经济增长产生负面影响，特别是落后国家在吸引了来自发达国家 FDI 的同时，虽然加快了制造业的增长，但污染也在急速增多，对生态环境产生的负面效应不能不对 FDI 引进给予重新认识与定位。类似地，M. 康斯坦丁·瓦克

（Wacker, Konstantin M.，2011）通过采集50个发展中国家1980—2008年动态面板数据的研究显示了FDI对发展中国家的经济增长效应具有不确定性。与此同时，国内学者对该问题研究的成果也层出不穷：余永定（2006）从FDI对中国经常项目与资本项目"双顺差"的影响中比较了FDI类型的不同正负效应，提出了调整外资类型对经济增长的重要性。同时，王少平（2006）在采用我国东、中、西部地区1992—2003年的面板数据分析得出FDI对出口的创造效应在各地区是不同的；项本武（2006）在基于中国经验数据的实证基础上，对FDI贸易效应的研究表明进口效应与出口效应的拉动作用是不一致的。从目前的相关研究课题来看，同济大学的吴健伟教授在2002年主持的国家自然科学基金项目"引进外资政策与效益损失研究"的过程中提出了FDI产生投资负效应的思想，继而，黄新飞（2007）、黄庐进、张小辉（2008）等学者提出了FDI对我国通货膨胀、环境污染有负面影响，持相反观点的时磊（2012）通过对1990—2009年中国省级面板数据进行的实证检验表明FDI推动中国经济增长的同时也提高了居民人均消费支出，设想的FDI负面影响居民人均消费支出的收入不平等效应则被证实是不存在的，而且认为FDI流入一定程度上还修正了这种制度的缺陷；张彦博（2008）、李宝值（2009）实证了FDI投资结构的不合理，提出以下问题即FDI主要集中在第二产业，而第二产业主要集中在制造业，以劳动密集型为主，技术外溢效果不明显，同时我国相对宽松的环境管制政策吸引了 FDI 进入部分高污染、高能耗的行业，使我国成为其"污染避难所"。这些最新的研究成果表明 FDI 的负效应已越来越不能被忽视，从可持续发展角度研究 FDI 负效应已经开始涉足到了经济增长的质量问题，这些成果无疑为本书从 FDI 的角度研究"贫困化增长"问题奠定了可以借鉴的基础。

这些实证结果提示：制造业中 FDI 引进的负效应对国民福利的恶化已越显突出，应该引起引资国的高度重视。FDI 在带来经济增长、就业扩大等正效应的同时，对产业结构、环境污染等负效应的表现也引起了学术界的普遍关注，"贫困化增长"是各种正负效应的福利比较，FDI 的溢出效应如何影响福利水平？只有对 FDI 的合理评价才能给出具有说服力的观点。

2.1.4 关于 FDI 效应评价的研究

国外对 FDI 的评价起步较晚，库梅尔（Kumar，2002）在对 70 多个国家进行 FDI 效应评估的过程中，较早系统性地引入了 FDI 评价指标体系，将 FDI 对引资国的经济增长、技术提升、知识扩散、促进出口等方面确立为评价指标，2005 年库梅尔再次发表研究成果拓展了 FDI 评价体系，将组织管理技术也纳入到评价体系以作为提升引资国的重要指标。但库梅尔的指标体系缺少对 FDI 政策体系的度量，也缺乏对引资国状况的全面描述，例如引资国贸易环境成本、收入差距风险、产业结构等。在此基础上，伊莎贝尔·费思（Isabel Faeth，

2009）总结了研究 FDI 的九个理论，特别强调了新古典贸易理论、水平和垂直 FDI 模型、知识资本模型、政策变量模型等，把 FDI 的制度性描述（如公共政策等）引入到评价模型中，在评价体系中强调了制度因素的重要性，但对制度政策的外部性研究却显不足；蓝晶、垣中允、黄先国（2012）将 FDI、人力资本与环境污染结合起来进行研究发现不同人力资本水平下 FDI 的环境效应是不同的；同时，王东、吴张兰（2012）认为 FDI 与地方环境效应的关系是积极的，其中，特别强调了市场导向对 FDI 效应的积极影响与作用。另外，John Gilbert（2009）的工作论文通过多目标规划理论对 FDI 进行数量与质量的多因素评价使其评价指数更加趋于合理，但对指数的权重确定采取简单的等权重处理，仍缺乏针对性。

从国内对 FDI 的评价看，赖明勇、许和连、包群（2003）虽然没有做出对 FDI 的直接评价，但通过构建的理论模型对出口贸易与经济增长的评价是值得借鉴的；陈自芳（2005）从 FDI 的溢出效应入手提出了评价标准，分别设立了直接影响和间接影响两大类指标体系，共 14 个指标衡量。傅元海、方齐云（2007）的课题成果分别从经济增长、溢出效应、出口溢出、产业结构、R&D 溢出效应、经济结构效应六个方面展开分析了我国东、中、西部的 FDI 引进质量指标体系。刘渝琳（2007）针对 FDI 效应设置的综合福利指数评价福利水平是分析贫困化增长的基础，但福利条件指数缺乏对指标的动态考虑；最新的研究成果费宇、王江（2013）则选取 FDI 及影响

FDI 的市场规模、基础设施、产业结构等八个变量作为解释变量构建单因素和多因素 PSTR 模型表明我国经济增长与 FDI 之间存在着平滑转换机制效应；FDI 对经济增长的影响是非线性的；FDI 是我国各地区经济增长的充分条件，但不是必要条件；提出 FDI 具有明显负效应的王舒鸿（2012）通过 FDI、劳动异质性与我国劳动收入份额的研究发现 FDI 引入对我国劳动收入份额也具有负面影响。另外，代迪尔、李子豪（2011）通过构建多维度的 FDI 工业行业碳排放模型，从 FDI 的规模效应、结构效应、技术效应和管制效应四个方面进行了综合考察。研究表明，FDI 增加了中国工业行业的碳排放，总效应是负的，但 FDI 的规模、结构、技术和管制效应存在差异。FDI 通过推动行业规模扩张和资本劳动比的上升显著增加了各行业的二氧化碳排放，其规模效应和结构效应为负，但 FDI 的环境管制效应对各行业碳排放的约束作用不明显。江小娟（2008）从制度创新的角度提出了创造良好的投资环境和便利跨国企业运营的要求，促进政府服务水平和治理能力的提升是评价外资环境、推动外商投资的主要因素。面临后危机时代，徐康宁教授（2009）用省级数据分析了中国 FDI 的区位决定因素与评价，认为集聚经济、劳动力成本、基础设施水平等不仅影响了 FDI 的区位决定因素，而且对 FDI 的合理性也做出了区域差异性评价；魏彦莉（2009）认为，在资金与外汇短缺问题已基本解决的后危机时代，对外资的评价应该从自然系统、经济系统、技术系统和社会系统四个方面，并且各系统下又采用 11 个指标进行全面评价,但对指标选择仍存在主观随意性。

这些成果提示:FDI 评价涉及"福利条件"的衡量,但大多指标侧重于静态角度的考量,指标选择、权重确定如何科学合理的反应 FDI 福利指数也没有得到学术界认可的标准,设置科学合理的 FDI 动态评价指标体系将有可能成为后危机时代优化 FDI 与政策支持的基础。

"贫困化增长"理论的核心是贸易条件的衡量,学术界虽然较少有 FDI 导致"贫困化增长"的研究成果,但 FDI 影响贸易条件进而隐含"贫困化增长"的研究成果值得借鉴。

2.1.5 FDI 与"贫困化增长"关系理论综述

(1) 国外研究现状与述评

FDI 引进是否会导致"贫困化增长"问题,国外学者尽管没有直接进行研究,但在研究贫困化问题时涉及 FDI 的著名经济学家约翰逊(Johnson,1977)在论证了受关税保护的发展中国家在资本引进或技术进步条件下其发展趋势可能会恶化贸易条件进而引发"贫困化增长"。此后,伯特兰和弗拉特斯(Bertrand & Flatters,2002)和桑拿·兰达斯(Sanna Randaccio,2002)的研究基本继承了约翰逊的分析思路,强调了关税扭曲对一国引资政策的影响。进一步分析了东道国保护政策所造成的扭曲是 FDI 引致"贫困化增长"的根源。布雷彻和迪亚斯(Brecher & Diaz,2005)和苏拉·阿尔法和安德鲁·查尔顿(Laura Alfaro & Andrew Charlton,2007)在两篇具有代表性的论文中论证了如果发展中国家的增长部门是受关税保护,而且外国资本的引进是没有条件约束的,那么势必会造成发展中国家出口与进口的失衡,贸易条件指数的提高势必导致"贫困化增长"。进一步地,巴克利等(Buckley et al,2004)、贝尔和马林(Bell&Marin,2004,2006)等拓展研究了FDI对引资国的技术和知识提升作用的同时,则认为FDI技术溢出未必能带来引资国生产要素的提升,甚至在一定程度上导致贸易条件的恶化。最新研究成果(Sajid Anwar,2009)也指出外资对一国福利的影响主要取决于其投资的部门和东道国的经济特征,从而影响到东道国的福利变化。特别值得一提的是杰·S. 马(Jai. S. Mah,2009)通过对流入中国的FDI与经济增长进行协整检验认为FDI的流入并不是经济增长的原因,而经济增长却是FDI大量流入的原因,对FDI引进是否带来经济增长的问题提出了质疑。

(2) 国内研究现状与述评

国内学者对二者关系的研究虽不多,但已有一些观点值得借鉴。黄平、索瓦罗(2003)认为,在我国关税保护、超国民待遇优惠政策下,一方面由于FDI主要流向我国具有比较优势的出口部门,导致了出口部门的扩张,形成了超额供给;另一方面,我国对中间产品的进口需求不断增加,形成了超额需求,二者共同作用是导致我国贸易条件长期恶化的重要原因。刘青海、王忠(2010)通过FDI规模、政府行为与

"贫困化增长"防范的研究认为我国可能出现"贫困化增长"趋势的根源在于政府主导下的投资推动型的经济增长模式。从中国目前的现实来看,以转型深化为基础、推动经济增长方式的转化、避免地方政府在吸引FDI上的恶性竞争化、减少其负面效应进而防范"贫困化增长",不失为一种可行的发展模式。另外,庄芮(2005)全面系统地分析了FDI对发展中国家贸易条件变动的影响、发生的路径和机制,认为FDI通过政策、工资、贸易结构影响价格贸易条件,通过一国的出口数量影响收入贸易条件以及通过生产率变动影响要素贸易条件。进一步地,竺彩华(2009)认为FDI主要通过国际收支效应、产业结构变动效应等影响东道国的价格贸易条件,并影响中国的经济增长,如不从根本上消除我国外资引进中存在的出口结构不合理、出口收入的增加主要依靠规模的扩大、加工贸易增值链较短等不利因素,我国就有出现"贫困化增长"的可能。进一步地,黄玲(2010)认为FDI流入对中国所产生的贸易条件效应出现了新的变化,FDI流入对中国产生了"工资外溢"效应,但并没能通过该效应改善其价格贸易条件,从而导致较大的价格贸易条件的波动。刘渝琳(2010)的研究成果则通过中国区域FDI的综合效应比较了区域福利变化进而可能导致"贫困化增长"的差异性,并认为对其衡量标准的贸易条件需要进一步拓展。

这些成果提示:超国民待遇的优惠政策或扭曲手段对FDI引进的结果可能更加恶化引资国的国民福利,而贸易条件已不能准确反映 FDI 影响福利变化的现实状况，因此对 FDI 与"贫困化增长"关系的研究应该寻找比贸易条件含义更丰富的衡量标准才可能对后危机时代的引资政策调整给予更合理的解释。

（3）已有研究评价

国内外对"贫困化增长"与 FDI 关系研究的主要成果体现在以下几方面：一是在"贫困化增长"理论的基本分析框架下，一定程度上揭示了 FDI 与"贫困化增长"的内在联系；二是重点分析 FDI 引致东道国"贫困化增长"的条件和途径；三是对如何避免 FDI 引致东道国"贫困化增长"问题进行了深入探讨。但是，由于"贫困化增长"理论本身的缺陷以及对该问题研究的相对停滞，使得对这一问题的研究存在严重的不足，主要体现在：一是"贫困化增长"理论的缺陷，特别是贸易条件的局限性，造成了人们在分析 FDI 引致"贫困化增长"原因和途径的过程中存在着片面性；二是由于缺乏适合的衡量工具，对该问题的研究停留在理论探讨上，缺乏实证的支持；三是相关理论模型都是以充分就业、市场出清、FDI 同质性等苛刻的假设前提为基础，并不符合现实情况，所得结论的有效性在很大程度上受到了质疑；四是在分析方法上几乎采用的是比较静态分析法，而非动态分析方法，因而结果只反映短期特征，而无法揭示 FDI 与"贫困化增长"之间长期性、趋势性的规律，难以与东道国经济发展过程有机地结合起来，指导其外资政策的合理设计与安排。

2.1.6 文献评价

纵观国内外研究现状，可以发现如下重要特征："贫困化增长"与 FDI 效应理论虽然是两个不同的理论体系，但其本质有着惊人的一致性：即探讨效应对东道国的影响。迄今为止学术界还没有将上述 FDI 的各种效应统一在一个框架下进行系统研究的成果。本研究正是在这一启示下展开的。

在借鉴前人研究成果的基础上，以下问题需要探索与突破：

①面对我国 FDI 的资本项目和贸易项目的双顺差、核心技术缺乏、产业结构失衡、贸易保护主义抬头（余永定，2010）、FDI 绩效评估扭曲等大背景下，在推动经济结构调整和低碳经济发展的后危机时代，如何公平内外资政策待遇、应对后危机时代的外资转型？如何在目标定位上从数量型 FDI 转向兼顾数量与质量、静态与动态结合的"**福利型 FDI**"？

②目前学术界尽管出现了从 FDI 角度分析"贫困化增长"的苗头（Brecher & Diaz，2005；Sajid Anwar，2009），但仍然未将"贫困化增长"与 FDI 关系完全纳入发展中国家的经济发展过程进行评价。如何使二者结合起来进行研究？国际上采用的代表性指标——价格贸易条件衡量"贫困化增长"并不能综合反映一国经济发展的真实水平。当考虑到后危机时代对经济发展的质量需求时，则几乎所有的贸易条件问题都可以转化为"福利条件"问题。如何跳出由价格指数决定的

贸易条件框架,设置反映一国经济发展综合效应指数的"福利条件"来衡量"贫困化增长"?

③以往研究 FDI 效应评价主要是从经济增长的单方面数量效应设置指标,较少反映 FDI 的质量与负面效应,如何从质量与数量相结合反映 FDI 的综合效应?另外,从商品、收入、要素等传统理论反映的贸易条件指数在计量上大都采取了简单的等权重处理(John Gilbert,2009),且指标选择的随意性始终存在,如何克服等权重与指标选择随意性的不足以更科学地反映 FDI "福利条件"的综合效应指数?

④FDI 对东道国家的经济增长有重大贡献,但数量型 FDI 引进的负效应也越加凸显,后危机时代如何甄别 FDI 的类型及评价正负效应的影响?

⑤国内外对引进外资的政策体系构想都强调了政策实施的倾斜性或差异性,忽视了作为公共产品属性的政策体系具有的外部性特征(外部性有正效应和负效应),如何避免 FDI 引进政策的外部负效应所带来的福利改善与经济增长的非均衡发展?

因此,本研究力图在此有所突破并解决如下问题:如何科学构建反映 FDI 综合效应的评价体系?如何通过 FDI 的数量效应与质量效应衡量 FDI 的综合指数?如何揭示 FDI 负效应与"贫困化增长"的内在关系?如何甄别优化 FDI 结构,避免 FDI 负效应所导致的"贫困化增长"?

2.2 理论拓展及借鉴

任何理论的提出都具有时代背景与存在前提，因此，没有任何一种理论是"放之四海而皆准的真理"。"巧妇难为无米之炊"，前人的研究是我们继续前行的基石，而"与时俱进"则是我们必须秉承的理念。众所周知，理论只能借鉴，不能照搬。传统"贸易条件指数"从理论层面上为衡量"贫困化增长"提供了方法借鉴，但并不完全适用于全球化背景下发展中国家衡量"贫困化增长"的真实内容，在我国FDI对经济发展做出重大贡献的现实状况下，在"贫困化增长"苗头或趋势存在的背景下对引进FDI进行综合效应评价，不仅可对发展中国家福利状况的变化进行真实反映，而且也是对"贫困化增长理论"的进一步拓展与修正。

2.2.1 "福利条件"指数是衡量"贫困化增长"的参考依据

"贫困化增长"的本质是经济增长后价格贸易条件、收入贸易条件以及要素贸易条件的全面恶化，从而造成福利水平的下降。但由于贸易条件的严格限制及局限性，本研究拓展"福利条件"替代贸易条件更有利于对国家福利变化的真实衡量。"福利条件指数"是反映生产要素、产出、消费、收入、进出口、生态等数量效应和质量效应的综合效应评价指数，较之"贸易条件指数（Terms of Trade）"从价格、收入、要素反映"贫困化增长"的范围要全面且客观得多。福利条件指数的计量不仅从福利角度扩展了对"贫困化增长"衡量的内容，更重要的是修正了"贫困化增长"的前提及标准，这不仅是对原有理论的创新，更重要的是为衡量"贫困化增长"的标准提供了依据。

2.2.2 本体建模技术是选择"福利条件"指标的手段

本体（Ontology）是近年来计算机及相关领域普遍关注的一个研究热点，作为一种能在语义和知识层面上描述信息系统的概念模型建模工具，已被广泛应用于知识工程、系统建模、信息处理、数字图书馆、自然语言理解、语义 Web 等领域之中。20 世纪 90 年代以来，研究人员从各自的专业角度出发对本体的理论和应用进行了深入研究，取得了丰富的研究成果，本体理论与技术也随之日趋成熟，随着本体在许多工程评估中的应用，其越来越方便成熟的建模技术为本研究提供了可借鉴的基础。

与其他建模语言相比，本体加强了建模语言语义的严格描述，继承了形式化规范说明语言的研究成果。本体的体系结构应该包括三个要素：核心元素集、元素间的交互作用以及这些元素到规范语义间的映射关系。其研究方法的核心思想是，从本体工程的基本思想出发，借助词表法对选词进行规范化处理，并选择合适的顶层本体，对本体领域构建进行标准化处理，最后将本体领域嫁接入顶层本体中。基于顶层本体的领域本体构建框架，对"贫困化增长"评价指标进行选择，通过对指标用例模板的描述来消除多余的输入变量，并不断抽象和泛化，最后得到一个具有层次结构的指标集合——指标体系。在此基础上，借鉴软件系统框架的复用思想，结合本体方法通过面向服务型构件的知识本体库及逻辑结构映射，构建FDI效应评价体系框架。

2.2.3 福利经济学理论是构建FDI效应评价的科学基础

福利经济学是西方经济学家从福利观点或最大化原则出发，对经济体系的运行予以社会评价的经济学分支学科。福利经济学的主要特点是：以一定的价值判断为出发点，也就是根据已确定的社会目标建立理论体系；以边际效用基数论或边际效用序数论为基础建立福利概念；以社会目标和福利理论为依据，制定经济政策方案。福利经济学经常采用优化动态理论构建以"效用最大化"为目标的理想化模式，该理论无论是主张既要经济效率又要公平分配的观点或者强调经济效率而不讨论公平分配的学派，都吸取了生产效用或消费效用最优化的思想，这为本研究拓展FDI效应与"贫困化增长"的关系、在动态优化模型、生产函数模型及消费福利模型共同约束下构建福利最大化综合效应提供了可以借鉴的基础。

2.2.4 层次分析与因子分析是构造"福利条件"指标赋权的科学依据

指标的权重是衡量该指标对研究对象影响的重要性的量。一般而言，指标在实现研究目标的作用和功能上的重要程度是不一样的，即指标的"权重"（权系数）是不一样的。所以在确定指标"权重"时需要考虑指标反映系统目标和系统功能的重要性大小。指标的权重一般通过数学模型方法获得，目前主要分为主观赋权法和客观赋权法两类。在传统的研究指标体系评价的理论中，大多数学者采用的是以层次分析法（AHP）进行主观赋权的思想，本研究借鉴了该种方法确定指标权重。为了更好地矫正 AHP 方法的主观不足，采用因子分析提取公因子进行有效补充，使其指标赋权在因子组合赋权的确定中得到了较好的矫正。

因子分析的基本目的就是用少数几个因子去描述许多指标或因素之间的联系，即将相关比较密切的几个变量归在同一类中，每一类变量就成为一个因子（之所以称其为因子，是因为它是不可观测的，即不是具体的变量），以较少的几个因子反映原始资料的大部分信息。运用这种研究技术，我们可以方便地找出影响"福利条件"指数的主要因素是哪些，本研究通过因子分析得出的反映产出、进出口、收入、要素等数量效应，以及反应消费结构、生态变化等质量效应的这两大因子，对 FDI 综合效应的评价得到了有效的解释力度，为构建"福利条件"综合指数在不同区域的具体表现奠定了可操作的依据。

2.2.5 外部性理论是构建"福利条件"综合效应指数的理论指导

外部性是马歇尔于 1890 年在《经济学原理》一书中首先提出来的概念。外部性指的是私人收益与社会收益、私人成本与社会成本不一致的现象。新制度经济学丰富和发展了外部性理论，并把外部性、产权以及政策制定联系起来，从而把外部性引入政策分析之中。第一，政策是一种公共物品，本身极易产生外部性；第二，在一种政策下存在、在另一种政策下无法获得的利益（或反之），这是政策改变所带来的外部经济或外部不经济；第三，在一定的政策制度安排下，经济个体得到的收益与其付出的成本不一致，从而存在着外部收益或外部成本。政策制度外部性实质上就是社会责任与权利的不对称。

外部性理论不仅涉及我国现实的人口、生态、环境问题，而且涉及公共产品的效率和制度安排问题。本书在研究FDI引进导致生态破坏、环境损失等负效应的理论分析中，由于资源环境利用的福利经济性质，不可避免地存在对资源环境的外部性特征。为了避免对生态破坏、环境污染等FDI引进带来的外部负效应，本研究力图构造动态演变的制度模式，从而为"外部性并非无效率"这一命题增加新的注释，为FDI可能引致"贫困化增长"提供新的思路。

2.2.6 博弈理论是研究FDI甄别、优化机制的分析工具

新古典经济学有两个基本假定：一是市场参与者的数量足够多，从而市场是竞争性的；二是参与人之间不存在信息不对称问题。这两个假设在现实中是不满足的。在不完全竞争市场中，人们之间的行为是相互影响的，所以一个人在决策时必须考虑对方的反应，这就是博弈论要研究的问题。在新古典经济学研究受到理论界及学术界的挑战后，接近于现实的博弈论适时地发展起来。作为一种关于决策与策略的理

论，博弈论来源于一切通过策略进行对抗或合作的人类活动和行为。作为影响 FDI 引进的不同效应及其运行过程，明显存在政府、企业、委托人与代理人之间的博弈行为。因此，本研究在借鉴博弈理论与方法的基础上，基于委托代理模型构造我国 FDI 引进中的优化机制，使制度机制在政府、企业之间达到均衡。

2.3 对现有研究的反思及进一步研究的必要性

2.3.1 对现有研究的反思

第一，国内学术界的研究虽然在 FDI 效应单方面评价问题上取得了一些具有创新性的研究成果，但对"贫困化增长"的研究还主要借鉴国外的研究思想，几乎没有脱离国外"贫困化增长"的研究框架。

第二，相对于国内研究文献，国外对于"贫困化增长"的研究无论在方法、深度、广度上都要先进许多。传统的贸易条件指数的提出较好地拟合了当时研究"贫困化增长"的福利增长问题，是纯理论研究向系统性、科学性、可比性、可操作性的数量化研究挺进的重要尝试。但是由于其自身存在的局限性和时代性特征，贸易条件指数反映的价格、要素、收入等数量化特征并不能反映目前对于 FDI 质量指数的需求。

第三，国内外学者对 FDI 效应的研究历史并不长，随着研究的深入，FDI 效应的综合性特征已得到学者们的共识。但是对FDI数量效应和质量效应的内容界定、指标体系的构建等内容却没有达成共识，因此FDI综合效应评价研究并未形成被广泛接受的系统理论与方法。也没有一个对FDI综合效应评价的权威性指数，更没有一个将FDI纳入"贫困化增长"研究框架的理论体系。

第四，目前学术界对FDI效应指数的研究主要聚焦于数量效应分析为主，"贫困化增长"的衡量也主要反映其数量化特征，"贫困化增长"综合评价设计较少考虑到FDI质量效应的变化对福利的动态安排，无法满足后危机时代对FDI引进的需求，缺乏可持续发展的思想。

2.3.2 进一步研究的必要性

第一，从研究内容来看：大量研究文献表明，对"贫困化增长"的研究主要集中在要素、收入等数量效应方面，而较少涉及消费结构、生态环境等质量效应的内容，特别是关于FDI类型及效应与"贫困化增长"结合起来进行"福利指数"的综合评价几乎没有专门的研究著述，更没有对后危机时代FDI引进具有启发意义的前瞻性成果，这也是本书研究的实践价值所在。

第二，从研究视角来看：以往研究多从福利经济学、国际贸易的角度进行分析，而本研究将结合本体建模理论、计量经济学等手段，并引入福利经济、博弈论等深入挖掘引致"贫困化增长"的FDI综合效应的根源以期能够构建科学合理的FDI优化机制，这是本研究的理论价值所在。

第三，从操作性来看：本研究通过应用本体系统选择指标体系，EVIEWS 软件、SPASS 软件检验 FDI 综合效应评价等一系列技术模型与理论，这不仅为本研究得出的结论提供科学的依据及论证，而且也是本研究中做出的应用性贡献，同时也可为其他领域的相关研究提供可以借鉴的方法论思想，这也是本研究的创新价值所在。

2.4 本章小结

本章分别对"贫困化增长"理论和 FDI 效应理论进行了大体回顾，发现"贫困化增长"与 FDI 效用理论虽然是两个不同的理论体系，但其本质却有着惊人的一致性：那就是两大理论均以效应分析为核心内容。"贫困化增长"理论侧重于不同效应之间的对比，该理论所提倡的将不同效应结合起来进行综合评价的思想值得借鉴，本研究正是在这一启示下展开的。但"贫困化增长"理论发展至今所涉及的效应仅限于产出效应、消费效应与收入效应，成为限制该理论的最大瓶颈，因此必须对该理论的效应范畴进行进一步拓展。相比之下，FDI 效应理论则侧重于研究 FDI 单方面或其他几方面的效应，这种研究方式忽略了对不同效应之间联系的把握，从孤立的角度考察 FDI 对东道国某方面的影响，削弱了其对东道国外资政策的指导性。但纵观 FDI 效应理论体系，几乎囊括了 FDI 产生的所有效应，为进一步研究 FDI 与"贫困化增长"之间的联系提供了广阔的效应选择空间。这也为后危机时代体现多种效应特征以评价优化 FDI 提供了理论支撑与实证支持。在下一章中，我们将在借鉴"贫困化增长"理论和 FDI 效应理论的基础上，取长补短，对传统理论进行拓展，力求揭示 FDI 引致东道国"贫困化增长"的机理与原因所在。

第三章

理论拓展模型

随着后危机时代的到来，FDI对发展中国家特别是对中国经济的影响越来越具有不确定性。FDI在为中国经济获得资金和技术、扩大就业、改变进出口结构等方面产生了积极的作用，但对中国的环境、生态、产业结构等方面所产生的负面效应却越来越引起政府和学术界的高度重视。对此，通过动态优化模型构建FDI引进对我国国民福利变化的综合效应评价，力图在理论上构建FDI的数量效应转变为数量与质量结合的综合效应评价以防范"贫困化增长"的理论框架。

3.1 "贫困化增长"的理论拓展

3.1.1 "贫困化增长"的实质

从"普雷维什-辛格命题"对国际贸易互利性的基本结论提出质疑，到巴格瓦蒂明确提出"贫困化增长"概念，直至半个多世纪后的今天，"贫困化增长"已基本形成一个完整的理论体系。通过研读该体系中的主要成果，本研究发现"贫困化增长"概念有许多不同的表述形式，但这些表述都意在向世人阐述这样一个核心思想："**国际贸易行为产生的效应具有两面性，它在给发展中国家带来诸如经济增长等正面效应的同时，也可能产生一些负面效应；当负面效应大于正面效应时，便出现了所谓的'贫困化增长'。**"对"贫困化增长"的分析，实际上就是对国际贸易产生的正负效应的比较判断。但长期以来，针对该问题的研究几乎都将国际贸易的正效应等同于经济增长，而将其负效应等同于消费或收入的下降，这种认识不仅大大局限了"贫困化增长"理论的发展空间，同时也使得该理论对发展中国家在贸易实践的指导性方面大为减弱。因此，若要全面客观的分析"贫困化增长"问题，增强理论的现实指导性，就必须走出上述认识的误区，以效应分析为出发点，做到与理论核心思想的紧密契合。

对中国而言，我国进出口贸易的一半以上来自于 FDI 的贡献，因此研究国际贸易与"贫困化增长"的关系实际上是研究 FDI 与"贫困化增长"的问题。现实中，不同的 FDI 类型引进所产生的效应各有不同,甚至同一国际贸易行为由于作用环境不同也会产生不同的效应。有的国际贸易行为产生的效应可能是单一的,而有的则会产生多重复杂的效应。那么,效应的实质究竟是什么呢?追根溯源,"贫困化增长"理论中所涉及的效应,如经济增长、商品价格变化、收入变动等,实际上都是一国某方面福利发生的变化,**效应分析的实质就是分析国际贸易行为带来的一国福利变动的状况**。

根据福利经济学理论,社会福利可划分为生产福利和消费福利两部分(晏智杰,2002)。社会生产的两个基本方面就是投入和产出,因此影响生产福利的主要因素包括:社会最终产出、生产要素投入。影响社会消费的因素较为复杂,主要包括:居民收入、居民消费、进出口、生态因素。从理论上讲,国际贸易行为是通过影响以上六大因素,使得一国福利发生改变的。因此,结合文献和上述经济理论分析的成果,将国际贸易行为改变一国福利的主要途径归纳为:

①生产途径,即产出效应和要素效应。这两种效应分别代表国际贸易行为对一国最终产出[①]和要素投入的影响。

②消费途径,包括收入效应、消费效应、进出口效应和生态效应。它们分别代表国际贸易行为对一国居民收入、居民消费、进出口以及生态环境的影响。

上述六大效应基本涵盖了国际贸易行为对一国经济影响

---

① 通常意义上是指国际贸易行为对经济增长的影响。

的主要内容。该体系在文献整理与福利经济学理论中得到重要启示，在考察一国综合福利时，将生产福利和消费福利同时纳入考察范围。一方面，从投入和产出的角度，分析国际贸易行为如何使一国生产福利发生改变；另一方面，从收入、消费、进出口和生态等层次分析国际贸易行为对一国消费福利影响。值得注意的是，本研究将生态效应特别列入分析范围，体现了当前对资源环境高度重视的世界性趋势，符合可持续发展思想。在此基础上，"贫困化增长"概念将与其理论精髓更加紧密地结合在一起，为该理论的发展提供一个更为广阔的思维空间。

3.1.2 FDI可能引致"贫困化增长"的拓展思路

传统"贫困化增长"理论中，贸易条件——包括价格贸易条件、收入贸易条件和要素贸易条件是衡量"贫困化增长"的基本工具。但随着"贫困化增长"概念内涵与外延的拓展，无论哪种单一的贸易条件都不能全面反映一个国家国民福利的真实情况。因此，必须重新寻求一套更为有效的工具来衡量全新意义上的"贫困化增长"。

本研究通过对基本概念的重新界定以及对效应分析的进一步探索，认为识别"贫困化增长"的关键实际上是对国际贸易行为造成一国福利得失的判断，所以将采用"**福利条件**"(Terms of Welfare) 作为衡量"贫困化增长"的工具。本研究认为新的衡量工具必须在六大效应的基本模式之上，对国际贸易行为引发"贫困化增长"的各种途径进行全面考察。这样,任何单一的指数分析都已不能满足对"贫困化增长"问题的分析,因此,当务之急是设计出一套包含六大效应的综合指标评价体系,并计算出"**福利条件指数**"(Index of Terms of Welfare),作为衡量"贫困化增长"的评判依据(图3-1)。

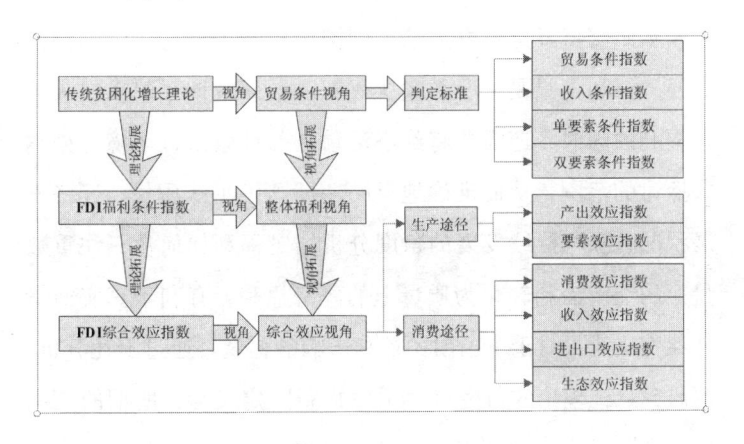

图3-1 "贫困化增长"效应的理论拓展

3.1.3 从贸易条件到"福利条件"的拓展

为了更为清晰和直观地反映国民福利的变化,在借助了标准贸易模型的基础上,引入外资流入这一变量,通过对生产可能性曲线和社会无差异曲线(生产角度与消费角度)的分析,揭示外资流入在"福利条件"变化情况下对国民福利的影响。

(1)"国民福利(National Welfare)"的含义界定

一般认为,福利的概念有狭义和广义之分,广义的福利概念称作社会福利，它不仅包括经济福利，而且还包括非经济福利。而狭义的福利概念是庇古（A. C. Pigou）提出的与经济生活有关的、能够直接或间接同货币量有关的那部分社会福利即国民经济福利，简称国民福利（National Welfare）。

本研究将可持续发展纳入到国民福利的概念中，强调国民经济福利不只是一种数量国民福利，而应该在追求提高数量福利的同时，还需要将经济活动外部性效果、环境污染纳入探讨的范围，从而准确地反映一国国民生活质量、经济发展状况，从可持续发展的角度分析国民福利如何从只注重数量上的经济福利转化为质量上的经济福利，有利于真实衡量外商直接流入对于一国国民福利影响的程度。通过上述分析，本研究从纯理论的角度对"国民福利"定义为：所谓的"国民福利"是指一国在其经济发展过程中，从投入到最后产出所创造出来的所有正效应和负效应的综合，最终达到的可持续发展的福利水平。

（2）"福利条件"的界定及表现

本研究中的"福利条件"突破了传统贸易条件的框架，它是对产出效应、要素效应、收入效应、消费效应、进出口效应、生态效应六个方面综合效应的衡量，是这六大效应的综合指数的评价。传统的贸易条件在反映一个国家国民福利的综合变化时更多考虑的是国民福利的数量效应或静态效应，采用"福利条件"衡量国民福利变化的综合效应既考虑了数量效应，还重视了质量效应，同时还考虑了国民福利的动态变化。本研究仍然采用生产曲线与消费曲线对引进 FDI 进行几何分析。如图 3-2 所示：

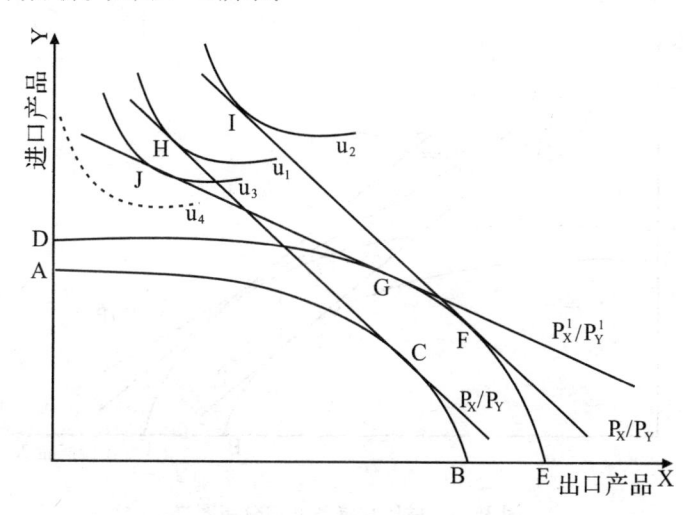

图 3-2 贫困化增长几何分析图一

假设在 FDI 引进前，一国在 C 点生产，H 点消费，国民福利为 u_1，随着 FDI 引进带来的进出口的扩大，如果价格贸易条件不变，该国将在 F 点生产，I 点消费，国民福利上升为 u_2，如果价格贸易条件恶化至 P_X^1/P_Y^1，该国将在 G 点生产，J 点消费，国民福利下降到 u_3，低于 FDI 引进前的福利 u_1，出现了"贫困化增长"现象，同时，由于 FDI 引进在扩大生产与出口的过程中可能带来的环境污染或生态恶化，使国民福利进一步下降到 u_4，u_3 下降到 u_4 间的福利损失即为环境损失。

进一步地还发现,如果贸易条件没有带来"贫困化增长",但福利条件的衡量却有可能带来了"贫困化增长",如图3-3所示:

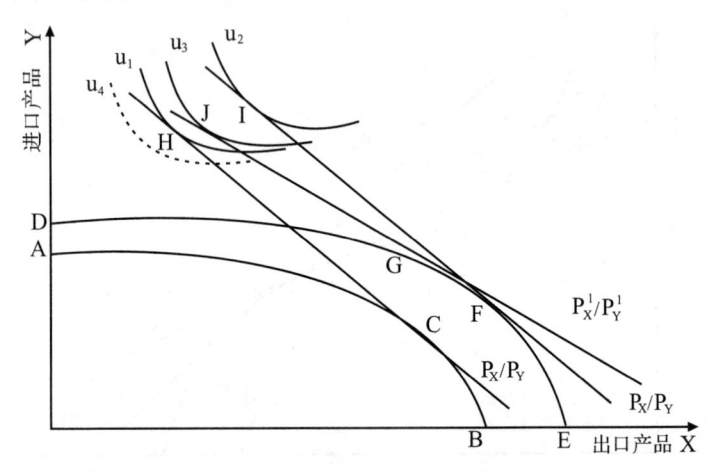

图3-3 贫困化增长几何分析图二

假设该国价格贸易条件虽然恶化,但由于扩大出口所带来的收益仍然大于价格贸易条件恶化所带来的损失,国民福利仍然增加,即 u_2 到 u_3 的变化,并未出现"贫困化增长"现象,但如果考虑到生态变化、环境破坏等影响到该国经济可持续发展的情况,即目前的获益不能弥补因环境破坏带来的损失时,环境损失所带来的国民福利下降,则出现了"贫困化增长"。如图从 u_3 到 u_4 的变化。

通过几何分析知道外商直接投资所形成的资本流入是通过多种途径影响东道国的福利水平。外资流入产生的福利条件是对贸易条件在时间和空间上的拓展,"福利条件"不仅体现了数量效应，而且体现了质量效应的综合效应变化，同时，福利条件不仅体现了现实获益的福利状况，更体现了福利可持续发展的动态变化，福利条件作为衡量"贫困化增长"的综合指数是对我国在新的发展时期关于"贫困化增长"理论的一个重大突破。

3.2 理论拓展模型构建

通过"贫困化增长"系列文献研读，我们将其理论思想的精髓概括为："国际贸易行为的效应具有两面性，即国际贸易既可能使参与国获得利益，也可能对其造成损失，当国际贸易造成的损失大于其带来的利益时，'贫困化增长'就出现了。"该表述对传统的"贫困化增长"概念进行了两方面内容的拓展：一方面，参与国在国际贸易中获得的利益不仅仅表现为产出增加和经济增长，还包括了由技术进步、就业增长、劳动力价格上涨等因素产生的正面效应；另一方面，参与国在国际贸易中的损失也不仅仅表现为贸易条件恶化所导致的实际收入水平和消费水平的绝对下降，国内资本价格下降、生态环境恶化等负面效应亦应纳入分析范畴。我们之所以从这两方面来拓展原概念，目的在于尝试以"社会福利条件"这一综合性的概念来替代贸易条件作为"贫困化增长"的衡量工具，因为任何一项有关"贫困化增长"问题的研究从本质上说都是以（正负）福利比较为基石的，因此将"社会福利条件"作为衡量工具无疑是对"贫困化增长"问题的福利经济学的回归。在此基础上，研究外国直接投资可能导致"贫困化增长"的问题，实际上是将引进 FDI 前后东道国效用最大化下的社会福利增长率进行比较，如果引进 FDI 后的社会福利增长率小于引进 FDI 前的社会福利增长率，说明外国直接投资有导致"贫困化增长"的内在机理。从福利经济学角度来研究 FDI 的文献中，具有代表性的成果（于津平，2004）认为外资优惠政策能否提高国内居民的福利水平取决于外资企业对内资企业技术水平的影响。换言之，由于外资对东道国福利产生的影响是不确定的，所以不宜盲目采取激励外资进入的优惠政策。该结论似乎可以佐证本研究的观点。但是由于传统理论以充分就业、市场出清等为假设前提，未考虑引进外资对贸易条件和除技术之外的要素投入、要素价格的影响，一定程度上削弱了研究结果的说服力。因此，本研究将在其研究的基础上，结合"贫困化增长"的系列特征，在国内生产要素的流动不完全按照市场机制运作的情况下，力求建立反映六大效应综合指数的动态规划模型是对传统的要素充分流动下 FDI 效应评价的改进与创新。

综上所述，分析 FDI 通过哪些途径引起东道国福利变化以及对东道国产生了哪些影响是解决问题的关键。根据国家商务部（2009）的外资引导思想："未来政策将重点支持结构调整、扩大就业、区域发展和节能环保等方面的外商投资。"适应后危机时代下的新需求，FDI 引进拟以"福利条件"评价为依据，在产业结构调整、生产要素提升、消费结构改善、进出口平衡、生态环境改善等方面与"促增长、调结构、保民生"结合起来导向其引资条件及政策制定。为了遵循其指导思想，也为了讨论问题的清晰化，本研究在结合已有研究成果和现实情况的基础上，将 FDI 可能对东道国产生的各种效应罗列于下表中（如表 3－1 所示）：

表 3－1　FDI 流入可能对东道国产生的各种效应

			正效应	负效应
产出效应	产出量	产量	增加总产量	减少总产量
		GDP	促进数量型经济增长（FDI 对 GDP 的贡献上升）	可能的质量型经济恶化（FDI 对 GDP 的贡献下降）
要素效应	投入要素	技术	促使技术进步（劳动生产率提高）	阻碍技术进步（劳动生产率下降）
		物质资本	利润再投入以及提高国内资本利用率	利润回流以及挤出国内资本
		人力资本	增加国内人力资本（六岁以上国民受教育人数增加）	减少国内人力资本存量（六岁以上国民受教育人数下降）
		劳动力	扩大就业（从业人员增加）	减少就业（从业人员下降）
消费效应	价格变化	物质资本	提高国内资本价格	降低国内资本价格
		人力资本	提高人力资本价格	降低人力资本价格消
	消费	国内消费量	增加国内消费量（城乡居民实际消费水平提高与消费结构改善）	减少国内消费量（城乡居民实际消费水平下降与消费结构恶化）
进出口效应		进口量	增加进口①	减少进口②
	价格	贸易条件	贸易条件改善	贸易条件恶化
	关税	资本税收入	增加资本税收	减少资本税收
		关税收入	增加关税收入	减少关税收入

① 这里指在出口额不变的情况下，进口量的增加，实际是进口能力的增强。

② 同理，反之。

(续表)

		正效应	负效应
收入效应	人均可支配收入 城镇居民人均可支配收入	可支配收入上升	可支配收入下降
	农村居民人均可支配收入	可支配收入上升	可支配收入下降
环境效应	生态 大气环境变化	大气环境改善	大气环境恶化
	水环境	水环境改善	水环境恶化
	固态环境	固态环境改善	固态环境恶化

主流经济学一般认为，社会福利是由生产福利和消费福利所构成的，而这两者又是由要素①、商品②和收入③共同决定的，故本研究将 FDI 对东道国产生的效应归结为与消费和生产紧密相关的三大类——生产效应、消费效应和环境效应。换言之，FDI 是通过影响生产要素、消费和环境变化来引起东道国消费福利和生产福利变化的。**一方面，FDI 影响的生产要素的形式主要有：**①技术。通过促进（阻碍）技术进步，增加（减少）国民产出；②物质资本，从 FDI 利润流向和对国内资本的影响力两个主要方面加以考察。通过 FDI 利润再投入（回流），增加（减少）东道国资本存量；通过提高国内资本利用率（挤出国内资本），增加（减少）东道国福利；③人力资本，通过增加（减少）东道国人力资本存量，提高（降低）

---

① 这里的要素概括的指要素投入量与要素价格。
② 这里的商品是指商品的产量、国内消费量、进出口量以及商品的价格。
③ 这里的收入特指可支配收入。

东道国人力资本价格,来增加(减少)东道国福利;④劳动力,通过扩大(减少)就业,提高(降低)东道国内平均工资,来增加(减少)东道国效应。归纳起来,要素效应包含了技术效应、资本效应①和劳动力效应。**另一方面,FDI对东道国消费的影响表现在**:①商品量,通过增加(减少)商品的产量、国内消费量以及进出口量,增加(减少)东道国消费者福利;②商品价格,通过改善(恶化)东道国价格条件,增加(减少)其消费者福利;③收入,通过增加(减少)资本税和关税的转移支付,增加(减少)东道国国民收入;**再一方面,FDI改变环境变化的途径主要为**:支出,通过减少(增加)东道国消费者在环境治理和社会事业保障方面的支付,增加(减少)其收入。只有对以上各种效应进行全面分析和有效判断②,才能准确评估FDI对东道国产生的总体效应,支持选资政策的合理安排。沿此思路,本研究将通过构建动态模型,明确东道国政府的社会福利函数,从理论角度论证政府建立FDI优化机制的政策设计以及必要条件。

3.2.1 引进FDI以前的国内动态优化

假设东道国有两个生产部门,分别生产进口品1和出口品2两种商品,且1为资本密集型商品,2为劳动密集型商品。在未引进外国直接投资以前,东道国两部门的生产函数可用

---

① 这里的资本是广义资本,包含了物质资本和人力资本。
② 在具体操作过程中,判断的主要内容包括两方面:一是在诸多效应中,判断具体FDI将产生哪些效应;一是判断FDI所产生效应的正负及大小。

规模收益不变的柯布-道格拉斯函数表示：

进口部门：$y_1 = f_1(N_1, l_1) = f_1(k_1, h_1, l_1) = A_1 N_1^\alpha l_1^{1-\alpha}$
$= A_1 (k_1 h_1)^\alpha l_1^{1-\alpha}$ (1.1a)

出口部门：$y_2 = f_2(N_2, l_2) = f_2(k_2, h_2, l_2) = A_2 N_2^\beta l_2^{1-\beta}$
$= A_2 (k_2 h_2)^\beta l_2^{1-\beta}$ (1.1b)

y_1、y_2 分别表示两种商品的国内产出，A_1、A_2 为进口品生产部门和出口品生产部门的生产技术系数，N_1、N_2 和 l_1、l_2 分别代表两部门的资本投入和劳动力投入。特别地，该处的资本投入有两方面的含义：一是两部门物质资本的投入 k_1、k_2，一是两部门人力资本投入 h_1、h_2。ε_j（$j=1$，2，3）表示进口部门的物质资本、人力资本和劳动力投入各自占其总投入的比例。假设东道国的国内资本、劳动力①均处于非充分就业状态，人力资本可以在生产过程中进行创造②，K、L 代表东道国国内资本和劳动量的真实禀赋：

$$k_1 + k_2 = k < K, k_1 = \varepsilon_1 k, k_2 = (1 - \varepsilon_1)k; \quad (1.2a)$$

$$h_1 + h_2 = h, h_1 = \varepsilon_2 h, h_2 = (1 - \varepsilon_2)h; \quad (1.2b)$$

$$l_1 + l_2 = l < L, l_1 = \varepsilon_3 l, l_2 = (1 - \varepsilon_3)l. \quad (1.2c)$$

p 表示以进口品衡量的出口品的价格③，r_d、w、v 依次为工资率、国内资本利率、人力资本报酬率。生产者在生产要

---

① 这里主要是指劳动量。
② 主要指企业通过技术培训、再教育等手段提高人力资本总量。
③ 根据贸易条件的含义，p 也可看作贸易条件。

第三章 理论拓展模型

素之间选择合适的比例来极大化其利润:

$$\max_{k_1,l_1,h_1} \pi_1 = f_1(k_1,h_1,l_1) - wl_1 - r_d k_1 - vh_1 \quad (1.3a)$$

$$\max_{k_2,l_2,h_2} \pi_2 = pf_2(k_2,h_2,l_2) - wl_2 - r_d k_2 - vh_2 \quad (1.3b)$$

根据 1 式和 3 式,可得:

$$\frac{k_1}{l_1} = \frac{1}{h_1} \left(\frac{A_1}{A_2} \left(\frac{\alpha}{\beta} \right)^\beta \left(\frac{1-\alpha}{1-\beta} \right)^{1-\beta} \right)^{\frac{1}{\alpha-\beta}} \quad (1.4a)$$

$$\frac{k_2}{l_2} = \frac{\alpha(1-\beta)k_1 h_1}{\beta(1-\alpha)l_1 h_2} \quad (1.4b)$$

这里假设进口品是资本密集型产品,出口品为劳动密集型产品 $\frac{k_1}{l_1} > \frac{k_2}{l_2}$,$\alpha < \beta$ 即为以上假设有效的必要条件。下一步,假设消费者效用是商品消费量 x_1、x_2 的函数:

$$u = x_1^\theta x_2^{1-\theta} \quad (1.5)$$

商品消费量是由消费、价格以及消费者偏好共同决定的,因此,我们在 CRRA 函数的基础上,将消费者瞬时效用函数表示为:

$$u(c,p) = \left(n \cdot \frac{c^{1-\sigma}}{1-\sigma} \right)^\theta \left(\frac{(1-n)}{p} \cdot \frac{c^{1-\sigma}}{(1-\sigma)} \right)^{1-\theta} \quad (1.6)$$

其中,n 为常数,表示进口品占总消费 c 的比率,$0 < n < 1$;θ 为常数,代表东道国消费者对两种商品的偏好系数,$0 < \theta < 1$,σ 也为常数,表示消费者相对风险厌恶系数,且 $\sigma > 0 \neq 1$。假设 m_1 为进口量,m_2 为出口量,东道国消费量、产量和进出口量之间有以下关系:

$$m_1 = x_1 - y_1 、 m_2 = y_2 - x_2 \quad (1.7)$$

因此，东道国消费者的总消费为：

$$c = y_1 + m_1 + p(y_2 - m_2) \tag{1.8}$$

进一步，理性的消费者会将个人财富在一生中进行合理分配以实现效用的最大化，这时，经济主体所面临的实际上是以下跨时决策问题：

$$\begin{cases} \max_c \int_0^\infty e^{-\rho \cdot t} u(c,p) dt & (1.9a) \\ \dot{k} = r_d k + wl + vh + T - p_e s - D - c & (1.9b) \end{cases}$$

其中，ρ 为常数，$\rho > 0$ 为时间偏好率。s 为企业人均排污量①，p_e 为生态环境治理的单位价格，这里假定它皆是资本投入的函数。有：

$$s = s(k), p_e = p_e(k) \tag{1.10}$$

T 为消费者获得的转移支付，它包括两部分：一部分是企业资本税收转移支付②，一部分是进口关税转移支付③。D 为消费者用于失业人口社会保障的支付④，有：

$$T = \tau k + q(k), D = (d - T)\frac{(1-\delta)}{\delta} \tag{1.11}$$

---

① 为了集中讨论问题，这里假设生态环境的消耗都是由生产引起的，不考虑消费者破坏环境的情况。
② 假设政府将企业税收全部转移给国民（包括就业以及失业人口）。
③ 假设政府将进口关税收入也全部转移给国民。
④ 非充分就业对消费者效用的影响将完全从转移支付 D 中得以体现，换言之，就业率越低，用于失业人口社会保障的转移支付就越多，其消费者预算约束就越严格。

第三章 理论拓展模型

这里，τ 为企业资本税税率，$q(k)$ 为进口关税①，d 表示失业人口维持最低生活水平所需的收入，δ 代表东道国的就业率，$\delta = \dfrac{1}{L}$。

我们假定政府作为中央计划者，通过调节生产和消费使社会效用实现最大化。与一般社会效用函数不同的是，作者将就业人数纳入了社会效用范畴，社会福利函数不再是消费者个人效用的简单复制，而是涵盖了就业和消费者个人效用的复合效用函数，其中 i 表示消费者序数，l 代表就业人员总数。将厂商行为代入消费者的预算约束方程，得到政府决策问题如下：

$$\begin{cases} \max_{c} \sum_{i=1}^{l} \int_{0}^{\infty} e^{-\rho \cdot t} U(c, p) dt & (1.12a) \\ \dot{k} = f_1(k_1, h_1, l_1) + pf_2(k_2, h_2, l_2) + T - p_e s - D - c & (1.12b) \\ k(0) = k_0 & (1.12c) \end{cases}$$

其中，$\dot{k}$ 表示东道国引进 FDI 前的资本增量；k_0 则表示东道国引进 FDI 前的社会初始资本存量。这里，采用 Hamilton 系统来寻求该决策问题的最优路径。首先，我们令 $U = l \cdot u$，定义 Hamilton 函数为：

$$H = U + \lambda(f_1 + pf_3 + T - p_e s - D - c)$$

其中，λ 为 Hamilton 乘子，它表示收入的现值影子价格，

---

① 为了讨论简便，我们直接假定关税总额是资本投入的函数。

表示从时刻 0 来看,在 t 时刻一个单位的资本存量的增加所带来的最优效用的增加量。

得到最优性条件:

$$\begin{cases} \dfrac{\partial H}{\partial c} = U_c - \lambda = 0 & (1.13a) \\ \dfrac{\partial H}{\partial k} = U_k + \lambda F_k = \rho\lambda - \dot{\lambda} & (1.13b) \end{cases}$$

由已知:$\dot{k} = f_1(k_1, h_1, l_1) + pf_2(k_2, h_2, l_2) + T - p_e s - D - c = F$①

$$F_k = (\varepsilon_1 + p(1-\varepsilon_1)) \cdot r_d + (\varepsilon_2 + p(1-\varepsilon_2)) \cdot v \cdot \frac{dh}{dk} + (\varepsilon_3 + p(1-\varepsilon_3)) \cdot w \cdot \frac{dl}{dk} + f_2 \frac{dp}{dk} + (d - \tau k - q(k)) \frac{L}{l^2} \frac{dl}{dk} + \frac{1}{\delta} \left(\tau + \frac{dq}{dk}\right) - p_e \frac{ds}{dk} - s \frac{dp_e}{dk} \qquad (1.14)$$

由 1.13a 式得出,$\lambda = U_c \overset{\Delta}{=} \Phi$

$$\dot{\lambda} = \Phi_k \dot{k} + \Phi_c \dot{c} = \Phi_k F + \Phi_c \dot{c} \qquad (1.15)$$

另一方面,由 1.13 式得出:

$$\dot{\lambda} = \rho\lambda - U_k - \lambda F_k \qquad (1.16)$$

在 1.15、1.16 式中消去 $\dot{\lambda}$,得:

$$\Phi_k F + \Phi_c \dot{c} = \rho\lambda - U_k - \lambda F_k$$

化简为:

---

① 可以看出,这里 F 代表了物质资本、人力资本的产出效应、环境损失效应、消费效应、就业效应、关税支付等各种生产要素的影响。

$$\dot{c} = \frac{\rho\lambda - U_k - \lambda F_k - \Phi_k F}{\Phi_c} \qquad (1.17)$$

接下来，我们将求出 Φ_k、Φ_c、U_k，将之带入 1.17 式。事实上，

$$U(c) = l \cdot \left(n \cdot \frac{c^{1-\sigma}}{1-\sigma}\right)^{\theta} \left(\frac{(1-n)}{p} \cdot \frac{c^{1-\sigma}}{1-\sigma}\right)^{1-\theta} = l \cdot n^{\theta} \cdot \left(\frac{1-n}{p}\right)^{1-\theta} \frac{c^{1-\sigma}}{1-\sigma}$$

令 $R = n^{\theta} \cdot \left(\frac{1-n}{p}\right)^{1-\theta}$，故有：

$$\begin{cases} \Phi = U_c = l \cdot R \cdot c^{-\sigma} \\ \Phi_k = \dfrac{dl}{dk} \cdot R \cdot c^{-\sigma} \\ \Phi_c = -l \cdot R \cdot \sigma \cdot c^{-\sigma-1} \\ U_k = \dfrac{dl}{dk} \cdot R \cdot \dfrac{c^{1-\sigma}}{1-\sigma} \end{cases}$$

得到选择最优消费路径时的消费增长率为：

$$\frac{dc}{cdt} = \frac{1}{\sigma}\left(F_k + \frac{1}{l} \cdot \frac{dl}{dk} \cdot \left(\frac{c}{1-\sigma} + F\right) - \rho\right) \qquad (1.18)$$

根据 1.16 式和 1.17 式得知，东道国社会福利的增长率为：

$$\frac{dU}{Udt} = \frac{1-\sigma}{\sigma}\left(F_k + \frac{1}{l} \cdot \frac{dl}{dk}\left(\frac{c}{1-\sigma} + F\right) - \rho\right) \qquad (1.19)$$

命题 1 东道国引进 **FDI** 之前，国内物质资本投入是拉动本国福利增长的原动力。国内物质资本投入是通过对产出、

生产要素、收入、消费、进出口和生态环境六方面的影响来决定东道国福利增长的。

证明 从 1.18 式容易看出，东道国社会福利的增长率分别与物质资本投入对资本增量的影响①F_k、物质资本投入对就业的影响$\frac{dl}{dk}$、人均可支配收入②$\frac{1}{l}\left(\frac{c}{1-\sigma}+F\right)$成正比，与消费者的时间偏好率成反比。如果分别令 $\Omega_1=\frac{1-\sigma}{\sigma}$、$\Omega_2=\frac{1}{l}\cdot\frac{dl}{dk\cdot\sigma}$、$\Omega_3=\frac{1}{l}\cdot\frac{dl}{dk}\cdot\frac{(1-\sigma)}{\sigma}$、$\Omega_4=-\frac{1-\sigma}{\sigma}$，将 Ω 看作国内资本产生的各种效应对福利增长率的贡献系数，根据 1.19 式，有：

$$\frac{dU}{Udt}=\Omega_1 F_k+\Omega_2 C+\Omega_3 F+\Omega_4\rho \qquad (1.20)$$

国内资本投入对东道国福利的效应在 1.20 式中表现为：

①F_k 表示单位国内物质资本投入带来总产出的变动，代表国内物质资本对产出的影响效应；

②根据 1.1a、1.1b 式 F 在表示产出的同时也是要素投入

---

① 即单位资本投入的增加带来的资本增量的变动，当 $F_k>0$ 时，表示资本增量会随物质资本投入的增加而增加，当 $F_k<0$ 时，则代表资本增量随资本投入的增加而减少，而当 $F_k=0$ 时，表示资本增量不会随物质资本投入的增加或减少而改变，二者是不相关的。下文中所出现的影响同理。

② 这里将 $\frac{c}{1-\sigma}$ 近似地看作消费，$\frac{1}{l}\left(\frac{c}{1-\sigma}+F\right)$ 就是指各种要素收入、企业转移税收和关税减去转移支付后的人均可支配收入。

的函数，因此 F_k 在表示产出效应的同时也代表着国内物质资本的要素效应；

③根据 1.3a 式、1.3b 式，收入实际上是产出扣除利润后的剩余，因此 F_k 中同时包含了国内物质资本的收入效应；

④C 表示国内物质资本投入使消费发生的变化，代表国内物质资本对消费的影响效应；

⑤F 还表示国内物质资本投入使进出口因子发生的变化，代表国内物质资本对进出口的影响效应；

⑥F 还表示国内物质资本投入带来环境治理费用的变化，代表国内物质资本对生态环境的影响效应。

命题 2 后危机时代从综合福利增长而言，若东道国国内物质资本投入越能促进其他要素投入的增长，那么东道国社会福利增长率速度将越快；反之，若东道国国内物质资本投入不能拉动其他要素投入的增长，甚至阻碍其增长，那么东道国社会福利增长速度将越慢。

证明 由 1.14 式可以看出，F_k 与 $\frac{dp}{dk}$、$\frac{dl}{dk}$、$\frac{dl}{dk}$ 呈正相关的关系，社会福利增长率与 F_k 成正比，所以 $\frac{dp}{dk}$、$\frac{dl}{dk}$、$\frac{dl}{dk}$ 与社会效用增长率也呈正相关关系。

3.2.2 进口部门引进 FDI 的动态优化

首先，讨论 FDI 以独资的形式被引进至东道国的进口部门的情况，该外资企业的生产函数为：

$$y_3 = f_3(k_f, h_3, l_3) = A_3(k_f l_3)^\alpha h_3^{1-\alpha} \quad (2.1)$$

一方面，FDI 在创造产值的同时，通过影响东道国要素投入，改变了东道国原生产部门生产函数：

进口部门：$y_1^* = f_1^*(k_1^*, h_1^*, l_1^*) = A_1(k_1^* h_1^*)^\alpha (l_1^*)^{1-\alpha}$

$$(2.2a)$$

出口部门：$y_2^* = f_2^*(k_2^*, h_2^*, l_2^*) = A_2(k_2^* h_2^*)^\alpha (l_2^*)^{1-\alpha}$

$$(2.2b)$$

其中，进口部门的产量变为 $(y_1^* + y_3)$，出口部门的产量变为 y_2^*，两部门的物质资本、人力资本、劳动力投入分别变为 k_1^* 和 k_2^*、h_1^* 和 h_2^*、l_1^* 和 h_2^*，且各要素的总投入也变为 k^*、h^* 和 l^*。

假设在进口部门引进外资能够促进东道国的技术进步，根据内生增长理论，技术进步大体包含了资本增进型技术进步和劳动增进型技术进步两个层面的含义[1]，FDI 的技术外溢被看作引进外资所造成的东道国资本（包括物质资本和人力资本）投入、劳动投入的增加[2]或减少[3]。$\varphi_j (j = k, h, l)$ 表示进口部门引进 FDI 造成的国内企业物质资本、人力资本和劳动力投入的变化。ϕ_h 和 ϕ_l 则表示外资企业的人力资本和劳动力投入与 FDI 的函数关系。有：

---

[1] 由于中性的技术进步——即 A 的变化，涉及了制度等系列复杂的问题，这里暂不予以考虑。

[2] 若增加就是正外溢。

[3] 若减少就是负外溢。

$$k^* = k + \varphi_k(k_f), k_1^* = \varepsilon_1(k + \varphi_k(k_f)), k_2^* = (1-\varepsilon_1)(k+\varphi_k(k_f))$$
(2.3a)

$$h^* = h + \varphi_h(k_f) + \phi_h(k_f), h_1^* = \varepsilon_2(h+\varphi_h(k_f)), h_2^* = (1-\varepsilon_2)(h+\varphi_h(k_f)), h_3 = \phi_h(k_f)$$
(2.3b)

$$l^* = l + \varphi_l(k_f) + \phi_l(k_f), l_1^* = \varepsilon_3(l+\varphi_l(k_f)), l_2^* = (1-\varepsilon_3)(l+\varphi_l(k_f)), l_3 = \phi_l(k_f)$$
(2.3c)

另一方面，商品及要素的价格也随之发生了改变，东道国生产部门[①]在技术限制下，最大化其效用为：

进口部门（外资）：$\max\limits_{k_3,l_3,h_3} \pi_3 = y_3 - (r_f - b)k_f - w^* l_3 - v^* h_3$
(2.4a)

进口部门（内资）：$\max\limits_{k_1^*,l_1^*,h_1^*} \pi_1^* = y_1^* - r_d^* k_1^* - w^* l_1 - v^* h_1^*$
(2.4b)

出口部门：$\max\limits_{k_2^*,l_2^*,h_2^*} \pi_2^* = p^* y_2^* - r_d^* k_2^* - w^* l_2^* - v^* h_2^*$ (2.4c)

其中，π_3 为进入进口部门的外资企业的利润，r_f 为外国直接投资利率，b 为外资利润回流率。国内工资率、国内资本利率、人力资本报酬率分别变为 w^*、r_d^*、v^*，原国内进口部门和出口部门的利润变为 π_1^* 和 π_2^*。同时，贸易条件也变为 p^*，且有 $p^* = p + \varphi_p(k_f)$，贸易条件的变动量 φ_p 是 k_f 的函数。

消费者的瞬时效用函数改变为：

---

① 这里我们将进口部门的内资企业和外资企业分开考察。

$$u^*(c^*, p^*) = (n^* c^*)^\theta \left(\frac{(1-n^*)c^*}{p^*}\right)^{1-\theta} \quad (2.5)$$

其中，有如下关系：$m_1^* = x_1^* - (y_1^* + y_3), m_2^* = y_2^* - x_2^*$ ①

$$(2.6)$$

$$c^* = y_1^* + y_3 + m_1^* + p(y_2^* - m_2^*) \quad (2.7)$$

继而，东道国消费者跨时决策问题为：

$$\begin{cases} \max_{c^*} \int_0^\infty e^{-\rho \cdot t} U^*(c^*, p^*) dt & (2.8a) \\ \dot{k}^* = r_d^* k^* + (r_f - b)k_f + w^* l^* + v^* h^* + T^* - p_e^* s^* \\ \quad - D^* - c^* & (2.8b) \end{cases}$$

其中，T^*、D^*、s^*、p_e^* 都是由 k^* 和 k_f 共同决定的，$q_f(k_f)$ 代表 FDI 引起的关税变动额，$s_f(k_f)$ 表示外资企业的排污量，$p_{ef}(k_f)$ 表示外资引起的生态环境治理的单位价格的变动额，它们都是 FDI 的函数。有如下关系：

$$T^* = \tau k^* + \eta k_d + q(k^*) + q_f(k_f), D^* = (d - T^*)\frac{(1-\delta^*)}{\delta^*}$$

$$(2.9)$$

$$s^* = s(k^*) + s_f(k_f), p_e^* = p_e(k^*) + p_{ef}(k_f) \quad (2.10)$$

进一步，政府的决策问题变为：

$$\begin{cases} \max_{c^*} \sum_{i=1}^{l^*} \int_0^\infty e^{-\rho \cdot t} U^*(c^*, p^*) dt & (2.11a) \\ \dot{k}^* = f_1^* + f_3 + p^* f_2^* + T^* - p_e^* s^* - D^* - c^* & (2.11b) \end{cases}$$

---

① 假设 FDI 引进带来的产量增长不使商品的进出口发生逆转。

第三章 理论拓展模型

$$k^*(0) = k_0^* \qquad (2.11)$$

同样采用 Hamilton 系统来解决该动态最优化问题。令 $U^* = l^* \cdot u^*$，定义 Hamilton 函数为：

$$H^* = U^* + \lambda^* (f_1^* + f_3 + p^* f_2^* + T^* - p_e^* s^* - D^* - c^*)$$

其中，λ^* 为 Hamilton 乘子。得到最优性条件：

$$\begin{cases} \dfrac{\partial H^*}{\partial c^*} = U_{c^*}^* - \lambda = 0 & (2.12a) \\[2mm] \dfrac{\partial H^*}{\partial k^*} = U_{k^*}^* + \lambda^* F_{k^*}^* = \rho \lambda^* - \dot{\lambda}^* & (2.12b) \end{cases}$$

由已知：$\dot{k}^* = f_1^* + f_3 + p^* f_2^* + T^* - p_e^* s^* - D^* - c^* = F^*$。

存在关系：$F_{k^*}^* = F_{kf}^* \dfrac{dk_f}{dk^*}$，其中：

$$F_{k^*}^* = (\varepsilon_1 + p^*(1-\varepsilon_1)) \cdot r_d^* + (\varepsilon_2 + p^*(1-\varepsilon_2)) \dfrac{d\varphi_h}{d\varphi_k} \cdot v^*$$
$$+ (\varepsilon_3 + p^*(1-\varepsilon_3)) \dfrac{d\varphi_l}{d\varphi_k} \cdot w^* + \dfrac{d\varphi_p}{d\varphi_k} \cdot f_2^* + (r_f - b) \dfrac{dk_f}{d\varphi_k} + v^* \dfrac{d\phi_h}{d\varphi_k}$$
$$+ w^* \dfrac{d\phi_l}{d\phi_k} + (d - \tau k^* - \eta k_f - q(k^*) - q_f(k_f)) \dfrac{L}{(l^*)^2} \dfrac{d\varphi_l}{d\varphi_k} + \dfrac{1}{\delta^*}$$
$$\left(\tau + \eta \dfrac{dk_f}{d\varphi_k} + \dfrac{dq}{d\varphi_k} + \dfrac{dq_f}{d\varphi_k}\right) - p_e^* \cdot \left(\dfrac{ds}{d\varphi_k} + \dfrac{ds_f}{d\varphi_k}\right) - s^* \cdot \left(\dfrac{dp_e}{d\varphi_k} + \dfrac{dp_{ef}}{d\varphi_k}\right)$$

$$(2.13)$$

由 2.12a 式，$\lambda^* = U_c^* \overset{\Delta}{=} \Phi^*$

$$\dot{\lambda}^* = \Phi_{k^*}^* \dot{k}^* + \Phi_{c^*}^* \dot{c}^* = \Phi_{k^*}^* F^* + \Phi_{c^*}^* \dot{c}^* \qquad (2.14)$$

另一方面，由 2.12 式：

$$\dot{\lambda}^* = \rho\lambda^* - U_{k^*}^* - \lambda^* F_{k^*}^* \tag{2.15}$$

在 2.14、2.15 式中消去 $\dot{\lambda}$,得:

$$\Phi_{k^*}^* F^* + \Phi_{c^*}^* \dot{c}^* = \rho\lambda^* - U_{k^*}^* - \lambda^* F_{k^*}^*$$

化简为:

$$\dot{c}^* = \frac{\rho\lambda^* - U_{k^*}^* - \lambda^* F_{k^*}^* - \Phi_{k^*}^* F^*}{\Phi_{c^*}^*} \tag{2.16}$$

接下来,我们将求出 $\Phi_{k^*}^*$、$\Phi_{c^*}^*$、$U_{k^*}^*$,将之带入 2.14 式。事实上,

$$U^*(c^*) = l^* \cdot \left(n^* \cdot \frac{(c^*)^{1-\sigma}}{1-\sigma}\right)^\theta \left(\frac{(1-n^*)}{p^*} \cdot \frac{(c^*)^{1-\sigma}}{1-\sigma}\right)^{1-\theta}$$

$$= l^* \cdot (n^*)^\theta \cdot \left(\frac{1-n^*}{p^*}\right)^{1-\theta} \frac{(c^*)^{1-\sigma}}{1-\sigma}$$

令 $R^* = (n^*)^\theta \cdot \left(\dfrac{1-n^*}{p^*}\right)^{1-\theta}$,故:

$$\begin{cases} \Phi_{c^*}^* = U_{c^*}^* = l^* \cdot R^* \cdot (c^*)^{-\sigma} \\[4pt] \Phi_{k^*}^* = \dfrac{dl^*}{dk^*} \cdot R^* \cdot (c^*)^{-\sigma} \\[4pt] \Phi_{c^*}^* = -l^* \cdot R^* \cdot \sigma \cdot (c^*)^{-\sigma-1} \\[4pt] U_{k^*}^* = \dfrac{dl^*}{dk^*} \cdot R^* \cdot \dfrac{(c^*)^{1-\sigma}}{1-\sigma} \end{cases}$$

这样,就求得 FDI 引进进口部门后,东道国消费增长率和消费者效用增长率分别为:

$$\frac{dc^*}{c^* dt} = \frac{1}{\sigma}\left(F_{k^*}^* + \frac{1}{l^*} \cdot \frac{dl^*}{dk^*} \cdot \frac{c^*}{1-\sigma} + \frac{1}{l^*} \cdot \frac{dl^*}{dk^*} \cdot F^* - \rho\right)$$

$$\tag{2.17}$$

$$\frac{dU^*}{U^*dt} = \frac{1-\sigma}{\sigma}\left(F_k^* + \frac{1}{l^*} \cdot \frac{dl^*}{dk^*} \cdot \left(\frac{c^*}{1-\sigma} + F^*\right) - \rho\right)$$

(2.18)

命题3 后危机时代 FDI 是通过作用于东道国国内物质资本的有效投入所产生的六种效应来影响东道国的福利水平。

证明：由于 $\frac{1-\sigma}{\sigma}$ 是由东道国消费者偏好的外生变量，在这里，我们假定其为常数，不讨论它的影响，由 2.18 式可以看出，进口部门引进 FDI 后，东道国社会福利的增长率仍然与国内资本投入对资本增量的影响 F_k^*、国内资本投入对就业的影响 $\frac{dl^*}{dk^*}$ 成正比。同时，在 $\left(\left(\frac{c^*}{1-\sigma} + F^*\right) - \rho\right)$ 中分别表示 FDI 的产出效应、消费效益、进出口效应和生态效应引起的福利增长的变化。所不同的是，这里的国内资本投入 k^* 较之未引进 FDI 之前的国内资本投入 k 发生了变化，有：$k^* = k + \varphi_k(k_f)$。k^* 成为了 k_f 的函数，k_f 影响对 k^* 的大小，继而影响国内资本增量 F^* 与就业 l^*。实际上有：

$$F_{kf}^* = F_k^* \frac{dk^*}{dk_f}$$

(2.19a)

$$\frac{dl^*}{dk^*} = \frac{d\varphi_l}{d\varphi_k} + \frac{d\phi_l}{d\phi_k}$$

(2.19b)

2.19a 式表示 FDI 对资本增量 F^* 产生的影响可以看作是国内资本投入对资本增量 F^* 的影响与 FDI 对国内资本投入的影响之积。另外，从 2.13 式与 1.14 式的比较中亦可以看出，引进 FDI 之前，我们更加偏重考察的是 k 对其他因素①的影响，而引进 FDI 之后，我们则更加关注 FDI 导致的国内资本投入的变化量对 FDI 导致的其他因素的变化量的影响。2.19b 式则表示引进 FDI 之后，国内资本投入 k^* 对就业 l^* 的影响由两部分构成：一是 FDI 引起的国内资本投入的变化量 φ_k 对 FDI 引起的就业变化量 φ_l 的影响，一是 FDI 引起的国内资本投入的变化量 φ_k 对进口部门外资企业劳动力的投入 ϕ_l 的影响。因此，FDI 产出效应也可以被看作由于 FDI 改变了东道国要素投入而产生效应，即要素效应。该结论符合投入产出的基本原理。根据模型假设 2.19a 式，要素收入包含在产出中，因此，FDI 引起产出变化必然引起收入的变化，产生 FDI 收入效应。

综上得证，FDI 是通过改变东道国的经济变量，产生所谓的产出效应、要素效应、收入效应、消费效应、进出口效应及生态效应来改变东道国福利增长的方式的。

命题 4 进口部门引进 FDI 后，如果 FDI 引致的国内物质资本投入量变化的方向与 FDI 引致其他要素投入量以及贸易条件变动的方向相同，FDI 将促进东道国社会福利的增长；反之，如果二者方向相反，则会阻碍东道国社会福利的增长。

证明 首先，由 2.13 式可以看出，F_k^* 与 $\dfrac{dp}{d\varphi_k}$、$\dfrac{d\varphi_h}{d\varphi_k}$、$\dfrac{d\varphi_l}{d\varphi_k}$、

---

① 这里的因素是要素、商品和收入等变量的总称。

$\dfrac{d\phi_h}{d\varphi_k}$、$\dfrac{d\phi_l}{d\varphi_k}$、$\dfrac{dq}{d\varphi_k}$、$\dfrac{dq_f}{d\varphi_k}$的增长呈正比，社会福利增长率与$F_k^*$的增长呈正比，所以可以认为社会福利增长率与这些参数之间是正相关关系。以$\dfrac{d\varphi_h}{d\varphi_k}$为例，如果FDI对物质资本和人力资本产生的外溢作用是不同的，即一个为正外溢另一个为负外溢，那么$\dfrac{d\phi_h}{d\varphi_k}$的取值将为负，社会福利的增长率也将随之减少。依此类推，如果上述所列导数关系中取值为负的越多，东道国社会福利的增长率将越低，发生"贫困化增长"的可能性将越大。

命题5 FDI引致东道国"贫困化增长"的根本原因是FDI产生效用的多样性及效应的不确定性。后危机时代要判断FDI是否引致"贫困化增长"，就必须将FDI产生的各种效应综合起来进行福利条件的评价。同时，进口部门引进FDI后，如果不能保证国内资本投入促进资本增量和就业更快的增长，同时如果人均可支配收入的增长亦不能弥补二者增长放缓所带来的损失的话，就有可能出现"贫困化增长"。

证明 根据东道国进口部门引进FDI前后，社会福利增长率的表达式，东道国引进FDI所导致的"贫困化增长"问题可以描述为：

$$\dfrac{dU^*}{U^* dt} - \dfrac{dU}{Udt} = \dfrac{1-\sigma}{\sigma}\left((F_k^* - F_k) + \dfrac{1}{l^*}\cdot\dfrac{dl^*}{dk^*}\cdot\left(\dfrac{c^*}{1-\sigma} + F^*\right)\right.$$

$$\left. - \dfrac{1}{l}\cdot\dfrac{dl}{dk}\left(\dfrac{c}{1-\sigma} + F\right)\right) < 0 \quad (2.20)$$

即如果东道国引进 FDI 后社会福利的增长率低于引进 FDI 前的社会福利增长率，那么说明东道国出现了"贫困化增长"。这里，我们可以根据（2.20）式进一步将问题简化[①]为：

$$\begin{cases} F_{k^*}^* - F_k < 0 & (2.21a) \\ \dfrac{1}{l^*} \cdot \dfrac{dl^*}{dk^*} \cdot \left(\dfrac{c^*}{1-\sigma} + F^*\right) - \dfrac{1}{l} \cdot \dfrac{dl}{dk}\left(\dfrac{c}{1-\sigma} + F\right) < 0 & (2.21b) \end{cases}$$

其中，$F_{k^*}^*$ 则代表东道国进口部门引进 FDI 后，在 FDI 的影响下国内资本投入对资本增量的影响效应，$\dfrac{1}{l^*} \cdot \dfrac{dl^*}{dk^*} \cdot \left(\dfrac{c^*}{1-\sigma} + F^*\right)$ 则代表东道国进口部门引进 FDI 后，在 FDI 导致的国内资本投入对就业的影响效应与人均可支配收入的乘积。当 2.21a 式和 2.21b 式同时成立时，可以认为东道国因进口部门引进 FDI 而导致了"贫困化增长"。

命题 6 后危机时代厘清 FDI 所带来的生产效应、消费效应以及环境效应，是判断在进口部门引进 FDI 是否会导致"贫困化增长"的必要条件。

[①] 在这里，为了简化问题，我们直接讨论 $(F_{k^*}^* - F_k) + \dfrac{1}{l^*} \cdot \dfrac{dl^*}{dk^*} \cdot \left(\dfrac{c^*}{1-\sigma} + F^*\right) - \dfrac{1}{l} \cdot \dfrac{dl}{dk}\left(\dfrac{c}{1-\sigma} + F\right) < 0$ 的情况，而用 $F_{k^*}^* - F_k$ 和 $\dfrac{1}{l^*} \cdot \dfrac{dl^*}{dk^*} \cdot \left(\dfrac{c^*}{1-\sigma} + F^*\right) - \dfrac{1}{l} \cdot \dfrac{dl}{dk}\left(\dfrac{c}{1-\sigma} + F\right)$ 分别小于零的特殊情况来取代，这样更有利于观察和比较相同或相似变量的变化规律。

第三章 理论拓展模型

证明 如第二部分所述,判断"贫困化增长"是一个系统性的问题,我们将 2.21 式及其相关式子中所涉及的主要参数按照生产、消费和环境的标准划分为三大类,如表 3-2 所示:

表 3-2 判断贫困化增长所涉及的主要参数分类(进口部门引进 FDI)

生产	引进前	$\dfrac{dh}{dk}$、$\dfrac{dl}{dk}$、k、l、r_d、v、w(包括产出、要素、进出口)
	引进后	$\dfrac{d\varphi_h}{d\varphi_k}$、$\dfrac{d\varphi_l}{d\varphi_k}$、$\dfrac{d\varphi_k}{dk_f}$、$\dfrac{d\phi_h}{d\varphi_k}$、$\dfrac{d\phi_l}{d\varphi_k}$、$k^*$、$l^*$、$r_d^*$、$v^*$、$w^*$、$r_f - b$(包括产出、要素、进出口)
消费	引进前	$\dfrac{dp}{dk}$、f_2、p(包括收入、消费)
	引进后	$\dfrac{d\varphi_p}{d\varphi_k}$、$f_2^*$、$p^*$(包括收入、消费)
环境	引进前	$\dfrac{dq}{dk}$、$\dfrac{dp_e}{dk}$、$\dfrac{ds}{dk}$、τk、$q(k)$、p_e、s
	引进后	$\dfrac{dq}{d\varphi_k}$、$\dfrac{dq_f}{d\varphi_k}$、$\dfrac{ds}{d\varphi_k}$、$\dfrac{ds_f}{d\varphi_k}$、$\dfrac{dp_e}{d\varphi_k}$、$\dfrac{dp_{ef}}{d\varphi_k}$、$\tau k^*$、$\eta k_f$、$q(k^*)$、$q_f(k_f)$、$p_e^*$、$s^*$

在实际中,通过对以上参数的估计和比较,有助于我们拟定正确的引资方案①或有效评价某项选资政策②。

---

① 这属于事前预测和比较以上参数所解决的问题。
② 这属于事后利用实际数据测算以上参数所解决的问题。

3.2.3 出口部门引进 FDI 的动态优化

下面,讨论 FDI 以独资的形式被引进至东道国的出口部门的情况,该外资企业的生产函数为:

$$y_4 = f_4(k_f, h_4, l_4) = A_4(k_f h_4)^\beta l_4^{1-\beta} \quad (3.1)$$

一方面,FDI 在创造产值的同时,通过影响东道国要素投入,改变了东道国原生产部门生产函数:

进口部门:$y'_1 = f'_1(k'_1, h'_1, l'_1) = A_1(k'_1 h'_1)^\alpha (l'_1)^{1-\alpha}$

$$(3.2\text{a})$$

出口部门:$y'_2 = f'_2(k'_2, h'_2, l'_2) = A'_2(k'_2 h'_2)^\alpha (l'_2)^{1-\alpha}$

$$(3.2\text{b})$$

此时,进口部门的产量变为 y'_1,出口部门的产量变为 $(y'_2 + y_4)$,两部门的物质资本、人力资本、劳动力投入分别变为 k'_1 和 k'_2、h'_1 和 h'_2、l'_1 和 l'_2,各要素的总投入变为 k'、h' 和 l'。同样假设在出口部门引进外资能够促进东道国的技术进步,$\psi_j(j=k,h,l)$ 表示出口部门引进 FDI 造成的国内企业物质资本、人力资本和劳动力投入的变化。ϕ_h 和 ϕ_l 则同样表示外资企业的人力资本和劳动力投入与 FDI 的函数关系。有:

$k' = k + \psi_k(k_f), k'_1 = \varepsilon_1(k + \psi_k(k_f)), k'_2 = (1-\varepsilon_1)(k+\psi_k(k_f))$

$$(3.3\text{a})$$

$h' = h + \psi_h(k_f) + \phi_h(k_f), h'_1 = \varepsilon_2(h+\psi_h(k_f)), h'_2 = (1-\varepsilon_2)(h+\psi_h(k_f)), h_4 = \phi_h(k_f)$

$$(3.3\text{b})$$

$l' = l + \psi_l(k_f) + \phi_l(k_f), l'_1 = \varepsilon_3(l+\psi_l(k_f)), l'_2 = (1-\varepsilon_3)$

$(l+\psi_l(k_f)), l_3 = \phi_l(k_f)$ (3.3c)

另一方面,商品及要素的价格也随之发生了改变,东道国生产部门在技术限制下,最大化其效用为:

进口部门(内资): $\max\limits_{k_1^*, l_1^*, h_1^*} \pi'_1 = y'_1 - r'_d k'_1 - w' l'_1 - v' h'_1$

(3.4a)

出口部门(内资): $\max\limits_{k_2^*, l_2^*, h_2^*} \pi'_2 = p' y'_2 - r'_d k'_2 - w' l'_2 - v' h'_2$

(3.4b)

出口部门(外资): $\max\limits_{k_3, l_3, h_3} \pi_4 = y_4(r_f - b) k_f - w' l_4 - v' h_4$

(3.4c)

其中,π_4 为进入进口部门的外资企业的利润。国内工资率、国内资本利率、人力资本报酬率分别变为 w'、v'_d、v',原国内进口部门和出口部门的利润变为 π'_1 和 π'_2。贸易条件也变为 p',且有 $p' = p + \psi_p(k_f)$。

消费者的瞬时效用函数改变为:$U'(c', p') = (n' c')^\theta$

$\left[\dfrac{(1-n')c'}{p'}\right]^{1-\theta}$ (3.5)

有如下关系:$m'_1 = x'_1 - y'_1, m'_2 = y'_2 + y_4 - x'_2$ (3.6)

$c' = y'_1 + m'_1 + p(y'_2 + y_4 - m'_2)$ (3.7)

继而,东道国消费者跨时决策问题为:

$$\begin{cases} \max\limits_{c'} \int_0^\infty e^{-\rho' t} U'(c', p') dt & (3.8a) \\ \dot{k}' = r'_d k' + (r_f - b) k_f + w' l' + v' h' + T' - p'_e s' - D' - c' \end{cases}$$

(3.8b)

其中,同样有如下关系:

$$T' = \tau k' + \eta k_f + q(k') + q_1(k_f), D' = (d - T')\frac{(1-\delta')}{\delta'}$$
(3.9)

$$s' = s(k') + s_f(k_f), p'_e = p_e(k') + p_{ef}(k_f) \quad (3.10)$$

进一步,政府的决策问题改变为:

$$\begin{cases} \max_{c'} \sum_{i=1}^{l'} \int_0^\infty e^{-\rho \cdot t} U'(c', p') dt & (3.11a) \\ \dot{k}' = f'_1 + p'(f'_2 + f_4) + T' - p'_e s' - D' - c' & (3.11b) \end{cases}$$

$$k'(0) = k'_0 \quad (3.11c)$$

同理,令 $U' = l' \cdot u'$,定义 Hamilton 函数:

$$H' = U' + \lambda'(f'_1 + p'(f'_2 + f_4) + T' - p'_e s' - D' - c')$$

其中,λ' 为 Hamilton 乘子。得到最优性条件为:

$$\begin{cases} \dfrac{\partial H'}{\partial c'} = U'_{c'} - \lambda' = 0 & (3.12a) \\ \dfrac{\partial H'}{\partial k'} = U'_{k'} + \lambda' F'_{k'} = \rho \lambda' - \dot{\lambda}' & (3.12b) \end{cases}$$

已知: $\dot{k}' = f'_1 + p'(f'_2 + f_4) + T' - p'_e s' - D' - c' = F'$。存在以下关系:

$$F'_{k'} = F'_{kf} \frac{df_f}{d\psi_k}$$

$$= (\varepsilon_1 + p'(1-\varepsilon_1)) \cdot r'_d + (\varepsilon_2 + p'(1-\varepsilon_2)) \cdot \frac{d\psi_h}{d\psi_k} \cdot v' + (\varepsilon_3$$

$$+ p'(1-\varepsilon_3)) \cdot \frac{d\psi_l}{d\psi_k} \cdot w' + p'\left((r_f - b) + \frac{d\phi_h}{d\psi_k}v' + \frac{d\phi_l}{d\psi_k}l' + f'_2 + f_4\right)$$

$$+ (d - \tau k' - \eta k_f - q(k') - q_f(k_f))\frac{L}{(l')^2}\frac{d\psi_l}{d\psi_k} + \frac{1}{\delta'}$$

$$\left(\tau + \eta\frac{dk_f}{d\psi_k} + \frac{dq}{d\psi_k} + \frac{dq_f}{d\psi_k}\right) - p'_e \cdot \left(\frac{ds}{d\psi_k} + \frac{ds_f}{d\psi_k}\right) - s' \cdot \left(\frac{dp_e}{d\psi_k} + \frac{dp_{ef}}{d\psi_k}\right)$$

(3.13)

由 3.12a 式，$\lambda' = U'_{c'} \triangleq \Phi'$

$$\dot{\lambda}' = \Phi'_{k'}\dot{k}' + \Phi'_{c'}\dot{c}' = \Phi'_{k'}F' + \Phi'_{c'}\dot{c}' \qquad (3.14)$$

另一方面，由 3.12 式得出：$\dot{\lambda}' = \rho\lambda' - U'_{k'} - \lambda'F'_{k'}$

(3.15)

在 3.14 式、3.15 式中消去 $\dot{\lambda}$，得：$\Phi'_{k'}F' + \Phi'_{c'}\dot{c}' = \rho\lambda' - U'_{k'} - \lambda'F'_{k'}$

化简为：$\dot{c}' = \dfrac{\rho\lambda' - U'_{k'} - \lambda'F'_{k'} - \Phi'_{k'}F'}{\Phi'_{c'}}$ (3.16)

接下来，我们将求出 $\Phi'_{k'}$、$\Phi'_{c'}$、$U'_{k'}$，将之带入 3.16 式。事实上，

$$U'(c') = l' \cdot \left(n' \cdot \frac{(c')^{1-\sigma}}{1-\sigma}\right)^\theta \left(\frac{(1-n')}{p'} \cdot \frac{(c')^{1-\sigma}}{1-\sigma}\right)^{1-\theta} = l' \cdot (n')^\theta \cdot \left(\frac{1-n'}{p'}\right)^{1-\theta}\frac{(c')^{1-\sigma}}{1-\sigma}$$

令 $R' = (n')^\theta \cdot \left(\dfrac{1-n'}{p'}\right)^{1-\theta}$，故：

$$\begin{cases} \Phi' = U'_{c'} = l' \cdot R' \cdot (c')^{-\sigma} \\ \Phi'_{k'} = \dfrac{dl'}{dk'} \cdot R' \cdot (c')^{-\sigma} \\ \Phi'_{c'} = -l' \cdot R' \cdot \sigma' \cdot (c')^{-\sigma-1} \\ U'_{k'} = \dfrac{dl'}{dk'} \cdot R' \cdot \dfrac{(c')^{1-\sigma}}{1-\sigma} \end{cases}$$

求得在 FDI 引进出口部门的情况下，东道国消费增长率和消费者效用增长率分别为：

$$\frac{dc'}{c'dt} = \frac{1}{\sigma}\left(F'_{k'} - \rho + \frac{1}{l'} \cdot \frac{dl'}{dk'} \cdot \frac{c'}{1-\sigma} + \frac{1}{l'} \cdot \frac{dl'}{dk'} \cdot F'\right) \tag{3.17}$$

$$\frac{dU'}{U'dt} = \frac{1-\sigma}{\sigma}\left(F'_{k'} - \rho + \frac{1}{l'} \cdot \frac{dl'}{dk'} \cdot \frac{c'}{1-\sigma} + \frac{1}{l'} \cdot \frac{dl'}{dk'} \cdot F'\right) \tag{3.18}$$

命题 7 出口部门引进 FDI 后，在 FDI 改善（或没有改变）东道国贸易条件的情况下，增加外资部门的产量能够加快东道国社会福利的增长率。相比之下，将 FDI 引进进口部门则没有这样的机制。

证明 由 3.13 式可以看出由于 FDI 引进的是出口部门，所以新的贸易条件 p' 不仅影响内资出口部门的产值，同样影响外资出口部门的产值。在 $p' \geqslant p$ 的情况下，外资出口部门的产量越高，出口部门的产值就越高，所带来的社会效用的增长率就越快。

命题 8 判断出口部门引进 FDI 是否会导致"贫困化增

长"问题须估计的具体参数,我们同样将其按照标准划分为三大类,如表 3-3 所示:

表 3-3 判断"贫困化增长"所涉及的主要参数分类

(出口部门引进 FDI 的情况)

生产	引进前	$\dfrac{dh}{dk}$、$\dfrac{dl}{dk}$、k、l、r_d、v、w(包括产出、要素、进出口)
	引进后	$\dfrac{d\psi_h}{d\psi_k}$、$\dfrac{d\psi_l}{d\psi_k}$、$\dfrac{d\psi_k}{dk_f}$、$\dfrac{d\phi_h}{d\psi_k}$、$\dfrac{d\phi_l}{d\psi_k}$、k'、l'、r'_d、v'、w'、$r_f - b$(包括产出、要素、进出口)
消费	引进前	$\dfrac{dp}{dk}$、f_2、p(包括收入、消费)
	引进后	$\dfrac{d\psi_p}{d\psi_k}$、f'_2、f_4、p^*(包括收入、消费)
环境	引进前	$\dfrac{dp}{dk}$、$\dfrac{dp_e}{dk}$、$\dfrac{ds}{dk}$、τk、$q(k)$、p_e、s
	引进后	$\dfrac{dq}{d\psi_k}$、$\dfrac{dq_f}{d\psi_k}$、$\dfrac{ds}{d\psi_k}$、$\dfrac{ds_f}{d\psi_k}$、$\dfrac{dp_e}{d\psi_k}$、$\dfrac{dp_{ef}}{d\psi_k}$、$\tau k'$、ηk_f、$q(k')$、$q_f(k_f)$、p'_e、s'

命题 9 命题 3、命题 4 和命题 5 对于 FDI 引进出口部门的情况同样有效,同理可证。

3.3 本章小结

本章在拓展"贫困化增长"理论的基础上,通过构建多目标规划下的宏观经济动态模型,认识到FDI是通过产出效应、要素效应、收入效应、消费效应、进出口效应和生态环境效应来综合影响东道国福利变化的。从理论上论证了FDI引发东道国"贫困化增长"的可能性,揭示了FDI引发东道国"贫困化增长"的根本原因是FDI产生效用的多样性及效应的不确定性。为了证明理论的可靠性,我们将在后面章节中采用我国的经验数据对FDI的各种效应进行验证。对此,必须首先构造科学的评价FDI引致国民福利变化的综合评价体系及福利指数。

第四章

FDI 福利指标体系的构建

　　作为衡量 FDI 效应的基础，首先要解决的问题是如何构建后危机时代 FDI 福利指标体系。反映 FDI 的指标项将如何选择？在 FDI 指标体系的构建过程中，设置的目标层、反映目标层的指标层、反映指标层的单指标项均是围绕后危机时代的特征构建 FDI 的综合福利效应。为了克服指标项选择随意性的弊端，本研究借鉴软件系统框架的复用思想，结合本体方法通过面向服务型构件的知识本体库及逻辑结构映射，构建 FDI 评价指标体系。为此，从主观与客观方面说明指标选择与指标体系构建的合理性，使其评价能科学、真实地反映我国 FDI 现状，为后危机时代防范"贫困化增长"提供技术基础。

4.1 FDI 福利指标体系的构建原则

4.1.1 指标选取及量化

对指标体系的构建，可通过系统分析方法先确定指标，再构造指标体系的框架，这是一个认识逐步深入的过程，也是一个自上而下、逐步求精的过程。

（1）指标选取方法

评价指标的选取方法分为定性和定量两大类，定性选取评价指标的五条基本原则是：目的性、全面性、可行性、稳定性与评价方法的协调性；对于定量选取评价指标，在理论界有一些研究成果，如，用数学方法选择社会经济指标；用数理统计方法选取评价指标，包括逐步判别分析、系统聚类与动态聚类、极小广义方差法、主成分分析法、极大不相关法等。

定性选取一般是在指标形态设计时进行的，而定量选取则是在指标形态完成时进行的。不能过分依赖"定量筛选指标体系"的做法，因为无论用什么数学方法进行指标筛选，都不能代替人的主观判断，否则很可能得出十分荒唐的结论，使指标体系的"全面性"受损。更何况定量筛选方法的计算依据仍然是样本，所以筛选结论必然受样本结构的影响。若样本不能完全代表总体，则由筛选结果构造的评价函数就只有"一次性"使用价值，而不能用于另一个样本。**因此，本**

研究在指标选择中以 UML 定性选取为基础，通过不断迭代分析的过程，完成 FDI 评价体系中的指标选取。

（2） 指标量化方法

对于定量评价，需要对逻辑判断指标、定性指标进行量化处理和对定量指标进行无量纲处理。

定性指标的取值一般来自问卷调查，为防止因主观判断所引起的非科学性，关键在于提高定性指标赋值的准确性。赋值方法有多种，模糊数学中的隶属度赋值法较为适宜。根据模糊数学知识，对选项答案建立相应的模糊集合，进行无量纲化处理。

在模糊集合领域中，我们将论域 X 上的"模糊集合" A 定义为：

$$A = \{(x, A(x)) | x \in X\} \text{ 或者 } A = \{(x, \mu A(x)) | x \in X\}$$

其中 A（x） 或称之 μA（x）"隶属函数"，它满足 A：X →M

最常见的隶属空间为区间 [0，1]，为了便于处理数据，调查问卷选项的隶属空间也取该范围值。在 FDI 调查问卷中，对于定性的选项有以下典型的几种转换方法：

①两种选择项情况。对于"有"、"无"或"是"、"否"这样的结果，逻辑判断指标的取值量化较为简单，取值为 1 或 0。

②三种选择项情况。这种情况通常是表示三种程度的，

如：经常有/很少有/没有；非常好/一般/没有。对应的隶属函数可采用"例证法"处理，对不同的程度取不同的样本值，便可得到 A（x）的离散表示（二元组集合表示）：A＝{(s1,1),(s2,0.5),(s3,0)}，其中：s1——经常有、非常好、全部；s2——很少有、一般、部分；s3——没有、不好、没有。

③四种选择项情况。四种选择是对问卷中一些权益或工作环境进行评价，通常是表示四种程度的，如：好/一般/差/极差；不累/一般/累/很累。对应的隶属函数采用"例证法"，对不同的程度取不同的样本值，便可得到 A（x）的离散表示（二元组集合表示）：

A＝{(s1,1),(s2,0.7),(s3,0.3),(s4,0)}，其中：s1——好、不累、可以、很好；s2——一般、一般、还可以；s3——差、累、不好；s4——极差、很累、很不好。

④五种选择项情况。此种情况对应的选择项为：很满意/满意/基本满意/不满意/很不满意这五种主观感受，对应的隶属函数仍采用"例证法"。本书没有对这五个主观选择项采取传统线性样本值如（1,0.75,0.5,0.25,0），而是采用了更贴近生活、更能表达的离散表示：

A＝{(s1,1),(s2,0.8),(s3,0.5),(s4,0.2),(s5,0)}，其中：s1——很满意；s2——满意；s3——基本满意；s4——不满意；s5——很不满意。

对于定量指标而言，每项指标的内容及量纲各不相同，直接综合在一起十分困难，因此有必要将这些指标进行无量纲化处理和转换。

当第 j 项指标 y_j 为最大特性时，即指标越大越好时，对它做如下变换：

$$z_{ij} = \frac{y_{ij} - \min(y_{ij})_i}{\max(y_{ij})_i - \min(y_{ij})_i}, i = 1, 2, \cdots, n$$

当第 j 项指标 y_j 为最小特性时，即指标越小越好时，对它做如下变换：

$$z_{ij} = \frac{\max(y_{ij})_i - y_{ij}}{\max(y_{ij})_i - \min(y_{ij})_i}, i = 1, 2, \cdots, n$$

当第 j 项指标 y_j 为区间特性时，即指标在区间 [m_1, m_2] 内为最佳且距离此区间越近越好时，对它做如下变换：

$$z_{ij} = \begin{cases} \dfrac{y_{ij} - \min(y_{ij})_i}{m_1 - \min(y_{ij})_i}, & \min(y_{ij})_i \leqslant y_{ij} \leqslant m_1 \\ 1, & m_1 \leqslant y_{ij} \leqslant m_2, \quad i = 1, 2, \cdots, n \\ \dfrac{\max(y_{ij})_i - y_{ij}}{\max(y_{ij})_i - m_2}, & m_2 \leqslant y_{ij} \leqslant \max(y_{ij})_i \end{cases}$$

4.1.2 指标体系设计原则、建立方法

指标体系是由一系列相互联系、相互制约的指标组成的科学的、完整的总体，它必须具有一定的构成要素（即指标）以及相应的结构层次。基于此，定义指标体系为一个由三元数组（T, H, W）相互联系、相互作用组成的有机整体。其数学描述如下：$TS = f(T, H, W)$。此式中，TS：表示指标体系；

T：表示单个指标的集合，即指标系统的构成要素，反映

指标体系的所有构成元素;

H：表示按照一定层次和原则构成的层次结构，反映指标间的所属及相互关系;

W：表示指标的权重集合，反映单一指标对整个研究对象影响重要程度的量化;（这在第五章中分析）

f：表示 T、H、W 相互联系、相互作用的函数关系。

指标体系的层次数与指标总个数不仅与研究对象有关，而且与每一上层直接控制的下层个数有关。如果研究对象概念的复杂程度较高，则层次可以多一些，但层次数过多，每一层次内部指标个数就会减少。目前常用的指标体系以最简单的深度为三的树[①]形式出现：第一层为根结点（总目标层，Ⅰ级指标层），第二层为中间层（Ⅱ级指标层），第三层为底层（Ⅲ级指标层），形式上则被称为"三层"结构。

（1）指标体系的设计原则

评价指标体系应能全面、真实地反映其内部结构、外在状态、系统内部各子系统相互间关系的实现程度。因此，在

---

① 借助树中有关术语，任何指标体系的层次结构都可以定义为一个由指标为结点、指标间关系为弧组成的树。树中处于最上层的一个结点，称为该树的根结点，对应评价指标体系的最高层指标（总目标），除根结点以外的其余结点称为这个根的子树（指标层）。一个结点拥有子树的个数，称为该结点的度，也即解释该结点（指标）的下层指标个数，当结点的度不为0且不是最上层结点时，该结点对应指标体系的中间层指标。度等于0的结点称为叶结点，对应指标体系的最底层指标。

指标的选取上应遵循一般性原则与特殊性原则相结合:

一般性原则:主要包括:①科学性原则:按照科学性的要求,指标体系一定要建立在科学、客观的基础上,因此,指标的物理意义必须明确。②综合性原则:FDI评价指标体系是一个综合评价体系,要将产出效应、要素效应、消费效应、收入效应、进出口效应、环境效应等方面进行综合考虑。③可操作性原则:指标体系应具有可操作性强的特点,无论是面向评价者、决策者还是公众的指标,都要尽可能简单实用,即:考虑定量化的可行性、建模的复杂性以及数据的可靠性和可获得性。④独立性和关联性原则:指标体系必须包含相对独立的子系统和用以反映子系统内部特征与状态的指标;同时,子系统间的相互关联使之形成一个有机整体,子系统内部各指标之间的相互作用表现为子系统的状态和特征。因此,指标体系中应包含反映不同子系统之间以及同一子系统内部不同主题之间相互协调的指标。

特殊性原则:设置FDI指标体系,除了一般性原则外,还应包括以下方面的特殊性:①以后危机时代为背景,以FDI福利效应为研究对象;②数量指标和质量指标相结合,数量指标关注FDI对经济增长的数量表现,质量指标强调FDI对经济可持续发展的福利现状。

(2) 指标体系的建立方法

在构建指标体系时,理论上要求同一指标体系内的各指标之间的重叠度应尽量低，而且各指标之间关系应尽可能是独立的。如果指标体系中存在严重的指标冗余现象，单个指标或多个指标之间存在比较严重的重叠或交叉现象，则无形中夸大了重叠部分指标的权重，从而使评价结果失真。指标体系的初选方法有分析法、综合法、交叉法等多种方法。

本研究以软件系统框架的复用思想为基础，使用本体对FDI评价指标体系进行构建，并通过利用本体领域概念进行领域规约及模型映射，以及对指标的不断抽象和泛化，最后得到一个具有层次结构的指标集合——指标体系。

4.2 应用本体领域构建FDI评价模型

对于建立评价体系，理论界的研究有不少成果。如，用数理统计方法选取评价指标，包括逐步判别分析、系统聚类与动态聚类、极小广义方差法、主成分分析法、极大不相关法等方法，但它们往往要求大样本和典型的概率分布，而这在实际中却很难满足。作者在过去的研究中曾经利用UML（Unified Modeling Language，统一建模语言）与灰色关联聚类，能针对少量的调查数据建立指标体系，但在对FDI（Foreign Direct Investment，外商直接投资）效应分析的实际应用中收集相关数据较为困难。因此，如何正确获取需求，选择合理的评价指标，是建立FDI效应评价体系的首要问题。

本体（Ontology）目前已经被广泛应用到计算机科学和信息领域，作为信息抽取、语义网络等一系列自然语言处理应用的知识支撑，它通过概念层次模型在特定领域或场景上进行细化和泛化。本书将以FDI领域为背景，借鉴软件系统框架的复用思想，结合本体方法通过面向服务型构件的知识本体库及逻辑结构映射，构建FDI效应评价体系框架。

4.2.1 本体分析的基础

（1）软件系统框架复用

随着软件研发技术不断的提升，在软件系统构建过程中人们不断总结出许多成功的方法对软件研发的相关工作进行指导和总结。自从20世纪60年代以来，软件开发人员不断提出各种软件研发模型，如：瀑布模型、快速原型模型、螺旋模型、增量模型、喷泉模型、基于构件的开发模型等，这些模型对软件系统的构建起到了良好的指导作用，特别是基于构件的软件开发模型具有降低成本、提高软件质量和编程效率的优点。

尽管软件系统在各个行业已广泛运用，并积累了大量可以复用的构件，但开发人员发现已有构件要满足多种行业背景下的软件系统框架是非常困难的。这是由于在众多差异化领域背景下，软件系统框架设计要满足应用工程中不同基准体系的设计和评价是困难的。如何在应用领域背景下建立满足差异化基准要求并能充分对已有构件复用的软件框架，最终实现缩短软件系统研发周期、提高软件系统质量、降低开发风险的目标，是当前研究软件系统框架与构件库的一个热点问题。针对这个问题，有文献借鉴软件产品线的复用思想构建体系模型,但该方法未能应对体系架构的动态变化。

目前,在软件系统框架构建过程中引入了本体领域分析方法,建立软件系统框架与构件库之间的规约模型和映射逻辑结构。在规约模型和映射逻辑结构的支持下,软件系统框架的变化就可以在规约模型中被定义,通过映射逻辑结构指导构件适应性的装配过程,使得两者在分析定义和设计实现两个层面分别独立完成各自的任务,把不确定性因素的影响力降低,提高软件系统建设的效率和质量。同时,把软件系统框架针对差异化行业背景的服务特性体现出来,也使构件以面向服务领域为背景体现其高度复用的价值。

(2) 本体的概念

本体的概念最早是一个哲学的范畴,后来随着人工智能的发展,被人工智能学术界给予了新的定义。尼科斯(Neches,1991年)认为本体是给出构成相关领域词汇的基本术语和关系,以及利用这些术语和关系构成的规定这些词汇外延规则的定义;格鲁伯(Gruber,1993年)提出本体是概念模型的明确的规范说明;博斯特(Borst,1997年)进一步指出本体是共享概念模型的形式化规范说明;斯塔迪(Studer,1998年)对本体定义为共享概念模型的明确的形式化规范说明。随着人们对本体概念的不断认识和完善,公认本体具有以下四层含义:

· 概念模型(conceptual model):通过抽象出客观世界中

一些现象（phenomenon）的相关概念而得到的模型，其表示的含义独立于具体的环境状态。

· 明确（explicit）：所使用的概念及使用这些概念的约束都有明确的定义。

· 形式化（formal）：本体是计算机可读的。

· 共享（share）：本体中体现的是共同认可的知识，反映的是相关领域中公认的概念集，它所针对的是团体而不是个体。

本体的目标是捕获相关领域的知识，提供对该领域知识的共同理解，确定该领域内共同认可的词汇，并从不同层次的形式化模式上给出这些词汇（术语）和词汇之间相互关系的明确定义。本体的体系结构应该包括三个要素：核心元素集、元素间的交互作用以及这些元素到规范语义间的映射关系。佩雷斯（Perez）等人用分类法，归纳出五个基本的建模元语（Modeling Primitives）：类（classes）或概念（concepts）、关系（relations）、函数（functions）、公理（axioms）、实例（instances）。依据这五项基本建模原语可以形式化定义：

$$DomO = (Con, Rel, Fun, Axi, Ins) \qquad 公式1$$

其中 Con 是应用领域中的各种概念集合；Rel 是应用领域中各种概念的关系集合；Fun 是应用领域中各种效应或作用；Axi 是应用领域中各种概念的形式化规约推理机制；Ins 是应用领域中各种概念的实例。Domo 定义的五元组中可存在如表 4-1 所示的四种基本关系对词汇集合进行分析。

表4-1 本体领域分析的基本关系

关系名	关系描述
part-of	表达概念之间部分与整体的关系。
kind-of	表达概念之间的继承关系,类似于面向对象中的父类与子类之间的关系。给出两个概念 C 和 D,记 C′ = {x │ x 是 C 的实例},D′ = {x │ x 是 D 的实例},如果对任意的 x 属于 D′,x 都属于 C′,则称 C 为 D 的父概念,D 为 C 的子概念。
instance-of	表达概念的实例与概念之间的关系,类似于面向对象中的对象和类之间的关系。
attribute-of	表达某个概念是另一个概念的属性。如"价格"是桌子的一个属性。

在实际建模过程中,不一定严格地按照上述五类基本建模元语来创建 Ontology,概念之间的关系也不仅限于上面列出的四种基本关系,可以根据领域的具体情况定义相应的关系,以满足应用的需要。

本体构建的主要内容是领域概念获取和领域概念间关系获取,而领域概念抽取是本体构建的基础,其抽取质量影响着本体后续的构建和应用。本体模型构建的基本过程可以是多层次的,通常分为三个层次:全局本体层、概念关系本体层和各专业领域本体层。这一多层次特征恰好对应着评价体系的多层次。

(3)Protege 软件简介

Protege 软件是斯坦福大学基于 Java 语言开发的本体编辑

和知识获取软件，这个软件提供了本体概念类、关系、属性和实例的构建，并且屏蔽了具体的本体描述语言，用户只需在概念层次上进行领域本体模型的构建。本研究将利用Protege 4.1中的OWL语言来完成FDI领域中的知识本体描述，并将相关的知识本体描述存放在知识本体库中。

（4）语义相似度处理方法

在领域概念抽取过程中，必须对抽取的概念进行语义相似度处理。目前，相似度处理采用的方法主要有：基于词语信息量计算、基于词语距离（边）计算和基于结构化知识描述。基于结构化知识描述的方法中主要是针对领域词汇中概念属性的特性进行分析和处理，而建立软件系统框架同样需要的是把服务语义特性或特征作为重要的分析要点。软件系统框架中的服务语义将指导构件的自适应选择和装配，其根本目的就是完成领域词汇精细分类。

刻面分类是基于结构化知识的一种精细分类处理，每个刻面具有一组术语，术语之间具有一般或特殊关系组成结构化的术语空间，术语之间允许有同义词关系。术语仅限在给定的刻面之中取值，在术语空间中游历可以更加充分地理解相关领域所包含的意义。一个领域词汇可以用多个刻面以及每个刻面中的多个术语进行描述，不同的刻面从不同的角度针对领域词汇进行描述。这些特征使刻面方法能够从多个角度、多个方面针对领域词汇做出更为全面的描述。

建立刻面分类过程是领域概念化过程和概念化结果充分记录的一个过程,这个记录过程中涉及多个领域的假设、准则的表达等内容。为了使整个过程清晰富有条理性,高利诺(Guarino)等人在这个过程中引入了严格性(Rigidity)、同一性(Identity)、完整性(Unity)和依赖性(Dependence)四个本体分类关系涉及的参数性质,为分类关系提供了形式化的分析工具。严格性中有严格属性(+R)、半严格属性(-R)、非严格属性(~R);同一性中有,$\phi(x) \wedge \phi(y) \to [\rho(x, y) \leftrightarrow x = y]$,x 和 y 是同一描述关系(或概念)的词;完整性中有完全整体性(+U)、半整体性(-U)、非完全整体性(~U),依赖性中有 $\forall x [\phi(x) \to \exists \varphi(y) \wedge \neg P(y, x) \wedge \neg C(y, x)]$,任意 x 的属性实体对应 y 属性实体中,且 y 属性实体对 x 属性实体不存在完全对应和全要素关系。依据以上性质,建立相关的约束和假设关系如下:

① $\phi^{+R} \not\subset \phi^{~R}$

② $\phi^{+I} \not\subset \phi^{~I}$

③ $\phi^{-U} \not\subset \phi^{+U}$

④ $\phi^{+U} \not\subset \phi^{~U}$

⑤ $\phi^{-D} \not\subset \phi^{+D}$

4.2.2 基于本体的 FDI 效应评价体系模型构建

(1) 领域概念抽取

在以 FDI 领域为背景的应用中,需要把符合 FDI 概念和含义的多种不同层次的领域概念抽取出来,以实现对应体系框架的业务服务范畴的描述。为此，需要从以 FDI 为领域背景的知识信息库中对 FDI 领域词汇进行识别。识别 FDI 领域词汇，本质上是对包含 FDI 信息内容的一种特殊的检索过程。

设 FDI 知识文档集合 $D = \{D_1, D_2, \cdots, D_n\}$，输入查询方式 q 是 FDI 概念中的关键字字典或列表，计算 q 在每一个知识文档中的相似度 $sim(q, D_i)$。$sim(q, D_i)$ 是一个集合隶属函数，通过这个函数可以计算出根据 q 已声明的项在 FDI 知识文档库中的相关程度，评价 q 在 FDI 知识库中查询的有效性。目前，采用信息检索领域中最为广泛的查准率 A 和查全率 A′来度量领域词汇检索的有效性，计算查准率和查全率的公式如下：

$$A = \frac{N_{rs}}{N_s} \qquad 公式 2$$

$$A' = \frac{N_{rs}}{N_{cs}} \qquad 公式 3$$

公式中，N_{rs} 为命中的相关词汇记录篇数；N_s 为命中的全部词汇记录篇数；N_{cs} 为知识库中全部相关词汇记录篇数。

在进行 FDI 检索过程中需要对结构化、半结构化、非结构化存储的信息进行遍历，而 FDI 领域信息的检索对象大多是以非结构化形式进行存储的。如何把这些非结构化存储中包含的领域概念通过领域词汇的提取展现出来，需要一种高效词汇识别方法。目前，领域概念词汇抽取的主要方法有基于通用词典（如 WordNet）、规则匹配和统计分析的方法。但基于通用词典方法获取的概念未区分领域概念和通用概念，不能很好地保证概念及本体构建的质量；而基于规则匹配的提取方法中，领域词汇之间的词性组合规则难以准确地搭配。针对上述问题，本书利用 FDI 领域的概念特征，即 FDI 概念通常是由多个词或短语所构成的名词性短语特征，为提高 FDI 领域内词汇提取的质量和准确度，在满足查准率和查全率的前提下，引入倒文档频率 IDF（Inverse Document Frequency）。倒文档频率常常用于相似度 $sim(q, D_i)$ 的度量，公式如下：

$$IDF_k = \lg \frac{n}{\sum_{i=0}^{n} S(k, D_i(k))} + 1 \qquad 公式4$$

其中，n 为文档集合中的文档数目，k 是 FDI 的领域关键词（项），$D_i(k)$ 为出现过 k 的文档数目，$\sum_{i=0}^{n} S(k, D_i(k))$ 是包含 k 的文档 $D_i(k)$ 的数量总和。公式4说明 FDI 领域词汇集中单个词汇的重要性与包含它的文档数量成反比。本书基于后危机时代的特征，采用基于最大熵模型的获取方法完成领域词汇的抽取，它是采用基于最大熵模型的方法来获取领域概念，通过对 FDI 领域文档进行挖掘而得到名词性短语，使用改进的 TF – IDF（Term Frequency – Inverse Document Frequency）公式从中抽取具有 FDI 领域性的短语，用以评估某一关键词对于一个文档库中的其中一份文件的重要程度，使后危机时代 FDI 关键词的重要性随着它在文件中出现的次数成正比增加，但同时随着它在文档库中出现的频率成反比下降，并经人工修正后得到领域词汇集合如表 4-2 所示：

表 4-2 本体概念词集合

编号	领域词汇	编号	领域词汇	编号	领域词汇
1	FDI 投资回报	26	行业从业人员	51	结构断裂性消费
2	FDI 投资量	27	环保标准	52	金融市场
3	FDI 投资商	28	环保技术	53	进出口效应
4	GDP 增长	29	环境保护教育投资	54	就业效应
5	产出效应	30	环境管理体系认证	55	劳动力市场
6	产权市场	31	积累滞后性消费	56	劳务收入
7	产业从业人员	32	销售商品收入	57	利息收入
8	产业构成	33	效应递减性消费	58	内生指数
9	产业结构	34	信息市场	59	企业收入
10	产业体制	35	要素贸易条件	60	权益性投资收益
11	房地产市场	36	要素效应	61	市场要素
12	废气	37	引资国国际一体化	62	收入效应
13	废水	38	有毒有害气体	63	收入抑制性消费
14	废液	39	政策要素	64	特许权使用费用收入
15	废渣	40	政府	65	投资保护及优惠
16	福利	41	转让财产收入	66	投资比重
17	福利效应	42	资金市场	67	投资量
18	高能耗产业	43	资源消耗型产业	68	投资率
19	个人收入	44	租金收入	69	投资要求
20	个人所得	45	技术成果流通领域	70	外资投资商
21	工资效应	46	技术市场	71	污染控制费用
22	公益性环境保护	47	技术溢出	72	污染密集型产业
23	股利股息	48	技术影响力	73	污水
24	固体废弃物	49	价格贸易条件	74	消费效应
25	国内资本溢出	50	接受捐赠收入	75	市场化完善

表4-2给出了使用最大信息熵获取的基于FDI为背景的领域词汇集合，但由于基于最大熵模型的方法无法区分信息量相同、深度不同的概念词汇，这使得所抽取的领域词汇描述的概念之间没有层次之分。

为了划分领域词汇间的层次，不仅要根据公式1中五元组的四种基本关系对词汇集合进行分析，还要进一步完成语义相似度的处理。使FDI领域范畴的语义能够在多维度、多层次、有结构的状态下进行既严谨又不失语义的充分描述。为了确保所构建的软件系统框架中具有面向服务语义的特性或特征，基于词语信息量计算和基于词语距离计算的语义相似度处理方法，都不能够很好地保证多维度、多层次、有结构地描述FDI领域内的多种词汇概念。因此，本研究采用基于结构化知识的方法，并使用其性质的约束和假设对表4-2中FDI领域词汇进行刻面精细分类，得到如表4-3所示的信息：

表4-3 领域词汇刻面分类表

名称	数量
元概念	1
一级抽象概念	3
二级抽象概念	6
对象	6
对象属性	44

(2) 本体模型的建立

分析表 4-2 的词汇,建立带有本体领域分析基本关系的语义树如图 4-1—4-6 所示:

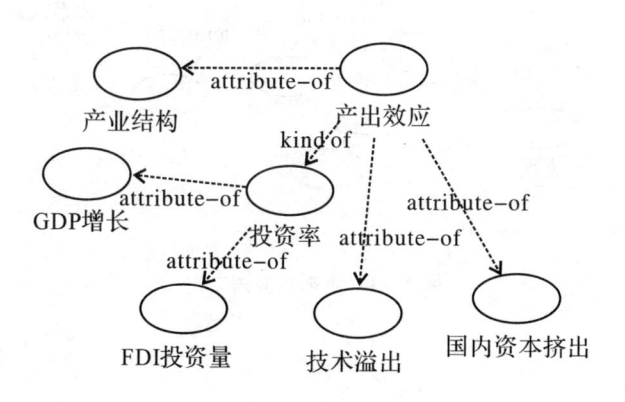

图 4-1 产出效应语义树

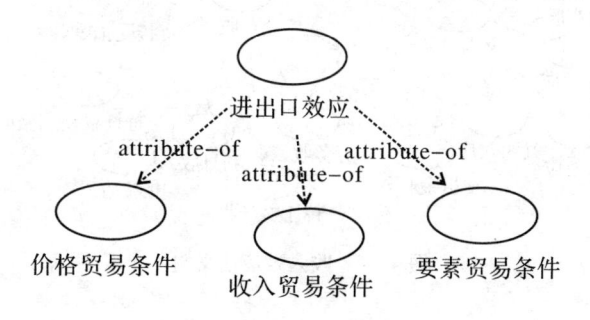

产业结构 ← attribute-of ← 产出效应
GDP增长 ← kind-of
attribute-of → 投资率
attribute-of → FDI投资量
attribute-of → 技术溢出
attribute-of → 国内资本挤出

图 4-2 进出口效应语义树

进出口效应
attribute-of → 价格贸易条件
attribute-of → 收入贸易条件
attribute-of → 要素贸易条件

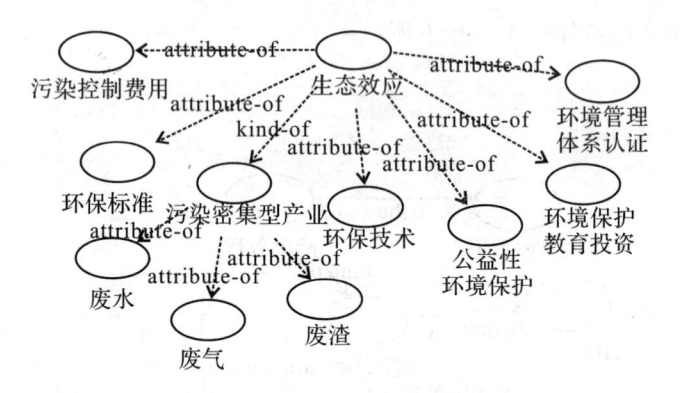

图4-3 生态效应语义树

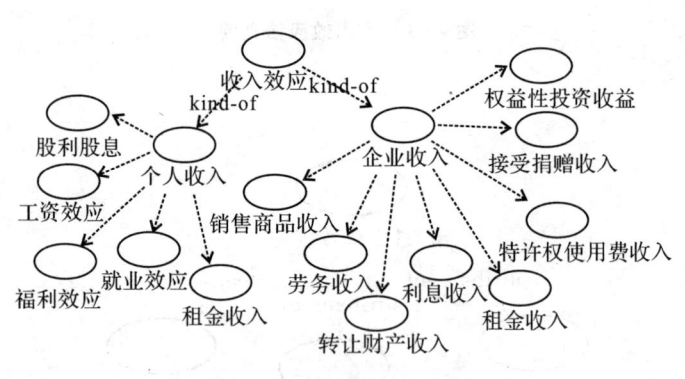

图4-4 收入效应语义树

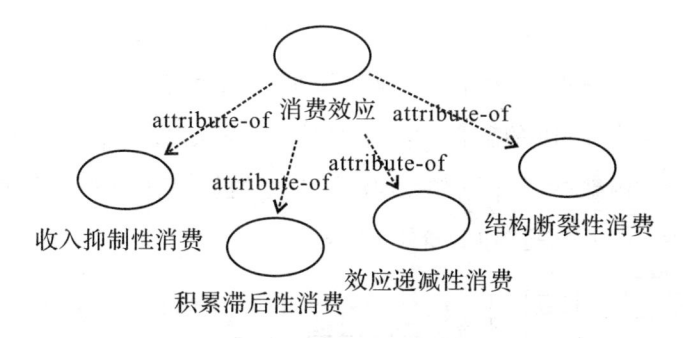

图 4-5　消费效应语义树

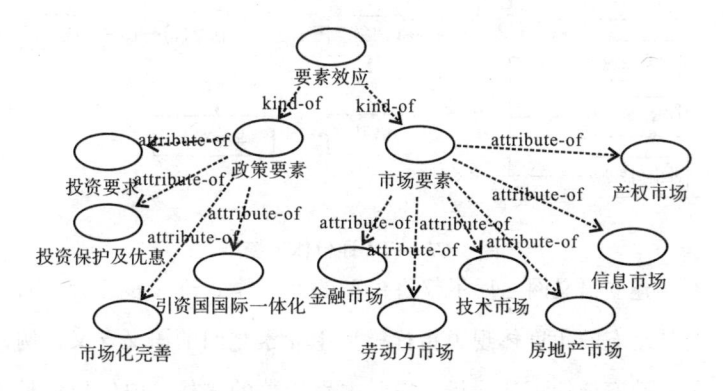

图 4-6　要素效应语义树

通过建立有层次关系的语义树之后，领域词汇中的大部分已经转化为语义树的节点（没有选中的词汇将作为候选词汇保留，在之后的建模过程中可以继续挑选出来完善或修正本体领域模型），每个节点都有自己的祖先和后代。

至此，本体建模已经完成概念关系本体阶段的模型建立和描述。

（3）领域规约

为了进一步严格描述模型中领域词汇的语义，结合后危机时代对 FDI 的需求，并丰富领域词汇词义之间的语义关系，通过构建语义网，对领域词汇初步组建的模型进行完善和扩展，图 4-7 是 FDI 评价体系框架模型。

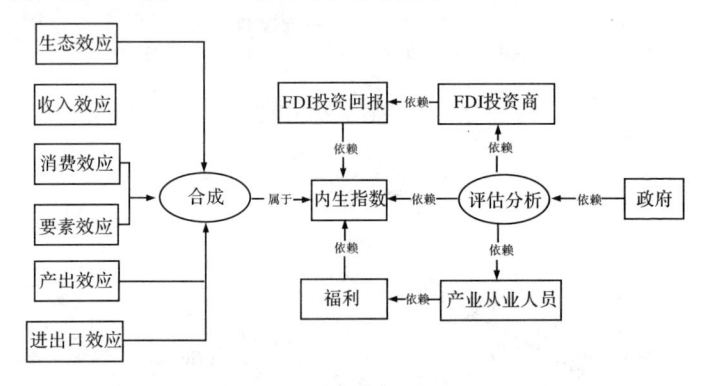

图 4-7　FDI 评价体系模型

建立语义网之后不仅将模型的静态模式进一步完善，而且从动态的角度体现了指标模型中元素之间的语义含义，例如：政府依赖评估分析，需要内生指数的描述，内生指数是由生态效应、收入效应、消费效应、要素效应、产出效应、进出口效应合成得到，这样在指标框架中能够清晰地看出领域词汇的作用范围和层级关系，在"合成"中的六种效应元素是由领域分析抽取的领域场景词汇得到的，保证了体系框架的领域特性，同时可以在多种效应指标内依据领域分析的过程添加或删除一些领域词汇，实现了指标体系动态完善的特性，为评价体系适应新的动态调整保留了充分的扩展空间。

第四章 FDI 福利指标体系的构建

这个富含语义的框架为软件系统框架提供了足够的语义说明，可以把框架的内容用 OWL 语义精细化描述，描述片段如下：

<？xml version＝"1.0"？＞
<！DOCTYPE rdf：RDF〔
<！ENTITY Ontology1349076779984
"http：//www.semanticweb.org/ontologies/2012/9/Ontology1349076779984.owl#"＞〕＞
<rdf：RDF xmlns＝"http：//www.semanticweb.org/ontologies/2012/9/Ontology1349076779984.owl#"
xml：base＝"http：//www.semanticweb.org/ontologies/2012/9/Ontology1349076779984.owl"
xmlns：xsd＝"http：//www.w3.org/2001/XMLSchema#"
xmlns：Ontology1349076779984＝"http：//www.semanticweb.org/ontologies/2012/9/Ontology1349076779984.owl#"
xmlns：rdfs＝"http：//www.w3.org/2000/01/rdf－schema#"
xmlns：rdf＝"http：//www.w3.org/1999/02/22－rdf－syntax－ns#"
xmlns：owl＝"http：//www.w3.org/2002/07/owl#"＞
<owl：Ontology rdf：about＝"http：//www.semanticweb.org/ontologies/2012/9/Ontology1349076779984.owl"/＞
<！－－http：//www.semanticweb.org/ontologies/2012/9/Ontology1349076779984.owl#attribute－of－－＞
<owl：ObjectProperty rdf：about＝"&Ontology1349076779984；

attribute-of" >
< rdf: type rdf: resource = " &owl; FunctionalProperty" / >
< rdf: type rdf: resource = " &owl; TransitiveProperty" / >
< rdfs: range >
< owl: Restriction >
< owl: onProperty rdf: resource = " &Ontology1349076779984; attribute-of" / >
< owl: someValuesFrom rdf: resource = " &Ontology1349076779984; 生态效应" / >
</owl: Restriction >
</rdfs: range >
<!-- http://www.semanticweb.org/ontologies/2012/9/Ontology1349076779984.owl#instance-of -->
< owl: ObjectProperty rdf: about = " &Ontology1349076779984; instance-of" >
< rdf: type rdf: resource = " &owl; FunctionalProperty" / >
< rdf: type rdf: resource = " &owl; TransitiveProperty" / >
< rdfs: range >
< owl: Restriction >
< owl: onProperty rdf: resource = " &Ontology1349076779984; instance-of" / >
< owl: someValuesFrom rdf: resource = " &Ontology1349076779984; 内生指数" / >

第四章 FDI福利指标体系的构建

< /owl：Restriction >

< /rdfs：range >

< /owl：ObjectProperty > …

<! - - http：//www. semanticweb. org/ontologies/2012/9/Ontology1349076779984. owl#FDI - - >

< owl：Class rdf：about = " &Ontology1349076779984；FDI" / >

<! - - http：//www. semanticweb. org/ontologies/2012/9/Ontology1349076779984. owl#FDI 投资回报 - - >

rdf：about = " &Ontology1349076779984；FDI 投资回报" >

< rdfs：subClassOf rdf：resource = " &Ontology1349076779984；FDI" / >

< /owl：Class >

<! - - http：//www. semanticweb. org/ontologies/2012/9/Ontology1349076779984. owl#个人收入 - - >

< owl：Class rdf：about = " &Ontology1349076779984；个人收入" >

< rdfs：subClassOf rdf：resource = " &Ontology1349076779984；收入效应" / >

< /owl：Class >

< rdf：Description >

< rdf：type rdf：resource = " &owl；AllDisjointClasses" / >

< owl：members rdf：parseType = " Collection" >

＜rdf：Description rdf：about＝"&Ontology1349076779984；产出效应"/＞

＜rdf：Description rdf：about＝"&Ontology1349076779984；收入效应"/＞

＜rdf：Description rdf：about＝"&Ontology1349076779984；消费效应"/＞

　＜rdf：Description rdf：about＝"&Ontology1349076779984；生态效应"/＞

＜rdf：Description rdf：about＝"&Ontology1349076779984；要素效应"/＞

＜rdf：Description rdf：about＝"&Ontology1349076779984；进出口效应"/＞

＜/owl：members＞

　＜/rdf：Description＞

＜/rdf：RDF＞

通过代码片段看到对词汇的精细化描述，已经把FDI领域词汇集合中的抽象、实体以及抽象实体间的推理关系作了准确的描述，基于这种精细化的描述可以作为软件模型特征的充分说明和构建依据。

（4）映射模型

基于后危机时代FDI本体领域分析的模型具有多层次、多维度的特性，通过对其进行本体领域建模后得到对应的领域

第四章 FDI 福利指标体系的构建

模型如图 4-8 所示:

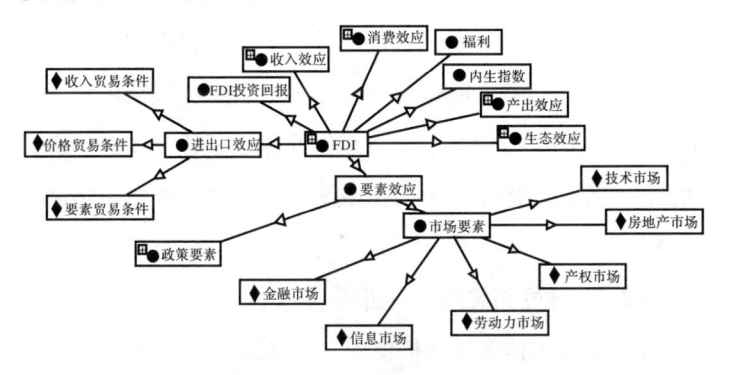

图 4-8 FDI 本体模型基本局部图

在模型图中反映了 FDI 领域分析的 OWL 的规约定义和映射,因此基于 FDI 本体领域模型的描述可以完成 FDI 效应评价体系模型的建立,如图 4-9 所示:

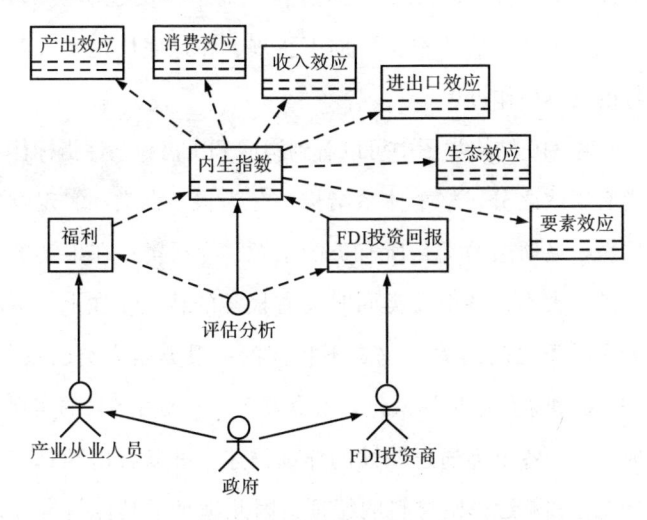

图 4-9 FDI 效应评价指标体系模型

在特性领域词汇关系图中只保留了抽象层次的领域词汇，这使得组成领域词汇的领域词汇处理细节可以根据领域分析后进行适度的调整，而这种调整是不会引发领域词汇发生变更以及领域词汇间关系的变化，因此保证了评价体系的完整性和健壮性，并将此作为软件系统模型构建的重要指标和参考要点。

4.2.3 建立系统结构类图

基于 FDI 本体领域分析模型具有多层次、多维度的特性，结合评价指标体系的六大效应模型框架，对 FDI 福利条件评价的各项二项指标，经过不断的剔除、变形、泛化，同时利用 UML 辅助设计工具 Jude 完成了对 FDI 福利条件指标体系的结构类图，如图 4-10 所示，通过自上而下使类逐步实例化。即，从最为抽象的"根类"向下扩展，在最底层是实现各个指标的具体操作过程。

从 4-10 结构类图中可以看到构成 FDI 福利条件指标体系的类有层次之分，整个体系结构中分为根、大类、实现类三个层次。最顶层的类是所有类的根源，为根类；在根类的下层子类是大类，各个大类同时具有根类的特点；在上、下不同的两层类之间的关系也是不相同的：根类是大类的聚集，即 FDI 福利条件指标体系包含六个方面；大类由各自的实现类组成。由于各个类通过属性的详细描述，可以看出其具有完整、充分和贴近原始材料的特征，因此满足了其低耦合（高内聚）的类之间关系；同时，泛化关系产生的子类具有了相

第四章　FDI 福利指标体系的构建

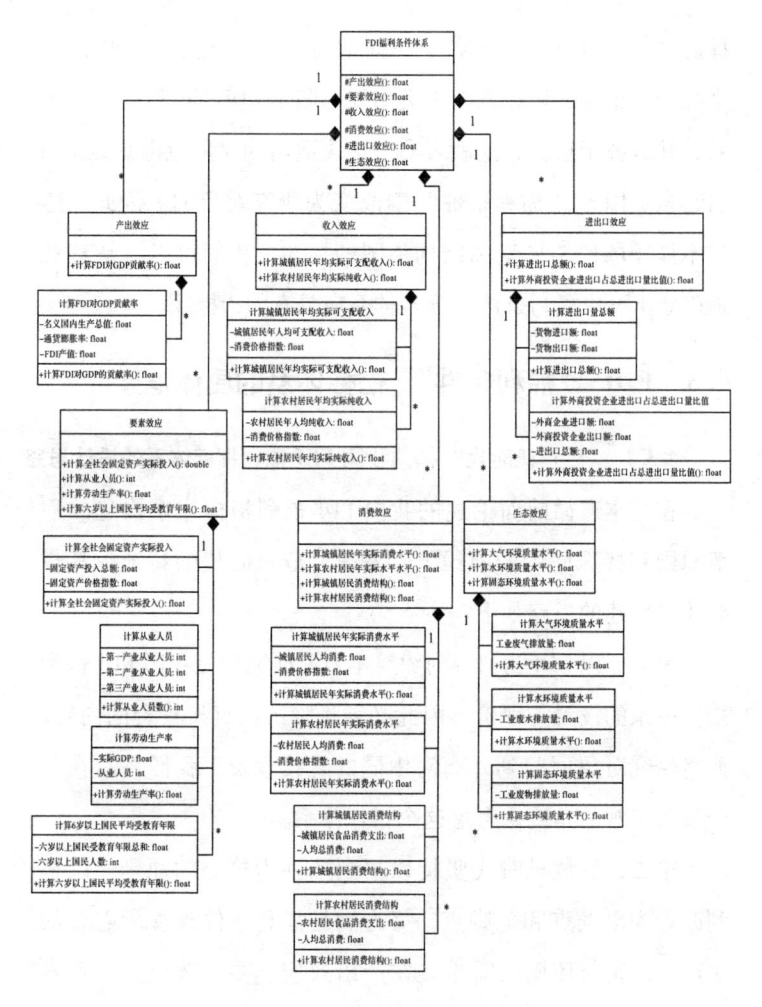

图 4-10　FDI 指标体系结构类图

对应父类的基本特征,而依赖关系也表明在不同层次之间类的依存关系。

FDI"福利条件"体系最终是由较低层次的对象构建并支

撑起来的。自下而上由各个不同的特性类构成并且泛化为一个统一的根类。所以六个大类的根源归于 FDI "福利条件"体系，并服务于根类，这就表明了系统适用的对象范围是以 FDI 引起东道国各"福利条件"的改变为研究对象的。因此，通过本体领域构架模型和结构类图的描述，我们可以清楚直观地确定 FDI "福利条件"评价体系应具有的指标项。

4.3 FDI "福利条件"指标体系的具体框架

4.3.1 "后危机时代"构建我国 FDI 福利指标体系的设计思路

在基本遵循前面论述的我国 FDI 福利指标体系构建的一般原则和特殊原则的前提下，考虑后危机时代的特征，其指标体系构建的思路如下：

第一，以 FDI 为研究对象。本章所研究的是我国 FDI 福利指标体系的设置与评价，因此必须排除国内直接投资的内容，而将研究对象回归到外商对中国的直接投资，我们将站在一个较为宏观的角度来考虑这个指标体系。

第二，后危机时代坚持以福利条件为核心的原则。以福利改善为出发点和落脚点，努力满足福利条件改善所需要的生产、消费与环境的需求。在产出效应、要素效应、消费效应、进出口效应、收入效应、生态效应等方面都应该得到体现，而且应得到同样的重视，否则就不能真正反映后危机时代 FDI 福利条件的指标体系。

第三，静态指标与动态指标相结合。根据对 FDI 福利条件的拓展，我国 FDI 的福利评价主要包括生产、消费、环境等六大效应模块。然而在设置指标体系的时候，先将 FDI 福利变化分为 FDI 福利的静态表现以及 FDI 福利的动态变化两个大的方向，然后再将这六个方面的内容分别包含其中。因此，FDI 福利指标体系应当充分反映和体现 FDI 福利条件的内涵，从科学的角度去系统而准确地理解和把握 FDI 福利综合效应的实质。

4.3.2 建立 FDI 福利指标体系的具体框架模型

根据研究的基本原则，结合我国国情和引进 FDI 的特点，本研究认为"FDI 福利条件"指标体系应沿用主客观指标相结合的方法。鉴于指标体系构建过程中子系统和指标选取的惯性存在主观性的弊端，本书从三个方面进行了子系统和指标的选择与遴选：①效应选择，这是该评价系统的纲，通过 UML 研究，产出效应、要素效应、收入效应、消费效应、进出口效应和生态环境效应在 FDI 效应研究中都是国内外专家与学者所涉及的重点内容，特别是将生态环境效应纳入效应系统，对筛选"绿色 FDI"有着重要的现实意义；②指标的选取，采用 UML 方法，通过对一百多篇相关文献的研读，选择出现频率最高的、具有公信力的、足以反映相对效应的指标。针对"FDI 福利条件"评价的范围和搜集数据的可操作性，本研究设计了两套方案来适应不同情况的评价需要：

方案一：基于特定 FDI 项目的评价体系

该方案的基本思路是建立 FDI"福利条件"指标体系对 FDI 项目进行直接评价。主要适用于引进特定 FDI 项目的事前预测和事后评价,目的在于支持相关部门引进特定 FDI 项目的决策。本方案在 UML 基础上形成以下评价指标体系,共分为三个层面,即目标层、准则层和指标层,共包括以下内容,见表 4-4 所示:

表 4-4 FDI "福利条件"指标层次体系

目标层	准则层	指标层
FDI 福利条件	产出效应	FDI 引起的产量增长率% A1
	要素效应	FDI 引起的固定资产投资增长率% A2
		FDI 引起的劳动生产率增长率% A3
		FDI 引起的就业增长率% A4
		FDI 引起的人力资本增长率% A5
	收入效应	FDI 引起的人均年收入增长率% A6
	消费效应	FDI 引起的人均年消费增长率% A7
		FDI 引起的恩格尔系数增长率% A8
	进出口效应	FDI 引起的进出口比值增长率% A9
	生态效应	FDI 引起的废气排放量增长率% A10
		FDI 引起的废水排放量增长率% A11
		FDI 引起的废物排放量增长率% A12

①目标层。本指标体系通过对 FDI "福利条件"指数的分析评价,综合反映了特定 FDI 项目对相关区域福利产生影响的基本情况。

②准则层。准则层是由反映目标层的指标(或称为次级目

标层）构成。为了能够全面地描述目标层，反映"FDI 福利条件"，它由产出效应、要素效应、收入效应、消费效应、进出口效应和生态效应六个子效应系统组成。

③指标层。指标层用来反映各准则层的具体内容，它是由各单项指标来体现的。这些指标从客观角度描述特定 FDI 对福利的影响情况。基于全面性和可操作性原则，该指标体系综合使用了总量指标、相对指标、平均指标等多种指标，力求使研究结果更加完善，更加真实。具体包括：FDI 引起的产量增长率[①]、FDI 引起的固定资产投资增长率、FDI 引起的劳动生产率增长率等 12 个指标。上述所涉及指标在评价具体 FDI 项目的过程中均可通过实际调查获取现实数据。

方案二：后危机时代基于 FDI 总体情况的评价体系

该方案的具体思路是：先评价与 FDI 六大效应相关的综合福利，然后通过计量方法测度出 FDI 对综合福利的影响程度。这一方案主要适用于评价地区或国家引进 FDI 的总体情况。以引进 FDI 对我国福利的总体影响为例，如果直接选用方案一，则存在数据获取上的不可操作性，因为我国现有统计资料中几乎找不到适合的数据来反映 FDI 对各经济变量的直接影响力水平。这时，需要采用第二套方案来实现评价目标。须注意的是，方案一与方案二没有本质上的区别，二者实际上是等价的，以下推导过程可揭示二者间的实质关系：

---

① 这里的增长率均指 FDI 引起的一定区域内经济变量的变化率。

首先，记"FDI 福利条件指数"为 W，n 个指标层指标为 A_i ($i=1, 2, \cdots, n$)，它们的权重为 α_i ($i=1, 2, \cdots, n$)，则有：$W = \sum_{i=1}^{n} \alpha_i A_i$；同时，令方案一的指标体系中受 FDI 影响的经济变量为 $X_1, X_2, \cdots, X_n$，在假定各经济变量与 FDI 呈线性关系的基础上，FDI 对各经济变量的影响力实际上可表示为 $A_i = \dfrac{dX_i}{dfdi}$，那么，"FDI 福利条件指数"则可表示为：$W = \sum_{i=1}^{n} \alpha_i A_i = \sum_{i=1}^{n} \alpha_i \cdot \dfrac{dX_i}{dfdi}$

若将与 FDI 引进相关的我国综合福利指数表示为：$F = \sum_{i=1}^{n} \alpha_i \cdot X_i$

那么，"FDI 福利条件指数"可表示如下：$W = \dfrac{d\sum_{i=1}^{n} \alpha_i \cdot X_i}{dfdi} = \dfrac{dW}{dfdi}$

由以上推导得知，我们可以首先评价我国综合福利指数 W，然后通过建立 FDI 引进水平与综合福利指数的回归模型，估计出 FDI 对我国福利的影响力 ω，即 FDI"福利条件"。

本研究将侧重评价 FDI 对我国综合福利的影响情况，建立的我国综合福利评价指标体系是能够为国家对外经济部门引进 FDI 提供客观依据的一个开放性系统。评价的依据和基础，是与 FDI 产生的效应相关的经济领域中的各种具体数据指标。根据本体建模下的 FDI 评价体系以及在系统性、全面性、导向性、灵活性、可操作性的设计原则下，结合我国经济的特点，兼顾指标系统内部各子系统之间的相互交叉、制约以及协调促进的关系，经过反复筛选、相关研究和文献借鉴，最终选择了与六大效应相关的16个指标作为指标层，来建立反映我国 FDI 综合福利的指标体系，通过本体模型推导出的图4－10 FDI 指标体系结构类图，可绘制系统的组成结构图，即 FDI 福利效应指标体系的框架模型，如图4－11所示。在 FDI 福利条件指标体系模型中，尽管每一层次的作用不相同，但每一层总是围绕 FDI "福利条件"指标评价这个总体目标，通过不断细分而得到的。

图4－11将 FDI "福利条件"指标体系分成三个层次，即目标层、准则层和指标层，共包括六个效应子系统、16项具体指标。

①目标层。处于最左边的层次叫目标层，只有一个元素，它是分析问题的预定目标或理想结果；该指标体系通过对我国综合福利指数的分析评价，在总体上反映了与引进 FDI 相关的我国福利基本情况，作为进一步测算 FDI "福利条件"的基础。

②准则层。中间层次是准则层，表示系统的评价方面。为了能够全面地描述目标层，反映我国综合福利，它包括产出指数、要素指数、收入指数、消费指数、进出口指数和生态指数六个子系统来组成。

③指标层。最右边的层次是实现层即指标层，是系统的

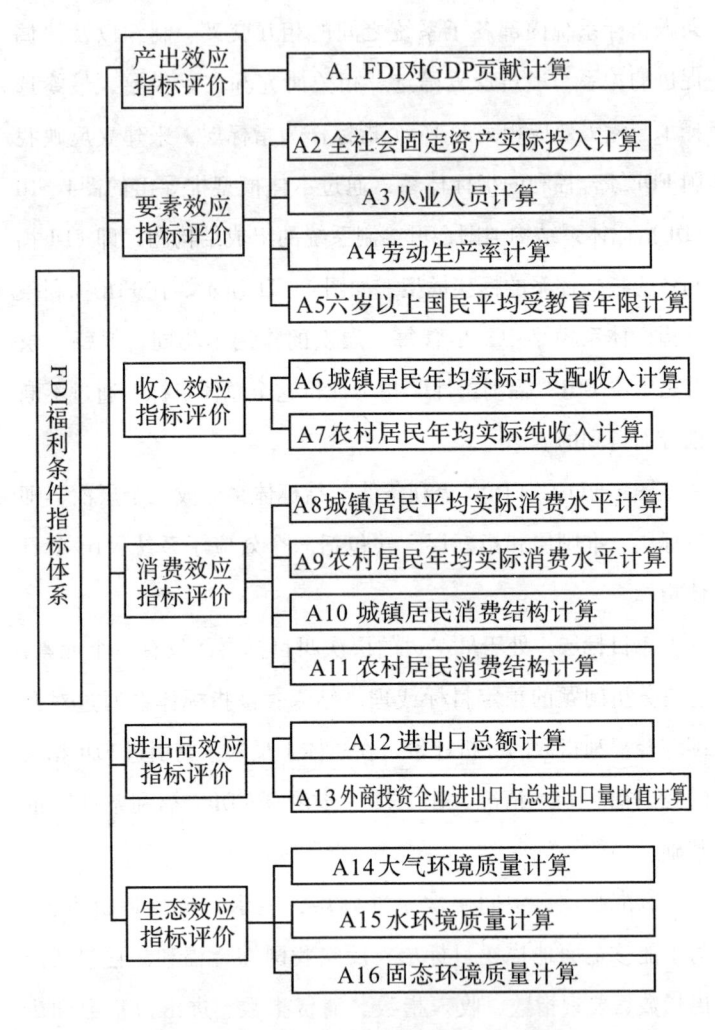

```
FDI福利条件指标体系
├── 产出效应指标评价 ── A1 FDI对GDP贡献计算
├── 要素效应指标评价
│   ├── A2 全社会固定资产实际投入计算
│   ├── A3 从业人员计算
│   ├── A4 劳动生产率计算
│   └── A5 六岁以上国民平均受教育年限计算
├── 收入效应指标评价
│   ├── A6 城镇居民年均实际可支配收入计算
│   └── A7 农村居民年均实际纯收入计算
├── 消费效应指标评价
│   ├── A8 城镇居民平均实际消费水平计算
│   ├── A9 农村居民年均实际消费水平计算
│   ├── A10 城镇居民消费结构计算
│   └── A11 农村居民消费结构计算
├── 进出品效应指标评价
│   ├── A12 进出口总额计算
│   └── A13 外商投资企业进出口占总进出口量比值计算
└── 生态效应指标评价
    ├── A14 大气环境质量计算
    ├── A15 水环境质量计算
    └── A16 固态环境质量计算
```

图 4-11 FDI 福利指标体系的框架模型

评价指标，指标层指标从客观角度对我国综合福利进行描述。

各指标的计算方法和具体含义如下：

①A1 代表东道国实际国内生产总值，即扣除通货膨胀影响，用于反映东道国的实际产出水平；

②A2 表示全社会实际固定资产投入，即固定资产投入总额除以固定资产价格指数的取值，用于代表东道国固定资产投入的实际水平；

③A3 为从业人员人数，代表劳动力投入量；

④A4 为劳动生产率，即用实际 GDP 除以从业人员的取值，代表东道国的技术水平；

⑤A5 为东道国六岁以上居民受教育的平均年限[①]，用于反映东道国的人力资本水平；

⑥A6、A7 分别为城镇居民实际年人均可支配收入和农村居民实际年人均纯收入[②]，用于反映东道国的收入水平；

⑦A8、A9 分别为城镇和农村居民的实际人均消费[③]，反映东道国居民的消费水平；

⑧A10、A11 分别代表城镇和农村居民的消费结构，用城

[①] 将学历为小学程度的受教育年限定为六年，初中程度定为九年，高中程度定为 12 年，大学以上定为 16 年。

[②] 分别用城镇居民年人均可支配收入（见附录 A8）和农村居民年人均纯收入（见附录 A9）除以消费价格指数。

[③] 分别用城镇居民人均消费（见附录 A10）和农村居民人均消费（见附录 A11）除以消费价格指数。

镇恩格尔系数和农村恩格尔系数的负数形式表示①，恩格尔系数的计算采用居民食品消费支出除以人均总消费；

⑨A12、A13分别为东道国进口量与出口量的比值，也可表示为东道国进口总额比上出口总额再乘以贸易条件（出口价格与进口价格的比例，见附录A16）的取值，用于反映东道国在出口基础上进口所获得的利益；后者反映外商投资企业进出口占进出口总额的比重；

⑩A14、A15、A16分别表示东道国三种形态的环境质量，分别用工业废气排放量、工业废水排放量和工业废物排放量的负数形式②表示。

由于上述指标涉及的数据基本都可通过统计年鉴和国家相关部门公布的权威数据计算获得，来源可靠，为指标体系的合理性提供了基本保障。

本章依据综合评价FDI效应的思想，基于不同的评价目的建立了两套评价FDI"福利条件"的方案，并针对两套方案设计了各自的评价方法。根据本研究的研究目的，将利用我国宏观经济运行数据，选取第二套方案来综合评价FDI对我国福利的影响，从而判断FDI是否引致了我国的"贫困化增长"，为后危机时代我国引资政策的制定提供参考和依据。

---

① 因为根据传统消费理论，恩格尔系数与消费福利呈负相关关系。
② 污染排放量与环境质量呈负相关关系。

4.4 FDI 评价指标体系的进一步说明

本章通过对以后危机时代 FDI 为背景的本体领域分析后找到了描述服务的形式化规约，在这个过程中始终坚持从本体领域知识库中对相关的领域词汇进行分析和抽取。从软件需求工程的角度来看，这个过程是面向服务特征描述的一个过程，在这个过程中始终围绕如何建立形式化需求定义和规约来精细处理需求特性，结合构件检索并自适应组装的特点做出了一定的探索，整体过程可以表达为图4-12所示：

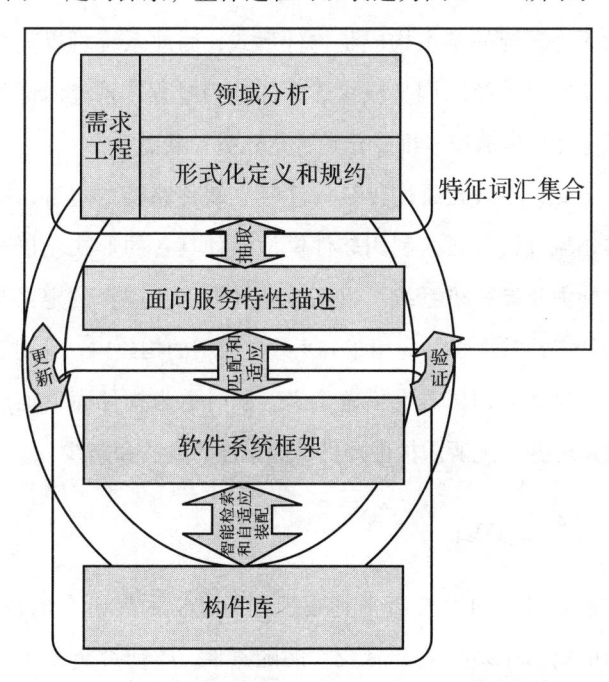

图4-12 面向服务特征的更新与验证过程

因为 FDI 评价体系框架的多项指标是松散的合成关系，这就意味着在合成各项指标之间是可以根据一定规则来进行装配的，领域分析的过程中含有政策变化的时间阶段性因素，这是指不同的政策在实施之后各项指标的特性是会随着政策的实施而在一定时间内发生变化，指标的领域特征必然要体现这些关键因素的变化，关键因素的变化使得领域分析中的领域关键词汇属性随之而变化，然而为了将这些变化严格地引入到已经构建完成的评价系统中，必然需要作形式化定义和规约。从而既能够将系统外部的变化不断地引入系统内部，同时因为系统的基本构成是构件形式，因此系统可以随着外部变化的引入及时调整或组建新的处理过程。系统内部的刻面描述则可以验证外部变化是否充分引入系统中。

至此，本研究通过传统构件建立软件系统的过程，结合本体领域进行分析，利用软件模型设计具备的形式化语言的语义能力和计算机系统可以高效处理形式化逻辑的定义与规约的特点，首次将其应用于 FDI 效应模型的构建中，这对于社会学、经济学领域具有借鉴意义，同时也为构件库如何合理地自适应并装配所需构件提供了探索性的方法和路线。

4.5 本章小结

指标体系的设置历来都是理论界、学术界研究的难点。传统的指标体系设置具有较大的随意性，本研究将本体建模语言应用到指标体系的构造中，由于本体领域中的业务建模目的是完成对业务核心功能的复杂现实而建立的相应描述，而 FDI 福利指标体系需要描述的是通过 FDI 福利效应的核心问题，来反映 FDI 复杂、抽象的现实问题的描述，这正符合本体业务建模的目的，同时也能对 FDI 指标体系的框架是否满足需求进行描述。因此，采用并借鉴本体来建立 FDI 指标体系的框架不仅具有在指标体系选择理论上的突破，而且具有可操作性与科学性。

结合本研究指标体系设置的原则及思路，根据 FDI 的一般性原则与后危机时代 FDI"福利条件"的特殊性原则，所构建的指标体系既借鉴了目前对该领域研究的相关成果，又克服了指标体系构建中的随意性，通过使用本体的建模方法，最终获得了满足系统要求的 FDI 福利变化指标体系框架模型，为 FDI 综合效应指标体系框架的建立提供了理论依据与可行性保障。

第五章

FDI "福利条件" 综合评价指数的确定

要正确判断后危机时代 FDI 是否引致东道国的"贫困化增长"的可能或趋势，就必须对其综合效应进行评价。FDI 福利指标体系的建立为评价 FDI 福利水平的高低提供了前提条件，综合指数的计量是评价 FDI 福利水平高低的表现，但指数的计量必须以权重为基础。如何确定指标权重一直是学术界研究的热点与难题所在。目前存在的主要问题是：①传统的综合指数在计量上均采取了简单的等权重处理，没有针对性；②学术界应用较多的层次分析法在主观赋权方面有其独特的作用，强调了主观经验知识对赋权的影响，但主观者的意愿有时很难反映客观现实，如何克服等权重与主观赋权随意性的不足是本章研究的主要目的。针对此，本章将要研究与突破的问题是：①利用层次分析法（AHP）进行主观指标权重确定；②结合因子分析提取公因子强调了要素质量、环境改善、国民消费结构等质量因子的贡献对反映真实FDI国民福利权重具有重大意义。

5.1 评价指数的构造

在构建FDI"福利条件"效应指标体系时，由于一个指标系统中包含多个指标，其重要程度也各不相同，怎样才能度量其在整个指标体系中的主次、轻重，使得评价指数能更好地保证评价的正确性和科学性，本研究采用层次分析法来确定各个指标的相对权重。在对"福利条件"指标体系框架构建时，需要解决如下两个方面的问题。

（1）确定权重

确定权重的目的在于反映指标体系各组成部分对于总目标贡献的不一致性。在指标系中，每一个层次都包含有多个效应因子和指标，而各个效应、指标能量的强弱，对于要说明的对象的影响程度是不尽相同的，这就需要按照它们对于准则层乃至目标层的贡献程度及指标之间的作用大小，来对各个指标赋予不同的权重。

（2）构造"福利条件"综合指数

"福利条件"综合评价指标体系包括结构框架和结构指数

两个部分,在框架建立起来之后,还需要确定相应的指数,即各个效应(准则层)、各个指标(指标层)的权重,作为定量分析的前提。层次分析法确定各部分权重之后,综合指数体系也就相应建立起来了。这两个需要解决的问题实质是一个问题的两个方面,权重即指数,计算出"福利条件"评价指标体系各准则层、各指标层相应之权重,也就得出了与指标体系框架相对应的指数体系。

(3) 指标体系的评价检验

首先,对指标体系采用的评价方法主要是因子分析。因子分析的基本思想是,将观测变量进行分类,将相关性较高即联系比较紧密的分在同一类中,而不同类的变量之间的相关性则较低。那么每一类变量实际上就代表一个本质因子,或一个基本结构。因子分析的目的就是寻找这种类型的结构,或者说模型。因此,我们将对上述罗列出的 16 项指标进行糅合,经过数据处理,最终提取出信息不相重叠的几项公因子,揭示影响我国福利的主要因素;并把这些公因子作为评价的基础和依据,从而能够更科学地遴选出贡献度最高的几项指标,剖析单个公因子在整个指标体系的地位和作用,分析某个子系统对我国福利的影响;此外,通过公因子的提取,不但为接下来的综合指数的建立竖立了纲,而且可以得到各变量在公因子上的得分系数,计算出因子值,然后测算出综合福利指数。

5.2 基于层次分析法（AHP）的 FDI "福利条件"指标权重的确定

5.2.1 层次分析法的基本原理

层次分析法（AHP the analytic hierarchy process）是由美国著名的运筹学家，匹兹堡大学萨迪（T. L. Saaty）教授于20世纪70年代初期提出的。其基本原理是把研究的复杂问题看作一个大系统，通过对系统的多个因素的分析，划分各个因素间相互联系的有序层次。上一层次的元素作为准则对下一层的某些元素起支配作用，同时它又受到更上一层元素的支配，这种从上至下的支配关系形成了一个递阶层次。处于最上面的层次叫目标层，他是分析问题的预定目标或理想结果。中间层次叫准则层或子准则层，最低一层是要素层，它们是评价系统的指标。因此，采用 AHP 法，将 FDI 评价指标体系分成三个层次，即目标层、准则层和要素层。评价时，对二级指标（准则层指标）的权重进行集中控制，即二级指标和指标的权重应相对稳定不变。对三级指标（要素层指标）的权重可进行灵活的控制，由各地区根据具体情况确定。

作为一种定量与定性相结合的数学方法，层次分析法在众多领域中都得到了广泛的应用。因为它综合了主观判断与定量分析各自的优点，可以大大提高决策的科学性、有效性和可行性。由于评价 FDI 福利条件需要考虑的因素很多，综合考虑各项因素比较复杂。因此，采用层次分析法来解决指标权重值的问题，可以使多指标的操作简便易行。

（1）系统层与指标层之间隶属度的确定

关于系统层与指标层之间权重的确定，一般可以采用主观赋权法，在主观赋权法中最为常用的是专家评定法，然而在运用这种方法时，如何控制专家们主观经验判断中的随意性，消除不同指标判断之间的逻辑矛盾以保证权重评定中的内部一致性等问题一直是个难点。为了较好地解决上述难题，美国学者萨蒂提出的通过"相对重要等级表"建立"两两比较矩阵"构造权重的方法，并利用矩阵的相容性来检验其内部的一致性问题。对此，本研究在萨蒂设计的"相对重要等级表"思想基础上，采用"五等级排序法"确定其相应的权重。具体做法如下：

第一步：排序。所谓排序是指按重要程度对指标排列顺序。首先让专家选出最重要的指标，排在"1"号上，再选出次重要的指标，排在"2"号上，直到将 n 个指标排完为止。如果是同等重要程度的指标就排在同一序号上。

第二步：定级。首先把一个或几个指标定为"1"级；再参照萨蒂的"相对重要等级表"（见表5.1）把"2"号位置的指标与"1"号位置的指标进行比较，认为后者较前者"略为重要"的，则把"2"号指标定为"3"级；认为"明显重要"的，则排为"5"级……把"3"号指标又与"2"号指标进行比较，认为后者较前者"略为重要"的，则将"3"号指标定在"2"号指标后紧邻的奇数等级上；如果认为后者较前者"明显重要"的话，则把"3"号指标排在"2"号指标后第二个奇数等级上（例如，"2"号为"3"级，则"3"号定为"7"级）；依次类推，直到最后一个序号位置上的指标定完为止。

表 5–1 相对重要等级表

相对重要程度	定义	说明
1	同等重要	两者对目标的贡献相等
3	略为重要	一个比另一个对评价稍微有利
5	明显重要	一个比另一个对评价更为有利
7	高度重要	一个比另一个对评价有明显的优势
9	绝对重要	一个比另一个的优势可以断言为最高
2，4，6，8	两相邻程度的中间值	需要折衷时候采用

第三步：调整。将序号不相邻的指标进行两两之间的比较，检查其等级差与萨蒂表中的含义是否相符合。如果不相符合要予以及时调整，直到整体协调为止。

第四步：根据所得到的等级组合，查找"等级组合与权系数对照表"，得出 n 个指标的权系数，也就是权重。

（2）建立模糊评价矩阵

如果用 $r_{ijm} = V_{ijm}/n$ 表示二级指标 U_{ij} 中评价其隶属于第 m 个评价 V_m 的隶属度，其中 V_{ijm} 为评估主题中认为 U_{ij} 属于 V_m

的人数，n 为评估主体的总人数，从而得到 U_{ij} 对评价集 V 的隶属度向量 $R_{ij}=(r_{ij1},r_{ij2},r_{ij3},r_{ij4},r_{ij5},r_{ij6},r_{ij7})$，那么也就可以得到 U_i 的模糊评价矩阵 R_i，则其评判矩阵为：

$$R_i = \begin{bmatrix} r_{i11} & r_{i12} & \cdots & r_{i17} \\ r_{i21} & r_{i22} & \cdots & r_{i27} \\ \cdots & \cdots & \cdots & \cdots \\ r_{ni1} & r_{ni2} & \cdots & r_{ni7} \end{bmatrix}$$

（3）多级模糊综合评价

①一级模糊综合评价

利用模糊矩阵的合成运算，求一级评价向量 $B_i = W_i R_i = (B_{i1}, B_{i2}, B_{i3}, \cdots B_{i7})$，其中 $B_{im} = \bigvee_{j=1}^{k}(W_{ij} \wedge r_{ijm})$，$m=1,2,3,\cdots 7$；$\wedge$ 表示 W_{ij} 与 r_{ijm} 比较取最小值；而 $\bigvee_{j=1}^{k}$ 表示要在（$W_{ij} \wedge r_{ijm}$）的 k 个最小值中取最大值。如果向量 B_i 中 $\sum_{m=1}^{7} B_{im} \neq 1$，则要对所得的 B_i 先进行归一化处理，$B'_{im} = B_{im} / \sum_{m=1}^{7} B_{im}$，得到新的向量 $B_i' = (B_{i1}', B_{i2}', B_{i3}', \cdots, B_{i7}')$。

②二级模糊综合评价

二级模糊综合评价是建立在一级模糊综合评价的基础上，将上面得到的 B_i 组合为新的二级评价矩阵 B，则 $B = (B_1, B_2, B_3, \cdots, B_7)^T$，利用模糊评价模型同样的运算方法就可得到 $U = (A_1, A_2, A_3, \cdots, A_7)$，其中 A_m 表示评价专家对属

于评价集 V_m 的评价结果。如果 $\sum_{m=1}^{7} A_m \neq 1$，则也要对此作归一化处理 $A'_m = A_m / \sum_{m=1}^{7} A_m$，得到新的结果为 U'＝（$A_1$'，$A_2$'，$A_3$'，…，$A_7$'）。

③计算评价结果

假设 C＝（C_1，C_2，C_3，…，C_7）^{T} 是一个分数集。其中 C_m（m＝1，2，3，…，7）表示第 m 级评价 V_m 的分数，这里可以采用百分制等差打分法，计算评价总结果 F。F 是一得分值，即 F＝CU'，根据最后得分值可以评价出我国 FDI"福利条件"状况的好坏。

5.2.2　层次分析法确定指标权重的过程

根据已建立的指标体系，我国 FDI"福利条件"综合指数由产出效应指数、要素效应指数、收入效应指数、消费效应指数、进出口效应指数、生态效应指数等六个一级指标加权平均合成，每个一级指标又分别由若干个二级指标加权平均合成。

把二级指标按从属于哪个一级指标分组，这里的各组二级指标是互相独立的，即任何两组二级指标之间没有互相重复的指标。

为便于比较，FDI"福利条件"综合指数及各个一、二级指标的数值都设置在 0—100 范围内，数值越大表示该项指标越好（许树柏，1988）。

记综合指数为 F，n 个一级指标为 B_i（$i = 1$，2，…，n），它们的权重为 b_i（$i = 1$，2，…，n），则 $F = \sum_{i=1}^{n} b_i B_i$。

记一级指标 B_i 下属的二级指标为 C_{ij} ($j = 1, 2, \cdots, n_i$)，它们对于 B_i 的权重为 c_{ij} ($j = 1, 2, \cdots, n_i$)，（这里只讨论各组二级指标互相独立的情况），则

$$B_i = \sum_{j=1}^{n_i} c_{ij} C_{ij}, (i = 1,2,3,4,5)$$

从而 $F = \sum_{i=1}^{n} b_i \sum_{j=1}^{n_i} c_{ij} C_{ij} = \sum_{i=1}^{n} \sum_{j=1}^{n_i} b_i c_{ij} C_{ij}$

故指标 C_{ij} 对于综合指标 F 的权重为 $b_i c_{ij}$。

下级指标对其上级指标的权重利用层次分析法构建。根据前面介绍的方法，其步骤如下：

第一步，构造判断矩阵

在表 5-2 的基础上，假设 n 个因子 B_1，B_2，$\cdots$，B_n 对某因素 F 有影响，对这 n 个因子进行两两比较，a_{ij} 表示因子 B_i 和 B_j 对因素 F 的影响大小之比，a_{ij} 的值如表 5-2 所示：

表 5-2 相对重要等级表的修订

a_{ij} 的值	含义
1	表示因子 B_i 和 B_j 同等重要
3	表示因子 B_i 比 B_j 略为重要
5	表示因子 B_i 比 B_j 较重要
7	表示因子 B_i 比 B_j 非常重要
9	表示因子 B_i 比 B_j 绝对重要
2，4，6，8	表示以上两个相邻判断的中间状态
倒数	如果因子 B_i 与 B_j 相比重要性为 a_{ij}，那么 B_j 与 B_i 相比重要性为 $a_{ji} = 1/a_{ij}$

以 a_{ij} 为元素的矩阵 $A = (a_{ij})_{n \times n}$ 称为判断矩阵或成对比较矩阵。矩阵 A 有下面性质：

① $a_{ij} > 0$；② $a_{ji} = \dfrac{1}{a_{ij}}$. $(i, j = 1, 2, \cdots, n)$

满足这两个性质的矩阵称为正互反矩阵。

第二步，解特征方程 $|\lambda I - A| = 0$，求出判断矩阵 A 的最大特征根 λ_{max}，并求出 λ_{max} 所对应的一个特征向量：$W = (W_1, W_2, \cdots, W_n)^T$，把 W 归一化为：$\overline{W} = W / \sum_{i=1}^{n} W_i$

$\overline{W}$ 的各分量就是所求的权重。在实际应用中，可用幂乘法计算 λ_{max} 和 $\overline{W}$，步骤如下：

①取定一个归一化的初始向量 $\overline{W}_{(0)}$，例如，可取 $\overline{W}_{(0)} = (1/n, 1/n, \cdots, 1/n)^T$

②递归法依次算出　　$W_{(1)} = A\overline{W}_{(0)}, \overline{W}_{(1)} = W_{(1)} / \sum_{i=1}^{n} W_{(1)i}$

$$W_{(2)} = A\overline{W}_{(1)}, \overline{W}_{(2)} = W_{(2)} / \sum_{i=1}^{n} W_{(2)i}$$

……

$$W_{(k)} = A\overline{W}_{(k-1)}, \overline{W}_{(k)} = W_{(k)} / \sum_{i=1}^{n} W_{(k)i}$$

直到满足条件：　　$\max |\overline{W}_{(k)i} - \overline{W}_{(k-1)i}| < \varepsilon$，

这里 ε 是事先给定的计算精度控制值，一般取 $\varepsilon = 0.00009$ 即可。

这时　　$\overline{W} = \overline{W}_{(k)}, \lambda_{max} = \dfrac{1}{n} \sum_{i=1}^{n} W_{(k)i} / \overline{W}_{(k-1)i}$.

第三步，检验判断矩阵的一致性。

如果甲物体的重量是乙物体的 2 倍，乙物体的重量又是丙物体的 3 倍，则甲物体的重量就是丙物体的 $2\times 3=6$ 倍。根据这个原理，判断矩阵还应满足：$a_{ij}=a_{ik}a_{kj}$，$i,j,k\in\{1,2,\cdots,n\}$。

满足这个条件的判断矩阵称为一致矩阵。在构造判断矩阵时，要做 $C_n^2=n(n-1)/2$ 次成对比较，通过各种不同角度反复比较，可以减少个别失误的影响，较为客观地反映各个因子的影响力。但综合全部比较结果时，很难做到完全一致。课题应该容许判断矩阵在一定程度上非一致。但是，如果判断矩阵严重地非一致，得到的权向量就不能客观地反映各因子的影响力。所以必须检验判断矩阵的一致性。

可以证明，当判断矩阵 A 是一致矩阵时，A 的最大特征值 $\lambda_{\max}=n$，否则，$\lambda_{\max}>n$。$\lambda_{\max}-n$ 越大，判断矩阵 A 的非一致程度越严重。所以可利用平均值 $CI=\dfrac{\lambda_{\max}-n}{n-1}$ 判断 A 的一致性，称 CI 为一致性指标。当 $CI=0$ 时，A 为一致矩阵，当 CI 稍大于 0 时 A 有较满意的一致性，CI 的值越大，A 的非一致性越严重。

为了判断 A 的非一致性是否可以接受，还需要引入随机一致性指标 RI。RI 是这样得到的：用从 1—9 的整数中随机抽取的数字构造 n 阶正互反矩阵，算出相应的 CI，取充分大的样本，CI 的样本均值就是 RI。表 5-3 给出了萨蒂（Saaty）用 500 个随机判断矩阵和许树柏用 1,000 个随机判断矩阵计算

出来的随机一致性指标:

表 5–3 一致性指标

判断矩阵阶数 n	萨蒂 RI	许树柏 RI
1	0	0
2	0	0
3	0.58	0.5149
4	0.90	0.8931
5	1.12	1.1185
6	1.24	1.24942
7	1.32	1.4200
8	1.41	1.4616
9	1.45	1.4874
10	1.49	1.5156
11	1.51	1.54051
12	1.54	1.5779
13	1.56	1.5894
14	……	
15	……	

当 $n \geqslant 3$ 时,定义一致性比率为

$$CR = \frac{CI}{RI}$$

由于一、二阶正互反矩阵总是一致矩阵,故 $n=1,2$ 时 $RI=0$,此时我们定义 $CR=0$。

当 $CR<0.10$ 时,认为判断矩阵 A 的一致性是可以接受

的，否则应对判断矩阵 A 做适当修正。

对准则层赋权，具体过程如下：在对指标层中的各个指标赋权后，还需要在大的系统下，对准则层的各个指标进行赋权，此时，可以将准则层中的一个项目作为一个综合指标来看待，同样依据萨蒂的 1—9 标度法，两两比较构造出判断矩阵 A'

$$A' = \begin{bmatrix} b_{11} & b_{12} & \cdots & b_{1n} \\ b_{21} & b_{22} & \cdots & b_{2n} \\ \vdots & \vdots & \vdots & \vdots \\ b_{n1} & b_{n2} & \cdots & b_{nn} \end{bmatrix}$$

在此对于 A' 本文选用算术平均的方法求解特征向量，首先将 A' 归一化，即有：

$$\begin{bmatrix} \dfrac{b_{11}}{\sum_{i=1}^{n} b_{i1}} & \dfrac{b_{12}}{\sum_{i=1}^{n} b_{i2}} & \cdots & \dfrac{b_{1n}}{\sum_{i=1}^{n} b_{in}} \\ \dfrac{b_{21}}{\sum_{i=1}^{n} b_{i1}} & \dfrac{b_{21}}{\sum_{i=1}^{n} b_{i2}} & \cdots & \dfrac{b_{2n}}{\sum_{i=1}^{n} b_{in}} \\ \vdots & \vdots & \vdots & \vdots \\ \dfrac{b_{n1}}{\sum_{i=1}^{n} b_{i1}} & \dfrac{b_{n1}}{\sum_{i=1}^{n} b_{i2}} & \cdots & \dfrac{b_{nn}}{\sum_{i=1}^{n} b_{in}} \end{bmatrix}$$

再将归一化的上面矩阵按行相加，就得到一个 n 维向量，并对所求得的列向量再做归一化处理，最后求得准则层指标在整个系统中的权数分布向量（m_1，m_2，m_3，…m_n）。同样根据前面的一致性检验方法检验，对其权数进行检验判断其是否合理。

5.2.3 FDI"福利条件"指标体系权重的确定

在层次分析的基本原理和操作步骤基础上，以突出后危机时代FDI的特征为依据，首先根据指标层的各个指标对其相应的产出效应、要素效应、收入效应、消费效应、进出口效应和生态效应的影响，分别构造出其判断矩阵。其中由于产出效应只有一个衡量指标，其指标FDI对于GDP贡献的权重就是产出效应相对于FDI"福利条件"效应的相对权重，它的权重可以根据对准则层的赋权时得到，故在此不做计算。

要素效应判断矩阵（V_2：A2 - A5）：相对贸易效应准则，各种指标之间的相对重要程度比较。

V_2	A2	A3	A4	A5	V_{2j}
A2	1	3/4	4/5	4/3	0.2294
A3	4/3	1	3/2	2	0.3431
A4	5/4	2/3	1	3/2	0.2565
A5	3/4	1/2	2/3	1	0.1710

$\lambda_{max} = 4.0097$

$C.I. = 0.0032$

$R.I. = 0.89$

$C.R. = 0.0036 < 0.1$

收入效应判断矩阵（V_3：A6 - A7）：相对收入效应准则，城镇居民年均实际可支配收入与农村居民年均实际纯收入指标的相对重要程度比较。

V_3	A6	A7	V_{3j}
A6	1	1	0.5000
A7	1	1	0.5000

$\lambda_{max} = 2$
$C.I. = 0$
$R.I. = 0$

消费效应判断矩阵($V4:A8—A11$):相对消费效应准则,各种指标之间的相对重要程度比较。

V_4	A8	A9	A10	A11	V_{4j}
A8	1	1	3/7	3/7	0.15
A9	1	1	3/7	3/7	0.15
A10	7/3	7/3	1	1	0.35
A11	7/3	7/3	1	1	0.35

$\lambda_{max} = 4$
$C.I. = 0$
$R.I. = 0.89$
$C.R. = 0 < 0.1$

进出口效应判断矩阵($V_5:A12—A13$):相对进出口效应准则,各种指标之间相对重要程度比较。

V_5	A12	A13	V_{5j}
A12	1	9/8	0.5294
A13	8/9	1	0.4706

$\lambda_{max} = 2$
$C.I. = 0.0177$
$R.I. = 0$
$C.R. = 0.0000 < 0.1$

生态效应判断矩阵($V_6:A14—A16$):相对生态效应准则,各种指标之间的相对重要程度比较。

第五章　FDI "福利条件" 综合评价指数的确定

V_6	A14	A15	A16	V_{6j}
A14	1	8/7	6/7	0.3295
A15	7/8	1	8/9	0.3353
A16	6/7	8/9	1	0.3352

$\lambda_{\max} = 3.0353$

$C.I. = 0.0177$

$R.I. = 0.58$

$C.R. = 0.0343 < 0.1$

在构造指标层各个指标的权重后,下面还需要对准则层的六大效应进行赋权,依据准则层赋权方法,其具体过程如下。

第一,首先将准则层各效应放在大系统下,将其作为一个综合指标看待,进行两两比较,构造出判断矩阵,依据有关专家和研读以往文献,其判断矩阵为:

V	V_1	V_2	V_3	V_4	V_5	V_6	w_i
V_1	1	7/5	8/5	5/3	2	6/5	0.2328
V_2	5/7	1	1	6/5	8/5	3/4	0.1681
V_3	5/8	1	1	6/5	3/2	4/5	0.1586
V_4	3/5	5/6	5/6	1	6/5	2/3	0.1313
V_5	1/2	5/8	2/3	5/6	1	1/2	0.1074
V_6	5/6	4/3	5/4	3/2	2	1	0.2017

$\lambda_{\max} = 6.0053$

$C.I. = 0.0011$

$R.I. = 1.2494$

$C.R. = 0.0008 < 0.1$

由此可知,指标赋权通过一致性检验,其指标权重设计合理。

利用 MATLAB 程序可求出上述各矩阵的最大特征根相对应的归一化特征向量及一致性指标、一致性比率:

$\overline{w_2} = (0.2294; 0.3431; 0.2565; 0.1710), CI_2 = 0.0032, CR_2 = 0.0036;$

$\overline{w_3} = (0.5000; 0.5000), CI_3 = 0.0000, CR_3 = 0.0000;$

$\overline{w_4} = (0.1500; 0.1500; 0.3500; 0.3500)$, $CI_4 = 0.0000$, $CR_4 = 0.0000$;

$\overline{w_5} = (0.5294; 0.4706)$, $CI_5 = 0.0177$, $CR_5 = 0.0033$;

$\overline{w_6} = (0.3295; 0.3353; 0.3352)$, $CI_6 = 0.0177$, $CR_6 = 0.0343$;

$\overline{W} = (0.2328; 0.1621; 0.1586; 0.1343; 0.1074; 0.2047)$, $CI = 0.0011$, $CR = 0.0008$。

计算结果表明，所有 CR 的值都远远小于 0.1，五个判断矩阵有较满意的一致性。但为了防止微小的非一致性累积产生严重的非一致性，还需要做组合一致性检验和总体一致性检验。设第一层的判断矩阵一致性比率为 $CR_{(1)}$，一级指标的权向量为 $(b_1, b_2, \cdots, b_n)$，第二层判断矩阵的一致性指标分别为 CI_1，$CI_2, \cdots CI_n$，第二层判断矩阵的阶数分别为 $t_1, t_2, \cdots, t_n$，则组合一致性比率为：

$$CR_{(2)} = \frac{\sum_{i=1}^{n} b_i CI_i}{\sum_{i=1}^{n} b_i RI(t_i)}$$

上式中 $RI(t_i)$ 为 t_i 阶正互反矩阵的随机一致性指标，可查表得到。总体一致性比率为

$$CR^* = CR_{(1)} + CR_{(2)}$$

当 $CR^* < 0.1$ 时，可以认为总体一致性较好。

下面计算 FDI"福利条件"指标体系的组合一致性比率和总体一致性比率：

$CR_{(2)} =$

$$\frac{0.23 \times 0 + 0.17 \times 0.0032 + 0.16 \times 0 + 0.13 \times 0 + 0.11 \times 0.0177 + 0.18 \times 0.0177}{0.23 \times 0 + 0.17 \times 0.90 + 0.16 \times 0 + 0.13 \times 0.90 + 0.11 \times 0 + 0.18 \times 0.58}$$

= 0.0152

$CR^* = 0.0008 + 0.0152 = 0.0160$

可见总体一致性较为满意。最后得到的FDI"福利条件"指标体系总的权重见表5.5。

表5-4 FDI福利指标体系各指标的权重分布表

	V_1	V_2	V_3	V_4	V_5	V_6	W_{ij}
	0.2328	0.1681	0.1586	0.1313	0.1074	0.2017	
A1	1						0.2328
A2		0.2294					0.0386
A3		0.3431					0.0577
A4		0.2565					0.0431
A5		0.1710					0.0287
A6			0.5000				0.0793
A7			0.5000				0.0793
A8				0.1500			0.0197
A9				0.1500			0.0197
A10				0.3500			0.0460
A11				0.3500			0.0460
A12					0.5294		0.0569
A13					0.4706		0.0505
A14						0.3295	0.0665
A15						0.3353	0.0676
A16						0.3352	0.0676

在这里FDI指FDI"福利条件"指数，V_1为产出效应指数，V_2为要素效应指数，V_3为收入效应指数，V_4为消费效应指数，V_5为进出口效应指数，V_6为生态效应指数。

根据表5-4，在指标权重设立的基础上，通过加权平均就可以构造FDI"福利条件"指数。其计算公式为：

$$FDI = 0.2328V_1 + 0.1681V_2 + 0.1586V_3 + 0.1313V_4 + 0.1074V_5 + 0.2017V_6$$

对此，得到FDI"福利条件"指标体系权重的分布如表5-5所示：

表5-5 FDI"福利条件"指标体系权重表

二级指标	权重	三级指标	权重
产出效应	0.23	FDI对GDP的贡献	1
要素效应	0.17	固定资产投资额	0.23
		FDI对就业的促进作用	0.34
		劳动生产率	0.26
		六岁以上国民平均受教育年限	0.17
收入效应	0.16	城镇居民人均可支配收入	0.50
		农村居民人均纯收入	0.50
消费效应	0.13	城镇居民人均消费支出	0.15
		农村居民人均消费支出	0.15
		城镇居民恩格尔系数	0.35
		农村居民恩格尔系数	0.35

（续表）

二级指标	权重	三级指标	权重
进出口效应	0.11	进出口总额	0.53
		外商投资企业进出口占总进出口量的比重	0.47
生态效应	0.20	工业废气排放量	0.33
		工业废水排放量	0.33
		工业固定废物排放量	0.34

FDI"福利条件"指标体系，主要是从六个效应进行评价并构造"福利条件"指数，其中 FDI 产出效应、FDI 收入和消费、进出口效应主要从数量贡献的角度反映东道国 FDI"福利条件"水平；FDI 要素效应、生态效应等主要从质量贡献角度进行反映。认为国民福利分析中不能片面强调 FDI 所带来的数量福利的提高，更应该从质量福利的角度提高 FDI 福利效应，这样才有利于整体 FDI"福利条件"指数的提高，也才能实现经济社会的可持续发展。

5.3 基于因子分析法构建的 FDI"福利条件"综合指数的确定

5.3.1 因子分析的基本原理

由英国心理学家斯皮尔曼（Spearman）在 1904 年提出的因子分析（factor analysis）能够在尽可能不损失或者少损失信息的情况下，将多个变量减少为少数几个潜在的因子。这几个因子可以高度地概括大量数据中的信息,这样,既减少了变量个数,又同样能再现变量之间的内在联系。对于可能存在着信息重叠的大量变量的观测数据,作为一种高效、实用、方便的数据挖掘方法,因子分析在社会、经济研究领域取得了长足的发展。因子分析的数学模型是:

$$\begin{pmatrix} x_1 \\ x_2 \\ \vdots \\ x_p \end{pmatrix} = \begin{pmatrix} a_{11} & \cdots & a_{1m} \\ \vdots & \ddots & \vdots \\ a_{p1} & \cdots & a_{pm} \end{pmatrix} \begin{pmatrix} F_1 \\ F_2 \\ \vdots \\ F_m \end{pmatrix} + \begin{pmatrix} e_1 \\ e_2 \\ \vdots \\ e_p \end{pmatrix}$$

其中,X为可实测的p维随机向量,它的每一个分量代表一个指标或变量。F为不可观测的$m(m \leq p)$维随机向量,它的各个分量将出现在每个变量中,所以称它们为公共因子。矩阵A称为因子载荷矩阵,a_{ij}称为因子载荷,表示第i个向量在第j个公共因子上的载荷,它们需要由多次观测X所得到的样本来估计。向量e称为特殊因子,其中包括随机误差。

因子分析的基本思想是通过对变量的相关系数矩阵内部结构的分析,从中找出少数几个能控制原始变量的随机变量Fi,选取公共因子的原则是使其尽可能多地包含原始变量中的信息,达到简化变量降低维数的目的。

5.3.2 因子分析检验过程

(1)变量选取及数据说明

根据前述六大效应的划分,需要考察的解释变量有:外贸依存度(%)、外商直接投资额(亿美元)、外商直接投资额对就业促进作用(万人/亿美元)、全员劳动生产力(元/年)、六岁以上国民平均受教育年限(年)、城镇居民年人均可支配收入(元/年)、农村居民人均纯收入(元/年)、城镇居民消费支出(元/年)、农村居民消费支出(元/年)、城镇居民恩格尔系数(%)、农村居民恩格尔系数(%)、进口总额(亿美元)、出口总额(亿美元)、外商投资企业进出口总额占总进出口总额比重、工业废气排放量(亿立方米)、工业废水排放量(万吨)和工业废物排放量(万吨)。

选取1985—2007年的数据作为基准样本进行分析。原始数据主要来源于历年《中国统计年鉴》等。在利用数据进行因子分析之前,需将各样本数据进行无量纲化[①]处理。无量纲化过程是把指标实际值转化为指标评价值的过程,公式为:$L = \frac{X - X_{min}}{X_{max} - X_{min}}$。

(2)描述性分析

根据无量纲化处理后的数据,运用社会经济统计软件SPSS15.0 for Windows,可以对反映FDI福利条件的16个指标进行描述性分析(见表5-6),观察各指标的均值和标准差,各指标数据质量较好,不存在缺失值、异常值等对因子分析有重要影响的数值。

---

① 对多组不同量纲的数据进行比较,应先将其分别标准化,转化成无量纲的标准化数据。

表 5-6 描述性分析

	N	Minimum	Maximum	Mean	Std. Deviation
A1	23	0.00	1.00	0.3712	0.29884
A2	23	0.00	1.00	0.4087	0.32555
A3	23	0.00	1.00	0.2314	0.32814
A4	23	0.00	1.00	0.2947	0.28618
A5	23	0.00	1.00	0.6407	0.26468
A6	23	0.00	1.00	0.3327	0.29099
A7	23	0.00	1.00	0.3626	0.29802
A8	23	0.00	1.00	0.3535	0.29719
A9	23	0.00	1.00	0.3538	0.28237
A10	23	0.00	1.00	0.5408	0.37973
A11	23	0.00	1.00	0.6131	0.34479
A12	23	0.00	1.00	0.2879	0.28416
A13	23	0.00	1.00	0.4011	0.34479
A14	23	0.00	1.00	0.2419	0.26743
A15	23	0.00	1.00	0.4738	0.30762
A16	23	0.00	1.00	0.2283	0.26761
Valid N (listwise)	23				

(3) KMO 检验和巴特利检验

利用 KMO 检验与巴特利（Bartlett）检验来验证这些数据是否适合于因子分析。巴特利检验的统计量是根据相关系数矩阵的行列式得到的。如果该值较大，且对应的相伴概率值小于指定的显著性水平,就表示原始变量之间存在相关性,适合做因子分析。其中 KMO 的值在 0.5—1 之间被视为适合采用该方法。

表 5-7　KMO 和巴特利检验

Kaiser-Meyer-Olkin Measure of Sampling Adequacy		0.792
Bartlett's Test of Sphericity	Approx. Chin-Square	1070.192
	df	120
	Sig.	0.000

基于表 5-6 的描述性分析,利用 KMO 检验与巴特利检验来验证这些数据是否适合于因子分析。表 5-7 显示 KMO 的值为 0.792,表明变量存在潜在的因子结构。同时巴特利值为 1070.192,相伴概率值小于 0.001,拒绝相关矩阵是单位阵的假设。由此可以得出各指标之间存在相关性,适合于做因子分析,且检验的结果显著。

(4) 提取公因子

表 5-8　公因子方案表

	Initial	Extraction
A1	1.000	0.912
A2	1.000	0.882
A3	1.000	0.845

（续表）

	Initial	Extraction
A4	1.000	0.988
A5	1.000	0.886
A6	1.000	0.996
A7	1.000	0.986
A8	1.000	0.995
A9	1.000	0.964
A10	1.000	0.908
A11	1.000	0.875
A12	1.000	0.989
A13	1.000	0.756
A14	1.000	0.960
A15	1.000	0.913
A16	1.000	0.958

Extraction Method: Principal Component Analysis.

表5-8给出了提取公共因子前后各变量的共同度,根据变量共同度的统计意义,它刻画了全部公共因子对应变量的总方差所做的贡献,说明了全部公共因子反映出原变量信息量的百分比。表中"Initial"一列是:因子分析初始解,利用这些特征值和对应的特征向量计算出因子载荷矩阵。这时,每个原始变量的所有方差都能够被因子变量解释。于是,所有原有变量的共同度都是1。表中"Extraction"一列是:因子分

析最终解计算出的变量共同度,根据最终提取的 n 个特征值和对应的特征向量计算出因子载荷矩阵。这时,由于因子变量个数少于原有变量个数,于是,每个变量的共同度必然小于 1。

从表 5-8 可知在提取公共因子后,反映 FDI 福利条件的 16 个指标中有 11 个指标的共同度大于 0.9,其中城镇居民人均可支配收入指标变量 A6 的共同度为 0.996,即提取的公因子对变量 A6 的方差做出了 99.6% 的贡献,而剩余 5 个指标的共同度也大于 0.75。因此,从这一列的数值来判定,可知各个变量的共同度都比较大,这说明 16 个指标之间存在着高度的信息重叠。这不仅进一步证明了进行因子分析的必要性,同时,也说明变量空间转化为因子空间时,保留了比较多的信息,因子分析的效果应该是比较显著的。

除了对公因子方案进行研究之外,下面再来对各因子所对应的特征值、贡献率、累计贡献率等进行分析,即总方差解释表(Total Variance Explained)(见表 5-9),它描述了提取公共因子及因子旋转后各个公因子的划分和其相应的解释力。在因子提取时,它的原则是特征值大于等于 1。而方差贡献率是衡量公共因子重要性的指标,值越大,表明公共因子对变量的影响也就越大。

表 5-9 总方差解释

因子	初始特征值			未经旋转提取的载荷平方和			旋转后提取的载荷平方和		
	全部特征值	方差贡献率	累计贡献率	全部特征值	方差贡献率	累计贡献率	全部特征值	方差贡献率	累计贡献率
1	12.38	53.26	53.26	12.38	53.26	53.26	10.96	50.50	50.50
2	2.44	38.08	91.34	2.44	38.08	91.34	3.86	40.84	91.34
3	0.63	3.91	95.25						
4	0.18	2.11	97.36						
5	0.12	1.01	98.37						
6	0.10	0.64	99.01						
7	0.08	0.48	99.49						
8	0.04	0.23	99.72						
9	0.02	0.15	99.87						
10	0.01	0.06	99.93						
11	0.01	0.04	99.97						
12	0.01	0.03	100						
13	0.00	0.00	100						
14	0.00	0.00	100						
15	0.00	0.00	100						
16	0.00	0.00	100						

总方差解释表主要包括以下几个部分。

①初始特征值(Initial Eigenvalues):

描述了因子分析的初始解对原有变量总体的反映情况。

②未经旋转提取的载荷平方和(Extraction Sums of Squared

Loadings):

它是衡量因子重要程度的指标,主要包括三个部分:相关系数矩阵的全部特征值(Total)、各个特征值的方差贡献率(% of Variance)、累计贡献率(Cumulative %)。

从表5-9可知,因子(Component)1的特征值为12.38,意味着它刻画的方差最大,其余各因子刻画的方差依次减少,因子1刻画的方差贡献率为53.26%,表明第一个公因子解释、描述了各个指标变量总信息量中的53.26%。因子2的特征值是2.44,它的方差贡献率为38.08%,也同样表示它能描述各个指标变量总信息量的38.08%。

之所以提取这两个主因子来替代原来的16个指标因子,是因为这两个因子累计方差贡献率高达91.34%(一般取值在80%以上),只损失了不到9%。而且它就能够概括指标变量中的绝大部分信息,所以就提取前两个因子作为公共因子代表原来16个指标因子的总体情况。

③旋转后提取的载荷平方和(Rotation Sums of Squared Loadings):

它是对经过正交化旋转后各个因子的特征值和方差贡献率进行了刻画,但公因子的累计方差贡献率不会发生改变,唯一有改变的就是因子1、因子2的方差贡献率第一个出现下降,第二个公因子有所上升。其中,因子2的方差贡献率增加到40.84%,说明旋转后其对原变量的解释力有所上升。

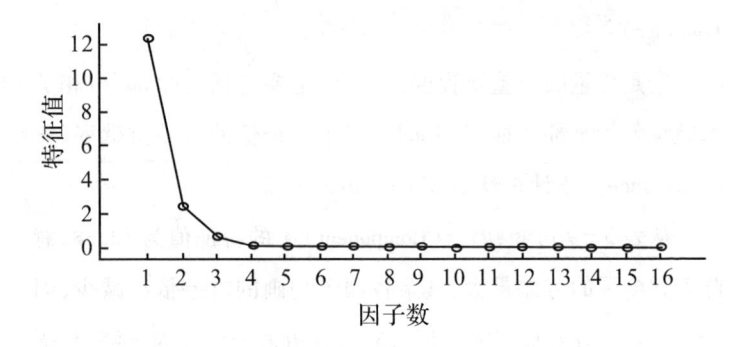

图 5-1 碎石图

在图 5-1 中,可以更为直观的观测到的因子数(Component Number)和特征值(Eigenvalue)之间的变化关系。从图中看出前两个因子所构成的曲线,下降非常陡峭,而当因子数到达 3 时逐渐趋缓。这也同样印证在总方差解释表中所得出的结论,前两个因子对原变量信息的刻画有明显的作用,而所得 3 个及以上的公共因子对原变量信息的刻画则无显著贡献,所以选择前两个因子作为公共因子,已经能够刻画原变量的绝大部分方差,这个图表结果与表 5-9 的分析结果是一致的。

因子负荷阵(Component Matrix)所反映出来的每个数据是相应因子变量对相应原变量的相对重要程度,从表 5-10 可以看出为了加强提取的主因子的解释力,对因子负荷按照方差最大正交旋转的方法进行旋转,最后得到旋转后的因子负荷阵(Rotation Component Matrix),如表 5-10 所示。

表 5–10　对 FDI 福利条件指标旋转后的因子负荷阵

	因子	
	1	2
A1	0.927	0.229
A2	0.927	-0.150
A3	-0.473	0.788
A4	0.219	0.970
A5	0.585	0.737
A6	0.957	0.282
A7	0.921	0.371
A8	0.946	0.316
A9	0.915	0.357
A10	-0.375	-0.876
A11	-0.056	-0.934
A12	0.975	0.196
A13	0.648	0.580
A14	0.035	0.979
A15	-0.173	-0.940
A16	0.002	0.979

由表 5–10 可提取两个公因子，根据这些提取因子的属性分别给提取的公因子命名为数量因子与质量因子，提取因子结论见表 5–11：

表 5-11 提取因子结论表

公因子	二级指标	
	因子载荷	因子载荷值
数量因子	FDI 对 GDP 的贡献	0.927
	固定资产投资额	0.927
	城镇居民人均可支配收入	0.957
	农村居民人均纯收入	0.921
	城镇居民人均消费支出	0.946
	农村居民人均消费支出	0.915
	进出口总额	0.975
	外企进出口占总进出口量的比重	0.648
质量因子	FDI 对就业的促进作用	0.788
	劳动生产率	0.970
	六岁以上居民平均受教育年限	0.737
	城镇居民恩格尔系数	-0.876
	农村居民恩格尔系数	-0.934
	工业废气排放量	0.979
	工业废水排放量	-0.940
	工业固定废物排放量	0.979

由表 5-11 可以看出,经过旋转之后,第一主成分因子 1 在 FDI 福利指标评价中的影响程度最大,主要是包括产出效应、收入和消费效应、进出口效应。其具体的指标有 FDI 对 GDP 的贡献(A1)、固定资产投资额(A2)、城镇居民人均可支配收入(A6)和农村居民人均纯收入(A7)、城镇居民人均消费支出

第五章 FDI "福利条件"综合评价指数的确定

(A8)和农村居民人均消费支出(A9)、进出口总额(A12和A13)等变量,其贡献率达50.50%。通过观察其所包括的指标,可以认为第一因子主要是从数量影响因子来刻画FDI福利条件效应的。

第二主成分因子2主要包括要素效应、生态效应和消费效应,其具体的指标包括:FDI对就业的促进作用(A3),劳动生产率(A4),六岁以上居民平均受教育年限(A5),反映消费结构的城镇居民和农村居民恩格尔系数(A10、A11),反映生态环境影响指标的工业废气排放量(A14),工业废水排放量(A15)和工业固体废物排放量(A16)。可以认为第二因子主要是从质量影响的角度对FDI福利条件效应进行描述。

从这些指标变量的特性来看,第一主成分因子可以看成是从数量的角度对FDI"福利条件"效应进行评价。而第二主成分因子,则是偏向于从质量的角度刻画。生态效应在整个指标评价中,可能不会对经济、社会、居民生活的发展产生现实的显著作用,但它却是经济社会发展的后劲和持久推动力,表现为经济的可持续发展问题。

因子模型将变量表示成公共因子的线性组合,自然也可以将公共因子表示成原始变量的线性组合。根据选择计算因子得分的回归方法,可以得到系数的最小二乘估计即所谓的因子得分系数(表5-12),其中矩阵A为旋转后的因子载荷矩阵,即为相关系数矩阵的逆矩阵。

表 5-12 因子得分系数矩阵

	因子	
	1	2
A1	0.092	0.023
A2	0.354	-0.126
A3	0.030	0.232
A4	-0.032	0.099
A5	0.027	0.128
A6	0.090	-0.008
A7	0.075	0.029
A8	0.084	0.006
A9	0.076	0.024
A10	-0.035	-0.069
A11	0.087	-0.113
A12	0.102	-0.041
A13	0.169	-0.001
A14	-0.100	0.121
A15	0.086	-0.321
A16	-0.112	0.125

根据因子得分系数矩阵中各个因子得分函数的系数,得出两个主因子的得分计算表达式:

$$C_1 = 0.092A1 + 0.354A2 + 0.03A3 + \cdots\cdots - 0.112A16 \tag{5.1}$$

$$C_2 = 0.023A1 - 0.126A2 + 0.232A3 + \cdots\cdots + 0.125A16$$
(5.2)

以两个公因子的特征值计算其权重,进而得到综合福利指数为：

$$W = (0.5326C_1 + 0.3808C_2)/0.9134 \quad (5.3)$$

5.3.3 结论

通过因子分析的结果提炼出两个公因子。第一个公因子主要包括外贸依存度、FDI对就业的促进作用、城镇居民人均可支配收入和农村居民人均纯收入、城镇居民人均消费支出和农村居民人均消费支出、进出口总额等变量高度相关,它主要包括了FDI福利指标体系中的产出效应、收入和消费效应、进出口效应,主要是从数量因子的角度对FDI"福利条件"指标体系进行评价,其贡献度达到53%以上,反映出数量指标在整个FDI福利评价体系中仍占有重要的作用。

在第二主因子中,主要体现要素、生态和反映消费结构的城镇与农村居民的恩格尔系数指标。这主要是从质量因子的角度对FDI"福利条件"进行评价。质量因子相比第一个主因子,在整个FDI"福利条件"指标评价中,仅描述各个指标变量总信息量的38.08%,这反映出我国目前对于FDI福利评价仍偏向数量指标的评价。对此,本研究认为后危机时代我国在引资政策中注重数量指标的同时,更应该注重其质量指标的重要性。

5.4 本章小结

指标体系评价中的一个重要而又困难的问题是各指标权重的设置。在我国FDI"福利条件"评价指标体系的研究中,结合传统的理论分析方法,认为在影响FDI福利内容的六个效应中,各效应对FDI"福利条件"的影响程度是不一样的,而且每个效应中的各指标对FDI福利的影响程度也是不一样的。因此,基于后危机时代的背景及特征,结合相关专家的意见及建议,利用层次分析与因子分析确定了各指标权重及贡献率最大的两个公因子,即数量因子与质量因子。建立并构造了较为科学合理的FDI"福利条件"综合指标指数,为FDI福利评价提供了理论基础。

第六章

FDI"福利条件"综合指数实证——来自公因子的解释

　　FDI 对经济的贡献有目共睹,但对 FDI 福利效应的评价十分欠缺。本章在第五章两大公因子提取的基础上,构建体现后危机时代特征的以"福利条件"为标准的福利指数,通过 1992—2011 年东、中、西部地区对 FDI 评价的六大效应的 16 个指标反映 FDI 数量效应与质量效应面板数据的实证检验,揭示 FDI 对两种福利影响的区域差异性。通过东、中、西部表现出的不同变化特征,分析目前我国及东、中、西部地区的数量型效应 FDI 与质量型效应 FDI 的福利现状及发展态势,评价不同区域 FDI 在不同发展时期对经济发展的影响及动态变化,以此强调后危机时代我国外资政策导向上更应注重对"质"的把握,实现从数量型 FDI 向质量型 FDI 的转变,以防范"贫困化增长"的可能。

FDI"福利条件"作为 FDI 综合效应的表现形式,是本书所确定的全面衡量"贫困化增长"的工具。以此为基础,将在时空两个方面对我国及不同地区在不同阶段上通过 FDI"福利条件"指数的评价把握我国 FDI 福利效应的横向比较及动态变化。

6.1 我国 FDI 的时空特征

自 1978 年以来,随着改革开放的不断推进,特别是 90 年代以来,中国实际利用外资获得了快速发展。主要表现在区域性及时间性上的差异。

(1) FDI 的区域性特征

从区域分布来看,我国 FDI 分布呈现"东高西低"的基本格局。东部沿海地区由于其区位条件、开放水平以及基础设施等方面所具有的优势,吸引了大量的 FDI。外商投资高度集中在这一地区,特别是集中在以京津唐地区为中心的环渤海经济圈、以上海为中心的长江三角洲和以东莞为中心的珠江三角洲地区。从 1979 年到 1985 年,东部沿海地区吸收的外商直接投资占全国的比例为 64.1%,内陆地区为 35.9%。从 1985 年到 1990 年,东部沿海地区吸收的外商直接投资占全国的比例为 73.8%,内陆地区为 26.2%。进入 90 年代以后,特别是自 1992 年以来,这种集中化趋势在进一步加强。1995—2010 年,东部

第六章 FDI"福利条件"综合指数实证——来自公因子的解释

地区的外商直接投资始终占中国实际 FDI 总量的 70%—80%。进入 2011 年以来,东部地区外商直接投资占全国比重首次降至 70% 以下,截至 2011 年,东、中、西部地区实际利用外资比例为 7∶2∶1,东、中、西部地区引进 FDI 的结构开始发生微小变化,但东部地区始终是 FDI 引进的主要区域。表 6-1 清晰地显示了 1995—2011 年我国 FDI 的区域分布格局:

表 6-1 1995—2011 年各地区实际利用外资份额

	东部地区	中部地区	西部地区
1995	0.82058	0.10819	0.07123
1996	0.84564	0.10396	0.05040
1997	0.82869	0.11172	0.05959
1998	0.84166	0.10313	0.05521
1999	0.84670	0.10437	0.04893
2000	0.84930	0.10004	0.05066
2001	0.85754	0.09749	0.04497
2002	0.85569	0.10223	0.04208
2003	0.86340	0.10020	0.03640
2004	0.83330	0.11551	0.05119
2005	0.80830	0.13587	0.05583
2006	0.81075	0.12891	0.06035
2007	0.77618	0.15889	0.06493
2008	0.75426	0.16042	0.08532
2009	0.74060	0.16149	0.09791
2010	0.71215	0.17065	0.11719

(续表)

	东部地区	中部地区	西部地区
2011	0.65646	0.19934	0.14420
平均值	0.80545	0.12720	0.06685

资料来源：根据各年度《中国统计年鉴》和各省市《统计年鉴》整理得到。

该区域分布差异是否说明了这样一个事实：区域经济发展程度与区域实际利用 FDI 成正相关关系，但 FDI 对区域经济增长的负效应是否也成有规律的相关程度变化呢？

（2）FDI 的阶段性特征

二十多年来，中国引进 FDI 呈现出明显的阶段性态势，经历了从起步、发展、高速增长与调整等不同阶段。20 世纪 80 年代以来我国引进外资总额如图 6－1 所示：

1985—2011年我国外商直接投资引进额变动曲线（单位：亿美元）

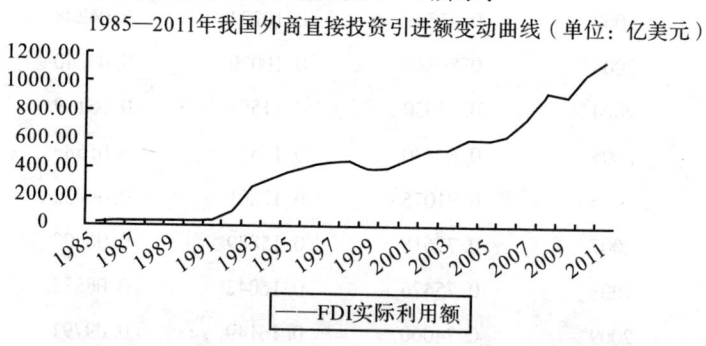

——FDI实际利用额

图 6－1　1985—2011 年我国引进外商直接投资的变化情况

资料来源：各年度《中国统计年鉴》。

第六章 FDI"福利条件"综合指数实证——来自公因子的解释

第一阶段：1979—1992年是我国利用外商直接投资的起步阶段。改革开放初期，由于我国利用外资的相关立法还不完善，各种基础设施比较落后。因此，外商大多是持试探态度，我国利用的外商直接投资较少。截至1987年年底，我国共批准成立10,052家外商直接投资企业，平均每年为1,117家；协议外商直接投资额为228.6亿美元，平均每年为25.4亿美元；实际利用外商直接投资额为89.0亿美元，平均每年为9.9亿美元。20世纪80年代中期以后，我国加快了有关外商直接投资的立法工作，相继颁布了一些法律和法规；同时，加快了基础设施建设。我国投资环境的改善，增强了外商的信心。到1991年，我国共批准成立31,976家外商直接投资企业，平均每年为7,994家；协议外商直接投资额为294.8亿美元，平均每年为73.7亿美元，实际利用外商直接投资额为144.4亿美元，平均每年为36.1亿美元。

第二阶段：1993—1999年是我国利用外商直接投资的发展阶段。1992年我国加快了对外开放的步伐，这极大地提高了外商的投资热情，从而使外商直接投资在这个阶段实现了快速增长。1992—1997年，我国共批准成立216,761家外商直接投资企业，平均每年为54,190家；协议外商直接投资额为3,435.2亿美元，平均每年为858.8亿美元；实际利用外商直接投资额为1,098.2亿美元，平均每年为274.6亿美元。

第三阶段：2000—2008年是我国利用外商直接投资的调整阶段。经过十几年的改革开放，我国已经成为吸引FDI最大的引资国之一。为了适应新的形势需要,必须对外资政策进行适当的调整。外资政策的调整早在 1995 年中期就已经开始,为了使外商投资符合我国的产业政策,国家于 1995 年 6 月 20 日颁布了《指导外商投资方向暂行规定》,并同时发布了《外商投资产业指导目录》。另一方面,受亚洲金融危机的影响,全球投资步伐放慢,一定程度上影响了我国引进外商直接投资的步伐。但这一阶段,我国利用外商直接投资额稳步提高。

第四阶段:从 2008 年至今(后危机时代),经过多年的外资调整和 2008 年后金融市场逐渐回暖,中国实际利用外资持续走高。截至 2011 年,我国实际利用外资额高达 1,160.11 亿美元,比 2007 年增长 55%。与此同时,FDI 的结构调整与 FDI 对国民福利的影响已经引起政府和学术界的高度重视。

综合以上资料,中国 FDI 的表现及特征可以归纳如下:

表 6-2 1985—2011 年 FDI 的表现及特征

阶段	表现	特征
1985—1991 年	FDI 起步阶段	引资环境落后、法律不健全、FDI 投资较少
1992—1999 年	FDI 快速发展	FDI 产业投资多元化、投资规模扩大;注重 FDI 的数量发展
2000—2008 年	FDI 快速平稳发展	政策引导作用加大,注重 FDI 的绩效提升
2008 年以后(后危机时代)	FDI 增速不平衡发展	开始注重 FDI 的结构调整

第六章 FDI"福利条件"综合指数实证——来自公因子的解释

基于我国引进 FDI 的时空分布特征,采用同时容纳地区和时间因素的动态面板数据,从总体、分地区、分阶段等不同侧面考察 FDI 对我国综合福利的影响,这种立体化的评价方式将对我国各个层面的引资政策产生深远影响,特别是对后危机时代的 FDI 类型选择提供依据。在地区划分上,我们将分别估计 FDI 对我国东、中、西部地区福利的影响;在阶段划分上,考虑到 20 世纪 90 年代以前 FDI 引进规模偏小的特点,将重点对 2000 年前后两个阶段 FDI 对我国福利的影响加以考察。

6.2 "FDI 综合福利指数"的时空估计

由图 6-1 看出,我国真正大规模引进外商直接投资实际从 1992 年开始。在此背景下可获得数据的时间跨度相对较短,如果用纯粹的时间序列数据来考察 FDI 与福利之间的关系,必然存在信息量不足的问题,这将会大大影响估计结果的有效性。因此,本研究以我国 29 个省、市和自治区为截面单元,基于 1992—2011 年的样本数据组成全国性的面板数据(各指标数据计算结果见附录)。为了分别考察 FDI 对我国综合福利指数、数量型福利指数和质量型福利指数的影响,本研究分别建立面板数据模型进行分析。为了从时间和空间的角度全面衡量 FDI 对我国福利的影响,一方面,以 2000 年为界,将 1992—1999 年作为我国引进 FDI 的前期,2000—2011 年作为后期,分别研究不同阶段引进 FDI 对我国福利的影响;另一方面,还将根据我国区域经济发展的特征,分别考察 FDI 对我国东、中、西部三大经济区域福利的不同影响。根据国家统计局的口径，将各省市并入相应地区，形成地区性的面板数据，为各地区相关部门引进 FDI 提供决策依据。

在此，根据福利经济学理论与研究的目标，将福利水平的变化归因于三种效应的结果——棘轮效应①、FDI 效应和随机效应。换言之，福利水平的变化是上期福利水平、FDI 与随机因素共同影响的结果。因此，将滞后一期福利指数和当期 FDI 引进率作为解释变量，当期福利指数作为被解释变量建立动态面板数据模型。

需要说明的是，FDI 综合福利指数 W、数量型福利指数 C1 和质量型福利指数 C2 的计算以第五章因子分析的结果为基准，利用公式 5.1、5.2，代入各省、市、自治区各年的相应指标样本数据计算出因子值，然后根据公式 5.3 得到综合福利指数（计算结果见附录）。

根据三大效应的特点，构建 FDI 综合福利指数的动态面板数据模型如下：

$$W_{i,t} = \beta_0 + \beta_1 \cdot W_{i,t-1} + \beta_2 \cdot FDI_{i,t} + \mu_{i,t} \tag{6.1}$$

其中，W 为福利指数，FDI 为外商直接投资率，即 FDI 占 GDP 的比重；μ_{it} 为随机扰动项。$i = 1, 2, 3, \cdots, N$ 分别表示

---

① 所谓棘轮效应，又称制轮作用，是指习惯和趋势形成之后有不可逆性，即易于向上调整，而难于向下调整。比如在短期内消费是不可逆的，其习惯效应较大，所以消费具有"棘轮效应"。在经典福利经济学理论中，一般普遍认为福利是消费的函数，因此，福利亦具有棘轮效应。

不同省市和不同区域的几组面板，$t=1，2，3，\cdots，T$ 代表样本年度。β_1 度量了上期福利对当期福利的影响；β_2 度量了本期 FDI 对当期福利的影响，即"FDI 福利条件指数"，根据"贫困化增长"基本理论，如果 β_2 小于零，则表明引进 FDI 不但没有促进相应区域的福利增长，反而恶化了其福利，引致了"贫困化增长"，β_2 越小说明 FDI 引致相应地区"贫困化增长"的程度越深。

6.2.1 总体数据的估计和检验

运用软件 Eviews 6.0，采用 1992—2011 年全国 29 个省、市、自治区的数据，应用公式 5.1 式、5.2 式和 5.3 式，以 ΔW_{t-1} 为工具变量，对模型 6.1 进行 GMM 估计，产生参数的 GMM 估计和对应的 t 值以及对应的目标函数的最小值 J，估计结果如表 6-3 所示：

表 6-3 总体 GMM 估计结果

	回归系数	标准误差	T 检验值	概率值	J 统计量
W_{t-1}	0.725436	0.034327	21.13320	0.0000	1.64E-30
FDI	0.133283	0.014307	9.316010	0.0000	

从表 6-3 可以看到，J 统计量为 1.64E-30，大于临界值，T 检验值显示两个变量均在 1% 水平上显著，说明该模型通过检验，且估计结果具有一致性和稳健性。

另外，对基于 GMM 估计过程中生成的面板残差进行平稳性检验,结果显示采用 1992—2011 年 29 个省市数据所估计的模型面板残差均在 5% 的显著性水平下具有平稳性。检验结果如表 6-4 所示:

表 6-4 总体面板残差的平稳性检验

	Levin 等	Hadri Z-stat	Im 等
全国 1992—2011 年	-7.08187 (0.0400)	2.17415 (0.0000)	-9.58843 (0.0000)

注:估计系数在 5% 的显著水平上显著。

进一步,通过绘制折线图和自回归分析图,判断面板残差的自相关性。如图 6-2、图 6-3 所示:

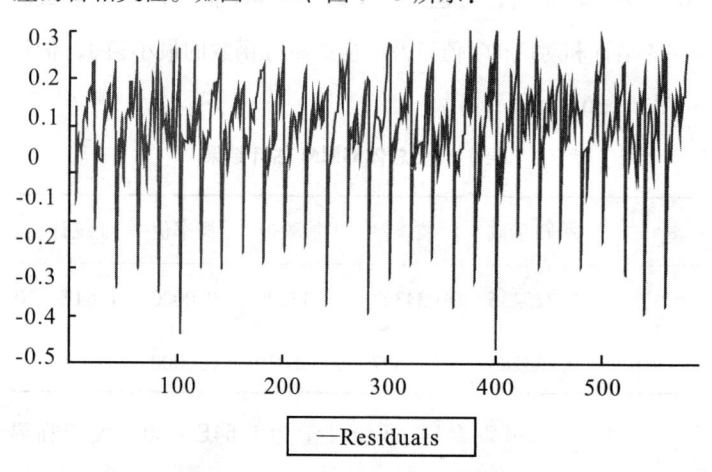

图 6-2 总体面板残差折线图

折线图、自回归图以及 Q 统计量皆可表明面板残差渐进无自相关,这一结论隐含的意义为面板残差具有稳健性。

第六章 FDI"福利条件"综合指数实证——来自公因子的解释

Autocorrelation	Partial Correlation		AC	PAC	Q-Stat	Prob
		1	0.679	0.679	269.12	0.000
		2	0.406	−0.103	365.39	0.000
		3	0.222	−0.023	394.16	0.000
		4	0.071	−0.083	397.08	0.000
		5	−0.021	−0.023	397.34	0.000
		6	−0.117	−0.115	405.38	0.000
		7	−0.210	−0.113	431.40	0.000
		8	−0.272	−0.090	475.20	0.000
		9	−0.326	−0.122	537.97	0.000
		10	−0.355	−0.106	612.52	0.000
		11	−0.337	−0.059	679.73	0.000
		12	−0.292	−0.056	730.38	0.000

图 6-3　总体面板残差自回归分析图

在估计通过相关检验的基础上，本研究将分析其结果的经济学意义。在表 6-3 中，FDI 的回归系数 β_2，即"FDI 福利条件"，度量了当年 FDI 引进率对综合福利的影响，其估计值为 0.133283（大于零），表示 FDI 的引进率每提高一个百分点，将使综合福利指数增加 0.133283 个单位，说明过去十多年间引进 FDI 对提高我国综合福利起到了积极作用，相关部门的引资政策总体来说是合理的。另一方面，W_{t-1} 的回归系数 β_1，度量了上一期福利水平对当期福利水平的影响，其估计值为 0.725436（大于零），表明滞后一期的福利指数对当期综合福利影响十分显著，证明了模型设定的合理性，我国综合福利确实存在着严重的"棘轮效应"。

6.2.2 分地区数据的估计和检验

为了研究我国引进 FDI 对福利影响的区域性特征，按照国家统计局的口径将样本数据划分东、中、西部三个地区。其中，东部地区包括北京、天津、河北、辽宁、上海、江苏、浙江、福建、山东、广东十个省市；西部地区包括四川（四川和重庆）、贵州、云南、广西、新疆、青海、甘肃、宁夏、陕西、内蒙古十个省市；其余九个省市为中部地区。分别对三个地区的数据进行 GMM 估计，估计结果如表 6-5 所示。

表 6-5 分地区 GMM 估计结果

		回归系数	标准误差	T 检验值	概率值	J 统计量
东部地区	W_{t-1}	0.808360	0.052395	15.42805	0.0000	1.71E-29
	FDI	0.096312	0.016950	5.681980	0.0000	
中部地区	W_{t-1}	0.692950	0.069187	10.01563	0.0000	8.7E-31
	FDI	0.134051	0.025154	5.329294	0.0000	
西部地区	W_{t-1}	0.698258	0.069642	10.02641	0.0000	2.03E-30
	FDI	0.168873	0.034003	4.966438	0.0000	

从表 6-5 可知，根据东、中、西部数据估计得到的 J 统计量均大于临界值，T 检验值全部在 5% 水平上表现显著，采用三个地区数据的模型均能通过检验，说明 FDI 对东、中、西部地区的综合福利影响显著，且估计结果都具有一致性和稳健性。

另外，分别对上述三个地区数据 GMM 估计过程中生成的面板残差进行平稳性检验，结果显示三者的面板残差均在 5% 的显著性水平下具有平稳性。检验结果如表 6-6 所示：

第六章 FDI"福利条件"综合指数实证——来自公因子的解释

表6-6 分地区面板残差的平稳性检验

	Levin 等	Hadri Z-stat	Im 等
东部地区	-5.36486	-0.28459	-7.26753
	(0.0000)	(0.0061)	(0.0000)
中部地区	-7.14372	0.00011	-7.88913
	(0.0000)	(0.0500)	(0.0000)
西部地区	-6.51490	-1.18222	-8.16694
	(0.0000)	(0.0088)	(0.0000)

注：估计系数在5%的显著水平上显著。

进一步，分别绘制分地区数据面板残差的折线图和自回归分析图，判断面板残差的自相关性。如图6-4—6-7：

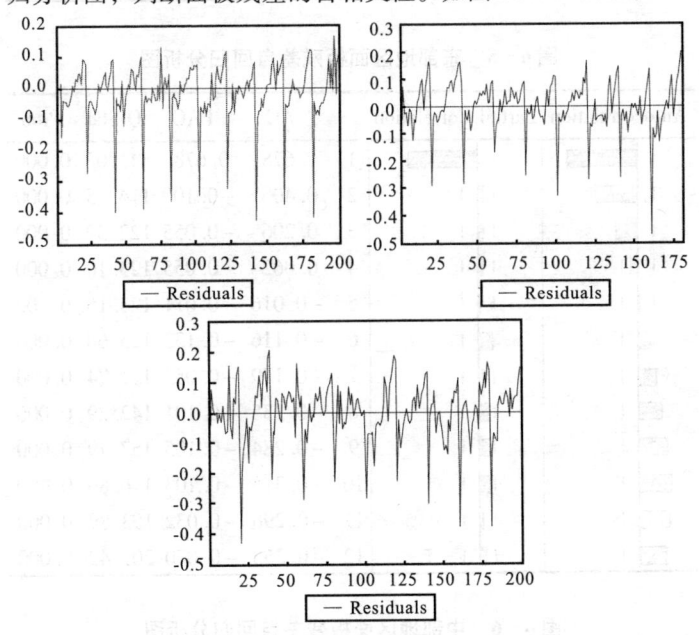

图6-4 分地区残差折线图

Autocorrelation	Partial Correlation		AC	PAC	Q-Stat	Prob
		1	0.711	0.711	102.65	0.000
		2	0.456	-0.100	145.1	0.000
		3	0.267	-0.038	159.73	0.000
		4	0.110	-0.080	162.21	0.000
		5	-0.024	-0.089	162.33	0.000
		6	-0.143	-0.109	166.57	0.000
		7	-0.261	-0.151	180.86	0.000
		8	-0.356	-0.132	207.53	0.000
		9	-0.419	-0.129	244.69	0.000
		10	-0.445	-0.114	286.71	0.000
		11	-0.433	-0.103	326.88	0.000
		12	-0.377	-0.061	357.50	0.000

图 6-5 东部地区面板残差自回归分析图

Autocorrelation	Partial Correlation		AC	PAC	Q-Stat	Prob
		1	0.678	0.678	84.202	0.000
		2	0.406	-0.100	114.55	0.000
		3	0.206	-0.055	122.39	0.000
		4	0.062	-0.055	123.10	0.000
		5	-0.016	-0.011	123.15	0.000
		6	-0.116	-0.133	125.68	0.000
		7	-0.179	-0.053	131.74	0.000
		8	-0.235	-0.101	142.29	0.000
		9	-0.284	-0.105	157.79	0.000
		10	-0.315	-0.103	176.86	0.000
		11	-0.296	-0.032	193.89	0.000
		12	-0.263	-0.070	207.42	0.000

图 6-6 中部地区面板残差自回归分析图

Autocorrelation	Partial Correlation		AC	PAC	Q-Stat	Prob
		1	0.659	0.659	88.109	0.000
		2	0.374	-0.107	116.60	0.000
		3	0.197	-0.009	124.55	0.000
		4	0.040	-0.106	124.88	0.000
		5	-0.022	0.028	124.98	0.000
		6	-0.106	-0.128	127.32	0.000
		7	-0.210	-0.132	136.59	0.000
		8	-0.258	-0.065	150.62	0.000
		9	-0.304	-0.119	172.21	0.000
		10	-0.335	-0.114	194.05	0.000
		11	-0.307	-0.050	214.26	0.000
		12	-0.256	-0.039	228.31	0.000

图 6-7 西部地区面板残差自回归分析图

同样，根据上述各图及 Q 统计量可以判断分阶段面板残差均渐进无自相关，两组面板残差都具有稳健性。

进一步地，根据表 6-5 估计结果的经济含义。首先，在估计结果中，东、中、西部地区 FDI 的回归系数均大于零，说明自我国大规模引进 FDI 以来，FDI 对我国东、中、西部经济区域的福利增长都起到了积极作用；其次，中、西部地区 FDI 的回归系数明显大于东部地区 FDI 的回归系数，说明 FDI 对我国中、西部地区的福利增长的积极效应更加明显，FDI 对东部地区的综合福利指数的拉动作用出现减弱的迹象，似乎有可能出现"贫困化增长"的征兆；最后，从回归系数值的大小来看，中部地区为 0.134051，西部地区为 0.168873，说明 FDI 对中、西经济区域的福利拉动效应呈梯度模式，即 FDI 对西部地区福利的拉动作用最大,高于全国平均水平;东部地区最小,低于全国平均水平。造成这一结果的主要原因可能是东部地区对外资利用效率进入一个相对瓶颈的处境,这一结论与 FDI 引进的区域性特征和我国经济发展的特点基本吻合。

6.2.3 分阶段数据的估计和检验

为了研究我国引进 FDI 对福利影响的阶段性特征,将数据划分为两个时间段:以 2000 年为界,1992—1999 年作为我国引进 FDI 的前期,2000—2011 年作为我国引进 FDI 的后期。①利用模型 6.1 分别对两阶段数据进行 GMM 估计,估计结果如表 6-7。

表 6-7 分阶段 GMM 估计结果

		回归系数	标准误差	T 检验值	概率值	J 统计量
前期	W_{t-1}	0.717253	0.046844	15.31153	0.0000	4.04E-29
(1992—1999 年)	FDI	0.058800	0.011743	5.007065	0.0000	
后期	W_{t-1}	0.488437	0.078799	6.198536	0.0000	8.60E-31
(2000—2011 年)	FDI	0.370473	0.065893	5.622342	0.0000	

从表 6-7 可知,前期数据与后期数据估计得到的 J 统计量均大于临界值,T 检验值也都在 5% 水平上表现显著,采用前期数据与后期数据的模型均能通过检验,说明 FDI 在前后时期对

---

① 由于 2008 年以后的后危机时代涉及时间和数据的有限,无法通过显著性检验而获得不能拒绝的结论;考虑到 2000 年前后的政策、经济等较大差异对 FDI 影响的显著生,以 2000 年时间节点为前后时期不仅可以比较 FDI 的时代特征,也可以在 2000 年后期的变化规律中窥视到后危机时代 FDI 的特殊表现,为后危机时代 FDI 的优化与引资政策调整提供趋势走向。

我国福利的影响显著,且估计结果都具有一致性和稳健性。

以下是基于 GMM 估计过程中生成的面板残差进行平稳性检验,结果显示采用 1992—1999 年和 2000—2011 年的全国数据分别进行估计的模型面板残差均在 5% 的显著性水平下具有平稳性。检验结果如表 6-8 所示:

表 6-8 分阶段面板残差的平稳性检验

	Levin 等	Hadri Z-stat	Im 等
前期 (1992—1999 年)	-5.33735 (0.0000)	1.72267 (0.0425)	-5.28136 (0.0000)
后期 (2000—2011 年)	-4.61725 (0.0000)	0.69725 (0.0243)	-7.33684 (0.0000)

注:估计系数在 5% 的显著水平上显著。

进一步,分别绘制两阶段数据面板残差的折线图和自回归分析图,判断面板残差的自相关性。如图 6-8—6-10 所示:

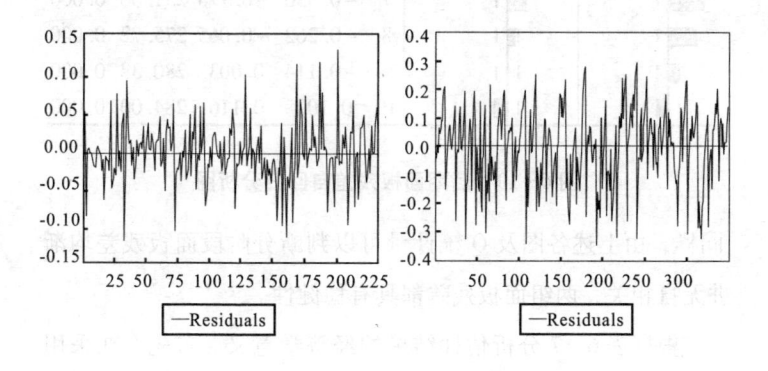

图 6-8 分阶段残差折线图

Autocorrelation	Partial Correlation		AC	PAC	Q-Stat	Prob
		1	0.713	0.713	119.35	0.000
		2	0.482	-0.052	174.28	0.000
		3	0.332	0.015	200.42	0.000
		4	0.226	-0.007	212.58	0.000
		5	0.198	0.091	221.93	0.000
		6	0.171	0.001	228.98	0.000
		7	0.218	0.158	240.41	0.000

图 6-9　前期面板残差自回归分析图

Autocorrelation	Partial Correlation		AC	PAC	Q-Stat	Prob
		1	0.564	0.564	111.69	0.000
		2	0.225	-0.137	129.44	0.000
		3	-0.013	-0.119	129.51	0.000
		4	-0.187	-0.148	141.91	0.000
		5	-0.303	-0.155	174.43	0.000
		6	-0.320	-0.091	210.83	0.000
		7	-0.336	-0.178	251.06	0.000
		8	-0.262	-0.065	275.72	0.000
		9	-0.114	0.003	280.38	0.000
		10	0.100	0.116	284.00	0.000

图 6-10　后期面板残差自回归分析图

同样，由上述各图及 Q 统计量可以判断分阶段面板残差均渐进无自相关，两组面板残差都具有稳健性。

根据表 6-7 分析估计结果的经济学意义。首先，在采用前期数据进行估计结果中，FDI 的回归系数为 0.0588，表明 2000 年以前，FDI 的引进率每增加一个百分点，我国综合福利指数就会提高 0.0588 个百分点；具体而言，引进 FDI 前期，FDI 起到了增进我国综合福利的作用。其次，后期数据估计结果却证明 2000 年以后 FDI 对我国福利的动态效应产生了很大影响，FDI 的回归系数为 0.370473，表明 FDI 的引进率每增加一个百分点，我国综合福利指数就会提高 0.370473 个百分点，这表示后一阶段引进 FDI 极大地促进我国经济福利的增长，这可能与近些年国家出台引资政策、鼓励引资有关。

由第五章计算福利指数的公式 5.3 可知，福利指数主要受两大公因子 C1 和 C2 影响。将 C1 定义为"数量型福利指数"，主要由指标 A1（FDI 对 GDP 的贡献）、A2（固定资产投资额）、A6（城镇居民人均可支配收入）、A7（农村居民人均纯收入）、A8（城镇居民人均消费支出）、A9（农村居民人均消费支出）、A12（进出口总额）、A13（外商投资企业进出口占总进出口量的比重）决定；C2 为"质量型福利指数"，A3（FDI 对就业的促进作用）、A4（劳动生产率）、A5（6 岁以上国民平均受教育年限）、A10（城镇居民恩格尔系数）、A11（农村居民恩格尔系数）、A14（工业废气排放量）、A15（工业废水排放量）和 A16（工业固定废物排放量）是影响其的主要指标。

为了分别检验数量型 FDI 和质量型 FDI 对福利指数的贡献，分别建立与之相应的两个模型。每个模型再分别从总体、分地区和分阶段三种情况进行检验。

6.3 "数量型 FDI 福利指数"的时空估计

根据福利条件指数的面板数据模型,数量型 FDI 福利指数的动态面板数据模型如下:

$$C1_{i,t} = \alpha_0 + \alpha_1 C1_{i,t-1} + \alpha_2 FDI_{i,t} + v_{i,t} \quad (6.2)$$

其中,$C1$ 为数量型福利指数,FDI 为外商直接投资率,即 FDI 占 GDP 的比率;$V_{i,t}$ 为随机扰动项。$i = 1, 2, 3, \cdots, N$ 分别表示不同省市和不同区域的几组面板,$t = 1, 2, 3, \cdots, T$ 代表样本年度。α_1 度量了上期数量型福利对当期数量型福利的影响;α_2 度量了本期 FDI 对当期数量型福利的影响,即"FDI 数量型福利条件指数"。

6.3.1 总体数据的估计和检验

运用软件 Eviews,采用 1992—2011 年全国 29 个省、市、自治区的数据,以 $\Delta C1_{t-1}$ 为工具变量,对模型 6.2 进行 GMM 估计,产生参数的 GMM 估计和对应的 t 值以及对应的目标函数的最小值 J,估计结果如表 6-9 所示:

表 6-9 总体 GMM 估计结果

	回归系数	标准误差	T 检验值	概率值	J 统计量
C1(-1)	0.696145	0.035343	19.69687	0.0000	6.09E-32
FDI	0.223822	0.020144	11.11017	0.0000	

从表 6-9 可以看到,J 统计量大于临界值,T 检验值显示两个变量均在 1% 水平上显著,说明该模型通过检验,且估

计结果具有一致性和稳健性。

另外，基于 GMM 估计过程中生成的面板残差进行平稳性检验，结果显示采用 1992—2011 年 29 个省市数据所估计的模型面板残差均在 5% 的显著性水平下具有平稳性。检验结果如表 6-10 所示：

表 6-10 总体面板残差的平稳性检验

	Levin 等	Hadri Z-stat	Im 等
全国	-9.42849	1.08591	-10.6337
（1992—2011 年）	(0.0000)	(0.0139)	(0.0000)

注：估计系数在 5% 的显著水平上显著。

进一步，通过绘制折线图和自回归分析图，判断面板残差的自相关性。如图 6-11、图 6-12 所示：

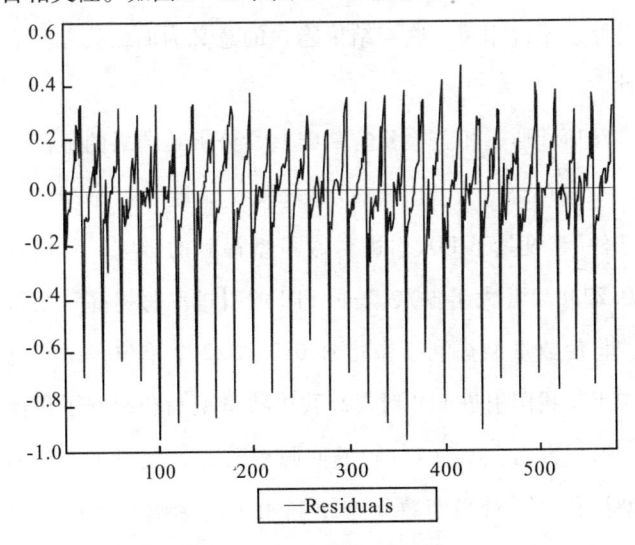

图 6-11 总体面板残差折线图

Autocorrelation	Partial Correlation		AC	PAC	Q-Stat	Prob
		1	0.662	0.662	255.33	0.000
		2	0.391	-0.084	344.42	0.000
		3	0.181	-0.078	363.60	0.000
		4	0.000	-0.119	363.60	0.000
		5	-0.116	-0.062	371.44	0.000
		6	-0.191	-0.076	392.88	0.000
		7	-0.238	-0.080	426.33	0.000
		8	-0.295	-0.142	477.60	0.000
		9	-0.326	-0.107	540.35	0.000
		10	-0.344	-0.129	610.59	0.000
		11	-0.333	-0.101	676.19	0.000
		12	-0.307	-0.124	732.17	0.000

图 6-12 总体面板残差自回归分析图

同样，根据图 6-11、图 6-12 及 Q 统计量皆可表明面板残差渐进无自相关，这一结论隐含的意义为面板残差具有稳健性。

在估计通过相关检验的基础上，分析其结果的经济学意义。在表 6-9 中，FDI 的回归系数 α_2，即"数量型 FDI 福利条件"，度量了 FDI 引进对数量型福利的影响，其估计值为 0.223822（大于零），表示 FDI 的引进率每提高一个百分点，将使数量型福利指数增加 0.223822 个单位，说明过去近二十年我国引进 FDI 对提高我国数量型福利起到了积极作用。另一方面，C1（-1）的回归系数 α_1，度量了上一期数量型福利水平对当期数量型福利水平的影响，其估计值为 0.676145（大于零），表明滞后一期数量型福利指数对本期的福利指数的影响也十分显著，说明了模型设定的合理性，我国数量型福利同样也存在着"棘轮效应"。

6.3.2 分地区数据的估计和检验

为了研究引进 FDI 对数量型福利影响的区域性特征，将样本数据划分东、中、西部三个地区，分别对三个地区的数据进行 GMM 估计，估计结果如表 6-11。

表 6-11 分地区 GMM 估计结果

	回归系数	标准误差	T 检验值	概率值	J 统计量
东部地区 C1（-1）	0.784805	0.059811	13.12146	0.0000	1.17E-31
FDI	0.173258	0.025235	6.865770	0.0000	
中部地区 C1（-1）	0.679812	0.072409	9.388446	0.0000	4.85E-31
FDI	0.213242	0.034285	6.219658	0.0000	
西部地区 C1（-1）	0.657221	0.069481	9.458997	0.0000	1.43E-32
FDI	0.279434	0.046542	6.003935	0.0000	

从表 6-11 可知，根据东、中、西部数据估计得到的 J 统计量均大于临界值，且 T 统计量检验均显著，说明 FDI 对中西部数量型福利的影响显著，估计结果具有一致性和稳健性。

另外，分别对上述三个地区数据 GMM 估计过程中生成的面板残差进行平稳性检验，结果显示三者的面板残差均在 5% 的显著性水平下具有平稳性。检验结果如表 6-12 所示：

表6-12 分地区面板残差的平稳性检验

	Levin 等	Hadri Z-stat	Im 等
东部地区	-5.58595	-0.53581	-7.39911
	(0.0000)	(0.0070)	(0.0000)
中部地区	-7.02125	-0.38099	-8.05432
	(0.0000)	(0.0060)	(0.0000)
西部地区	-7.09225	-1.22053	-8.36477
	(0.0000)	(0.0081)	(0.0000)

注：估计系数在5%的显著水平上显著。

进一步，分别绘制分地区数据面板残差的折线图和自回归分析图，判断面板残差的自相关性。如图6-13—6-16：

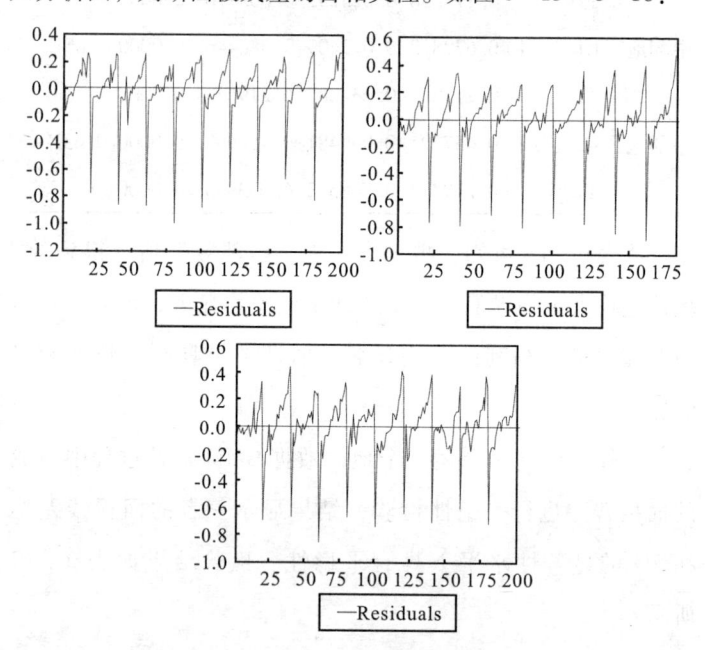

图6-13 分地区残差折线图

第六章 FDI"福利条件"综合指数实证——来自公因子的解释

Autocorrelation	Partial Correlation		AC	PAC	Q-Stat	Prob
		1	0.698	0.698	98.889	0.000
		2	0.433	-0.106	137.06	0.000
		3	0.230	-0.059	147.88	0.000
		4	0.052	-0.111	148.44	0.000
		5	-0.076	-0.068	149.65	0.000
		6	-0.164	-0.071	155.27	0.000
		7	-0.215	-0.058	164.98	0.000
		8	-0.282	-0.147	181.76	0.000
		9	-0.324	-0.095	203.98	0.000
		10	-0.345	-0.107	229.33	0.000
		11	-0.342	-0.089	254.39	0.000
		12	-0.320	-0.097	276.45	0.000

图 6-14 东部地区面板残差自回归分析图

Autocorrelation	Partial Correlation		AC	PAC	Q-Stat	Prob
		1	0.653	0.653	77.959	0.000
		2	0.380	-0.079	104.59	0.000
		3	0.147	-0.121	108.58	0.000
		4	-0.030	-0.098	108.75	0.000
		5	-0.141	-0.066	112.45	0.000
		6	-0.209	-0.076	120.65	0.000
		7	-0.238	-0.067	131.41	0.000
		8	-0.283	-0.141	146.72	0.000
		9	-0.310	-0.115	165.15	0.000
		10	-0.323	-0.121	185.24	0.000
		11	-0.316	-0.119	204.57	0.000
		12	-0.302	-0.145	222.30	0.000

图 6-15 中部地区面板残差自回归分析图

Autocorrelation	Partial Correlation		AC	PAC	Q-Stat	Prob
		1	0.646	0.646	84.801	0.000
		2	0.380	-0.065	114.23	0.000
		3	0.192	-0.048	121.77	0.000
		4	0.004	-0.146	121.78	0.000
		5	-0.106	-0.048	124.11	0.000
		6	-0.182	-0.082	131.01	0.000
		7	-0.249	-0.107	144.04	0.000
		8	-0.318	-0.151	165.33	0.000
		9	-0.354	-0.116	191.84	0.000
		10	-0.384	-0.158	223.22	0.000
		11	-0.362	-0.094	251.26	0.000
		12	-0.328	-0.142	274.44	0.000

图 6-16 西部地区面板残差自回归分析图

同样，根据上述各图及 Q 统计量可以判断地区面板残差均无渐进无自相关，两组面板残差都具有稳健性。

进一步地，根据表 6-11 分析估计结果的经济含义。首先，在估计结果中，三个地区 FDI 的回归系数均大于零，说明自我国大规模引进数量型 FDI 以来，FDI 对东、中、西部地区的数量型福利增长起到了积极作用；其次，从回归系数值的大小来看，东部地区为 0.173258，中部地区为 0.213242，西部地区为 0.279434，说明 FDI 对三大经济区域的福利拉动效应呈梯度模式，即 FDI 对西部地区数量型福利的拉动作用最大，中部地区次之，而对东部地区的数量型福利指数的拉动作用较弱。这一结论说明：FDI 对西部地区的数量型福利拉动具有显著效应的同时，也可能使东部地区的福利增长掉入"贫困化增长"的陷阱。

6.3.3 分阶段数据的估计和检验

为了研究我国引进数量型 FDI 对综合福利影响的阶段性特征，将数据划分为两个时间段，划分标准与综合福利指数模型的划分标准相同。即 1992—1999 年作为我国引进 FDI 的前期，2000—2011 年作为我国引进 FDI 后期，利用模型 6.2 分别对两阶段数据进行 GMM 估计，估计结果如表 6-13 所示。

表 6-13 分阶段 GMM 估计结果

		回归系数	标准误差	T检验值	概率值	J统计量
前期	C1(-1)	0.549019	0.049612	11.06630	0.0000	8.97E-33
(1992—1997年)	FDI	0.051509	0.007845	6.565482	0.0000	
后期	C1(-1)	0.458521	0.069974	6.552697	0.0000	2.11E-30
(1998—2010年)	FDI	0.687692	0.102724	6.694561	0.0000	

从表 6-13 可知，前期数据与后期数据估计得到的 J 统计量均大于临界值，且 T 统计量均通过检验，说明 FDI 在 1992—1999 年、2000—2011 年两个阶段对 FDI 数量型福利拉动的效应显著地提升了福利水平（在 5% 水平上表现显著）。

另外，基于 GMM 估计过程中生成的面板残差进行平稳性检验，结果显示分别采用 1992—1999 年和 2000—2011 年的全国数据进行估计的模型面板残差均在 5% 的显著性水平下具有平稳性。检验结果如表 6-14 所示：

表6-14 分阶段面板残差的平稳性检验

	Levin 等	Hadri Z-stat	Im 等
前期 （1992—1999年）	0.16130 (0.0056)	1.56720 (0.0059)	-3.82672 (0.0001)
后期 （2000—2011年）	-1.50548 (0.0066)	1.00439 (0.0158)	-7.63276 (0.0000)

注：估计系数在5%的显著水平上显著。

进一步，分别绘制两阶段数据面板残差的折线图和自回归分析图，判断面板残差的自相关性。如图6-17—6-19所示：

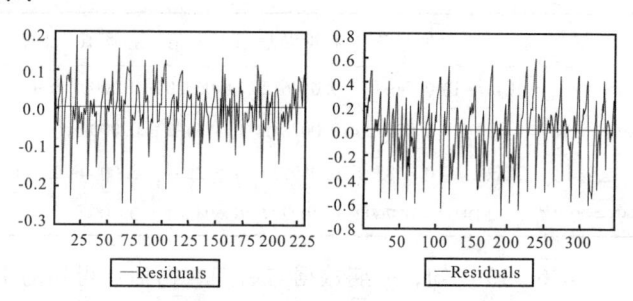

图6-17 分阶段残差折线图

Autocorrelation	Partial Correlation		AC	PAC	Q-Stat	Prob
		1	0.534	0.534	66.962	0.000
		2	0.207	-0.109	77.085	0.000
		3	-0.066	-0.185	78.131	0.000
		4	-0.286	-0.218	97.568	0.000
		5	-0.172	0.168	104.64	0.000
		6	-0.006	0.104	104.65	0.000
		7	0.228	0.200	117.22	0.000

图6-18 前期面板残差自回归分析图

第六章 FDI"福利条件"综合指数实证——来自公因子的解释

Autocorrelation	Partial Correlation		AC	PAC	Q-Stat	Prob
		1	0.562	0.562	110.90	0.000
		2	0.216	-0.146	127.29	0.000
		3	-0.033	-0.134	127.68	0.000
		4	-0.224	-0.174	145.38	0.000
		5	-0.335	-0.156	185.18	0.000
		6	-0.404	-0.201	243.33	0.000
		7	-0.365	-0.113	290.94	0.000
		8	-0.281	-0.133	319.28	0.000
		9	-0.114	-0.016	323.91	0.000
		10	0.113	0.085	328.53	0.000

图 6-19 后期面板残差自回归分析图

同样，由上述各图及 Q 统计量可以判断分阶段面板残差均无渐进无自相关，两组面板残差都具有稳健性。

根据表 6-13 分析估计结果的经济学意义。在采用前期数据进行估计结果中，FDI 的回归系数为 0.051509，表明 2000 年以前，FDI 的引进率每增加一个百分点，我国数量型福利指数可能会提高 0.051509 个单位，说明了我国在引进数量型 FDI 的前期，FDI 起到了增进我国数量型福利的作用，但影响还不十分明显；后期结果说明 2000 年以后 FDI 对我国数量型福利的动态效应产生了巨大影响，FDI 的回归系数为 0.687692，表明 FDI 的引进率每增加一个百分点，我国数量型福利指数就会提高 0.687692 个单位，这与我国综合福利指数的变化基本相符。

6.4 "质量型 FDI 福利指数"的时空估计

根据后危机时代 FDI "福利条件"的综合指数模型可以得到质量型 FDI 的动态面板数据模型如下:

$$C2_{i,t} = \gamma_0 + \gamma_1 \cdot C2_{i,t-1} + \gamma_2 \cdot FDI_{i,t} + \varepsilon_{i,t} \quad (6.3)$$

其中,C2 为质量型福利指数,FDI 为外商直接投资率,即 FDI 占 GDP 的比重;$\varepsilon_{i,t}$ 为随机扰动项。$i = 1, 2, 3, \cdots, N$ 分别表示不同省市和不同区域的几组面板,$t = 1, 2, 3, \cdots, T$ 代表样本年度。γ_1 度量了上期质量型福利对当期质量型福利的影响;γ_2 度量了本期 FDI 对当期质量型福利的影响,即"FDI 质量型福利条件指数"。

6.4.1 质量型 FDI 总体数据的估计和检验

运用软件 Eviews 6.0,采用 1992—2011 年全国 29 个省、市、自治区的数据,以 $\Delta C2_{t-1}$ 为工具变量,对模型 6.3 进行 GMM 估计,产生参数的 GMM 估计和对应的 t 值以及对应的目标函数的最小值 J,估计结果如表 6-15 所示:

表 6-15 总体 GMM 估计结果

	回归系数	标准误差	T 检验值	概率值	J 统计量
$C2_{t-1}$	0.695133	0.033880	20.686189	0.0000	2.28E-32
FDI	0.040585	0.015109	2.686189	0.0074	

从表 6-15 可以看到,J 统计量大于临界值,FDI 的 T 统计量均通过检验,T 检验值在 5% 水平上显著,说明 FDI 对质

量型福利拉动的效应明显。

另外，基于 GMM 估计过程中生成的面板残差进行平稳性检验，结果显示采用 1992—2011 年 29 个省市数据所估计的模型面板残差均在 5% 的显著性水平下具有平稳性。检验结果如表 6 - 16 所示：

表 6 - 16　质量型总体面板残差的平稳性检验

	Levin 等	Hadri Z-stat	Im 等
全国 (1992—2011 年)	-15.5847 (0.0000)	1.60107 (0.0055)	-15.6019 (0.0000)

注：估计系数在 5% 的显著水平上显著。

进一步地，通过绘制折线图和自回归分析图，判断面板残差的自相关性。如图 6 - 20、图 6 - 21 所示：

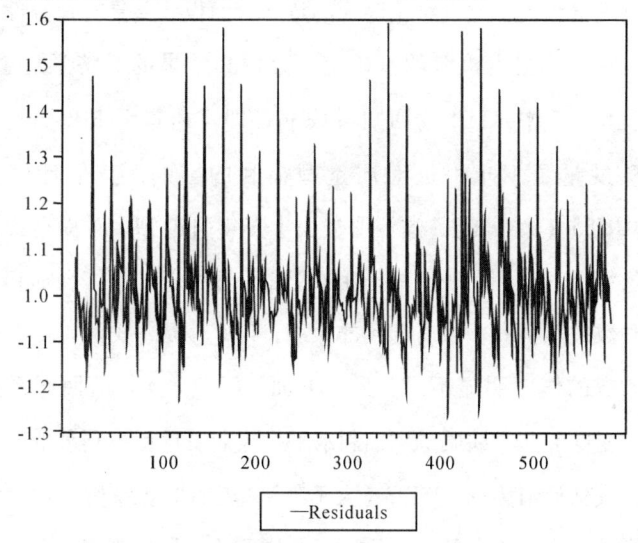

图 6 - 20　质量型 FDI 总体面板残差折线图

Autocorrelation	Partial Correlation		AC	PAC	Q-Stat	Prob
		1	0.701	0.701	286.57	0.000
		2	0.506	0.028	435.84	0.000
		3	0.314	-0.099	493.44	0.000
		4	0.121	-0.144	502.05	0.000
		5	-0.053	-0.136	503.68	0.000
		6	-0.123	0.033	512.51	0.000
		7	-0.116	0.089	520.40	0.000
		8	-0.164	-0.130	536.31	0.000
		9	-0.142	0.007	548.29	0.000
		10	-0.151	-0.091	561.75	0.000
		11	-0.161	-0.056	577.18	0.000
		12	-0.191	-0.070	598.86	0.000

图 6-21　质量型 FDI 福利总体面板残差自回归分析图

通过折线图、自回归图以及 Q 统计量皆可表明面板残差渐进无自相关,这一结论隐含的意义为面板残差具有稳健性。

在估计相关检验的基础上,分析其结果的经济学意义。在表 6-15 中,FDI 的回归系数 γ_2,即"质量型 FDI 福利条件"度量了 FDI 引进对质量型福利的影响,其估计值为 0.040585(大于零),这说明过去十多年引进 FDI 对提高我国质量型福利起到了一定的作用,但是,权衡 FDI 对综合福利指数和数量型福利指数所起到的作用,FDI 对提高我国质量型福利指数的作用明显不足。另一方面,C2(-1)的回归系数 γ_1,度量了上一期质量型福利水平对当期质量型福利水平的影响,其估计值为 0.695133(大于零),表明 FDI 滞后一期的福利指数的影响十分显著,说明了我国 FDI 质量型福利也存在着

"棘轮效应"。

6.4.2 分地区数据的估计和检验

为了研究我国引进 FDI 对质量型福利影响的区域性特征，按照综合福利指数检验的标准将样本数据划分东、中、西部三个地区。分别对三个地区的数据进行 GMM 估计，估计结果如表 6-17 所示。

表 6-17 分地区 GMM 估计结果

		回归系数	标准误差	T 检验值	概率值	J 统计量
东部地区	$C2_{t-1}$	0.694421	0.072744	9.546135	0.0000	2.08E-31
	FDI	0.025923	0.023032	1.125509	0.0262	
中部地区	$C2_{t-1}$	0.720254	0.060236	11.95714	0.0000	2.18E-31
	FDI	0.031268	0.027103	1.153704	0.0250	
西部地区	$C2_{t-1}$	0.703630	0.056070	12.54911	0.0000	5.65E-32
	FDI	0.057635	0.032576	1.769227	0.0078	

从表 6-17 可知，根据东、中、西部数据估计得到的 J 统计量均大于临界值，但东、中部 FDI 的 T 统计量未通过检验，说明 FDI 在东、中部对质量型福利拉动的效应并不显著；西部地区的 T 检验值在 5% 水平上显著，但西部地区 FDI 对质量型福利的拉动较之数量型 FDI 的作用却明显减小，表明数量型 FDI 与质量型 FDI 的不均衡发展。

另外，分别对上述三个地区数据 GMM 估计过程中生成的面板残差进行平稳性检验，结果显示三者的面板残差均在 5% 的显著性水平下具有平稳性。检验结果列入表 6-18。

表 6-18 分地区面板残差的平稳性检验

	Levin 等	Hadri Z - stat	Im 等
东部地区	-5.15464	-0.41086	-7.56105
	(0.0000)	(0.0066)	(0.0000)
中部地区	-5.65539	1.12988	-7.64385
	(0.0000)	(0.0129)	(0.0000)
西部地区	-3.83362	-1.12691	-8.16442
	(0.0001)	(0.0087)	(0.0000)

注：估计系数在 5% 的显著水平上显著。

进一步，分别绘制分地区数据面板残差的折线图和自回归分析图，判断面板残差的自相关性。如图 6-22—6-25：

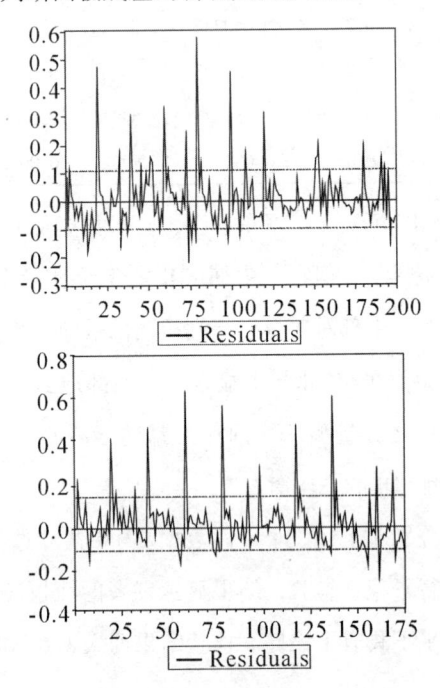

第六章 FDI"福利条件"综合指数实证——来自公因子的解释

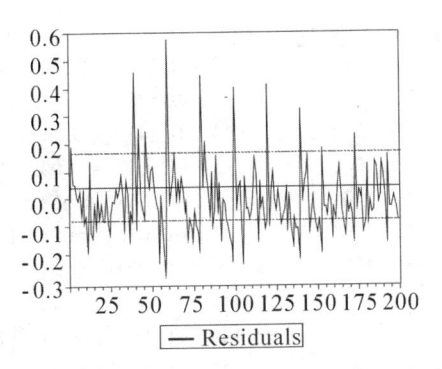

图6-22 分地区残差折线图

Autocorrelation	Partial Correlation		AC	PAC	Q-Stat	Prob
		1	0.703	0.703	100.46	0.000
		2	0.479	-0.032	147.21	0.000
		3	0.273	-0.104	162.44	0.000
		4	0.077	-0.135	163.66	0.000
		5	-0.072	-0.086	164.75	0.000
		6	-0.127	-0.033	168.11	0.000
		7	-0.076	-0.136	169.34	0.000
		8	-0.102	-0.143	171.53	0.000
		9	-0.074	0.016	172.68	0.000
		10	-0.079	-0.081	174.01	0.000
		11	-0.103	-0.051	176.26	0.000
		12	-0.131	-0.032	179.93	0.000

图6-23 东部地区面板残差自回归分析图

Autocorrelation	Partial Correlation		AC	PAC	Q-Stat	Prob
		1	0.708	0.708	91.857	0.000
		2	0.530	0.056	143.51	0.000
		3	0.322	-0.145	162.70	0.000
		4	0.141	-0.113	166.43	0.000
		5	-0.012	-0.092	166.46	0.000
		6	-0.058	0.077	167.09	0.000
		7	-0.050	0.081	167.57	0.000
		8	-0.094	-0.133	169.27	0.000
		9	-0.084	-0.009	170.63	0.000
		10	-0.095	-0.040	172.37	0.000
		11	-0.110	-0.034	174.70	0.000
		12	-0.140	-0.049	178.51	0.000

图 6-24 中部地区面板残差自回归分析图

Autocorrelation	Partial Correlation		AC	PAC	Q-Stat	Prob
		1	0.689	0.689	96.470	0.000
		2	0.500	0.046	147.39	0.000
		3	0.343	-0.034	171.46	0.000
		4	0.174	-0.121	177.68	0.000
		5	-0.040	-0.233	178.01	0.000
		6	-0.148	-0.032	182.60	0.000
		7	-0.170	0.063	188.63	0.000
		8	-0.218	-0.069	198.64	0.000
		9	-0.184	0.064	205.80	0.000
		10	-0.190	-0.124	213.48	0.000
		11	-0.154	-0.015	218.56	0.000
		12	-0.165	-0.091	224.40	0.000

图 6-25 西部地区面板残差自回归分析图

同样，根据上述各图及 Q 统计量可以判断分阶段面板残差均渐进无自相关，两组面板残差都具有稳健性。

根据表 6-17 分析估计结果的经济含义。在估计结果中，三个地区 FDI 的回归系数均大于零，但却没有全部通过检验，说明自我国大规模引进 FDI 以来，FDI 可能对我国三大经济区域的质量型福利提升的作用并不明显。从回归系数值的大小来看，东部地区为 0.025923，中部地区为 0.031268，西部地区为 0.057635 的作用并不明显。由于 FDI 对东、中部质量型福利的影响并不显著，说明东、中部地区 FDI 的质量效应还不明显；西部地区的质量型 FDI 引进效果虽然通过检验，但其对福利增长的效应拉动较之数量型 FDI 却显著降低。因此三个地区数量型与质量型 FDI 的不均衡发展阻碍了综合福利效应的提升，可能为产生"贫困化增长"埋下了隐患。

6.4.3 分阶段数据的估计和检验

为了研究我国引进 FDI 对质量型福利影响的阶段性特征，同上两个模型，将数据划分为两个时间段：即 1992—1999 年作为我国引进 FDI 的前期，2000—2011 年作为我国引进 FDI 的后期，利用模型 6.3 分别对两阶段数据进行 GMM 估计，估计结果如表 6-19：

表 6-19 分阶段 GMM 估计结果

		回归系数	标准误差	T 检验值	概率值	J 统计量
前期（1992—1999年）	$C2_{t-1}$	0.660712	0.070898	9.319193	0.0000	2.42E-31
	FDI	0.114453	0.035654	3.210098	0.0015	
后期（2000—2011年）	$C2_{t-1}$	0.665938	0.041572	16.01873	0.0000	1.40E-30
	FDI	-0.013249	0.015678	-0.845084	0.3986	

从表 6-19 可知，前期数据与后期数据估计得到的 J 统计量均大于临界值，但后期 T 统计量未通过检验，说明 FDI 在后期阶段对质量型福利拉动的效应并不显著。

另外，基于 GMM 估计过程中生成的面板残差进行平稳性检验。结果显示分别采用 1992—1999 年和 2000—2011 年的全国数据进行估计的模型面板残差均在 5% 的显著性水平下具有平稳性。检验结果如表 6-20：

表 6-20 分阶段面板残差的平稳性检验

	Levin 等	Hadri Z - stat	Im 等
前期	-4.58297	1.30421	-5.76808
（1992—1999 年）	(0.0000)	(0.0096)	(0.0000)
后期	-4.55367	0.28430	-8.74740
（2000—2011 年）	(0.0000)	(0.0039)	(0.0000)

注：估计系数在 5% 的显著水平上显著。

进一步，分别绘制两阶段数据面板残差的折线图和自回归分析图，判断面板残差的自相关性。如图 6-26—6-28 所示：

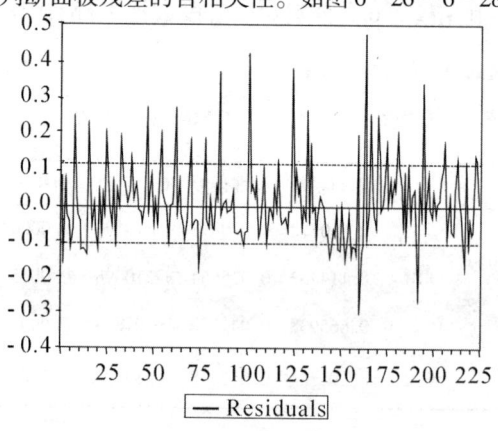

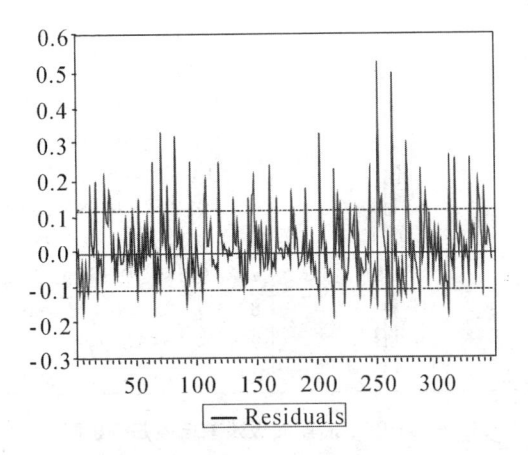

第六章 FDI"福利条件"综合指数实证——来自公因子的解释

图 6-26 分阶段残差折线图

Autocorrelation	Partial Correlation		AC	PAC	Q-Stat	Prob
		1	0.680	0.680	108.72	0.000
		2	0.507	0.083	169.39	0.000
		3	0.369	-0.007	201.67	0.000
		4	0.331	0.115	227.83	0.000
		5	0.256	-0.035	243.48	0.000
		6	0.251	0.091	258.65	0.000
		7	0.302	0.166	280.64	0.000

图 6-27 前期面板残差自回归分析图

同样，由上述各图及 Q 统计量可以判断分阶段面板残差均渐进无自相关，两组面板残差都具有稳健性。

根据表 6-19 分析估计结果的经济学意义。在采用前期数据进行估计结果中，FDI 的回归系数为 0.114453（大于零），表明 2000 年以前，FDI 的引进每增加一个百分点，我国质量

Autocorrelation	Partial Correlation		AC	PAC	Q-Stat	Prob
		1	0.671	0.671	158.02	0.000
		2	0.439	−0.020	225.86	0.000
		3	0.235	−0.095	245.30	0.000
		4	0.040	−0.139	245.87	0.000
		5	−0.103	−0.091	249.65	0.000
		6	−0.245	−0.160	270.95	0.000
		7	−0.189	0.174	283.65	0.000
		8	−0.186	−0.072	296.10	0.000
		9	−0.103	0.089	299.91	0.000
		10	−0.016	0.014	300.00	0.000

图 6-28 后期面板残差自回归分析图

型福利指数提高 0.114453 个单位，这个结果说明我国在引进 FDI 的前期，FDI 起到增进我国质量型福利的作用。后期估计结果说明 2000 年以后 FDI 的回归系数为 −0.013249（小于零），表明在后期 FDI 的引进每增加一个百分点，我国质量型福利指数降低 0.013249 个单位，这表示后期引进 FDI 对我国质量型福利的增长起到了负面影响，虽然检验并不显著，但也有可能说明"贫困化增长"的趋势逐渐显现，需要不断深化引资策略，提高引入 FDI 的质量。

6.5 质量型 FDI 与数量型 FDI 的"福利条件"比较

为了比较 FDI 的引进对我国数量型福利指数和质量型福利指数的影响，将模型 6.2 和模型 6.3 的 GMM 检验中 FDI、C1（−1）和 C2（−1）的系数整理如表 6-21 所示。

第六章 FDI"福利条件"综合指数实证——来自公因子的解释

表6-21 GMM估计结果系数比较

	总体系数	分地区系数			分阶段系数	
		东部地区	中部地区	西部地区	前期	后期
W_{t-1}	0.725436	0.808360	0.692950	0.698258	0.717253	0.488437
FDI	0.133283	0.096312	0.134051	0.168873	0.058800	0.370473
C1(-1)	0.696145	0.784805	0.679812	0.657221	0.549019	0.458521
FDI	0.223800	0.173258	0.213242	0.279434	0.051509	0.687692
C2(-1)	0.695133	0.694421	0.720254	0.703630	0.660712	0.665938
FDI	0.040585	0.025923	0.031268	0.057635	0.114453	-0.013249

①基于福利指数的原始数据（见附录-福利指数的计算过程），比较不同地区福利指数的变化。

综合福利指数变化趋势图(1992-2011年)

—— 东部地区 —— 中部地区 —— 西部地区

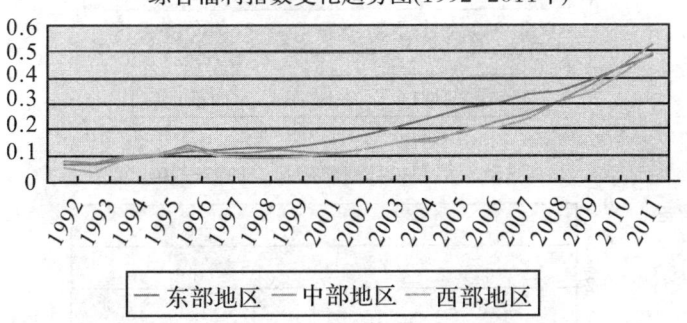

图6-29 分地区综合福利指数变化趋势图

从图6-29中可以看出，在大多数年份中，东部地区的综合福利指数高于中、西部地区。东部地区引资前期综合福利指数保持了平稳的上升趋势，后期特别是近几年，综合福利指数的上升趋势逐渐变得缓慢，引资效果出现了瓶颈，并在2010

年和 2011 年分别被中、西部赶超。这一趋势与计量分析得出的东部地区 FDI 对综合福利指数起到的拉动作用和中、西部地区 FDI 对综合福利指数的贡献呈现梯度现象的结论相吻合。下面从直观层面分析不同地区数量型福利指数和质量型福利指数的变化趋势,如图 6–30 所示。

数量型福利指数变化趋势(1992–2011年)

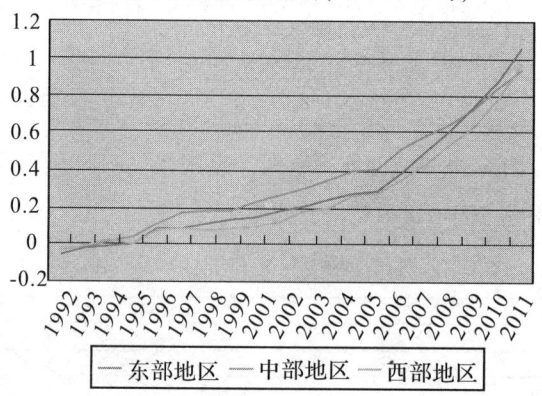

— 东部地区　— 中部地区　— 西部地区

质量型福利指数变化趋势（1992—2011年）

— 东部地区　— 中部地区　— 西部地区

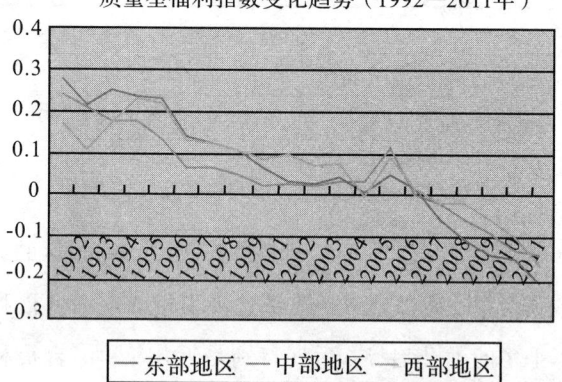

图 6–30　分地区数量型福利指数和质量型福利指数变化趋势图

由图 6-30 可知，东、中、西三个地区的数量型福利指数都呈上升趋势，并且在引资前期，东部地区的数量福利效应明显高于中部和西部地区，但是在引资后期，中部地区的数量福利效应逐渐高于东部和西部地区，这一趋势与数量型福利指数模型的分析结论相符。

而东、中、西部三个地区的质量型福利指数变化不稳定，但总体都呈下降趋势，西部地区的质量型福利指数降幅小于东部和中部地区。在引资前期，三个地区的质量型福利指数都大于零，但在后期，其质量型福利指数都逐渐变为负。这一趋势与质量型福利指数模型的分析结论相符，说明三大地区在引进 FDI 的过程中，急功近利，盲目追求数量效应以牺牲质量效应为代价，如果继续保持这种趋势的话，"贫困化增长"的结果将有可能在不久的将来出现。

②综合系数的比较

通过分别建立 FDI 与综合福利指数、数量型福利指数和质量型福利指数的回归模型，说明我国引进的外商直接投资从总体上促进了综合福利的增长，但分地区来看却不明显；FDI 对数量型福利指数的贡献为 0.223800，大于其对质量型福利指数的贡献 0.040585，该结果显示了引进不同类型的 FDI 对提高我国综合福利指数的作用各不相同。从我国引进外资二十多年的现状来看，FDI 的数量效应明显大于 FDI 的质量效应，或 FDI 的数量效应对我国经济增长的贡献较之于质量型 FDI 更大。但随着经济的发展，特别是进入后危机时代以来，质量型福利指数呈现下降趋势，伴随着边际贡献程度也有下降趋势，这需要引起我国政府和学界的高度关注与反思。

③分地区系数的比较

从不同地区纵向比较可以看出，中、西部地区FDI对综合福利指数的影响大于10%，而东部地区FDI对综合福利指数的影响明显小于10%，其主要原因是东部地区的质量型福利指数下降明显。东、中、西部地区的数量型福利指数都大于零，并且，东、中、西部地区FDI对数量型福利指数的影响都接近20%，说明FDI的引入显著促进了我国数量型福利水平的提高。尽管我国的FDI对质量型福利指数的影响很小，但是由于FDI数量型福利指数的拉动作用明显，使得东、中、西部地区的综合福利指数都呈上升趋势，这一结论也与综合系数比较的结果相吻合。

分地区横向比较可以看出，西部地区FDI的综合福利指数最大，中部次之，东部最小；其重要原因是西部地区FDI数量型福利指数大于东、中部地区，即在FDI引起的福利增长过程中，西部地区的数量型贡献最大，中部次之，东部最小。东、中、西部地区FDI对质量型福利指数影响都相对较小，说明三大地区对引进质量型FDI都没有给予足够重视，长期来看，将会影响FDI综合福利效应的提升。

④分阶段系数的比较

分阶段的检验结果表明，2000年以前FDI对总体数量型、质量型或综合型福利的拉动均显著。一方面说明这一阶段我国引资对经济有显著影响,另一方面也说明 FDI 引进所产生的效应具有滞后性。从 2000 年以来,FDI 对综合福利及数量型福利有显著影响,但对质量型福利的影响却不显著,这说明后期 FDI 所带来的福利效应主要由数量型 FDI 拉动。质量型 FDI 仍然没有引起高度重视。从综合福利指数的系数估计来看,后期 FDI 综合福利指数为 0.370473,说明近年我国综合福利指数呈上升趋势;后期 FDI 对数量型福利指数的效应为 0.687692,而 FDI 对质量型福利指数的贡献为 -0.013249,产生了质量型 FDI 的"贫困化增长"可能。由此看出,由于数量型福利指数的拉动作用使综合福利指数仍然有上升趋势,但质量型 FDI 带来的负效应显著降低了综合福利的提升。因此,必须注意的是,后危机时代对质量型 FDI 的更高要求将使目前的情况不能再继续下去。因此,质量型 FDI 与数量型 FDI 对福利指数贡献的差异将为我们敲响了可能产生"贫困化增长"的警钟。

6.6 总结

本章通过因子分析确定了影响我国福利的相关变量在综合福利指数中的权重,并以此为依据采用国家公布的统计数据计算出各省各年的综合福利指数,作为估计 FDI "福利条件"的基础。又通过分别建立 FDI 与综合福利指数、数量型福利指数和质量型福利指数的回归模型,采用我国总体、分地区、分阶段数据估计出 FDI "福利条件",对 FDI 与我国福利的动态关系进行了深度挖掘。分别实证了我国引进外商直接投资在各种情况下是否出现了"贫困化增长"的趋势。研究结论说明了目前数量型 FDI 对我国经济发展的贡献巨大，但边际贡献有所下降，而质量型 FDI 影响不显著，且呈现负效应，该结果显示现有的引资政策必须做出调整，特别强调对我国引资质量的重视才是防范"贫困化增长"的关键。

6.7 本章小结

本章通过 1992—2011 年 FDI 六大效应的 16 个指标的截面数据分析实证了总体 FDI 福利条件指数、数量型 FDI、质量型 FDI 的福利条件指数，结果显示了不同类型的 FDI 对我国综合福利的影响效应是不同的。数量型 FDI 对我国综合福利的贡献巨大，但质量型 FDI 对我国综合福利的贡献堪忧，这不仅为我国引进 FDI 敲响了警钟。为了更有效地防范"贫困化增长"，本研究将在下一章中对 FDI 产生的六大效应、16 个指标分别进行实证分析，以从不同侧面检验 FDI 福利效应的真实水平。

第七章

FDI "福利条件" 综合指数实证
——来自效应及指标的解释

　　第六章对 FDI 综合指数的评价，反映了两大公因子对 FDI 福利效应的影响。在此基础上，本章将根据影响 FDI 两大公因子的六大效应及 16 个指标，利用现代统计学、计量经济学等分析方法对 FDI 的福利效应进行实证分析，以反映 FDI 引致的六大效应的数量特征，并对这些数量关系加以实证。这不但可以对 FDI 六大效应的真实状况及其相互关系进行检验，而且可以通过 16 个指标的实证评价六大效应的真实性和有效性，判断其六大效应发展的轨迹、问题，并为政策建议的提出提供参考和依据。

7.1 FDI 福利效应的实证分析——来自效应层的检验

在第五章指标体系构建基础上，反映后危机时代 FDI 福利效应的产出效应、要素效应、收入效应、进出口效应、消费效应、生态效应等六大效应所构成的准则层将对 FDI 综合福利指数产生不同的影响，实证其影响程度对揭示 FDI 的综合福利水平有重大意义。

7.1.1 FDI 的产出效应检验

我国实行改革开放以来，国内生产总值由 1978 年的 3,645.2 亿元快速上升到 2011 年的 472,881.6 亿元①，34 年间 GDP 增加了 130 倍，其间我国逐步由改革开放前的计划经济转向市场经济，使得各种生产要素得到优化配置，提高了生产效率。同时，外商直接投资的大量进入也带动了各生产要素需求量的相应增加，提高了我国生产技术水平，推动了我国经济的快速发展。国际货币基金会研究成果表明，我国在 20 世纪 90 年代 10.1% 的平均经济增长率中，由外商直接投资产生的贡献约 3%。为了验证 FDI 是推动我国经济快速发展的重要变量这一假设，借助柯布-道格拉斯（Cobb-Douglas）生产函数构建数学模型，实证分析 FDI 对经济增长的影响。

---

① 1978 年和 2011 年 GDP 数据均来源于《中国统计年鉴 2012》。

第七章 FDI "福利条件" 综合指数实证——来自效应及指标的解释

（1）模型构建与数据选取

FDI 的流入对产出的贡献将借助柯布-道格拉斯生产函数进行分析。假设产出中的资本分为国内资本投入与 FDI 投入，可得如下模型：

$$Y = AK_h^{\alpha} K_f^{\beta} L^{\theta} \tag{7.1}$$

对 7.1 式取对数并求导，可得：

$$y = \alpha k_h + \beta k_f + \theta l \tag{7.2}$$

7.1 式中，Y 代表产出，A 代表技术水平等影响产出的相关变量，K_h、K_f、L 分别代表国内资本投入、FDI、劳动力数量。7.2 式中 y 代表实际 GDP 增长率，k_h、k_f、l 分别代表国内投入资本增长率、FDI 增长率、劳动增长率。α、β、θ 分别代表国内资本、FDI、劳动力的产出弹性系数。在数据的选取上，采用国内资本投资等于全社会固定资产投资总额减去利用外资部分，FDI 采用利用外资部分，由于数据的可得性，采用 1981—2011 年的数据，其中国内生产总值、国内投资部分、利用外资部分的数据来源于《中国统计年鉴 2012》，劳动力数据来源于《中国劳动统计年鉴 2012》，各变量增长率由原始数据计算而得。

（2）单位根检验

为了检验各变量的数据序列平稳性，此处用上 ADF 进行检验。利用 Eviews 6.0 检验可得表 7-1。

表7-1　ADF 单位根检验结果

变量	检验形式	ADF 值	5%	10%	结论
y	(C, N, 3)	-3.984075	-1.958031	-1.609313	稳定
K_h	(C, N, 0)	-5.870104	-1.955295	-1.599805	稳定
K_f	(C, N, 0)	-7.751693	-1.955392	-1.599801	稳定
l	(C, N, 0)	-9.360432	-1.955391	-1.599806	稳定

注：检验形式（C，T，K）分别表示单位根检验方程包括常数项、时间趋势和滞后阶数；N 是指不包括 C 和 T，加入滞后项是为了使残差项为白噪声，滞后项阶数由 SIC 准则确定。

从表7-1可知，变量 y、k_h、k_f、l 在5%的显著性水平下均为平稳序列数据。

（3）回归分析及结果解释

运用 Eviews 6.0 对样本进行回归（见表7-2），结果显示，国内资本 K_h 增长的产出弹性为0.3523，T 值为-2.2512，FDI 流入增长的产出弹性为0.0896，T 值为4.3267，这表明国内资本、FDI 对经济增长有积极的正面影响，但国内资本投入的作用要大于 FDI 流入对经济增长的作用。

表 7-2 产出效应回归及结果检验

变量	系数	标准误差	T 统计量
a	0.1081	0.0092	12.0931**
K_h	0.3523	0.0481	-2.2512***
k_f	0.0896	0.0223	4.3267**
l	0.4603	0.1194	-2.9342**

注：T 统计量列中，*、**、***分别表示通过显著水平为 10%、5% 和 1% 的统计检验。

7.1.2 FDI 的要素效应检验

生产要素是推动国民经济发展所必须具备的基本因素，主要包括劳动力、土地、资本、企业家才能。但随着科技的快速发展，技术也作为一种重要的要素投入生产。外商直接投资流入我国会对生产要素产生影响，主要体现在资本效应、就业效应及技术效应。

（1）资本效应

大量外商直接投资不但对我国资本的形成起了积极的促进作用，而且也加速了我国国民经济的发展。FDI 在直接增加我国资本流量的同时，还会对国内资本产生一定的"挤出"或"挤入"效应。因此，从资本形成角度看，FDI 对东道国经济增长的影响是不确定的，其取决于 FDI 最终"挤入"还是"挤出"了国内资本。本研究利用我国 1981 年至 2011 年的相关数据，通过经济计量模型进行了实证研究。

①模型构建与数据选取

我国固定资产总投资可以分为两部分，一部分为国内固定资产投资 K_h，另一部分为外商投资企业引致的固定资产投资 FDI，如式 7.3 所示：

$$K = FDI + K_h \qquad (7.3)$$

由宏观经济学理论可知，影响国内投资的主要因素是储蓄 S，于是得到下式：

$$K_h = \theta + \beta S \qquad (7.4)$$

将 7.4 式代入 7.3 式可得：

$$K = \theta + FDI + \beta S \qquad (7.5)$$

由于 FDI、国内投资以及储蓄三者之间的相互影响存在长期、复杂、动态的过程，在讨论三者的关系时，还必须将自变量的滞后期考虑进来。外资流入我国后，会进行投资建厂、购置机器设备等，签订合同到正式投资间隔时间较长，所以本研究选取 FDI 的两期滞后，而储蓄转化为投资相对容易，选取储蓄滞后一期。因此，在 7.5 式的基础上得到如下模型：

$$K_t = \theta + \alpha_1 FDI_t + \alpha_2 FDI_{t-1} + \alpha_e FDI_{t-2} + \beta_1 S_t + \beta_2 S_{t-1} + \varepsilon$$

$$(7.6)$$

在数据的选取上，由于数据的可得性，本研究采用 1985—2011 年的数据，其中储蓄数据采用城乡居民储蓄存款年底余额进行衡量。城乡居民储蓄存款年底余额、我国固定投资总额、利用外资部分的固定投资总额的数据均来源于《中国统计年鉴 2012》。

② 回归分析

利用 Eviews6.0 对模型 7.6 进行检验，可得表 7-3。由表 7-3 的回归分析结果可知，a. 回归分析得出的可决系数 R^2 值为 0.9575，表明方程拟合度较好，方程对我国固定投资的解释能力较强；b. 各回归系数都通过了显著性水平为 1% 的统计检验，说明各变量对我国全社会固定资产投资有显著影响；c. 回归方程的 DW 值为 1.7023，说明误差项不存在序列相关。

表 7-3 投资效应回归及结果检验

变量	系数	标准误差	T 统计量
FDI	2.0013	0.0014	1439.381***
FDI (-1)	-0.0083	0.0029	-3.1850**
FDI (-2)	0.0075	0.0016	4.6015***
S	1.0013	0.0001	13194.38***
S (-1)	-0.0006	0.0001	-5.0515***
C	1987.327	0.6938	2905.439***
$R^2=$ 0.9575	F-statistic 8.31E+09	D.W 1.7023	P (F-statistic) 0.0000

注：T 统计量列中，*、**、*** 分别表示通过显著水平为 10%、5% 和 1% 的统计检验。

从变量的回归系数看，全社会固定资产投资与我国当期 FDI 和城乡居民储蓄存款有显著的相关关系，其中，FDI 每增加 1%，会引致我国全社会固定资产投资增加约 2%。可见

FDI 除了构成全社会固定资产投资的一部分外，还会对我国总的资本形成产生明显的"挤入"效应。

（2）就业效应

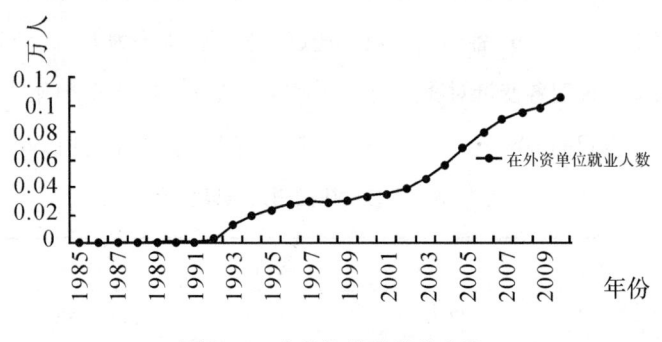

图 7-1 在外资单位就业人数

外资的流入为我国创造了大量的就业岗位，增加了就业机会，产生直接就业效应与间接就业效应。FDI 的直接就业效应是指外商直接投资能增加新的生产能力，增加就业人数（汤玉梅，2008）。外资企业在我国创办公司、分支机构或与国内公司合资，需要雇用大量员工，而我国人力资源丰富，用工成本较低，加之熟悉本土环境，外商会大量吸收本土员工。据学者统计，在外资企业中工作的中国员工已经超过其总人数的80%，如微软公司、沃尔玛公司等大型跨国公司在中国分公司招聘的本土员工超过了90%，IBM（中国）有限公司90%以上的员工和50%以上的经理人员都来自中国大陆。自我国改革开放后，随着流入我国的 FDI 快速增长，外资企业所创造的就业也急剧增长（见图7-1）。1985 年在外资单位就业人数仅 3,806 人，到 1990 年增长了 10 倍，达到 36,031 人，而 2010 年则达到了 1,053 万人，在外资单位就业的人数是 1990 年的 292 倍，在 1990—2011 年的 21 年间平均增长率为 32.8%[①]。

为了量化 FDI 对我国就业贡献的大小，本章将构建简单的线性回归模型：

$$L = \alpha K_f + \beta K_h + \delta \quad (7.7)$$

为了取得平稳数据而又不消除原有变量间的特征，对 7.7 式取对数并求导：

$$l = \alpha k_f + \beta k_h \quad (7.8)$$

7.7 式中，L 代表我国总就业人数，K_f、K_h、δ 分别代表外商直接投资、国内固定资产投资及随机扰动项，α、β 分别代表 1% 的 FDI 与国内固定投资的增长率所能带动就业总人数的增长率。7.8 式中，l、k_f、k_h 分别代表总就业人数增长率、外商直接投资增长率、国内固定资产增长率。本研究采用我国 1981—2011 年的数据进行实证分析。其中，我国就业总人数数据来源于《中国劳动统计年鉴2012》，外商直接投资与国内固定资产投资数据根据《中国统计年鉴2012》整理计算得出。

从表 7-4 可知，l、k_f、k_h 均通过了显著性水平为 5% 的 T 检验，说明数据是平稳的，可进一步进行回归分析，回归分析结果见表 7-4。结果显示，FDI 增长 1% 时，可以使总就业

---

① 数据来源于《中国劳动统计年鉴2012》。

人数增长 0.0164%，而国内固定资产投资每增长 1% 时，可使总就业人数增长 0.0893%。结果表明 FDI 流入我国将产生直接的就业效应。

表 7-4　产出效应回归及结果检验

变量	系数	标准误差	P 值
k_f	0.0164	0.0183	0.0395
K_h	0.0893	0.0845	0.0278

FDI 除了产生直接的就业效应外，还会通过带动前后及相关产业的发展，间接创造许多就业岗位。流入的一些外资企业具有较高技术与管理水平，能够促进我国相关产业的发展，创造更多就业机会。同时 FDI 的流入弥补了我国资金的不足，会加速资本的形成，使得资源得到优化配置，创造新的生产能力，促进我国就业人数增长。但 FDI 的流入也会对国内资本产生挤出效应[1]，减少国内资本的投资机会，在市场竞争中被淘汰，或为了应对外资企业的先进生产力的竞争而增加新机器、新技术的使用，产生资本替代劳动力的现象，从而产生大量失业。外资企业进入既能创造大量就业，也会引致失业，但从总体上说，外资企业会促进我国人力资本发展和就业结构优化。

---

[1] FDI 的挤出效应指外商直接投资流入量的增加对东道国国内投资的影响。

(3) 技术效应

FDI 在投资中通常会产生技术、管理与人力资本的外溢效应，促进国内企业提高生产效率。FDI 在投资生产中通过直接转移技术，增加我国知识存量，国内企业通过消化吸收产生模仿创新的技术进步。然而要找出 FDI 与我国技术进步的关系，需借助全要素增长率（TFP）来分析。

① 全要素生产率的计算

全要素生产率的计算方法主要有增长会计法和经济计量法。增长会计法计算结果较为粗糙，而经济计量法全面地考虑了各种因素的影响，相对精确些，因此本章引用由郭庆旺、贾俊雪采用的经济计量法中性变量法（LV）来计算所得全要素生产率[①]，FDI 增长率由《中国统计年鉴2012》计算所得。

② 单位根检验

为了检验各变量的数据序列平稳性，本章用 ADF 进行检验。利用 Eviews6.0 检验可得表 7-5。

表 7-5 ADF 单位根检验结果

变量	检验形式	ADF 值	5%	10%	结论
FDI	(C, N, 1)	-2.935	-3.0155	-2.6513	稳定
TFP	(C, N, 0)	-4.4954	-3.0076	-2.6534	稳定

注：检验形式（C，T，K）分别表示单位根检验方程包括常数项、

---

① 具体测算方法详见：郭庆旺、贾俊雪，《中国全要素生产率的估算：1979—2004》，《经济研究》，第6期。

时间趋势和滞后阶数；N 是指不包括 C 和 T，加入滞后项是为了使残差项为白噪声，滞后项阶数由 SIC 准则确定。

③脉冲响应分析

脉冲响应函数用于衡量来自随机扰动项的一个标准差冲击对内生变量当前和未来值的影响。对一个变量的冲击直接影响这个变量，并且通过 VAR 模型的动态结构传导给其他所有的内生变量。本章采用 VAR 模型进行识别的 Choleski 分解方法，最优滞后期的选择根据 AIC 原则进行，并根据脉冲响应函数，识别 FDI 对全要素生产率的冲击。其结果见图 7-2，横轴代表滞后阶数，纵轴代表各变量对因变量冲击的响应程度。图中实线部分为计算值，虚线为响应函数值加或减两倍标准差的置信带。

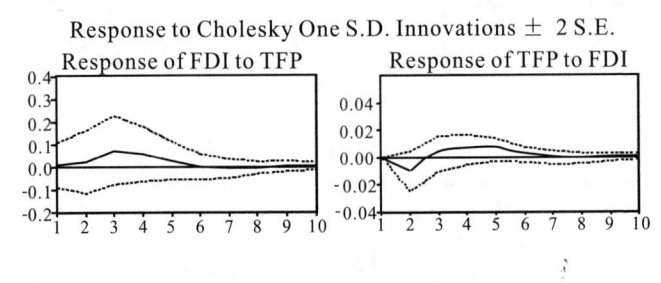

图 7-2　脉冲响应函数曲线

如脉冲响应函数曲线右图所示，全要素生产率在受到 FDI 一个单位正向的标准差的冲击后，全要素增长率并没得到立即拉升，而是到第三期才开始对全要素生产率产生正向冲击作用，随后开始逐渐下降。这表明 FDI 流入我国后，并不会立即对全要素生产率带来正的冲击,而是经过一段滞后期才会显现出对我国技术的提升产生正面推动作用。

7.1.3 FDI进出口贸易效应检验

(1) FDI对我国进出口贸易概况

改革开放后,我国对外贸易发展迅速。1980年我国进口总额仅200.20亿美元,出口额181.00亿美元,而2011年我国进口总额达到了17,434.8亿美元;出口总额达到了18,983.8亿美元;在1980—2011年的32年间,进口总额年均增长15.0%,出口总额年均增长15.7%。我国对外贸易能取得如此快的发展,FDI起到了重要的推动作用。外商投资企业进入我国后,不但直接进出口货物,增加我国进出口总额,还会通过原有的营销网络与先进的营销经验,使外资企业商品能快速进入国际市场,且会给国内出口企业产生示范效应,改善内资贸易企业拓展国际销售渠道,加大产品研发投入,使其更能满足国际市场需求。1980年,我国外商投资企业进口额为0.34亿美元,出口额为0.08亿美元,分别占全国进出口总额的0.17%和0.05%;到2011年,经过32年的快速发展,外商投资企业进口额为7,548.56亿美元,出口额8,622.29亿美元,分别占全国进出口总额的43.3%和45.42%。如图7-3所示,外商投资企业进出口额占我国进出口总额的份额快速提高,说明外商投资企业极大地推动了我国对外贸易的发展。

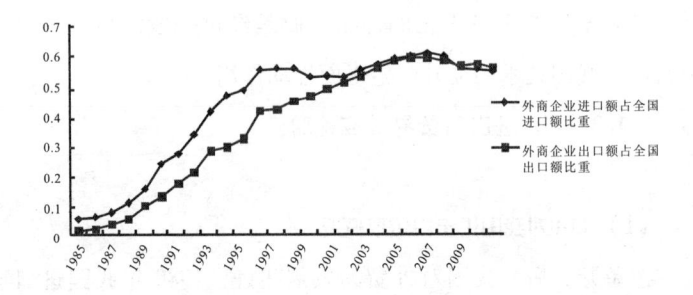

图 7-3 外商投资企业进出口额占全国进出口总额比重

(2) 数据选取

由于当年新流入的 FDI 并非会立即对进出口产生推动作用,考虑到外资企业进入我国后,需投资设厂、生产产品、建立营销网络及销售产品,这些都会产生一个滞后期,所以新增 FDI 对进出口的拉动作用更多地反映在以后的年度。因此,采用 VAR 模型并采用 1981—2011 年的年度数据进行实证分析,原始数据来源于《中国贸易外经统计年鉴 2012》。

(3) 单位根与协整检验

数据的平稳性检验是进行协整分析的前提,要考察变量之间的协整关系必须保证所考察的变量具有同阶单整性,即保证变量在经过相同阶次的差分后达到稳态,否则会导致回归谬误(spurious regression)的产生。本章采用 ADF 检验来验证数据的平稳性,检验结果见表 7-6。

第七章 FDI "福利条件" 综合指数实证——来自效应及指标的解释

表 7-6 ADF 单位根检验结果

变量	检验形式	ADF 值	5%	10%	结论
$LnEX$	(C, N, 0)	14.2635	-2.9935	-2.6504	不稳定
$\Delta^2 LnEX$	(C, T, 0)	-5.9654	-3.6512	-3.2818	稳定
$LnIM$	(C, N, 2)	3.8555	-2.9447	-2.6324	不稳定
$\Delta^2 LnIM$	(C, T, 1)	-6.5927	-3.6535	-3.2809	稳定
$LnFDI$	(C, T, 2)	-3.0738	-3.6513	-3.2735	不稳定
$\Delta^2 LnFDI$	(C, N, 0)	-4.1456	-2.9754	-2.6578	稳定

注：检验形式（C, T, K）分别表示单位根检验方程包括常数项、时间趋势和滞后阶数；N 是指不包括 C 和 T，加入滞后项是为了使残差项为白噪声，滞后项阶数由 SIC 准则确定。Δ^2 代表对序列进行 2 阶差分。

表 7-7 $LnEX$、$LnFDI$ Johnson 检验结果

VAR 系统变量	特征值	零假设（H0）	备择假设（H1）	似然比统计值	5% 的临界值
$LnEX$	0.7283	$r=0$	$r=1$	34.5843***	15.5231
$LnFDI$	0.1272	$r \leqslant 1$	$r=2$	3.2814	3.8532

注：r 表示协整向量个数。

如表 7-6 所示，$LnEX$、$LnIM$、$LnFDI$ 在 5% 的显著水平下均不能拒绝麦金农（MacKinnon）临界值，均为非平稳，但对其分别进行 2 阶差分后，在 5% 显著性水平下拒绝麦金农临界值，均 2 阶平稳，即符合 I(2)，变量具有同阶单整性，可

以进行协整分析。

表 7-8 $LnIM$、$LnFDI$ 的 Johnson 检验结果

VAR系统变量	特征值	零假设（H0）	备择假设（H1）	似然比统计值	5%的临界值
$LnIM$	0.7423	r = 0	r = 1	31.6834***	14.2843
$LnFDI$	0.16432	r ≤ 1	r = 2	4.2742	4.943

注：同上表。

分析表 7-7、表 7-8，可以看出变量 $LnEX$ 与 $LnFDI$、$LnIM$ 与 $LnFDI$ 间拒绝 r = 0 的零假设，但接受 r ≤ 1 的零假设，因此两组变量间存在唯一的协整关系。该协整关系反映了变量间的长期均衡关系。所对应的长期方程为：

$$ecm = LnEX - 0.4304 LnFDI \qquad (7.9)$$

$$ecm = LnIM - 0.3395 LnFDI \qquad (7.10)$$

从协整方程式 7.9、7.10 知道，FDI 每增长 1%，出口会增长 0.4304%，进口会增长 0.3395%，表明 FDI 对我国进出口有明显的正面推动作用。

（4）脉冲响应分析

本章采用 VAR 模型进行识别的 Choleski 分解方法，识别出 FDI 对我国进出口额的冲击。其结果见图 7-4、图 7-5，横轴代表滞后阶数，纵轴代表 FDI 对我国进出口额冲击的响应程度。图中实线部分为计算值，虚线为响应函数值加或减两

倍标准差的置信带。

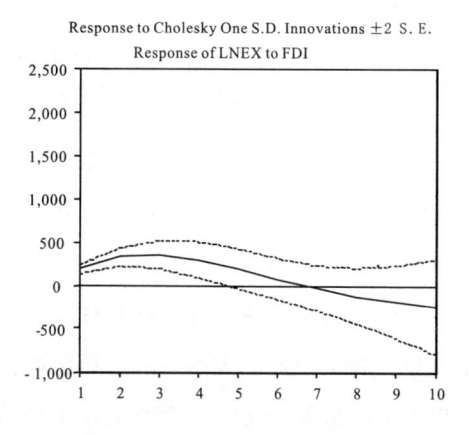

图7-4　FDI对我国出口额的响应

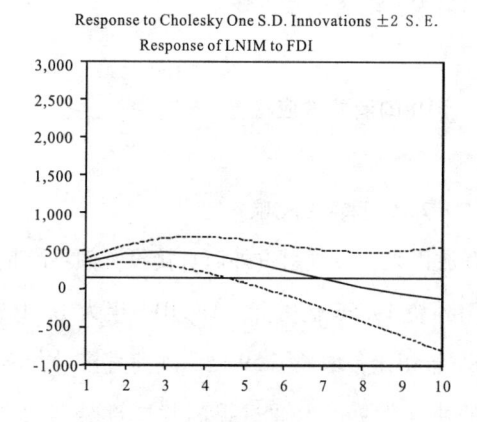

图7-5　FDI对我国进口额的响应

如图7-4所示，我国出口总额在受到FDI一个单位正向的标准差冲击后，我国出口总额并没有立即达到最大值，而是在开始的几年中逐年上升。这说明外资流入我国后,不能立即出口商品,而是先建立工厂、生产线及销售渠道等,可以解释为外商投资企业出口产品有滞后期。图中显示到滞后3期后,外资出口额达到最大,随后开始缓慢下降,这可能是在外资进入的带动下,国内企业也开始进入该行业,从而挤占了一部分国际市场;滞后7期后,FDI对我国出口产生了负的冲击,这也许可以解释为外资流入我国后,产生技术、管理等外溢效应,国内企业已经在这些行业对外资企业造成强有力的竞争,挤占外资企业更大的国际市场份额,造成外商投资企业出口下降。图7-5显示,我国进口总额在受到FDI一个单位正向的标准差冲击后,进口总额先逐步上升,滞后3期冲击达到最大,随后缓慢下降。

7.1.4 FDI的消费效应检验

(1) FDI对我国消费的影响

改革开放以来,我国引进外商直接投资额不断扩大。1985年实际利用外资19.56亿美元,而2011年为1,160.11亿美元,与1985年相比,增长了59倍。外商直接投资不仅推动了我国经济的快速发展,也通过提高我国部分居民收入水平,改变我国居民消费结构、消费方式及消费观念,对我国居民消费产生了较大影响。

影响居民消费水平的因素较多,其中收入水平最为重要。

第七章 FDI"福利条件"综合指数实证——来自效应及指标的解释

外商直接投资提高了我国居民的平均收入水平,从而提高消费水平。在我国的各种经济成分中,外商投资企业职工的平均工资水平明显高于其他企业。由表7-9可知,1990年全国职工平均工资为2,140元,在国有单位、城镇集体单位就业的职工平均工资分别为2,284元、1,681元,在外商投资企业就业的职工平均工资为3,411元,外商投资企业就业职工平均工资是全国职工平均工资的1.59倍,分别是国有单位、城镇集体单位就业职工平均工资的1.49倍、2.03倍。2011年全国职工平均工资是41,799元,在国有单位、城镇集体单位就业的职工工资分别是43,483元、28,791元,而外商投资企业就业职工工资则为48,869元,分别是全国职工平均工资、国有单位职工工资、城镇集体单位职工工资的1.17倍、1.12倍、1.70倍。由图7-6看出,在各经济成分就业的职工工资都不断提高,但在外商企业就业的职工工资均高于在其他经济成分就业的职工工资水平。

表7-9 中国部分年份职工平均工资 (单位:元)

	1990年	2000年	2005年	2011年
职工平均工资	2,140	9,371	18,364	41,799
国有单位	2,284	9,552	19,313	43,483
城镇集体单位	1,681	6,262	11,283	28,791
外商投资	3,411	14,372	21,902	48,869

注:1990年、2000年、2005年的数据来源于《中国经济年鉴2007》,2011年的数据来源于《中国统计年鉴2012》。

外商投资企业为吸引优秀人才，必然会提高工资，且外商投资企业在自己本国所形成的注重保护员工利益的管理制度也会带到我国，这些都会对我国国有企业、城镇集体企业产生影响，从而导致我国平均工资水平的提升，最终会提升我国居民的消费水平。

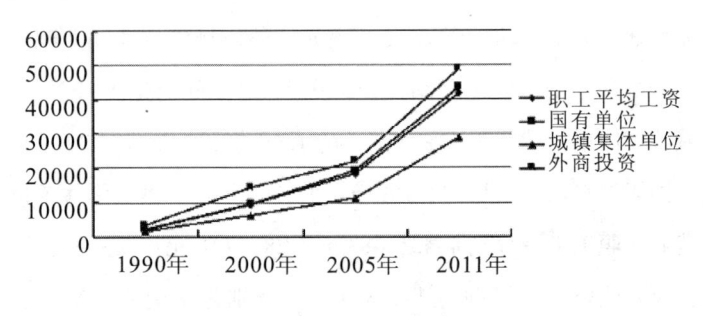

图 7-6 职工工资对比

（2）模型构建与数据选取

在开放经济条件下，产出可以分为四个部分：消费、投资、政府购买、净出口，因此，我们可以把国民收入核算恒等式表示为：

$$Y = C + I + G + (X - M) \qquad (7.11)$$

其中，Y 为国内总产出，C 为居民消费，I 为投资，G 为政府购买，NX 为净出口。由 7.11 式可得：

$$C = Y - I - G - (X - M) \qquad (7.12)$$

随着改革开放的深化，我国投资总额不仅仅依赖国内资本，也开始吸引大量外资加快经济的发展，将 7.12 式中的投资 I 划分为国内投资部分与国外投资部分，可得：

$$C = Y - I_d - I_f - G - (X - M) \qquad (7.13)$$

由 7.13 式知道居民总消费主要受产出、国内投资、国外投资、政府购买及净出口的影响，而投资与消费是负相关关系。然而在现实经济中，投资往往会产生滞后效应。在当期投资需建设厂房，购置机器设备，而一旦投产，会增加就业，增加工人收入，从而促进居民消费。因此，为研究 FDI 对我国消费的影响，将采用 1981—2011 年间的年度数据来进行实证检验，其中国内资本投资等于全社会固定资产投资总额减去利用外资部分，FDI 采用利用外资部分，产出为我国 GDP，其中居民消费支出、国内生产总值、国内投资部分、利用外资部分、净出口的原始数据来源于《中国统计年鉴2012》。本研究采用商品零售价格指数来消除通货膨胀的影响，其中，1980—1999 年的商品零售价格指数来源于《中国统计年鉴2000》，2000—2011 年的商品零售价格指数来源于《中国统计年鉴2012》。

（3）单位根与协整检验

数据的平稳性检验是进行协整分析的前提，要考察变量之间的协整关系必须保证所考察的变量具有同阶单整性，即保证变量在经过相同阶次的差分后达到稳定，否则就会导致回归谬误（spurious regression）的产生。采用 ADF 检验来验证数据的平稳性，检验结果见表 7-10。

表 7-10　ADF 单位根检验结果

变量	检验形式	ADF 值	5%	10%	结论
C	(C, T, 4)	0.2127	-3.6337	-3.2554	不稳定
ΔC	(C, T, 3)	-2.2793	-3.6335	-3.2557	不稳定
$\Delta^2 C$	(C, T, 4)	-5.1753	-3.6589	-3.2695	稳定
G	(C, T, 5)	0.6059	-3.6338	-3.2563	不稳定
ΔG	(C, T, 1)	-6.5843	-3.6589	-3.2698	不稳定
$\Delta^2 G$	(C, T, 4)	-4.4932	-3.6589	-3.2697	稳定
I_f	(C, T, 2)	-3.4675	-3.6138	-3.2431	不稳定
ΔI_f	(C, T, 2)	-3.2528	-3.62235	-3.2496	不稳定
$\Delta^2 I_f$	(C, T, 0)	-4.6183	-3.6127	-3.2438	稳定
I_d	(C, T, 6)	2.3959	-3.6589	-3.2697	不稳定
ΔI_d	(C, T, 0)	0.7827	-3.6033	-3.2381	不稳定
$\Delta^2 I_d$	(C, T, 0)	-4.7319	-3.6122	-3.2431	稳定
Y	(C, T, 2)	2.1089	-3.6032	-3.2386	不稳定
Y	(C, T, 0)	0.1059	-3.6032	-3.2381	不稳定
$\Delta^2 Y$	(C, T, 0)	-4.5119	-3.6128	-3.2432	稳定
NX	(C, T, 0)	3.0699	-3.5956	-3.2331	不稳定
NX	(C, T, 0)	-1.9952	-3.6032	-3.2389	不稳定
$\Delta^2 Y$	(C, T, 1)	-5.2127	-3.6229	-3.2481	稳定

注：检验形式（C，T，K）分别表示单位根检验方程包括常数项、时间趋势和滞后阶数；N 是指不包括 C 和 T，加入滞后项是为了使残差项为白噪声，滞后项阶数由 SIC 准则确定。代表对序列进行 1 阶差分，代表对序列进行 2 阶差分。

如表 7-10 所示，C、G、I_f、I_d、Y、NX 及其一阶差分在 5% 的显著水平下均不能拒绝麦金农（MacKinnon）临界值，均为非平稳，但对其分别进行 2 阶差分后，在 5% 显著性水平下拒绝麦金农临界值，均 2 阶平稳，即符合 I（2），变量具有同阶单整性，可以进行协整分析，于是得到表 7-11 所示。

表 7-11 C、G、I、Y、NX Johnson 检验结果

VAR 系统变量	特征值	零假设（H0）	备择假设（H1）	似然比统计值	5% 的临界值
C、G、I_f、I_d、Y、NX	0.8789	r = 0	r = 1	52.7085***	44.4977
	0.8341	r ≤ 1	r = 2	44.7953***	38.3315
	0.7378	r ≤ 2	r = 3	33.4343**	32.1187
	0.5783	r ≤ 3	r = 4	21.5712	25.8238
	0.4219	r ≤ 4	r = 5	13.6709	19.3873
	0.1823	r ≤ 5	r = 6	5.0209	12.5182

注：r 表示协整向量个数。

分析表 7-11 知道变量 C、G、I_f、Y、NX 拒绝 r ≤ 2 的零假设，但接受 r ≤ 3 的零假设，因此变量间存在协整关系。该协整关系反映了变量间的长期均衡关系。这意味着它们之间存在长期的相互作用和共同影响趋势。

（4）VAR 模型检验

为了进一步分析各变量间的相互作用，使用 VAR 模型来检验变量间长期均衡关系对各自短期波动的影响，经过反复检验，可以确定 VAR 模型的最佳滞后阶数为 2。于是得到表

7-12的 VAR（2）模型：

7-12　VAR（2）方程

$C = 0.1234C(-1) - 0.3875C(-2) - 6.2631G(-1) + 4.9145G$

　　(0.25095)　　(0.22191)　　(3.05662)　　(2.78873)

　　[0.49127]　　[-1.74745]　　[-2.04925]　　[1.61059]

$-16.2883I_f(-1) + 5.8683I_f(-2) + 0.9957I_d(-1) - 0.4836I_d(-2) - 1.7473Y(-1)$

(7.87187)　　(6.36533)　　(1.12269)　　(1.35292)　　(0.83515)

[-2.06925]　　[0.92165]　　[0.88675]　　[-0.35761]　　[-2.09192]

$+3.0793Y(-1) + 0.2673NC(-1) - 1.3604NX(-2) + 2186$

　(1.15109)　　(1.21526)　　(1.39497)　　(932.135)

　[2.67503]　　[0.22034]　　[-0.97553]　　[2.34315]

注：圆括号内的数值为回归系数的标准差，方括号内的数值为 t 统计量。

分析上述 VAR（2）方程发现，外商直接投资刚进入我国时，与我国居民消费成负相关关系，会减少我国居民消费。但进入滞后 2 期时，与我国居民消费成正相关关系，表明已促进了居民消费增长。该结论与本书假设相符，即外资流入我国时会投资建厂，不会立即促进我国居民消费增长，而只有经过一段时期后，才能招聘员工，增加员工工资收入，从而促进我国居民消费福利的增长。

7.1.5　FDI 的收入分配效应

（1）FDI 对收入分配的影响

FDI 的进入在极大地促进了我国经济增长的同时，也使我国收入分配不平等现象日益显著。我国基尼系数①由1978年的0.33增加到了2010年的0.481,远远超过国际标准所规定的收入分配警戒线(贺凤祥,2009)。FDI会从三个方面来影响我国收入分配:①通过影响就业与产业结构来影响居民收入分配。在改革开放初期,外商直接投资主要流向劳动密集型行业,带动了我国简单劳动就业,增长了大量非熟练劳动者收入。随着外资企业的技术、管理产生外溢效应后,国内企业也开始大量进入劳动密集型行业,外资在劳动密集型行业逐渐失去竞争优势;20世纪90年代中期后,外商直接投资开始流向资本密集型行业,增加了对高层次的技术、管理人才的需求,培养了大批熟练劳动者,并增加了这部分人群的收入。此外,外资流入后除了直接引起我国产业结构变化,还通过中间产品的需求与销售间接影响我国产业结构,从而影响我国居民收入分配。②通过促进对外贸易来影响我国居民收入分配。2011年,外商投资企业进口额为7,548.5663亿美元,出口额为8,622.2882亿美元,分别占全国进出口总额的43.3%和45.42%。可见外商投资企业对我国贸易影响较大,而我国东部地区的进出口贸易总额占全国的九成以上,其他地区不到一成,且由于我国劳动力流动不足等原因,会造成东西部地区居民收入分配的不平等。③通过促进我国技

---

① 基尼系数,按照联合国有关组织规定:若低于0.2表示绝对平均;0.2-0.3表示比较平均;0.3-0.4表示相对合理;0.4-0.5表示收入差距较大;0.6以上表示收入差距悬殊。

术进步来影响收入分配。外商企业通过"技术外溢"与"学习效应"使我国沿海地区经济的技术水平、组织效率不断获得提高（范言慧等，2003）。

（2）模型建立与数据选取

目前，在衡量收入分配差距的指标中，基尼系数是综合考虑居民内部收入分配差异状况的一个重要指标，其经济含义是：在全部居民收入中，用于进行不平均分配的那部分收入占总收入的百分比，范围从 0 到 1（周华，2006）。基尼系数与收入分配的不平等成正比。因此，采用基尼系数来衡量收入分配差异作为模型的被解释变量，根据影响基尼系数的主要潜在因素构建如下模型：

$$LnGN = LnKF + LnKI + lnGDP + \delta \qquad (7.14)$$

其中，GN 代表基尼系数；KF 代表外商直接投资额占国内固定资产投资总额的比；KI 代表国内企业投资额占国内固定资产投资总额的比；GDP 代表国内生产总值；δ 代表其他影响因素，如政府公共支出、就业人口比例等。采用 1981—2011 年的数据，其中国内生产总值、国内投资部分、利用外资部分的数据来源于《中国统计年鉴2012》，2005—2011 年的基尼系数数据来源于世界银行统计数据。

（3）单位根检验及协整检验

为了检验各变量的数据序列平稳性，采用 ADF 进行检验。

第七章 FDI "福利条件" 综合指数实证——来自效应及指标的解释

利用 Eviews6.0 检验可得表 7.13 所示。

表 7-13 ADF 单位根检验结果

变量	检验形式	ADF 值	5%	10%	结论
LnGN	(C, N, 0)	-0.1957	-2.9813	-2.6201	不稳定
ΔLnGN	(C, N, 0)	-6.7277	-2.9865	-2.6329	稳定
LnKF	(C, N, 2)	-0.9793	-2.9921	-2.6358	不稳定
ΔLnKF	(C, N, 1)	-3.2754	-2.99921	-2.6358	稳定
LnKI	(C, N, 2)	-0.9799	-2.9921	-2.6358	不稳定
ΔLnKI	(C, N, 1)	-3.2754	-2.9921	-2.6358	稳定
LnGDP	(C, N, 4)	3.0493	-3.0051	-2.6421	不稳定
ΔLnGDP	(C, N, 3)	-3.9435	-3.0051	-2.6421	稳定

表 7-13 表明，$LnGN$、$LnKF$、$LnKI$、$LnGDP$ 在 5% 的显著水平下均不能拒绝麦金农（MacKinnon）临界值，均为非平稳，但对其分别进行 1 阶差分后，在 5% 显著性水平下拒绝麦金农临界值，均 1 阶平稳，即符合 I（1），变量具有同阶单整性，可以进行协整分析。

表 7-14 LnGN、LnKF、LnKI、LnGDP 的 Johnson 检验结果

VAR 系统变量	特征值	零假设（H0）	备择假设（H1）	似然比统计值	5% 的临界值
LnGN、LnKF	0.7392	$r=0$	$r=1$	33.5432	27.5917
LnKI、LnGDP	0.4259	$r\leq 1$	$r=2$	13.8925	21.1429

注：r 表示协整向量个数。

从表 7-14 看出变量拒绝 $r=0$ 的零假设，但接受 $r\leq 1$ 的

零假设,因此两组变量间存在唯一的协整关系。该协整关系反映了变量间的长期均衡关系。所对应的长期方程为:

$$ecm = LnGN - 3.3705 \ln KF - 4.0467 \ln KI - 2.3704 \ln GDP$$
$$\quad\quad\quad\quad (0.4131) \quad\quad (0.4983) \quad\quad (0.1409)$$
$$(7.15)$$

注:括号内的数值为回归系数的标准差。

从协整方程式 7.15 知道,FDI 每增长 1%,基尼系数增长 3.37%,表明 FDI 对我国收入分配不平等有明显的影响。

(4) 脉冲响应分析

采用 VAR 模型进行识别的 Choleski 分解方法,识别出 FDI 对我国基尼系数的冲击。其结果见图 7-7 所示,横轴代表滞后阶数,纵轴代表 FDI 对我国基尼系数冲击的响应程度。图中实线部分为计算值,虚线为响应函数值加或减两倍标准差的置信带。

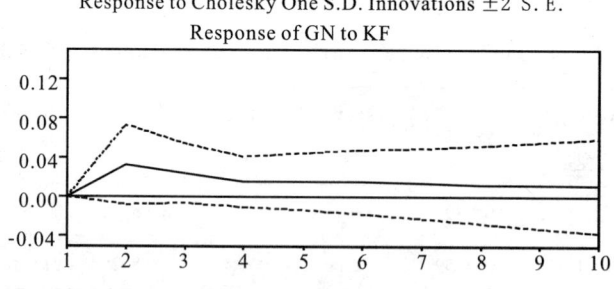

图 7-7 FDI 对我国基尼系数的响应

图 7-7 表明外商直接投资会给基尼系数带来正向冲击，促使我国基尼系数越来越大，也说明了外商直接投资在某种程度上会加剧我国收入分配的不平等。

7.1.6 FDI 的生态效应分析

（1）FDI 对我国环境的影响

外商直接投资虽然极大地促进了我国经济的快速发展，但随着部分落后的、环境污染严重的外商投资企业的进入，如化学、能源、塑料、纺织等产业，也对我国环境产生了负面影响，污染密集型产业会产生大量的废气、废水、固体废弃物，破坏了生态环境，威胁员工、居民的身体健康，使我国本已脆弱的环境更不堪重负。依据总资产核算，2006 年中国三资企业 39.48% 的资金都投向了污染密集型行业，如图 7-8 所示，1996 年外资在我国污染密集型行业所占比重为 15.57%，2006 年上升到 25.36%，年均增长 5.67%[①]。可见，外商直接投资大量投入到了会对环境产生较大污染的行业，这主要是由于发达国家的环境标准提高，许多跨国公司为降低污染环境成本，将高污染行业转移到环境标准相对较低的发展中国家所致。

---

① 污染密集型产业的定义依据夏友富提出的分类标准，数据引用自：陈凌佳，《FDI 环境效应的新检验——基于中国 112 座重点城市的面板数据研究》，《世界经济研究》，2008 年第 9 期。

(2) 模型构建与数据选取

由于环境污染包括废气、废水及固体废弃物等,所以在环境污染变量选取上较为困难。以往研究大部分采用二氧化硫作为环境污染变量,但为了更好地反映环境污染指标,本研究采用工业废气排放量作为环境污染变量。影响一国环境污染的变量较多,在变量选取上根据格罗斯曼(Grossman)和克鲁格(Krueger)的污染排放分解公式7.16选取。

$$P = Y \sum_{j} I_j S_j \qquad (7.16)$$

7.16式中,P 为污染排放物;Y 为总产出;$S_j = Y_j/Y$ 为行业 j 产出 Y_j 占总产出 Y 比重;$I_j = P_j/Y_j$ 为行业 j 排污强度。由公式可知,环境污染主要受到三大经济因素的影响——经济规模、经济结构和技术因素。①经济规模。一国经济规模越大,相应的污染物排放也越多,从而导致环境污染程度加重,采用人均 GDP 来衡量我国经济规模;②产业结构。产业不同,其排污环境强度不同。按三产业划分来看,第一、三产业对环境污染较小,而随着第二产业的快速发展,更多的不可再生资源将被开发利用,工业废水、废气及废弃固体物被大量排放,环境污染程度快速恶化,生态环境质量下降。因此,采用第二产业占 GDP 的比重来衡量;③技术进步。技术进步可以使生产效率提高,在生产同质同量产品时,可以降低资源消耗水平,节约资源,减少污染物的排放。同时随着环保技术的进步,对污染物的可回收利用得到加强,使经济、环境得到可持续发展。这里采用全要素生产率来衡量我国技术进步水平。外商直接投资对以上三大经济因素都有一定影响，从而间接对生态环境产生影响。外资的流入会增大一国经济的资本存量，带动土地、劳动力等要素的利用，扩大我国经济规模。外资流入会带动我国工业化的快速发展，加速我国工业化进程，同时外资流入带来先进技术、生产方式及经营管理等，会促进我国技术进步。因此，将 FDI 也纳入到影响我国生态环境的变量中，得到如下函数：

$$P = f(fid, gdp, iss, tfp) \quad (7.17)$$

根据上述函数构建线性模型，为消除异方差的影响，取对数，根据在该方面的研究成果，取变截距固定效应模型：

$$LnP = \alpha_i + Lnfdi + Lngdp + Lniss + Lntfp + \delta \quad (7.18)$$

7.17 式、7.18 式中的 P 代表工业废气排放量，α_i、fdi、gdp、iss、tfp 分别代表变截距项、外商直接投资、人均国内生产总值、第二产业占 GDP 的比重、全要素生产率。本研究所使用的 FDI、gdp、iss 数据主要来源于《中国统计年鉴》，P 的数据来自《中国环境年鉴》，tfp 取自郭庆旺、贾俊雪采用经济计量法中性变量法（LV）来计算所得全要素生产率。由于我国对环境数据统计较晚，本研究采用 2001—2011 年我国重点城市的面板数据。

（3）实证分析

采用 Eviews6.0 对模型 7.18 进行计量分析，得到分析结果(见表7-15)。

表7-15 生态环境效应回归及结果检验

变量	系数	T值	P值
α_i	6.01573	11.0253	0.0243
LnFDI	0.3568	2.0445	0.0019
Lngdp	0.20451	2.0152	0.0001
Lniss	0.1959	3.8796	0.0235
Lntfp	-0.1555	-3.5843	0.0027

从表7-15知道，各自变量都通过了显著性水平为5%的假设检验，表明各自变量对环境污染强度有显著影响。其中，FDI对我国生态环境有负面影响，FDI每增长1%，会引起环境污染增长0.3562%；gdp、iss对生态环境也存在负面影响，两个变量每增长1%，则环境污染分别增长0.2045%、0.1954%，这可能是由于我国人均国内生产总值还处于较低水平，环保意识还相对淡薄，同时我国正处于工业化进程中，第二产业比重不断提高，近年来，占到了国内生产总值的50%左右，第二产业的迅速发展会对我国生态环境造成很大影响。

7.2 FDI福利效应的实证分析——来自指标层的检验

FDI六大效应的正负影响是通过16个指标进行的。通过理论分析得知FDI对国内经济变量的影响是引致东道国"福

第七章 FDI "福利条件"综合指数实证——来自效应及指标的解释

利条件"变化的重要因素，也是 FDI 可能导致"贫困化增长"的根本原因。所以，基于 FDI 对我国不同经济变量的影响分析显得十分必要。对此分别建立 FDI 对一系列被解释变量关系的计量模型如下：

$$Y_{it} = \alpha_0 + \Pi Y(-1)_{it} + \Psi FDI_{it} + \mu_i + \varepsilon_{it}$$

其中，Y 为一系列被解释变量的集合，具体来说，有东道国的物质资本投入、劳动力投入、人力资本投入、进出口变化、生态环境质量、人均消费、人均可支配收入等。$Y(-1)$ 为被解释变量的一期滞后值，我们这里用其来控制除去外商直接投资外其他一些因素对被解释变量的影响。FDI 为外商直接投资变量，μ_i 为不可观测的地区效应。ε_{it} 为随机扰动项。

7.2.1 变量选取及数据说明

以上模型中的解释变量 FDI，定义为外商直接投资占 GDP 的比重。需要考察的解释变量有：国内物质资本投入 Y_1，采用各地区固定资产投资占 GDP 的比重来反映；就业总人数 Y_2，选取各地区就业人数来衡量；劳动生产率 Y_3，选取劳动力投入与地区产出的比值衡量；人均受教育年限 Y_4，采用 6 岁以上国民受教育年限衡量；城镇居民和农村居民人均可支配收入 Y_5，选取各地区城镇居民人均可支配收入和农村居民人均纯收入衡量；居民消费水平 Y_6，选取城镇居民年实际消费水平和农村居民年实际消费水平衡量；消费结构 Y_7，选取城镇居民恩格尔系数和农村居民恩格尔系数反映；贸易水平 Y_8，采用进出口总额反映; FDI 对进出口的贡献 Y_9, 选取外商投资企业进出口占总进出口的比重衡量; 生态环境质量 Y_{10}, 选取工业废水排放量、工业废气排放量和工业固体废物排放量三个指标共同衡量; 其中, 除去固定资产投资占 GDP 的比重、人均受教育年限、进出口占 GDP 的比重外, 其余变量均取其自然对数。

以上数据均分别来源于历年《中国统计年鉴》、《中国对外经济贸易年鉴》、《中国环境统计年鉴》、《人口统计年鉴》以及海关编制的《中国对外贸易指数》。由于我国大规模引进外资是从 20 世纪 90 年代开始, 外资对我国经济变量的影响也是 90 年代以后才趋于明显, 因此我们采用 1992—2011 年的相关数据进行分析。在地区数据的选取上, 我们采取了 29 个省市的样本, 即在我国原有行政区划的基础上删除了西藏样本, 直辖后的重庆市归入四川省。

7.2.2 检验结果及说明

采用一阶差分 GMM 估计对以上计量模型进行拟合, 该估计方法被广泛用来处理方程中存在的内生性问题 (Arellano and Bond 1991; Holtz-Eakin, Newey, and Rosen 1988; Levine, Loayza & Beck, 1999)。这一方法先是对估计方程进行一阶差分并用解释变量的滞后变量作为差分变量的估计变量。该方法不仅可以避免因忽略一些必要解释变量而产生的偏差, 而且在某种程度上控制了双向因果关系引起的内生性。在具体估计时, 采用解释变量的滞后二期及以上值作为解释变量一

第七章 FDI "福利条件" 综合指数实证——来自效应及指标的解释

阶差分的工具变量。利用软件 Eviews 6.0 估计的结果如表7-16所示：

表7-16 一阶差分 GMM 估计

变量	替代指标	被解释变量一期滞后值	外商直接投资	J-统计量	观测样本数
Y_1	固定资产投资额对数值	1.0513*** (0.0000)	0.0822*** (0.0382)	12.5813	406
Y_2	就业总人数对数值	0.3049*** (0.0042)	-0.0432*** (0.0083)	0.1283	406
Y_3	劳动生产率	0.7102*** (0.0063)	0.0043*** (0.0056)	0.1405	406
Y_4	人均受教育年限	1.0553*** (0.0008)	0.0672*** (0.0001)	1.3103	406
Y_5	城镇居民人均可支配收入对数值	1.1381*** (0.0000)	0.1523*** (0.0075)	0.8834	406
	农村居民人均纯收入对数值	0.9025*** (0.0003)	0.0431*** (0.0038)	0.0046	406
Y_6	城镇居民年实际消费水平	1.0598*** (0.0000)	0.0978*** (0.0645)	2.4428	406
	农村居民年实际消费水平	0.8768*** (0.0000)	0.0342*** (0.0099)	8.4886	406
Y_7	城镇居民恩格尔系数	0.3952*** (0.0045)	-0.3631*** (0.0087)	2.2703	406
	农村居民恩格尔系数	1.0675*** (0.0007)	-0.2793*** (0.0038)	0.76687	406

（续表）

变量	替代指标	被解释变量一期滞后值	外商直接投资	J-统计量	观测样本数
Y_8	进出口总额对数值	0.7603*** (0.0001)	0.1522*** (0.0096)	0.2913	406
Y_9	外商投资企业进出口占总进出口量比重	0.0407*** (0.0062)	2.8893*** (0.0025)	0.07703	406
Y_{10}	工业废气排放量对数值	1.16063*** (0.0033)	0.0654*** (0.0028)	5.4391	406
Y_{10}	工业废水排放量对数值	0.1942*** (0.0016)	0.0251*** (0.1283)	0.0961	406
Y_{10}	工业固体废物排放量对数值	0.8879*** (0.0085)	-0.0315*** (0.0381)	0.4451	406

注：①*、**、***分别表示估计系数在10%、5%和1%的显著性水平上显著。②括号中的数值为估计系数的标准误差。③Sargan检验结果并没有拒绝我们选取的工具变量为合适工具变量的零假设。④由于影响FDI福利指数的16个指标中，FDI对GDP贡献指标已经在产出效应中得以唯一反映，因此，这里就只检验其他15个指标对要素效应、收入效应、消费效应、进出口效应及生态效应进行实证与评价。

（1）FDI对我国固定资产投资的影响

以固定资产投资为解释变量的模型表达式为 $Y_{it} = \alpha_0 +$

$1.0513Y(-1)_{it} + 0.0822FDI_{it} + \mu_i + \varepsilon_{it}$。其中，FDI 项的系数为 0.0822，说明我国国内资本投入规模与 FDI 占 GDP 的比重呈正比关系，如图 7-8 所示。

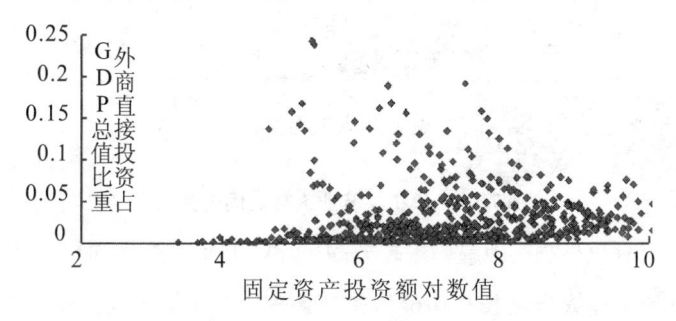

图 7-8　FDI 与固定资产投入之间的关系

换言之，外国直接投资对国内固定资产投资有创造效应。结合我国目前实际，主要原因是 FDI 被认为包含了资本、先进技术以及管理经验的复合性资本，较之国内资本具有更强的竞争力。我国为学习新技术和管理方式需大量引进、投资新的机器设备和基础设施，FDI 的增长必然带动固定资产投资的增加。

（2）FDI 对我国劳动力就业的影响

以就业为被解释变量的模型中，$Y_{it} = \alpha_0 + 0.3049Y(-1)_{it} - 0.0423FDI_{it} + \mu_i + \varepsilon_{it}$，所估计出的 FDI 系数为 -0.0423，表明随着引进 FDI 占 GDP 比重的增加，我国就业人口将相对减少，FDI 将导致失业率的上升，如图 7-9 所示。

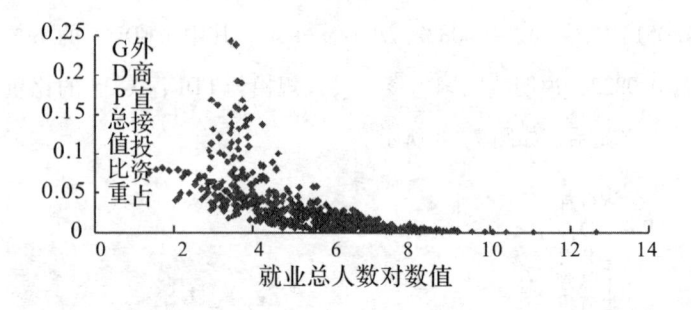

图7-9 FDI与就业人数之间的关系

这也许难以理解，从表7-4可知，FDI增长1%时，可以使总就业人数增长0.0164%，结果表明FDI流入我国将产生直接的就业效应。另一方面也说明FDI流入我国必然利用国内劳动力进行生产，一定程度上缓解了国内的就业压力，为何会导致失业率的上升呢？正如表7-4分析所知，国内固定资产投资每增长1%时，可使总就业人数增长0.0893%，因此，相对于国内固定资产投资对就业的拉动效应而言，就不难理解FDI对就业拉动的消极影响。首先，FDI流入国内生产领域进行生产，势必与国内企业形成竞争。加之投入FDI的企业往往是具有国际竞争能力的跨国公司，处于劣势的国内企业如果在竞争中失利，将致使一部分员工失业，当这部分失业人员无法被外资企业所完全吸纳时，失业率必然会提高；其次，从生产要素的投入比例来看，当FDI更多投入的是资本密集型产品而非劳动密集型产品的生产时，并不会拉动就业大规模的增长。相反，当相应生产要素流入资本密集型产品生产部门时，还将挤出原先用于劳动密集型产品生产部门的部分劳动力。事实证明我国过去引进的大量FDI投入了资本密集型产品生产部门，导致了失业率上升；再次，FDI所捆绑的先进技术和管理经验在一定程度上也对劳动力有挤出作用。发达国家开发先进技术与积累管理经验的根本目的，都是要在最大限度节约成本的基础上，实现利润的最大化，而节约劳动力成本往往是最重要的环节之一①。因此，在此基础上形成的技术与管理经验是可能带有劳动力排斥性的。而我国引进FDI的一个重要目的就是学习外资企业先进的技术与管理经验，当这些技术与经验扩散到国内企业之后，同样会导致国内企业的失业人数增加。

（3）FDI对我国劳动生产率的影响

以劳动生产率为解释变量的模型表达式为：$Y_{it} = \alpha_0 + 0.7102Y(-1)_{it} + 0.0042FDI_{it} + \mu_i + \varepsilon_{it}$。其中，FDI项的系数为0.0042，说明我国劳动生产率与FDI占GDP的比重呈正比关系，如图7-10所示。

外商直接投资对我国劳动生产率的提高有一定促进作用，但其贡献度并不十分显著。其原因可以认为外资企业对我国国内生产进行投资，由于外资企业拥有先进的技术水平以及管理方式，其结果是生产人员学习新的生产技术，利用较少的人员生产出更多的产品，提高了企业的劳动生产率。但是，

---

① 因为发达国家往往存在劳动力匮乏所带来的劳动力价格昂贵的问题。

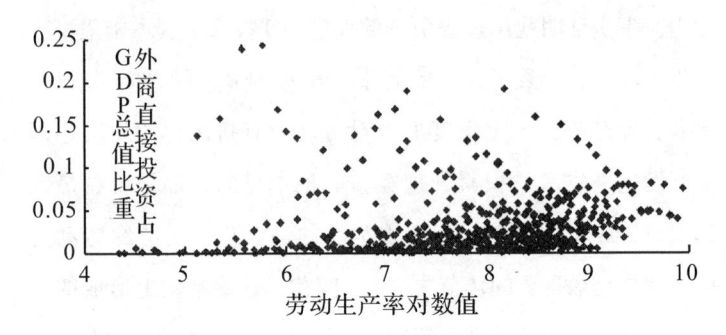

图 7-10 FDI 与劳动生产率之间的关系

由于外资企业大都投资在我国制造行业及加工企业，特别是利用廉价劳动力替代资本效应，在一定程度上限制了 FDI 引进对技术贡献的拉动作用。

（4）FDI 对我国人力资本的影响

在 FDI 与人均受教育年限关系 $Y_{it} = \alpha_0 + 1.0553Y(-1)_{it} + 0.0672FDI_{it} + \mu_i + \varepsilon_{it}$ 的模型中，FDI 的系数为 0.0672，说明引进 FDI 可以延长我国人均受教育年限，即是说引进 FDI 可以促进我国人力资本的提升，如图 7-11。

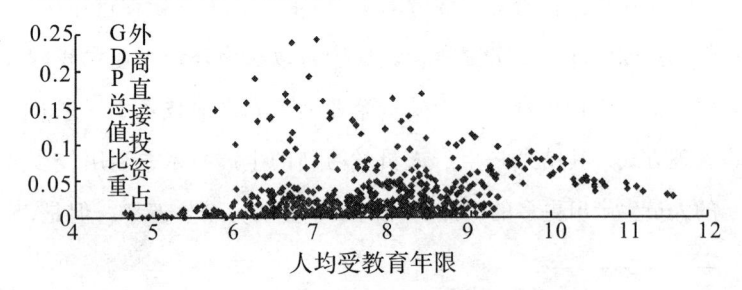

图 7-11 FDI 与人均受教育年限之间的关系

众所周知，外资流入我国的一个重要原因是我国拥有极其丰富且廉价的劳动力，但这并不意味着外资企业对我国劳动力没有任何质量上的要求。相反，许多外资企业为了配合本地化战略的安排与国内企业展开了激烈的争夺人才的竞争，而且这种竞争已经影响到了劳动力供给市场的价值取向——接受过更多教育、具备更高素质的人才将在就业竞争中占据显著优势。另一方面，外资企业出于经营管理上的要求，比较注重引进人才的继续教育和培养，这也直接促进了我国人力资本的提升。

（5） FDI 对我国人均可支配收入的影响

基于我国二元经济的特殊情况，城市和农村居民的可支配收入与 FDI 的关系分别建立模型进行考察，得到表达式为：

$$Y_{it} = \alpha_0 + 1.1381Y(-1)_{it} + 0.1523FDI_{it} + \mu_i + \varepsilon_{it};$$

$$Y_{it} = \alpha_0 + 0.9025Y(-1)_{it} + 0.0431FDI_{it} + \mu_i + \varepsilon_{it}。$$

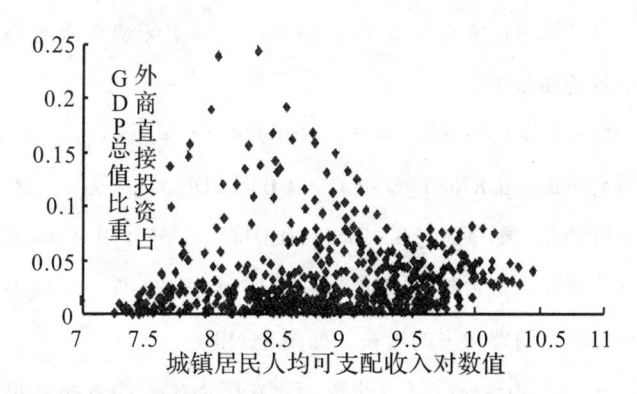

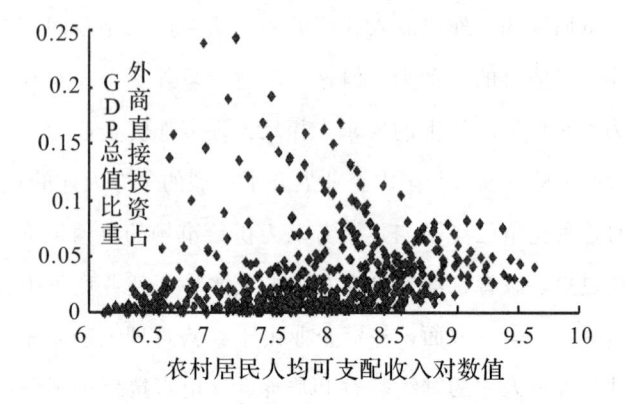

```
     0.25
外    0.2
商
G 直  0.15
D 接
P 投   0.1
总 资
值 占  0.05
比
重      0
        6   6.5   7   7.5   8   8.5   9   9.5   10
              农村居民人均可支配收入对数值
```

图 7-12　FDI 与居民可支配收入之间的关系

通过估计得到 FDI 的系数为 0.1523 和 0.0431，说明 FDI 对我国居民的可支配收入的增加有促进作用，如图 7-12。特别是农村居民的可支配收入随 FDI 占 GDP 的比重增加有较大幅度的提高，这一点对缩小城乡收入差距是有积极意义的。

（6）FDI 对我国实际消费水平的影响

以城镇居民实际消费水平和农村居民实际消费水平为解释变量的模型中，

$$Y_{it} = \alpha_0 + 1.0598 Y(-1)_{it} + 0.0978 FDI_{it} + \mu_i + \varepsilon_{it};$$

$$Y_{it} = \alpha_0 + 0.8768 Y(-1)_{it} + 0.0342 FDI_{it} + \mu_i + \varepsilon_{it}。$$

FDI 的系数分别为 0.0978 和 0.0342，说明 FDI 占 GDP 的比重与实际消费水平有正相关关系，FDI 的引进促进了城镇和农村的实际消费水平的增长，如图 7-13。

这一点很容易解释，外资企业在国内生产的直接结果是

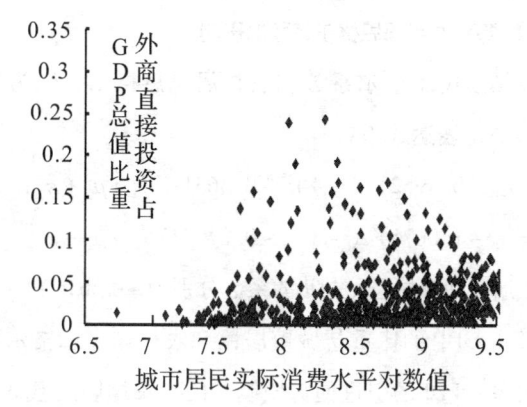

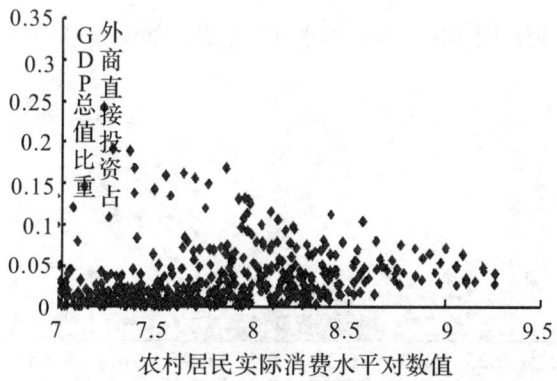

第七章 FDI "福利条件" 综合指数实证——来自效应及指标的解释

图 7－13　FDI 与居民实际消费水平之间的关系

扩大了国内商品产量、降低了进口品价格、丰富了消费者选择，从而使得消费者有更多的消费。同时，引进 FDI 将通过增加东道国居民消费的途径来提高其福利水平。但是，另一方面，也可以看出，FDI 对城镇消费水平的拉动远远高于农村，说明 FDI 对城镇的影响更大，也更进一步地拉开了城镇和农村的福利差距。

(7) FDI 对我国恩格尔系数的影响

以城镇居民恩格尔系数和农村居民恩格尔系数为解释变量的模型中，表达式为：

$$Y_{it} = \alpha_0 + 0.3952Y(-1)_{it} - 0.3631FDI_{it} + \mu_i + \varepsilon_{it};$$

$$Y_{it} = \alpha_0 + 1.0675Y(-1)_{it} - 0.2793FDI_{it} + \mu_i + \varepsilon_{it} \circ$$

城镇居民和农村居民 FDI 的系数分别为 -0.3631 和 -0.2793，说明 FDI 占 GDP 的比重与城镇居民和农村居民恩格尔系数有负相关关系，FDI 的引进使得城镇居民和农村居民恩格尔系数变小，则我国居民的福利水平逐渐上升。如图 7-14 所示。

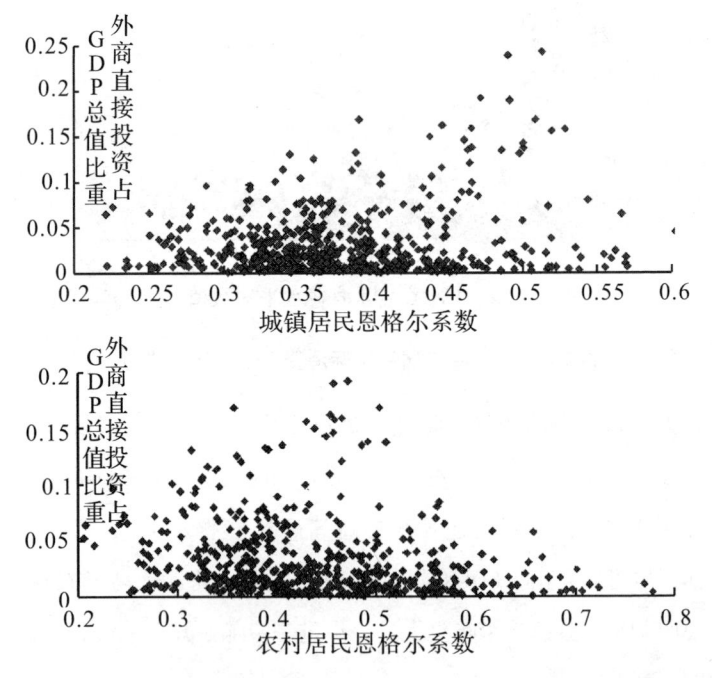

图 7-14 FDI 与恩格尔系数之间的关系

第七章 FDI"福利条件"综合指数实证——来自效应及指标的解释

分析其原因，外资企业在国内生产扩大了制成品产量、降低了制成品的价格，使我国消费者用相对较少的收入购买食品，导致恩格尔系数变小。但是城镇居民的 FDI 占 GDP 的比重对恩格尔系数的影响大于农村居民的 FDI 占 GDP 的对恩格尔系数的影响，也就是说，引进 FDI 对城镇居民福利的影响大于对农村居民福利的影响，城镇居民的生活水平提高更快，城乡之间生活水平的差距可能会进一步扩大。

（8）FDI 对我国进出口贸易的影响

在 FDI 与进出口贸易关系 $Y_{it} = \alpha_0 + 0.7603Y(-1)_{it} + 0.1522FDI_{it} + \mu_i + \varepsilon_{it}$ 的模型中，FDI 的系数为 0.1522，说明我国进出口贸易总量与 FDI 占 GDP 的比重呈正相关关系。随着引进 FDI 占 GDP 比重的增加，我国进出口贸易将相对增加，引进 FDI 对东道国的进出口贸易总量有创造效应，如图 7-15。

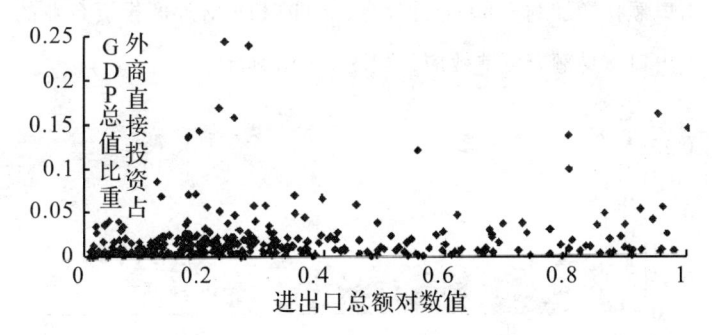

图 7-15 FDI 与进出口总额之间的关系

这是因为，引进 FDI 与进出口贸易间有互补效应。外商企业对东道国投资不单纯是货币资本的流动,还包括技术设备和管理经验及知识产权等相关要素的整体输出,有很强的外溢效果。一方面,东道国通过吸收随外资一起转移的技术、管理经验,迅速提高本国的生产力水平,提升商品的技术含量,改善贸易的商品结构,增强其国际竞争力;另一方面,投资于东道国优势出口产业的外国资本,会促进发展中国家出口产业的成长,并可利用外商的销售网络迅速进入国际市场,进而扩大它们的对外贸易量。这样,FDI 促进了东道国进出口贸易额的增长。

(9) FDI 对外商投资企业进出口的影响

在 FDI 与外商投资企业进出口关系 $Y_{it}=\alpha_0+0.0407Y(-1)_{it}+2.8893FDI_{it}+\mu_i+\varepsilon_{it}$ 的模型中,FDI 的系数为 2.8893,表明引进 FDI 占 GDP 的比重每增加 1 个百分点,外商投资企业进出口额将增加约 2.89 个百分点,引进 FDI 对外商投资企业的进出口贸易额有创造效应,如图 7-16 所示。

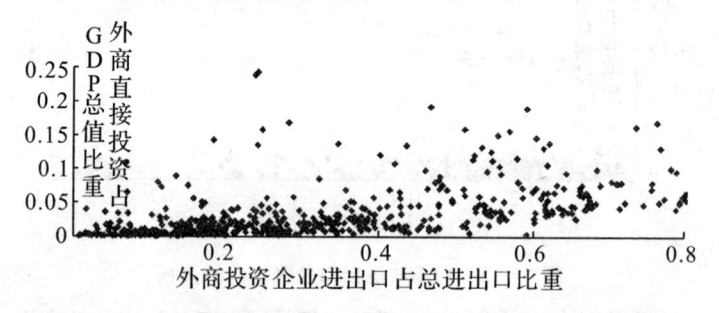

图 7-16 FDI 与外商投资企业进出口占总进出口比重之间的关系

外商企业通过在东道国设立公司,利用东道国的资源优势降低生产成本,在东道国就地生产、就地销售并销往第三国和本国,这样不仅保持了东道国的市场而且还开辟了第三国市场,使外商企业扩大了进出口贸易量。外商企业的进出口贸易量增加会给企业带来大量利润,具有较高的投资回报率,因此,引进 FDI 会进一步促使外商投资企业在我国进行投资生产,我国的 FDI 引进量继续增加。

(10) FDI 对我国生态环境质量的影响

通过分别建立 FDI 与工业三废(废气、废水、废物)排放量的关系模型来考察 FDI 对我国环境质量的影响,三个模型分别是:

$$Y_{it} = \alpha_0 + 1.16063 Y(-1)_{it} + 0.0654 FDI_{it} + \mu_i + \varepsilon_{it};$$
$$Y_{it} = \alpha_0 + 0.1942 Y(-1)_{it} + 0.0251 FDI_{it} + \mu_i + \varepsilon_{it};$$
$$Y_{it} = \alpha_0 + 0.8879 Y(-1)_{it} - 0.0315 FDI_{it} + \mu_i + \varepsilon_{it}。$$

其中 FDI 的系数依次为:0.0654、0.0251 和 -0.0315,说明 FDI 占 GDP 比重的上升导致了工业废物排放量的减少,却使工业废气、废水排放量增加。如图 7-17 所示。

可以认为,FDI 对我国环境质量的影响更多是具有负面效应的。这与我国外资生产企业的类型有关,环保型的外资企业可能的确为改善环境、减少污染做出了贡献。然而近年来,随着外资鼓励政策的加大,不乏对环境污染严重的外资企业被允许在我国境内进行生产和销售,这为我国生态环境带来了压力。其中,以对大气、水资源的破坏和浪费为典型特征。

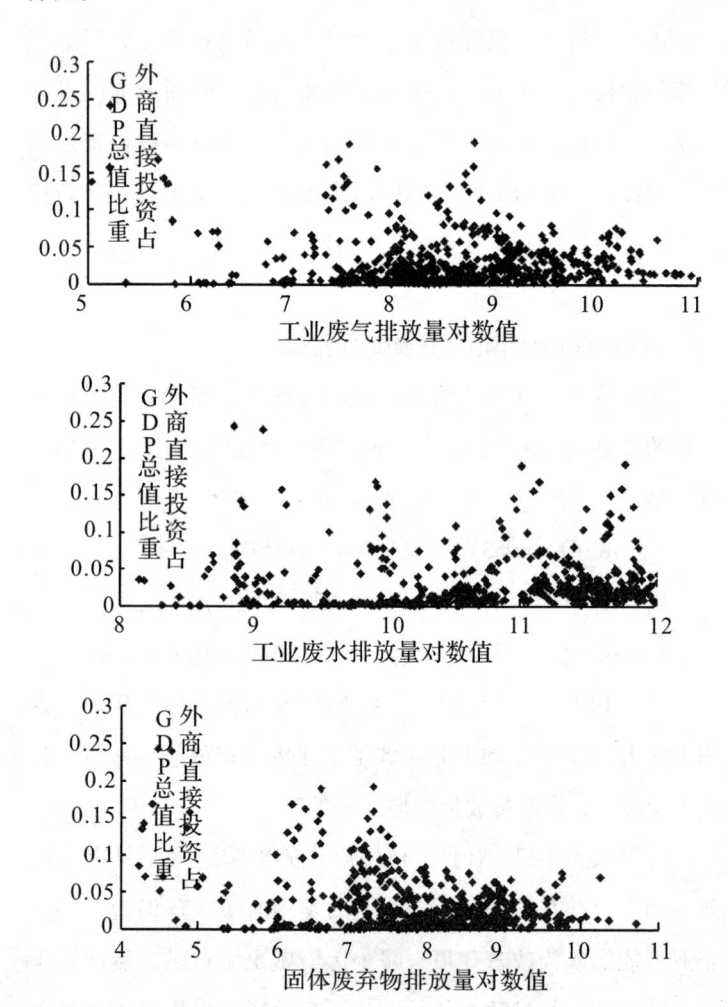

图 7-17 FDI 与排污量之间的关系

7.3 结论与建议

①FDI 对我国经济的积极影响主要表现在对经济增长的促进作用方面，但我们不能因此忽视其消极影响。因为后危机时代社会经济各方面得以持续平衡发展远比追求单一的经济增长目标更为重要，对经济增长的促进并不意味着对社会整体福利的促进。相反地，当 FDI 对东道国经济增长的正面效应被负面效应所抵消，社会福利的改善甚至不如引进 FDI 以前，"贫困化增长"就有可能出现。"贫困化增长"思想的精髓实际上就是要求人们全面看待国际经济行为所产生的综合效应，摒弃只注重经济增长的片面认识。该思想将为相关政策制定者提供有力的理论借鉴，防止对外经济政策中的盲目性与片面性。

②研究 FDI 是否是导致东道国"贫困化增长"的关键，并非孤立地看待 FDI 对东道国各经济变量的影响，而应将其结合起来把握 FDI 引起各变量变化的方向及与效应之间的关系。具体来说，如果 FDI 导致的国内物质资本投入量的变化与 FDI 导致的其他经济变量的变动方向一致，引进 FDI 将促进东道国社会福利的增长；反之，将阻碍东道国社会福利的增长。

③FDI 的引进对我国经济产生的影响是多方面的，因此判断 FDI 是否导致"贫困化增长"是一个复杂的系统性问题。决策者只有从全局上把握 FDI 的特点及其对我国经济参数可能产生的影响，才能得出合理的安排。本章在对 FDI 六大效应

进行实证检验的基础上，进一步对其16个指标进行了回归检验，结果显示FDI在带来GDP增长、人力资本提升、劳动生产率提高、城乡人均收入增长等正效应的同时，对我国产业结构倾斜、就业拉动不明显、城乡收入差距扩大、生态环境破坏等有显著的负面影响。因此，后危机时代对FDI的科学评价才能使我国在引资政策上更趋理性与科学。对此，必须构建全面优化FDI的机制，对已经引进或尚未引进的FDI的绩效进行评估或预测，作为对现实引资政策的有效支持，这将是我们后续研究的重点。

④FDI对我国环境质量的负面影响以及消费福利的差距效应是可能导致"贫困化增长"的主要原因。跨国公司在产业转移的过程中，由于国内环境标准的提高，将一部分污染产业转移到环境标准相对较低的发展中国家以降低成本。随着外资污染行业的进入，我国相应产业的产量增加了，相应的污染也随之增加，我国的环境污染问题进一步加剧。另外，FDI的引进提高了城镇与农村居民的消费水平，但却扩大了城乡之间的福利差异。

⑤FDI对我国技术的溢出效果不明显，未达到我国引进FDI的初衷。FDI的技术外溢被看作引进外资所造成的东道国资本（包括物质资本和人力资本）投入、劳动投入的增加或减少，实践证明FDI在增加我国人力资本投入的同时，减少了部分物质资本与劳动力的投入，对我国的技术溢出不明显。该结论似乎有悖于我国引进FDI的初衷，即付出一定成本，换

回一些先进的技术，使国内企业受益。出现这一结果仍应归因于我国以往对外资的盲目引进政策，在引进FDI时，无视FDI的特征与本国经济结构的需求。

7.4 本章小结

FDI的引进不仅促进了中国经济的快速增长，而且在提升物质资本、人力资本，增加居民收入，提高消费水平等方面有突出贡献。但实证的结果显示了FDI在技术拉动效应、就业拉动效应方面的贡献并不显著，表明FDI的引进对产业结构的优化还有待于调整。同时由于FDI引进中的产业布局不尽合理而引致的生态环境恶化、污染严重等一系列问题不仅影响我国经济的可持续发展，还有可能导致我国福利水平的下降而出现"贫困化增长"。对此，为了避免"贫困化增长"的进一步恶化，必须揭示FDI所带来问题的内在原因与外在矛盾，以分析问题的症结所在。这也是下一章所要剖析的问题。

第八章

问题及成因分析

解决问题的关键在于找到问题的症结所在。影响FDI福利效应因素的复杂性,决定了存在问题的原因不仅复杂多样,而且应该从不同的角度和层次加以分析和概括。本章在第六、七章实证分析的基础上,从存在问题的外部成因和内在矛盾出发,揭示并提炼出影响FDI福利效应诸多因素中的制度机制,以此作为问题分析的关键。研究和揭示FDI在实施中产生问题的根源所在,为后危机时代FDI优化机制的构建与福利指数的提高寻找突破口。

8.1 问题表现

8.1.1 FDI 区域差异明显

我国的外商直接投资在迅速增长的同时,并没有均衡地进入我国各个地区,而是呈现出东、中、西部区域非均衡分布的特征。FDI 的非均衡分布状况对我国区域经济的非均衡发展产生了深远影响,这已成为仅次于国内投资的影响我国地区经济差异的重要因素。为了研究我国 FDI 的区域性特征,根据国家统计局的口径,将各省市按照行政区域划分为东、中、西部三个地区。其中,东部地区包括北京、天津、河北、辽宁、上海、江苏、浙江、福建、山东、广东 10 个省市;中部地区包括山西、吉林、黑龙江、安徽、江西、河南、湖北、湖南、海南 9 个省市;西部地区包括内蒙古、广西、四川(包括 1997 年后的重庆)、贵州、云南、陕西、宁夏、甘肃、青海、新疆 10 个省市(西藏由于 FDI 数额较小且数据不全,被排除在样本之外)。由于我国不同区域经济发展水平、优惠政策和开放程度等诸多因素的作用,流入东部沿海地区的 FDI 与流入中部和西部地区的 FDI 具有显著的差异,表现在以下几个方面。

(1) 绝对差异

从区域分布看,我国 FDI 分布呈现出"东高西低"的基本格局。东部沿海地区由于其区位条件、开放水平以及基础设施等方面的优势，吸引了大量FDI。① 外商直接投资高度集中在这一地区，特别是以京津唐地区为中心的环渤海经济圈、以上海为中心的长江三角洲和以东莞为中心的珠江三角洲地区。从1979年到1985年，东部沿海地区吸收的外商直接投资占全国的比重为64.1%，内陆地区为35.9%。从1985年到1990年，东部沿海地区吸收的外商直接投资占全国的比重为73.8%，内陆地区为26.2%。20世纪90年代初，这种地区差异表现得更为突出，东部地区FDI的比重高达93.9%，而中、西部地区仅为3.87%和2.26%。近年来，随着改革开放的深入，外商直接投资逐渐呈现出由东向西逐级推进的态势，但速度仍然十分缓慢，FDI主要集中于东部沿海地区的趋势仍未改变。截至2011年年底，东部地区FDI所占比重缩减到69.31%，而中部地区所占比重则上升为17.96%，较1992年增加了7.1个百分点，西部地区FDI的比重则由1992年的3.8%上升到12.73%。表8-1清晰地展示了1992-2011年我国FDI的区域分布格局：

---

① 王少平，封福育：《外商直接投资对中国贸易的效应与区域差异》，《世界经济》，2006（8），23—30。

表8-1 1992—2011年我国FDI区域分布格局（单位:%）

	东部地区	中部地区	西部地区
1992年	85.35	10.86	3.8
1993年	81.55	11.15	7.3
1994年	82.56	10.49	6.95
1995年	83.05	11.91	5.04
1996年	84.57	11.23	4.2
1997年	82.35	12.07	5.58
1998年	83.66	11.14	5.2
1999年	84.96	10.44	4.6
2000年	85.34	9.97	4.69
2001年	85.89	9.84	4.27
2002年	85.5	10.5	4
2003年	84.25	11.72	4.04
2004年	85.17	11.14	3.69
2005年	87.14	8.23	4.64
2006年	81.57	12.29	6.14
2007年	76.64	16.43	6.94
2008年	75.43	16.04	8.53
2009年	74.06	16.15	9.79
2010年	71.22	17.07	11.72
2011年	69.31	17.96	12.73

数据来源：根据各年度《中国统计年鉴》整理所得。

此外，FDI 的升级呈现出集聚的态势。跨国公司在我国设立的地区总部及研发中心主要集中在北京、上海、广州等地。这种分布趋势与外商直接投资的地理分布高度趋同，加剧了 FDI 在我国分布的地理非均衡性。

（2）相对规模差异

相对规模是用来衡量地区吸收 FDI 水平的重要指标，一般用该地区 FDI 与该地区当年 GDP 的比值表示。一般而论，东部地区 FDI 的相对规模都远远超出了全国平均水平，而中、西部地区则较低。2011 年，FDI/GDP 的全国平均水平为 2.52%，东部地区为 3.72%，超过了全国平均水平，中、西部地区仅为 2.46% 和 1.37%。在全国 29 个省、市、自治区中超过全国平均水平的有九个，其中七个位于东部地区，分别是北京、天津、辽宁、上海、江苏、浙江和广东，且基本都在 5% 左右，远远高于全国平均水平。仅有两个位于中部地区，分别为江西和海南。此外，相对规模最低的五个省市，FDI/GDP 的比值均低于 1%，且都位于西部地区。表 8-2 显示了 1992—2011 年各区域 FDI 相对规模的变化过程：

表8-2 1992—2011年我国各区域FDI相对规模（单位:%）

FDI相对规模	东部地区	中部地区	西部地区	全国平均水平
1992年	4.05	1.02	0.49	2.53
1993年	8.08	2.24	2.08	5.38
1994年	11.71	3.14	2.94	7.84
1995年	9.47	2.81	1.77	6.31
1996年	8.52	2.29	1.3	5.54
1997年	7.45	2.21	1.59	4.99
1998年	6.81	1.87	1.32	4.51
1999年	5.66	1.46	0.98	3.73
2000年	5.21	1.31	0.94	3.45
2001年	5.45	1.37	0.92	3.62
2002年	5.47	1.52	0.87	3.68
2003年	4.79	1.55	0.79	3.3
2004年	4.51	1.46	0.68	3.13
2005年	3.68	0.86	0.68	2.5
2006年	4.61	1.74	1.21	3.35
2007年	4.35	2.33	1.89	3.53
2008年	4.54	2.49	1.12	2.72
2009年	4.35	2.16	1.13	2.54
2010年	4.11	2.28	1.14	2.51
2011年	3.72	2.46	1.37	2.52

数据来源：根据各年《中国统计年鉴》整理所得。

此外，不同国别和地区的外商直接投资在华的区位选择也呈现出不同的特征。例如，港、澳、台FDI是典型的资源和地缘导向型[1]，心理距离和资源的可得性成为影响其FDI投向的重要因素；欧、美FDI趋向于市场规模和增长潜力的选择，是市场导向型FDI；而日、韩FDI是劳动力和贸易导向型的，劳动力成本及便利的进出口条件成为其主要影响因素。

（3） 相对增长差异

从增长速度来看，我国各地区外商直接投资的增长率差异较为明显，且波动幅度较大。自1992年以来，东部地区FDI增长速度一直快于中、西部地区，但是在2003年之后，中、西部地区逐渐超过了东部地区FDI增长率，并且西部地区FDI增长率的增长态势明显，逐渐超越了中部地区FDI增长率。西部地区FDI增长率因受优惠政策和经济形势变动的影响较大，表现出较强的波动性，东部地区FDI增长率的上升速度呈现下滑趋势，中部地区增长率平稳上升。如图8-1所示：

---

[1] 朱玉林：《谈FDI对我国区域经济均衡发展的影响》，2006（4），12—14。

1992—2011年三大区域FDI增长率

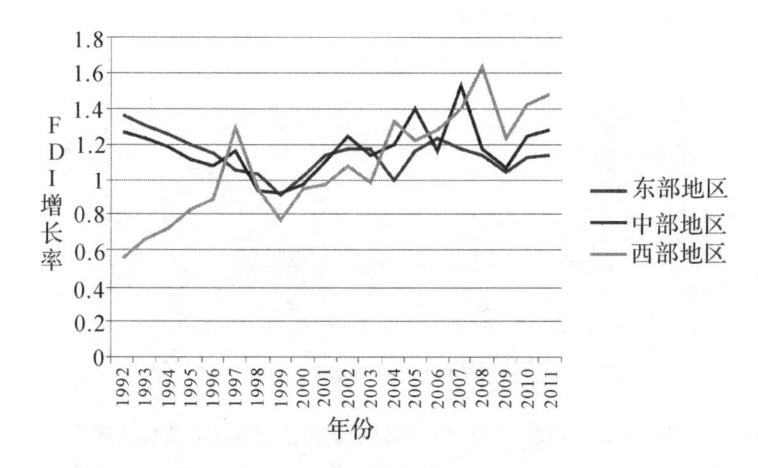

图 8-1　1992—2011 年各区域 FDI 增长率

数据来源：根据各年《中国统计年鉴》整理所得。

我国外商直接投资的上述现状表明，FDI 的区域差异表现在外资的总体规模、增长率和相对规模三个方面。这些差异并不是偶然形成的，而是各种经济和非经济因素长期共同作用的结果。

8.1.2　数量型 FDI 与质量型 FDI 差异明显

（1）我国数量型 FDI 的分布状况

基于第六章对我国数量型福利指数的实证检验，可以得到以下结论：东、中、西部三个地区的数量型福利指数都呈上升趋势，并且在引资前期，东部地区的数量型福利指数明显高于中部和西部地区。但是在引资后期，中部地区的数量型福利指数逐渐高于东部和西部地区。

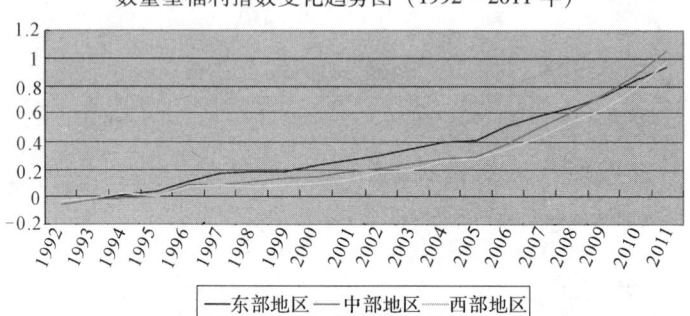

数量型福利指数变化趋势图（1992—2011年）

图 8-2 1992—2011年分区域数量型福利指数变化趋势图

从变化趋势图的分析结果来看，三大地区的数量型福利指数成明显的上升趋势，说明FDI对我国数量型福利有明显的拉动作用，FDI的涌入能促进我国数量型福利的提升，从图8-2中可以看出在引资前期东部地区的数量型福利指数明显高于中部和西部地区，但是在2008—2011年期间，中部地区的数量型福利指数逐渐高于东部和西部地区，说明FDI对中部地区数量型福利的拉用作用更为显著。

（2）我国质量型FDI的分布状况

根据我国质量型福利指数的实证检验，得到以下结论：自我国大规模引进FDI以来，FDI对我国三大经济区域的质量型福利增长作用不稳定，后期起到了消极的作用，阻碍了我国质量型福利的增长，因此在质量型福利水平方面出现了FDI

"贫困化增长"的可能。

质量型福利指数变化趋势图（1992—2011年）

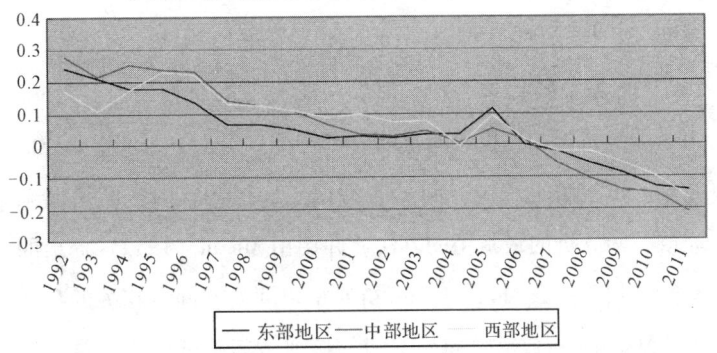

图 8‑3　1992—2011 年分区域质量型福利指数变化趋势图

从图 8‑3 变化趋势图的分析结果来看，东、中、西部三个地区的质量型福利指数变化不稳定，但总体都呈下降趋势，中部地区的质量型福利指数降幅高于西部和东部地区。在引资前期，三个地区的质量型福利指数都高于零，但在后期，其质量型福利指数都逐渐变为负。这一趋势，与质量型福利指数模型的分析结论相符。

综上所述，东、中、西部均呈数量型 FDI 递增趋势，质量型 FDI 均呈递减趋势，出现了"贫困化增长"的可能。

8.2　外部原因分析

8.2.1　基于 Moran I 值的 FDI 空间分布差异的解释

以往关于我国区域 FDI 差异的分析是人为的按照国家统计局相关口径，将全国划分为东部地区、中部地区和西部地区。根据托布勒（Tobler，1970）提出的"地理学第一定律①"，各区域 FDI 分布差异必定与它们的地理位置和空间关系有关，相邻省区的 FDI 分布应该存在相互影响。探索我国 FDI 的区域空间分布特征，需要检验其空间自相关性。为此，为了了解我国 FDI 投入的空间分布特征，引入空间自相关分析方法。该方法是认识空间分布特征、选择适宜的空间尺度来完成空间分析的最常用的方法，并用由 Moran（1950）提出的空间自相关指数 Moran I 来分析变量之间的空间自相关的存在性。Moran I 指数反映的是空间邻接或空间邻近的区域单元属性值的相似程度，便于我们找出 FDI 投入分布属性相似的省份。Moran I 指数的计算公式如下：

$$\text{Moran I} = \frac{\sum_{i=1}^{n}\sum_{j=1}^{n}W_{ij}(Y_i-\bar{Y})}{S^2\sum_{i=1}^{n}\sum_{j=1}^{n}W_{ij}}, \text{其中 } S^2 = \frac{1}{n}\sum_{i=1}^{n}(Y_i-\bar{Y}), \bar{Y} = \frac{1}{n}\sum_{i=1}^{n}Y_i \quad (8.1)$$

其中，Y_i 表示第 i 地区的 FDI 投入值，n 为省级总数（即 n=29），W_{ij} 为临近空间权重矩阵（Spatial Weight Matrix），表示其中的任何一个元素。采用邻接标准或距离标准，其目的是定义空间对象的相互邻接关系，便于把地理信息系统（GIS）数据库中的属性放到所研究的地理空间上来对比。空

---

① 地理学第一定律（TFL）由美国地理学家托布勒（1970）提出。在地球上，任何事物都与其他事物有关系，但是距离近的比距离远的关系更大。

间相关分析的关键是确定空间权重矩阵，一般有平均最短距离（1倍）、2倍和选取6个距离最近者等三种方式，作为定义临近的标准，本研究选取了1倍距离标准，计算了Moran I指数。Moran I指数的取值范围为$-1 \leq I \leq 1$，$I = 1$表示空间自正相关，空间实体呈聚合分布；$I = -1$表示空间自负相关，空间实体呈离散分布；$I = 0$则表示空间实体是随机分布的。若各地区的FDI投入正相关，I的数值就相对较大；若负相关，则I指数相对较小。具体到FDI投入的区域差异上时，当FDI投入在区位上相同且具有相似属性时，空间模型整体上表现为正的空间相关性；而当在空间上邻接的目标区域数据具有明显的不相似属性值时，就表现为负的空间相关；当变量之间的属性分布独立时，则显示出零的空间自相关性。依据空间数据的分布可以计算正态分布Moran I的期望值：

$$En(I) = -\frac{1}{n-1}$$

$$Var(n) = \frac{n^2 w_1 + n w_2 + 3 w_0^2}{w_0^2 (n^2-1)} - En^2(I) \quad (8.2)$$

其中，$w_0 = \sum_{i=1}^{n}\sum_{j=1}^{n} W_{ij}$，$W1 = \sum_{i=1}^{n}\sum_{j=1}^{n}(W_{ij} + W_{ji})^2$，$W2 = \sum_{i=1}^{n}(w_{i.} + w_{.i})^2$，$w_{i.}$和$w_{.i}$分别表示空间权重矩阵中的i行和j列之和。此时，运用如下的公式即可检验n个区域是否存在空间自相关关系：

$$Z(d) = \frac{Moran\ I - E(I)}{\sqrt{Var(i)}} \quad (8.3)$$

依据上述基本原理，选取全国 29 个省市 1992—2011 年的实际外商直接投资数据（西藏由于数据不全且 FDI 数额较小，被排除在样本之外；重庆直辖时间较短，其直辖后的数据与四川省合并），对省际 FDI 投入的区域差异进行测算，计算结果及检验如表 8-3 所示。

表 8-3 省际空间依赖性的全域 Moran I 指数检验值

时间	Moran I	E (I)	VAR (I)	Z 值	P 值
1992 年	-0.000406	-0.0333	0.0214	0.2302	0
1993 年	0.000174	-0.0333	0.0214	0.2343	0
1994 年	-0.00319	-0.0333	0.0214	0.21080	0
1995 年	-0.00203	-0.0333	0.0214	0.21890	0
1996 年	-0.00058	-0.0333	0.0214	0.22900	0
1997 年	0.00377	-0.0333	0.0214	0.25950	0
1998 年	0.00116	-0.0333	0.0214	0.24120	0
1999 年	-0.00203	-0.0333	0.0214	0.21890	0
2000 年	0.00203	-0.0333	0.0214	0.24730	0
2001 年	0.0029	-0.0333	0.0214	0.25340	0
2002 年	0.000058	-0.0333	0.0214	0.23270	0
2003 年	0.000058	-0.0333	0.0214	0.23350	0
2004 年	0.000203	-0.0333	0.0214	0.23450	0
2005 年	0.000174	-0.0333	0.0214	0.23430	0
2006 年	0.000406	-0.0333	0.0214	0.23590	0
2007 年	0.000203	-0.0333	0.0214	0.23450	0
2008 年	0.000357667	-0.0333	0.0214	0.23583	0

(续表)

时间	Moran I	E (I)	VAR (I)	Z 值	P 值
2009 年	0.000407381	-0.0333	0.0214	0.23629	0
2010 年	0.000457095	-0.0333	0.0214	0.23675	0
2011 年	0.000467095	-0.0323	0.0215	0.23665	0

表 8-3 中的 Moran I 值均通过 5% 显著水平检验。表中数据显示，全国 29 个省市 FDI 区域单元属性值经历了 1992—1999 年的波动曲折和 2000 年之后的正相关两个阶段。1992—1999 年，省际 FDI 投入除了 1993 年、1997 年和 1998 年三年是正相关关系外，主要是负相关关系，表明省际之间的 FDI 投入具有明显的不相似属性。一个可能的解释是，进入 20 世纪 90 年代，我国的对外开放总体格局上还处于不断调整的阶段，不同省份由于开放政策和引资力度的不同，FDI 的增长率差异较为显著，波动幅度较大。2000 年之后，省际 FDI 投入的区域单元属性值由负相关转入正相关，在分布上具有明显的正相关关系和空间依赖性，这说明随着我国经济开放程度的加深，各省份之间的空间相关性越来越大。具体表现为 FDI 投入水平较高的省份互相邻近，FDI 投入水平较低的省份互相临近，这说明全国各省份的 FDI 投入量的空间分布并非呈完全的随机分布，而表现出相似值之间的空间集群，即中国的 FDI 投入存在明显的集聚效应。此外，正态假设条件下 Moran I 指数计算出来的 Z 统计量也可以看出这种集聚现象，排除部分年份的影响，基本上呈现较为明显的上升趋势。

为了进一步说明区域性 FDI 的集聚效应，将各省市并入相应的东、中、西部三个地区①，检验了分区域的 Moran I 指数值，如表 8-4 所示。从 Moran I 值的大小来看，2006 年以后，中部地区 FDI 的集聚效应明显大于东部和西部地区。

表 8-4 1992—2011 年分区域的 Moran I 指数检验值

时间	东部地区	中部地区	西部地区
1992 年	-0.006	0.0252	-0.0698
1993 年	0.033	-0.0243	-0.042
1994 年	-0.022	-0.0351	0.031
1995 年	0.031	0.0198	0.018
1996 年	0.037	-0.0243	0.02
1997 年	0.01	0.0126	0.025
1998 年	0.016	0.0225	0.04
1999 年	0.013	0.0306	0.035
2000 年	0.031	0.0306	0.027
2001 年	0.03	0.0261	0.02
2002 年	0.038	0.0243	0.032
2003 年	0.003	0.0369	0.026
2004 年	0.034	0.0306	0.015
2005 年	0.0398	0.0315	0.0487

---

① 根据国家统计局的口径，东部地区包括北京、天津、河北、辽宁、上海、江苏、浙江、福建、山东、广东十个省市；中部地区包括山西、吉林、黑龙江、安徽、江西、河南、湖北、湖南、海南九个省市；西部地区包括内蒙古、广西、四川（包括直辖后的重庆）、贵州、云南、陕西、宁夏、甘肃、青海、新疆十个省市（西藏由于数据不全且 FDI 数额较小，被排除在样本之外）。

(续表)

时间	东部地区	中部地区	西部地区
2006 年	0.045	0.2097	0.035
2007 年	0.046	0.3114	0.038
2008 年	0.0382	0.2817	0.034
2009 年	0.0438	0.3244	0.041
2010 年	0.0451	0.3316	0.0401
2011 年	0.0455	0.3326	0.0421

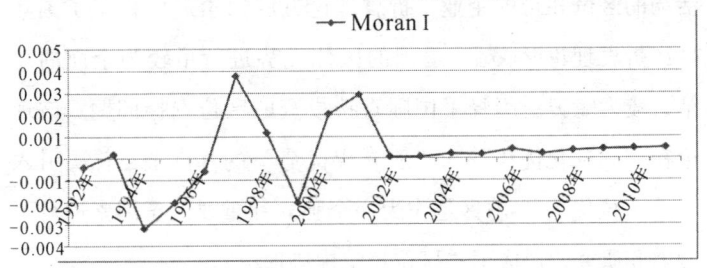

图 8-4　1992—2011 年 FDI 投入空间关联 Moran I 值

从检验结果可知，20 世纪 90 年代中期以后，各区域的 Moran I 值呈正相关关系，各自表现出较强的空间依赖性和集聚性，分别形成了东、中、西三大区域的 FDI 分布格局。另外，中国 29 个省的 FDI 投入量自 2000 年之后，在空间分布上具有明显的正相关关系，即具有空间依赖性。这说明全国各省区的 FDI 投入量的空间分布呈现出明显的"核心—外围"区域特征，其隐含的经济学含义是：中国的 FDI 投入已经形成以东部沿海为核心，以广大中、西部地区为外围的发展格局，即"东高西低"的基本格局。

8.2.2　基于区位优势理论的 FDI 两大因子的解释

外商直接投资的区位选择问题吸收了工业区位理论、外商直接投资理论、国际贸易理论以及新经济地理学中的相关区位研究成果。1977年，英国瑞丁大学教授邓宁（J. H. Dunning，1977）将投资理论与贸易理论结合起来，对西方经济理论中的厂商理论、区位理论、工业组织理论等进行兼容并包，并吸收了国际经济学中的各派思潮，在《贸易、经济活动的区位和跨国企业：折衷理论方法探索》中提出了国际生产折衷理论[1]，对东道国的区位优势进行了较为全面的总结，较为完美地阐释了国际直接投资的区位选择问题。该理论在"内部化优势"和"所有权优势"的基础上，首次引入了"区位优势"，将区位作为一个独立和重要的子因素进行了考虑和研究，形成了"区位特定优势理论"。

折衷理论的核心是所有权特定优势、内部化特定优势和区位特定优势。研究的理论模型主要借鉴了其区位特定优势理论，该理论对东道国的区位优势进行了较全面的总结。首先，区位优势是一个综合性概念，是一个地区的综合资源优势，即某一地区在发展经济方面客观存在的有利条件或优越地位，其构成因素主要包括：自然资源、地理位置以及社会、

---

[1] 国际生产折衷理论以战后国际贸易理论与国际直接投资理论日益合流为起点，主张用统一的国际经济活动实证分析方法来解释战后跨国公司国际生产格局的变化，建立国际生产的统一的、综合的理论。

经济、科技、管理、政治、政策、文化、教育、旅游等方面。同时区位优势也是一个发展的概念,随着有关条件的变化而变化。

邓宁认为如果企业所有权优势与内部化优势皆有,那么,对该企业而言,把这些优势与当地要素,即区位因素结合必然使企业有利可图。区位因素包括两个方面:一是东道国不可移动的要素禀赋所产生的优势,如自然和人造资源以及市场的空间分布、国际交通和通信成本等;另一方面是东道国的政治经济制度、政策法规等形成的有利条件和良好的基础设施,如投资优惠、社会基础设施、不同国家间意识形态、语言文化和政治差异、营销集中和积聚带来的规模经济、政府发展战略和经济体制等。概括起来如图8-5所示:

区位特定优势
- 生产要素成本:自然资源、地理位置、市场规模、FDI存量、劳动力成本、劳动力质量
- 基础设施:铁路里程数、公路里程数、内河航道里程、通讯邮电业务
- 政府干预程度数:优惠政策、投资障碍、经济体制、发展战略
- 文化差异:意识形态差异、语言文化差异
- 市场差异:产业集聚程度、第三产业产值、市场开放度

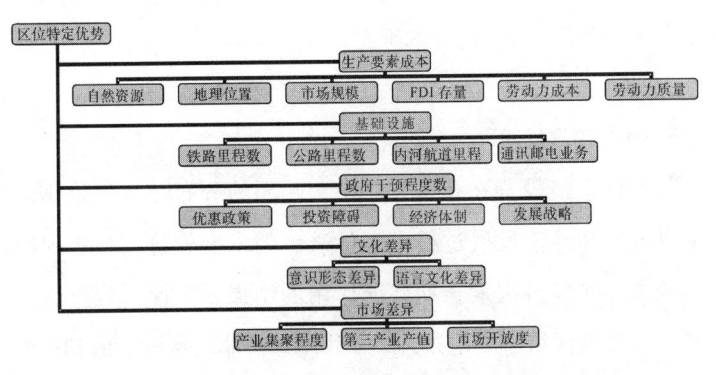

图8-5 区位特定优势理论示意图

纵观现有的国际生产一般理论,邓宁的折衷理论与其他理论相比显得更为完整和系统。邓宁的理论对国际直接投资理论各种流派的观点兼收并蓄,形成一个综合的理论模式,

但该理论并不是各种理论的简单罗列，而是经过合理地提炼和发展以融入其体系。具体而言，邓宁（1988）将外商直接投资的区位因素分为：（1）市场因素，主要为市场规模、市场增长、市场格局及顾客类型；（2）贸易壁垒，包括关税壁垒及国外消费者对本国产品的偏好程度和心理距离等；（3）区位成本因素，主要包括原料劳动力成本、运输成本等；（4）投资环境，包括对外商投资的政策法规和政局稳定程度等。随着经济全球化的迅速发展，邓宁（1995）进一步提出，跨国公司的区位选择不仅要考虑传统的要素及其成本、交通成本、市场需求格局以及集聚经济效益，同时要重视交易成本、动态外在经济性、知识积累、技术创新等因素。因此，邓宁曾自称该理论"作为国际生产一般理论的价值要超过其组成成分的相加"。该理论对本研究有重大启示。

（1）变量描述

外商直接投资在我国东、中、西部的分布差异，是我国对外开放和经济发展过程中不可避免的发展轨迹，是各种经济因素和非经济因素长期共同作用的结果。因此，若要认清经济发展的区域空间差异，解释我国经济非均衡增长的FDI成因，客观上需要明确影响FDI区域差异的内在因素。本研究在借鉴其区位特定优势理论的基础上，根据后危机时代特征及我国实际，认为影响FDI区域差异的因素可以归结为以下变量。

①市场因素。主要包括市场规模和市场开放度。一是市场规模（GDP）。跨国公司FDI的重要动机是利用和扩大在东道国的市场份额（魏后凯，2001）。市场份额越大，越有利于跨国公司实现规模经营、本土经营，最大化其所有权优势，获取收益。因此，在一般情况下，市场规模与FDI呈正相关关系。用国内生产总值（即各省GDP）反映市场规模。二是市场开放度（OPEN）。外商直接投资的区域选择要求一定的开放度，要求区域经济与国际市场有一定的联系。东道国市场开放度越高，与国际市场的联系越密切，对外资和先进技术设备的接受能力就越强，管理水平也越接近国际水平，能相应降低外资的投资风险，因此，对FDI的吸引力也就越大，二者呈正相关关系。用对外贸易依存度，即各省进出口总值与国内生产总值的比例来表示市场开放度。

②成本因素。主要包括劳动力成本、劳动力质量和基础设施。一是劳动成本（WAGE）。我国廉价而丰富的劳动力资源是吸引成本导向型FDI的重要因素。用各省职工平均工资反映劳动成本的大小。二是劳动力质量（EDU）。通常情况下，一个地区的劳动力素质越高，对FDI越有吸引力，二者呈正相关关系。劳动力素质不仅决定了外资企业能否获得高素质员工，而且反映了该地区潜在的研发能力，体现了该地区的人力资本储备情况，而且有利于提高跨国公司的管理水平。如果二者呈反比关系则表明FDI投向了对劳动力素质要求并不高的劳动密集型或资源密集型行业（张海洋，2003）。用各省

普通高校在校生人数占常住人口的比重来表示。三是基础设施（INF）：基础设施越完备，越能有效降低以"降低生产成本"为最主要动机的跨国公司的经营成本，对 FDI 的吸引力也就越大。已有研究表明，公共基础设施越发达的国家和地区对 FDI 的吸引力越显著。我国东部沿海地区地理位置优越，交通便利，基础设施完善；而中、西部地区却处于内陆封闭或半封闭地带，交通不便，基础设施发展滞后，从而大大增加了外商直接投资的经营成本，影响了外资的引入。用各省铁路、公路和内河航道的密度表示基础设施的完备程度，即各省单位国土面积上的铁路、公路和内河航道总里程数。

③集聚因素。主要包括 FDI 存量和产业集聚程度。一是 FDI 存量（AFDI）。区域利用 FDI 的时间越长，吸收 FDI 的存量越多，越能有效减少 FDI 的不确定性，降低信息成本、交易成本和市场风险，有利于形成区域自我加速机制，从而越容易吸引更多外商直接投资的进入和集聚，产生一种累积效应和集聚效应。考虑到 FDI 大量进入我国始于 20 世纪 80 年代后期，假设 1985 年之前各省的 FDI 存量均为 0，即以各省 1985 年的实际外商直接投资额作为当年各地的 FDI 存量。用各省 FDI 的存量反应 FDI 的集聚效应。二是产业集聚程度（IA）。一个地区经济活动的集中程度可以带来一定的规模经济和正的外部性，吸引 FDI 的流入（张海洋，2003），即一个地区的产业集聚水平与 FDI 有正向关系。我国东部沿海地区的产业集聚程度高于中、西部地区，其产业结构条件与投资国的产业

转移进程具有较强的吻合性，而中、西部地区的农业仍占据相当比重，其产业结构距国际产业的梯度转移的要求还有很大差距。于是用全社会固定资产投资额作为产业集聚程度的代理变量。

④制度因素。区位理论中的贸易壁垒及投资环境主要受到制度、政策的影响。对外开放政策在时间和空间上的差异很大程度上造成了外资地区分布的不平衡（孙俊，2002）。我国对 FDI 的优惠政策集中体现在外汇使用、税收优惠、信贷放宽等方面。优惠政策能显著调动地方政府发展 FDI 的积极性，并且助推潜在区位优势的发挥，形成非均衡发展模式下的自我强化力量。一方面，根据利用外资优惠政策的政策允许程度和开放时序的不同，结合我国不同区域利用外资优惠政策制定的时间，引入虚拟变量，即将有外资优惠政策的年度赋值为 1，没有外资优惠政策的年度赋值为 0，广东、福建从 1979 年开始计算，其他沿海省市从 1984 年开始计算，其余内陆省市统一从 1992 年开始计算，由此累计算出优惠政策变量（POL）。另一方面，在各影响因素的相对变化过程中，由于区域内生性因素的影响逐渐增强，而非均衡的对外开放政策变量对区域 FDI 的影响逐渐减弱，因此构造的相对变量模型中可以忽略这一变量。

（2） 计量模型设定

在柯布-道格拉斯的生产函数的基础上，引进希克斯中性技术进步①下的生产函数：

$$Y = A_t f(K, L) \qquad (8.4)$$

按照钱纳里的两缺口模型②对 FDI 进行功能定位，假定国内资本和 FDI 具有非同质功能互补性，规模报酬不变，则得到的变形后的希克斯中性技术进步的新古典生产函数的形式为：

$$Y = A_t f(K_d, K_f, L, t) \qquad (8.5)$$

其中，Y 是产出，K_d 表示国内投资，K_f 是外资，即 FDI，L 是劳动投入，A_t 是技术水平，t 是时间。进一步将 8.5 式写成：

$$Y = A_t K_d^{\alpha} K_f^{\beta} L^{1-\alpha-\beta} \qquad (8.6)$$

对式 8.6 两端对 t 求全微分，简化整理得下式：

$$dY/dt\Big|_Y = \alpha^{dKd/dt}\Big|_{K_d} + \beta^{dKf/dt}\Big|{Kf} + (1-\alpha-\beta) \, dL/dt\Big|_L + dK_d/dt\Big|_A \qquad (8.7)$$

对于式 8.7，根据加速原理③，我们可以将自变量和因变量调换位置。那么，就可以得到以资本等要素为因变量、以产出为自变量的数学方程。将要素中的内资、劳动力和技术

---

① "中性技术进步"是指当生产要素资本和劳动的比例 K/L 不变时，技术进步前后的生产函数中的边际产品之比 $\frac{\partial Y}{\partial L} \Big/ \frac{\partial Y}{\partial K}$ 也保持不变，也就是边际替代率保持不变的技术进步。

② 两缺口模型的主要思想是发展中国家国内有效资源供给与资源计划需求之间存在缺口，即储蓄缺口与外汇缺口，而利用外资是填补这两个缺口的有效手段。

③ 加速原理是用来说明收入的变化如何引起投资的变化，即收入对投资的决定作用的理论。

设为常数,则从式 8.7 就可以得到杰弗里(Jeffrey Wurgler, 2000)模型①的核心思想:

$$\ln \frac{I_{i,t}}{I_{i,t-1}} = \alpha + \eta \ln \frac{V_{i,t}}{V_{i,t-1}} + \varepsilon_{i,t} \qquad (8.8)$$

式 8.8 中,I 表示年固定资产额,V 为产出增加值,i 为行业,t 表示时间,α、ε 分别表示常数项和扰动项,η 表明了资本增长率对产出增加值增长率的敏感性,用它来度量资本配置效率。我们用 K_f 来代替 I,用 Y 来代替 V,i 表示地区,对式 8.8 稍做变换,得到了研究 FDI 区域分布的基本数学模型:

$$\ln (K_{fi,t}/K_{fi,(t-1)}) = \alpha + \beta \ln (Y_{i,t}/Y_{i,t-1}) + \varepsilon \qquad (8.9)$$

进一步再用 FDI 来代替 K_f,用 gdp 来代替 Y,得到以下模型:

$$\ln (FDI_{i,t}/FDI_{i,(t-1)}) = \alpha + \beta \ln (gdp_{i,t}/gdp_{i,(t-1)}) + \varepsilon$$
$$(8.10)$$

选取省际单位作为样本进行回归,为了准确考察中国 FDI 区域性差异原因的动态效应,将标准的时间序列模型扩展为面板数据模型,即首先以中国 29 个省、市和自治区为横截面单元,然后将各省归并入前述的东、中、西部三个地区,这样就形成了基于 1992—2011 年相关数据的三种面板数据模型。

在使用面板数据模型时,为了决定使用哪种形式的面板

---

① 该模型是杰弗里在研究整个国家的资本配置效率水平时提出的,是衡量资本配置效率高低的常用模型。
实际外商直接投资额;x 为 $n \times k$ 矩阵(k 为解释变量个数),它由 k 个对外资区位分布有影响的解释变量组成;β 为 $k \times 1$ 系数矩阵;ε_i 为随机扰动项。

数据模型,先要进行模型设定检验,即检验被解释变量 $y_{i,t}$ 的参数 α_i 和 β_i 是否对所有个体样本点和时间都是常数,即检验样本数据究竟符合哪种面板数据形式,是固定效应模型(Fixed Effects)还是随机效应模型(Random Effects),从而避免模型设定的误差,改进参数估计的有效性。经常使用的检验方法是协方差分析检验。检验有如下两个假设:

$$H_1: \beta_1 = \beta_2 = \cdots = \beta_N$$
$$H_2: \alpha_1 = \alpha_2 = \cdots = \alpha_N \quad (8.11)$$
$$\beta_1 = \beta_2 = \cdots = \beta_N$$

如果接受 H_2,则可以认为样本数据符合模型:$y_i = \alpha + x_i\beta + \mu_i$ 的形式,为不变系数模型,无需进行进一步的检验。如果拒绝 H_2,则需要检验假设 H_1。如果接受假设 H_1,则认为样本数据符合模型 $y_i = \alpha_i + x_i\beta + \mu_i$,为变截距模型;反之,则认为样本数据符合模型 $y_i = \alpha_i + x_i\beta_i + \mu_i$,为变系数模型。

假设检验需要通过构建 F 统计量来完成:

$$F_1 = \frac{(S_3 - S_1)/[(N-1)(k+1)]}{S_1/(NT - N(k+1))} \sim F[(N-1)(k+1), N(T-k-1)]$$

若计算得到的统计量 F_1 的值不小于给定置信度下的相应临界值,则拒绝假设 H_2。反之,则认为样本数据符合模型:$y_i = \alpha + x_i\beta + \mu_i$。如果:

$$F_2 = \frac{(S_2 - S_1)/[(N-1)k]}{S_1/(NT - N(k+1))} \sim F[(N-1)k, N(T-k-1)]$$

计算所得到的统计量 F_2 的值不小于给定置信度下的相应

临界值，则拒绝假设 H_1，用变截距模型拟合样本，反之，则用变系数模型拟合样本。

经计算，东、中、西部三个模型的统计量 F_1、F_2 的值都大于相应置信度下的临界值，因此选择变截距模型：$y_i = \alpha_i + x_i\beta + \mu_i$ 来进行样本拟合。进一步，用 Hauseman Test 判断选取固定效应模型（Fixed Effects）还是随机效应模型（Random Effects）。固定效应方法是把 α_i 视为一组具体的常数，而随机效应方法是把 α_i 视为一组随机变量。用 Hauseman Test 检验了模型 8.11，发现 α_i 与因变量具有相关性，所以选用固定效应方法。因此，实证中最终采用固定效应变截距模型进行样本拟合，即：$FDI = \alpha_i + x_i\beta + \mu_i$。$FDI$ 为 $n \times 1$ 矩阵（n 为省级样本个数），是某地区实际外商直接投资额；x 为 $n \times k$ 矩阵（k 为解释变量个数），它由 k 个对外资区位分布有影响的解释变量组成；β 为 $k \times 1$ 系数矩阵；μ_i 为随机扰动项。

1992 年以来，在各地区吸引 FDI 方面，非均衡对外开放政策变量的影响逐渐减弱，区域内生性因素的影响逐渐增强。以 1992—2011 年来看，可基本保证结构上的一致性，避免了邹氏结构断点检验的过程。由于决策时间和观测时间可能存在滞后关系，即各区域前期的经济变量是当期外商直接投资的参考指标，根据前面分析，以当期 FDI 投入量为被解释变量，以上述影响区域 FDI 投入量的因素前一期的值作为解释变量，构建如下计量模型：

$$\ln FDI_{i,t} = \alpha_i + \beta_1 \ln GDP_{i,t-1} + \beta_2 OPEN_{i,t-1} + \beta_3 \ln AFDI_{i,t-1} +$$

$\beta_4 \ln IA_{i,t-1} + \beta_5 \ln EDU_{i,t-1} + \beta_6 \ln WAGE_{i,t-1} + \beta_7 \ln INF_{i,t-1} + \beta_8 \ln POL_{i,t-1} + \mu_{i,t}$ (8.12)

其中，i 表示地区下标（$i=1, 2, \cdots 29$），代表全国 29 个省市；t 表示时间下标（1992—2011 年）；α_i 表示各地区有一个不随时间变化的效应，这个效应中包含了一些回归方程中没有考虑的因素；$\mu_{i,t}$ 为随机扰动项。

结合式 8.10 和 8.12 的模型进行扩展，得到 FDI 区域分布的计量模型如下：

$\ln(FDI_{i,t}/FDI_{i,(t-1)}) = \alpha_i + \beta_1 \ln(gdp_{i,t}/gdp_{i,(t-1)}) + \beta_2 \ln(open_{i,t}/open_{i,t-1}) + \beta_3 \ln(afdi_{i,t}/afdi_{i,t-1}) + \beta_4 \ln(ia_{i,t}/ia_{i,t-1}) + \beta_5 \ln(edu_{i,t}/edu_{i,t-1}) + \beta_6 \ln(wage_{i,t}/wage_{i,t-1}) + \beta_7 \ln(\inf_{i,t}/\inf_{i,t-1}) + \varepsilon_{i,t}$ (8.13)

其中，i 表示地区下标（$i=1, 2, \cdots, 29$），代表全国 29 个省市；t 表示时间下标（1992—2011 年）；α_i 表示各地区有一个不随时间变化的效应，这个效应中包含了一些回归方程中没有考虑的因素；$\varepsilon_{i,t}$ 为随机扰动项。

（3）模型的估计与分析

运用 Eviews6.0 软件，采用 1992—2011 年东、中、西部地区 29 个省、市、自治区的数据，对模型 8.12 进行检验。为了减少由于区域之间差异带来的截面数据造成的异方差的影响，采用加权广义最小二乘法（GLS）进行参数值估算，同时采用怀特截面标准误差及协方差方法（White cross–section）进行

修正。检验结果如表 8-5 所示:

表 8-5 面板数据估计结果

	东部地区	中部地区	西部地区
C	-1.72342 (-2.152273)	3.212653 (2.139903)	-0.380332 (-2.079540)
LNGDP (-1)	0.814792 (2.607488)	0.255394 (2.466165)	0.243126 (2.003951)
OPEN (-1)	0.9114257 (6.245935)	0.185378 (3.38339)	0.126366 (2.553189)
LNAFDI (-1)	0.6427596 (2.252754)	0.25939 (2.229056)	0.251143 (2.238598)
LNIA (-1)	0.645794 (2.228766)	0.494351 (5.311790)	0.382427 (3.372041)
LNEDU (-1)	0.53234 (2.262265)	0.007237 (2.102593)	-0.357242 (-1.994905)
LNWAGE (-1)	-0.53352 (-3.385194)	-0.96424 (-2.313144)	-3.983503 (-2.471351)
LNINF (-1)	0.955832 (2.629065)	0.551838 (2.114605)	0.245258 (2.113988)
LNPOL (-1)	0.985034 (4.647144)	0.479545 (3.712509)	0.5617483 (1.992809)
可决系数	0.963521	0.9611952	0.960287
调整后的可决系数	0.959408	0.940089	0.930529
D-W 值	1.162123	1.151966	1.536480
F 统计量	59.57326	24.94724	57.09136
F 的显著性	0.000000	0.000000	0.000000

注：括号内的数值代表该系数的 T 检验值，表内各系数均通过了显著程度为 5% 的 T 检验。

从表 8-5 可以看出，T 检验值显示八个解释变量均在 5% 水平上显著，说明该模型通过了检验，且估计结果具有一致性和稳健性。模型调整后的可决系数分别为 0.959408、0.940089、0.930529，方程的 F 统计值也在 5% 的显著性水平上通过检验，说明模型的拟合性较好。

进一步，基于估计过程生成的面板残差进行平稳性检验，结果显示采用 1992—2011 年东部十个省市、中部九个省市和西部十个省市的数据所估计的面板残差分别在 5% 的显著性水平下具有平稳性。检验结果如表 8-6 所示：

表 8-6　面板残差的平稳性检验

	Levin 等 （1993）	Hadri Z-stat （1999）	Im 等 （2003）
东部地区 （1992—2011 年）	-1.46361 * * （0.0703）	4.05490 * * （0.0000）	-1.20208 * * （0.0027）
中部地区 （1992—2011 年）	-2.50036 * * （0.0047）	2.93414 * * （0.0016）	-2.17765 * * （0.0189）
西部地区 （1992—2011 年）	-5.46716 * * （0.0000）	3.55162 * * （0.0000）	-4.28535 * * （0.0000）

注：*、* *、* * * 分别表示估计系数在 10%、5% 和 1% 的显著性水平上显著。

进一步，我们通过绘制折线图判断面板残差的自相关性。如图8-6所示：

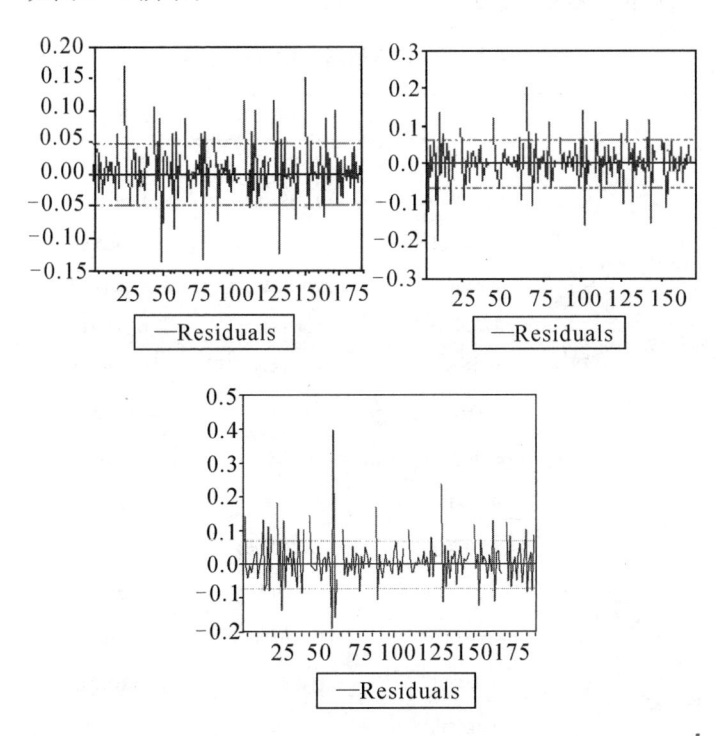

图8-6 东、中、西部的面板残差折线图

图8-6表明面板残差渐进无自相关，这一结论隐含的意义为面板残差具有稳健性。

对模型8.13进行检验。为了减少由于区域之间差异带来的截面数据异方差的影响，研究假设会出现截面异方差和同期相关，加权项选择 Cross-section SUR，即类似不相关回归。采用相应的加权广义最小二乘法（GLS）进行参数值估算，同时采用怀特截面标准误差及协方差方法（White cross-section）进行修正。检验结果如表 8-7 所示：

表 8-7　面板数据估计结果

	东部地区	中部地区	西部地区
$\ln(gdp_{i,t}/gdp_{i,(t-1)})$	1.559357	0.724523	0.618273
	(4.060910)	(2.588248)	(2.205196)
$\ln(open_{i,t}/open_{i,t-1})$	3.765421	2.252832	-0.562661
	(2.150137)	(2.922156)	(-2.117351)
$\ln(afdi_{i,t}/afdi_{i,t-1})$	1.620283	1.451834	1.072841
	(9.686865)	(12.51846)	(10.93684)
$\ln(ia_{i,t}/ia_{i,t-1})$	0.924232	0.74537	0.524754
	(3.201218)	(1.998529)	(3.272475)
$\ln(edu_{i,t}/edu_{i,t-1})$	0.218483	-0.0232662	-0.0562274
	(4.104717)	(-2.100096)	(-3.241867)
$\ln(wage_{i,t}/wage_{i,t-1})$	-0.517428	-0.13831	-0.253381
	(-2.322093)	(2.616714)	(2.168005)
$\ln(\inf_{i,t}/\inf_{i,t-1})$	0.925721	0.806274	0.402624
	(7.188670)	(4.217865)	(8.508598)
可决系数	0.952586	0.941174	0.893773
D-W 值	2.139236	1.938697	2.351563
F 统计量	30.35202	22.67200	11.43067
F 的显著性	0.000000	0.000000	0.000000

注：括号内的数值代表该系数的 T 检验值，表内各系数均通过了显著程度为 10% 的 T 检验。

从表 8-7 可以看出，T 检验值显示七个解释变量均在

10%水平上显著,说明该模型通过了检验,且估计结果具有一致性和稳健性。模型调整后的可决系数以及方程的 F 统计值说明模型的拟合性较好。进一步地,基于估计过程生成的面板残差进行平稳性检验,结果显示采用 1992—2011 年东部、中部和西部的数据所估计模型的面板残差分别在 5% 的显著性水平下具有平稳性。检验结果如表 8-8 所示:

表 8-8 面板残差的平稳性检验

	Levin 等 (1993)	Hadri Z-stat (1999)	Im 等 (2003)
东部地区 (1992—2011 年)	-8.68442 * * (0.0000)	9.54783 * * (0.0573)	-6.16313 * * (0.0000)
中部地区 (1992—2011 年)	-2.36975 * * (0.0004)	2.178071 * * (0.0187)	-7.89923 * * (0.0000)
西部地区 (1992—2011 年)	-4.46716 * * (0.0000)	4.288071 * * (0.0000)	-4.47235 * * (0.0000)

注:*、* *、* * * 分别表示估计系数在 10%、5% 和 1% 的显著性水平上显著。

从总体回归结果来看,所有解释变量的预期系数表现出了较高的拟合性。在对区域 FDI 投入产生影响的八个变量中,市场开放度对区域 FDI 投入量的影响最为显著。其中,东部地区经济最发达,模型解释力度最大。一方面,影响 FDI 区域分布的因素中,市场规模、市场开放度、FDI 存量、产业集聚程度、劳动力质量、基础设施和优惠政策的系数,均是东部地区大于中部地区，而中部地区大于西部地区。东部地区的这七个变量对外商直接投资的吸引力显著优于中、西部地区，显示出了东部地区显著的区位优势，这也说明了 FDI 主要集中在东部地区的原因所在。另一方面，劳动力成本与区域 FDI 投入量呈负相关关系，且东部地区小于中部地区、中部地区小于西部地区，这与东部地区的 FDI 由发展劳动密集型产业逐渐转向发展资源、技术密集型产业，以及劳动力质量高于中、西部地区有密切的关系。

为了考察不同区域吸引外商直接投资的优势存在差异，根据三大区域回归系数差异的大小，将市场规模、FDI 存量、产业集聚程度归结为对数量因子的揭示，将市场开放度、劳动力质量、劳动力成本、基础设施和优惠政策归结为对质量因子的解释。

①对 FDI 数量因子的解释

吸引外商直接投资的数量因子表现有：市场规模变量表现为东、中、西部的回归系数分别为 0.81、0.26 和 0.24，总体上来说，东部地区的市场规模远远大于中、西部地区，对 FDI 的吸引力必然也更大，但是地域广阔、市场潜力巨大的中、西部地区对 FDI 的吸引力也是不容忽视的。东、中、西部 FDI 存量的系数分别为 0.64、0.26 和 0.25，东部地区由于引资数量较大，引资历史较长，FDI 保持着一种强劲的惯性趋势，其系数大于中、西部地区是必然的，然而随着中、西部地区对外开放程度的加深，该因子对 FDI 的促进作用也是日益显著的。东、中、西部产业集聚程度变量的系数分别为0.65、0.49和0.38，中、西部地区与东部地区的差距并不显著。然而东部地区的产业结构由于更适合国际产业转移的要求，所以其必然会吸引更多的FDI，但是中、西部地区由于自身的资源禀赋优势，伴随着产业结构转移的进程加快，对FDI的吸引力也是与日俱增的。

②对FDI质量因子的解释

质量因子表现东、中、西部市场开放度系数的差异是明显的：分别为0.91、0.19、0.13，市场越开放，越接近FDI国际化的要求，区域FDI的投入量就越大。由回归系数可以看出，东部沿海地区由于较高的开放水平，对外资的吸引力远远超过了中、西部地区。东、中、西部劳动力质量和劳动力成本的差距也比较显著。东部地区较高的劳动力质量对其吸引FDI具有显著的促进作用，并且已经成为该地区吸引FDI的新优势。正因为如此，东部地区劳动力成本较高，与FDI投入量呈负相关关系。而西部地区的FDI由于还处于发展劳动密集型产业的阶段，劳动力成本低于发达地区，因此，劳动力质量甚至与FDI投入量还处于负相关关系阶段。东、中、西部基础设施因子的回归系数分别为0.95、0.55和0.24，差距较大的基础设施状况，对外商直接投资的经营成本产生不同的影响，为了降低成本，FDI倾向于交通便利、通讯发达的东部地区。优惠政策在时间和空间上都较为显著地影响了我国FDI的区域分布，明显倾向于东部地区的外资政策是造成我国FDI

分布格局的重要外因,三大区域的回归系数的差距也较为显著。

8.2.3 基于两大因子的时间分布的解释

为了进一步研究我国 FDI 区域差异的动态性原因,根据我国 FDI 的阶段性特征,将研究的时间样本划分为两个阶段,以 1998 年为界,1992—1997 年作为引进 FDI 的前期,1998—2011 年作为引进 FDI 的后期。利用模型 8.12 分两阶段对三大区域 FDI 区域差异的原因进行分析。分析方法与前面相同,估计结果如表 8-9 所示:

表 8-9 分阶段面板数据估计结果

分阶段	东部地区		中部地区		西部地区	
	前期	后期	前期	后期	前期	后期
C	-3.82942	-3.71357	2.52494	-0.252964	8.10492	2.25431
	(-1.9858982)	(-2.025432)	(6.139606)	(-2.050947)	(2.038011)	(2.476764)
LNGDP(-1)	0.62524	0.53532	0.2178643	0.43248	-0.595456	0.315527
	(2.476327)	(2.543860)	(3.625041)	(6.571851)	(-2.210861)	(2.010256)
OPEN(-1)	1.054311	1.116245	0.2417233	0.3835224	0.025465	0.0412641
	(2.617741)	(3.159580)	(2.158548)	(3.497742)	(2.159187)	(2.558679)
LNAFDI(-1)	0.249443	0.347692	0.189242	0.245294	0.119523	0.298242
	(2.551773)	(3.686158)	(2.559937)	(2.710166)	(2.650376)	(3.181997)
LNIA(-1)	1.382727	1.5011386	0.562601	0.972389	0.189272	0.671628
	(3.600534)	(6.196385)	(6.617468)	(2.217133)	(2.165739)	(2.588489)
LNEDU(-1)	0.031901	0.083829	0.017362	0.010890	-0.1766191	-0.16661
	(2.211589)	(2.628789)	(2.166952)	(2.313204)	(-2.738600)	(-2.119910)

(续表)

	东部地区		中部地区		西部地区	
LNWAGE(-1)	-0.318762	-1.351294	-0.2821342	-0.159732	-0.619072	-0.516030
	(-2.207882)	(-2.099411)	(-2.052108)	(-0.170909)	(-2.504049)	(-3.050259)
LNINF(-1)	2.253747	1.91487	0.518273	0.61984	0.127923	0.2839263
	(2.754701)	(2.499616)	(2.307131)	(3.969528)	(2.233564)	(2.386907)
LNPOL(-1)	1.262024	2.539230	1.053962	1.102492	0.287483	0.858269
	(2.2272)	(1.983698)	(12.13602)	(2.180773)	(2.479813)	(2.814368)
分阶段	前期	后期	前期	后期	前期	后期
决定系数	0.94591	0.92347	0.94347	0.919734	0.948728	0.922538
调整后的决定系数	0.931999	0.910415	0.933769	0.884714	0.942893	0.908016
D-W值	2.175766	1.329464	1.785108	1.676342	2.243616	1.728482
F统计量	40.50426	54.20435	39.77156	39.37054	48.59066	52.68012
F的显著性	0.000000	0.000000	0.000000	0.000000	0.000000	0.000000

注：括号内的数值代表该系数的T检验值，表内各系数均通过了显著程度为5%的T检验。

从表8-9可以看出，分阶段的东、中、西部面板数据检验的T值显示八个解释变量均在5%水平上显著，说明该模型通过了检验，且估计结果具有一致性和稳健性。方程的F统计值也在5%的显著性水平上通过检验，以及模型调整后的可决系数都说明模型的拟合性较好。

为了了解各解释变量对我国不同区域吸引外商直接投资的原因进行动态分析，我们对各解释变量的系数分析如下：东部地区市场规模（LNGDP）后期的系数小于前期，说明东部地区市场规模对外资的吸引力在下降，而中部和西部市场因素的作用态势良好。市场开放度后期对三大区域吸引外资的影响力均大于前期，且东部地区系数增加的幅度大于中、西部地区。三大区域 FDI 存量和产业集聚程度对吸引外资的作用也均处于上升趋势，但是东部地区上升的幅度小于中、西部地区。三大区域劳动力质量的因素后期大于前期，东部地区劳动力质量因素增加的幅度大于中、西部地区。由于劳动力成本与区域 FDI 投入量呈负相关关系，因此，东部地区劳动力成本的因素在下降，而中、西部地区劳动力成本的因素在上升，且以西部地区增长较快，说明劳动力成本对外商直接投资的区位优势的影响逐渐转向不发达地区。基础设施的系数说明东部地区的基础设施对吸引外资的作用逐渐减小，而中、西部地区的基础设施建设对吸引外资的作用逐见成效。三大区域优惠政策的效应并没有随时间而减弱，东部地区和中、西部地区的差距虽然有所缩小，但仍存在相当大的差距，优惠政策仍然是吸引 FDI 的重要因素。

为了研究我国 FDI 区域差异的相对动态性原因，利用模型 8.13 分两阶段，对三大区域 FDI 区域相对差异的动态原因进行分析。估计结果如表 8-10 所示：

第八章 问题及成因分析

表8-10 分阶段面板数据估计结果

分阶段	东部地区 前期	东部地区 后期	中部地区 前期	中部地区 后期	西部地区 前期	西部地区 后期
$\ln(gdp_{i,t}/gdp_{i,m(t-1)})$	0.6653	0.5332	0.2724	0.3937	-0.4727	0.4138
	(2.1763)	(2.5438)	(3.6250)	(6.5718)	(-2.5108)	(2.2302)
$\ln(open_{i,t}/open_{i,t-1})$	1.0893	1.0382	0.2282	0.3392	0.0254	0.0510
	(2.6077)	(3.1695)	(2.5185)	(3.5277)	(2.1691)	(2.4356)
$\ln(afdi_{i,t}/afdi_{i,t-1})$	0.2428	0.34673	0.1283	0.2854	0.1367	0.2086
	(2.5417)	(3.5961)	(2.6499)	(2.6201)	(2.5603)	(3.1519)
分阶段	前期	后期	前期	后期	前期	后期
$\ln(ia_{i,t}/ia_{i,t-1})$	1.3531	1.47724	0.5363	0.9827	0.1242	0.6732
	(3.7005)	(6.1963)	(6.6073)	(2.2471)	(2.5657)	(2.8884)
$\ln(edu_{i,t}/edu_{i,t-1})$	0.0639	0.07129	0.0154	0.0133	-0.1463	-0.1782
	(2.3115)	(2.6287)	(2.1669)	(2.3152)	(-2.6386)	(-2.1099)
$\ln(wage_{i,t}/wage_{i,t-1})$	-0.3263	-1.3543	-0.2564	-0.1553	-0.6163	-0.5753
	(-2.2078)	(-2.0994)	(-2.0521)	(-2.1709)	(-2.5040)	(-2.10502)
$\ln(\inf_{i,t}/\inf_{i,t-1})$	2.26543	1.9283	0.5939	0.7170	0.1273	0.2094
	(3.7547)	(2.4996)	(2.3071)	(3.9695)	(2.2335)	(2.3869)
决定系数	0.9387	0.9522	0.93643	0.9575	0.9026	0.9238
D-W值	1.8044	2.0984	2.1063	2.1619	1.8939	2.3293
F统计量	24.490	22.7107	44.593	35.659	19.026	16.2510
F的显著性	0.0000	0.0000	0.0000	0.0000	0.0000	0.0000

注：括号内的数值代表该系数的T检验值，表内各系数均通过了显著程度为10%的T检验。

从表8-10可以看出，分阶段的东、中、西部面板数据检验的 T 值显示七个解释变量均在 10% 水平上显著，说明该模型通过了检验，且估计结果具有一致性和稳健性。方程的 F 统计值在 10% 的显著性水平上通过检验，以及模型调整后的可决系数都说明模型的拟合性较好。

通过对各解释变量系数的分析，针对七大因素的数量因子和质量因子的划分，比较三大区域前期和后期的因子系数，本研究发现：尽管东部地区的因子系数大于中、西部地区，但是，就数量因子系数而言，东部地区的变化幅度小于中、西部地区（如 $\ln(gdp_{i,t}/gdp_{i,(t-1)})$、$\ln(afdi_{i,t}/afdi_{i,t-1})$、$\ln(ia_{i,t}/ia_{i,t-1})$、$\ln(\inf_{i,t}/\inf_{i,t-1})$），而东部地区质量因子系数的变化幅度大于中、西部地区（如 $\ln(open_{i,t}/open_{i,t-1})$、$\ln(edu_{i,t}/edu_{i,t-1})$、$\ln(wage_{i,t}/wage_{i,t-1})$）。也就是说，数量因子仍是中、西部地区吸引 FDI 的区位优势，东部地区的区位优势已经由数量因子转变为质量因子，质量因子在其吸引外商直接投资的区位优势中的作用日趋重要。

结论：东、中、西部由于市场规模、市场开放度、FDI 存量、产业集聚程度、劳动力质量、劳动力成本、基础设施以及优惠政策等方面的差异，导致 FDI 在我国不同区域之间分配不均。拥有众多区位优势的东部地区，不仅吸引了绝大部分的外商直接投资，外资的大规模进入，通过资本形成、扩大出口、创造就业等途径，推动了东部地区的经济发展。而且，在市场开放度、劳动力质量、政策表现等质量影响方面都得到进一步提升。反之，东部沿海地区经济的快速增长，又将通过扩大市场容量、提高劳动力素质、改善外部条件、产生集聚效应等途径，优化其区位优势，从而进一步扩大外商直接投资的规模。这样，就在外商直接投资和区域经济增长之间形成了一种不同于传统的由出口导向型增长所产生的区域循环累积因果效应。而内陆的中、西部地区，由于区位方面的劣势，其区域循环累积因果效应较东部地区差距较大，甚至会陷入外商直接投资和区域经济扩张的恶性循环。本章试图在此基础上，进一步讨论不同区域引入FDI后，其对经济增长产生不同影响的内在原因。

8.3 内部成因分析——来自于两个公因子的解释

"贫困化增长"理论向世人阐述了比较国际贸易行为所产生的各种效应的基本思想。国内外对FDI效应研究的重点集中在产出效应、要素效应、收入效应、消费效应、进出口效应、生态效应六个方面。研究发现反映这六大效应的指标均可以划分为数量型FDI与质量型FDI产生的效应集合[1]。对此，后危机时代引进FDI必须以考虑可能导致的数量效应及质量效应的均衡为双重目标，权衡二者之间的正负效应以防范"贫困化增长"。

---

[1] 将FDI划分为两大类型，FDI引进所导致的产出、收入、进出口、就业等数量效应的称为数量型FDI；而产生的技术、消费结构、生态环境等质量效应的称为质量型FDI。

8.3.1 基本假设

基于 C-D 模型的经典假设，考虑到国际贸易行为的特点，假设如下：

①一国（地区）的经济总量主要由外国资本（FDI）、国内资本、劳动力、技术等生产要素决定。

②影响资本、劳动的弹性系数 $\alpha>0$，$\beta>0$。

③假设引进外资的类型区分为数量型 FDI 与质量型 FDI，θ 为 FDI 的"福利条件"，即 FDI 对东道国福利的贡献弹性系数，它代表引进一单位的 FDI 将使东道国福利改变 θ 单位。当 $\theta \geq 0$ 时，为质量型 FDI，FDI 的类型为"福利增进型"；即 FDI 对经济产生的贡献率为正，反之，$\theta<0$ 为数量型 FDI，说明 FDI 为"福利恶化型"。

④γ 是 FDI 类型 θ 的函数，γ 表示 FDI 产生的外部弹性系数。若 $\gamma>0$，则存在外部正效应（Intertemporal Complimentarity）；若 $\gamma<0$，则 FDI 会挤出国内资本并降低东道国潜在经济增长率。

⑤R 表示引进 FDI 所支付的成本或损失。可以通过优惠政策、减免税收、补贴以及造成的环境破坏、生态恶化等予以表达。

8.3.2 模型设定——一个 C-D 模型的拓展

一个开放经济体的资本由国内资本和外商直接投资构成。根据柯布·道格拉斯生产函数：$Y = AK^{\alpha}L^{\beta}$（$0<\alpha$，$\beta<1$），在此把引进外资（FDI）和国内资本（K）等因素置入生产

函数：

$$Y = A_t[(\lambda L), K, \mu] = A_t(\lambda L)^\alpha K_t^\beta \mu_t^{1-\alpha-\beta} \quad 其中 \lambda = H^Z$$
(8.14)

上式中 Y_t 为产出，K 为国内资本，L 为初级劳动投入，λ 是人力资本水平，H 是教育水平，z 是教育对原始劳动投入的反馈，A 为技术，μ 是由 FDI 存量引致的外部性。特别地，这里的 α 和 β 之和小于 1。外部性 μ 可以表示为：$\mu = [(\lambda L), K, FDI^\theta]^r$
(8.15)

根据式 8.14 和式 8.15，可以得到：

$$Y_t = A_t(\lambda L)^\alpha K_t^\beta [[(\lambda L), K_t, FDI_t^\theta]^r]^{1-\alpha-\beta}$$ (8.16)

将 $\lambda = H^Z$ 带入式 8.16，可以得到：

$$Y_t = A_t H^{Z[\alpha + r(1-\alpha-\beta)]}(L_t^{\alpha + r(1-\alpha-\beta)} K_t^{\beta + r(1-\alpha-\beta)} FDI_t^{\theta r(1-\alpha-\beta)})$$
(8.17)

FDI 引进总是要付出成本的，而且 FDI 也可能会带来外部负效应，降低了外资的生产效率。于是成本函数为：

$$R_t = B_t(1 + \eta Y) FDI_t^\theta$$ (8.18)

其中 B_t 为 FDI 引进影响产出的成本支出程度；根据式 8.17 得到：

$$\frac{\partial Y}{\partial FDI} = \theta\gamma(1-\alpha-\beta)[AH^{[\alpha+\gamma(1-\alpha-\beta)]}L^{\alpha+\gamma(1-\alpha-\beta)}K^{\beta+\gamma(1-\alpha-\beta)}FDI^{\theta\gamma(1-\alpha-\beta)-1}] = 0$$
(8.19)

引进 FDI 所支付的边际成本支出通过公式 8.18 得到：

$$\frac{\partial R}{\partial FDI} = \theta B(1 + \gamma Y) FDI^{\theta-1} = 0 \qquad (8.20)$$

因福利最大化的条件是边际贡献等于边际成本时，根据式8.19、式8.20并整理得到：

$$Y = \frac{\gamma(1-\alpha-\beta)}{B\gamma}\left[AH^{[\alpha+\gamma(1-\alpha-\beta)]} L^{\alpha+\gamma(1-\alpha-\beta)} K^{\beta+\gamma(1-\alpha-\beta)}\right.$$

$$\left.FDI^{\theta\gamma(1-\alpha-\beta)-\theta}\right] - \frac{1}{\eta} \tag{8.21}$$

根据式8.21得到：

$$\frac{\partial Y}{\partial FDI} = \frac{(1-\alpha-\beta)}{B}\left[\theta\gamma(1-\alpha-\beta)-\theta\right]\left[AH^{[\alpha+\gamma(1-\alpha-\beta)]}\right.$$

$$\left.L^{\alpha+\gamma(1-\alpha-\beta)} K^{\beta+\gamma(1-\alpha-\beta)} FDI^{\theta\gamma(1-\alpha-\beta)-\theta-1}\right] \tag{8.22}$$

对此讨论以下情况：

① 如果FDI对产出的弹性系数①为正，当引进质量型FDI类型时有 $\theta > 0$

因为 $\theta\gamma(1-\alpha-\beta)-\theta-1 > 0, \theta > \dfrac{1}{\gamma(1-\alpha-\beta)-1} > 0$

根据式8.22有：$\begin{cases}\dfrac{(1-\alpha-\beta)}{B}[\theta\gamma(1-\alpha-\beta)-\theta] \geqslant 0, \\ \gamma(1-\alpha-\beta)-1 > 0\end{cases}$

因为 $(1-\alpha-\beta) \neq 0$ 当 $B > 0$ 时有 $\gamma \geqslant \dfrac{1}{1-\alpha-\beta}$，

即使 $B < 0$，（这种情况是不可能发生的）也有 $\gamma > \dfrac{1}{1-\alpha-\beta}$，$\theta > \dfrac{1}{\gamma(1-\alpha-\beta)-1}$

---

① 这里的弹性系数是指随着引进FDI每增加一单位所带来的产出单位贡献的程度。

结论1：在引进质量型 **FDI** 的前提下，无论引进 **FDI** 的成本支付程度如何变化，其 **FDI** 的外部效应总是为正的，且 **FDI** 对经济的边际贡献也总是为正效应。

另外，在引进数量型 FDI 时，$\theta < 0$，有 $\theta\gamma(1-\alpha-\beta) - \theta - 1$ 不确定，同理

$$\begin{cases} \dfrac{(1-\alpha-\beta)}{B}[\theta\gamma(1-\alpha-\beta) - \theta] \geq 0, \text{或} < 0 \text{ 不确定} \\ \gamma \text{ 不确定} \end{cases}$$

结论2：在引进数量型 **FDI** 的前提下，其 **FDI** 的外部效应具有不确定性，且 **FDI** 对经济的边际贡献也具有不确定性，即可能会带来经济增长，也可能会引致"贫困化增长"。

②如果 FDI 对产出的弹性系数为负，在引进质量型 FDI 类型时，有 $\theta > 0$，这时，

$$\begin{cases} \dfrac{(1-\alpha-\beta)}{B}[\theta\gamma(1-\alpha-\beta) - \theta] < 0, \\ \theta\gamma(1-\alpha-\beta) - \theta - 1 > 0 \end{cases}$$

有 $\theta > \dfrac{1}{\gamma(1-\alpha-\beta) - 1}$，这时 $\dfrac{\gamma(1-\alpha-\beta)}{B\eta}[\theta\gamma(1-\alpha-\beta) - \theta] < 0$ 不成立。

另外，在引进数量型 FDI 类型时，有 $\theta < 0$，有

$$\theta < \dfrac{1}{\gamma(1-\alpha-\beta) - 1} < 0, \text{这时} \dfrac{\gamma(1-\alpha-\beta)}{B\eta}[\theta\gamma(1-\alpha-\beta) - \theta] < 0 \text{ 不确定。}$$

结论3：引进质量型 **FDI** 类型时，**FDI** 产出弹性系数不可

能为负。而数量型 FDI 的外部效应具有不确定性，同时单位 FDI 对经济的边际贡献也具有不确定性。

为了保证引进 FDI 的边际成本支付不高于 FDI 的边际贡献以促进经济平稳增长，根据公式 8.17、公式 8.20、公式 8.21 有：

$$\frac{\frac{\partial Y}{\partial FDI}}{\frac{\partial R}{\partial FDI}} = \frac{\theta\gamma(1-\alpha-\beta)AH^{Z[\alpha+\gamma(1-\alpha-\beta)]}L^{\alpha+\gamma(1-\alpha-\beta)}K^{\beta+\gamma(1-\alpha-\beta)}FDI^{\theta\gamma(1-\alpha-\beta)-1}}{\theta B(1+\gamma Y)FDI^{\theta-1}}$$

≥ 1

得到：$Y \geq \frac{BFDI^{\theta}}{\gamma(1-\alpha-\beta)-BFDI^{\theta}}$，$B \geq \frac{Y\gamma(1-\alpha-\beta)}{(1+Y)FDI^{\theta}}$

因为：$(1+Y)FDI^{\theta} > 0$，所以 B 的符号由 γ 决定，即 FDI 引进的成本付出由 FDI 的外部效应决定。

结论 4：引进 FDI 后影响经济平稳增长的因素不仅与国内生产要素的变化率（弹性系数）相关，而且与引进 FDI 的类型相关，同时也与 FDI 产生的外部效应相联系。

为了厘清 FDI 所带来的要素效应、产出效应以及消费效应等外部效应的变化程度，将上述判断福利变化（"贫困化增长"）的主要参数列表如 8-11 所示。

表 8-11 判断"贫困化增长"所涉及的主要参数讨论

讨论	α	β	γ	θ	经济与福利变化
α,β 不能小于 0	>0	>0	不确定	不确定	

(续表)

讨论	α	β	γ	θ	经济与福利变化
$\gamma>0, \theta>0$	>0	>0	$\gamma > \dfrac{1}{1-\alpha-\beta} > 0$	$\theta > \dfrac{1}{\gamma(1-\alpha-\beta)-1}$	↑
$\gamma>0, \theta<0$	>0	>0	$0 < \gamma < \dfrac{1}{1-\alpha-\beta}$	$\theta < \dfrac{1}{\gamma(1-\alpha-\beta)-1}$	不确定
$B \geq 0, <0$			$\gamma \geq 0, B \geq 0$		↑
			$\gamma < 0, B < 0$		↓

8.3.3 进一步解释

(1) FDI 对数量因子影响区域差异的原因

①FDI 对 GDP 贡献区域差异的原因

在我国的内陆地区，国内投资依然是经济增长的最主要推动力。但是，在东部沿海地区，经济越发达的省份，FDI 对经济的推动作用越强。改革开放初期我国处于建设资金短缺的阶段，外商直接投资是我国经济建设的重要资金来源，对我国各地区资本的形成起着重要作用，在一定程度上弥补了我国的储蓄缺口和外汇缺口。从资本形成的角度看，20 世纪 90 年代以前，东部地区的外商直接投资及其他投资占全社会固定资产投资的比重为 4.04%，而中、西部地区的这一比重仅为 0.78%。1992 年以后，随着外商在华投资的不断增加，其在资本形成中的作用也日显重要。1992—1999 年期间，东部地区外商直接投资及其他投资占全社会固定资产投资的比重已达到19.68%，而中、西部地区的比重仍然只有4.35%。2011年，东部、中部和西部的这一比重分别为27.45%、13.62%和10.23%。由此可见，外商直接投资对东部发达地区GDP的增长具有十分重要的影响，而对西部落后地区的影响仍然缺乏显著性。由于FDI对经济增长的贡献越来越大，东部地区与中、西部地区外商直接投资的差距所引起的外资对于三大地区的经济增长的贡献度的不同，在一定程度上是造成我国区域经济发展差距的重要因素。

②FDI对国内投资影响区域差异的原因

已有研究表明，FDI对三大区域国内投资的影响各不相同。FDI对其东部地区的国内投资有显著的挤出效应，对中部和西部地区的国内投资，FDI有显著的挤入效应，而且对西部地区的影响最为明显。

流入东部地区的绝大多数FDI在技术密集程度不高的一般加工业和消费品工业中占有较高的比例，而投资于重工业的相对较少，进而影响了技术的扩散和产业链的延伸，导致挤入效应不明显。加之东部地区的内资企业与外资企业的潜在竞争关系，其投资机会更容易被外资企业所取代，因此东部地区的FDI对国内投资呈现出以挤出效应为主导的现象。相反，中、西部地区的内资企业由于生产技术及效率的相对落后，不可能与外资企业形成有效的竞争态势。低廉的生产成本和优势显著的国内市场，反而使二者成为了合作伙伴。因此，FDI不但没有挤出反而刺激了中、西部地区的国内投资，产生了挤入效应占主导的情形。

③FDI对产业结构影响区域差异的原因

由于外商直接投资促进了我国固定资产投资总量的增长及其结构的调整,进而带动了我国产业结构升级和优化。我国东、中、西部的产业结构在总体优化的同时出现了差异化的趋势。外商直接投资的结构倾向加剧了我国地区工业结构的差异化。1992—2010年期间,东部地区的FDI主要集中在第二产业的制造业和第三产业的房地产业、租赁与服务行业,这三大行业实际使用的外资金额的比重分别为68.23%、13.26%和8.53%。2011年,我国东部地区三次产业的比重为6.3%、51.9%、41.8%。而中部地区的FDI主要集中在第二产业的制造业、第三产业的房地产业以及电力、燃气及水的生产和供应业,占中部地区实际使用外资金额的比重分别为59.18%、15.37%和9.21%。很显然,中部地区的制造业FDI集中度低于东部地区,而且存在着投资金额上的巨大差距。中部地区在第三产业的集中度上占据了一定的优势,但与东部地区相比,在投资金额上仍存在绝对差距。由此造成的中部地区的三次产业的比重为13.7%、49.5%、38.5%。西部地区的FDI也主要集中在第二产业的制造业,第三产业的房地产业以及电力、燃气及水的生产和供应业,占西部地区实际使用外资金额的比重分别为50.82%、18.33%和9.66%。FDI资金的集中度低于东部和中部地区。其三大产业的比重为16.1%、46.1%、37.8%。

由此可见，东部地区的产业结构已接近成熟，其产业结构条件与投资国的产业转移进程具有较强的吻合性；而中、西部地区的农业仍占据相当比重，其产业结构距国际产业梯度转移的要求还有很大的差距。东部地区的产业集聚状况由于其规模经济效应、积聚的技术、管理、人力资本和劳动力等生产要素，可使外资企业获得更多的利益，进而进一步吸引大量 FDI 进行投资。而 FDI 的大量涌入，可进一步强化产业集聚，从而提升地区的产业优势。

④FDI 对进出口影响区域差异的原因

我国三大区域外商直接投资的差异以及外资企业对我国进出口的高贡献率，使我国不同区域的贸易呈现出巨大的差异，这种差异通过 FDI 的聚集效应不断扩大，进而在我国区域经济差距的形成过程中发挥了重要的作用。

东部地区积累了大量 FDI，外资企业通过溢出效应和示范效应，不但扩大了当地的出口额，而且影响了国内企业的经营模式，通过优势产品的出口扩张和国内企业产品附加值的提高，实现了贸易结构的升级，从而实现了投资结构的升级，进而吸引更多的 FDI 流入，具有区域循环累积因果效应。而中、西部地区 FDI 的投资动机主要是发展劳动密集型或资源密集型产业，在中、西部地区要素优势尚未完全显现的情况下，对区域出口竞争力的提高作用较小，因而 FDI 产生的区域循环累积因果效应也劣于东部地区。

随着 FDI 规模的日益扩大，外资企业的技术设备和关键原材料的进口在很大程度上刺激了国内相关产业的发展，刺激了内资企业的进口，因此，外资企业进口与区域整体进口具有较强的相关性。目前来看，中部地区FDI对区域进口的促进作用大于东部和西部地区。这是因为，随着外资基础性产业向内陆地区转移步伐的加快，东部地区的相关FDI企业正在向中部地区转移，在这一过程中不可避免地要经历FDI产业布局的阶段，从而使FDI对中部地区的进口产生了较大的拉动作用。

（2） FDI对质量因子影响区域差异的原因

①FDI对就业促进作用区域差异的原因

外商直接投资对我国的就业具有促进作用。已有研究表明，外商直接投资对我国中、西部地区就业的促进作用大于东部地区，FDI对东部地区就业的促进作用已经逐步过渡到被技术进步和劳动生产率提高的促进作用所替代。

流入东部地区的FDI已经逐渐由带动大量就业的轻工、纺织等劳动密集型产业，向汽车、电子、通信设备等资本和技术密集型产业过渡。此外，由于外资企业的先进技术和设备对劳动力有替代作用，对劳动者的素质提出更高的要求，因此FDI对东部地区就业的直接拉动作用处于下滑趋势。进而，也就对东部地区劳动力素质和劳动生产率的提高起到了间接的促进作用。相反，以前集中于东部地区的FDI劳动密集型产业逐渐转移到中、西部地区，其FDI主要利用的是当地廉价的劳动力，因而对就业增长的直接贡献大于东部地区。

②FDI对技术进步影响区域差异的原因

东道国获得外部先进技术资源的一个重要途径是利用外资。由于我国东、中、西部经济基础和科技进步环境等方面的差异，FDI对其技术进步的影响也各不相同。

由于我国利用FDI具有明显的区位集聚特征，因此，跨国公司在华的研究中心也呈现出区位集聚的分布特征，即主要集中在东部沿海地区。东部地区具备完善的市场机制，受自身利益和竞争压力的驱动，内资企业抓住跨国公司产业转移的契机，加强研发投入以增强市场竞争力。较高的科技投入增强了东部地区内资企业对先进技术的消化和吸收能力，提高了当地的技术水平，获得了FDI的技术外溢。因此，在引进FDI的前期，FDI对东部地区的技术进步起到了积极的作用。近年来，由于FDI技术垄断等方面的原因，其对东部地区的技术外溢效应逐渐减弱。随着FDI的梯度转移，中部地区在经济发展水平、基础设施、市场环境等方面与东部地区的差距正在逐渐缩小，而在劳动力、土地等方面的成本又低于东部地区，外资企业愿意将中部地区的资源、要素潜力转化为经济收益。在这一过程中，中部地区的内资企业逐步转变为技术创新的主体，技术创新的能力也正得到逐步提高。而西部地区受原有技术水平、劳动力素质、自主创新能力等方面的限制，还未跨过吸收FDI技术进步的门槛，FDI对其技术进步的影响尚不显著。

③FDI 对生态环境影响区域差异的原因

跨国公司在产业转移的过程中，由于国内环境标准的提高，将一部分污染产业转移到环境标准相对较低的发展中国家以降低成本。随着外资污染行业的进入，我国相应产业的产量增加了，相应的污染也随之增加，我国的环境污染问题进一步加剧。

现阶段，尽管东部地区的 FDI 数额远远大于中、西部地区，但是随着国内 FDI 的梯度转移，东部地区吸收 FDI 的重点逐渐转向了对环境负面作用较小的第三产业，而中、西部地区的第二产业仍然是 FDI 的投资重点，其份额的增加对环境的影响较大。此外，由于东部地区吸收 FDI 的环境标准高于中、西部地区，较高质量的 FDI 还会带来治理污染的先进技术。所以同样是引进 FDI 进行工业生产，东部地区的环境污染强度低于中、西部地区，呈现出东低西高的局面。

8.4 结论

基于对外商直接投资的区域差异以及外商直接投资影响区域差异的原因分析，可以看出，在东部沿海地区，外资流入的主要原因是东部地区质量因子的区位优势，流入的 FDI 也主要影响其质量因子；而在内陆的中、西部地区还处于依靠数量因子吸引 FDI 的阶段，引进的 FDI 也主要作用于其数量因子。

正如邓宁的国际生产折衷理论所阐述的那样，外商直接投资区位选择的影响因素已经趋于复杂或多样化,单方面的措施已经难以改变吸引外资的区位优势。要想提升本地区对外资的吸引力,就必须全面改善本地区的区位优势。东部地区如何继续发挥区位优势,如何在引进 FDI 的同时提升地区产业结构?中部地区如何抓住 FDI 梯度转移的契机,向东部地区靠拢?西部地区如何改进区位条件,以利用 FDI 实现经济的快速发展?如何在合理利用 FDI 的同时,实现我国区域经济的协调发展?对此,本研究认为:

(1) 就东部地区而言

一方面,东部地区在我国经济发展的进程中始终处于龙头地位。在继续发挥吸引 FDI 区位优势的同时,东部地区还应积极利用 FDI 的集聚效应向中、西部地区辐射,找准东、中、西部经济合作的结合点,增强中、西部地区的投资吸引力。另一方面,东部地区的劳动力成本优势已逐渐减弱,高素质的劳动力逐渐成为新的引资优势。东部地区应继续发挥人力资本方面的优势,使本地的人力资本与外资的技术转移有效结合,以人力资本优势和资源优势吸引高质量的 FDI。同时,要抓住发展知识和技术密集型产业的契机,逐步减少出口加工型外商直接投资的比重,进行产业转移和升级,引导 FDI 投资于技术密集型产业,争取在知识积累和技术创新方面有所突破,加大引进质量型 FDI 的比重。

(2) 就中、西部地区而言

中、西部地区利用外资的落后状况加剧了我国区域经济发展的不平衡。但是，外商直接投资由东部地区逐渐进入中、西部地区是一个梯度转移的漫长过程，不可能在短期内有明显的改观。中、西部地区要缩小与东部地区利用外资的差距，加大市场的开放度是必不可少的前提条件。随着总体开放水平的提高，不同区域开放度的差异造成的利用外资水平的差距也会逐渐减弱。一方面，地区的产业集聚状况也是吸引FDI的重要因素。要改变落后的产业结构状况，中、西部地区不但要利用东部地区产业结构调整升级的良机，积极寻找优势产业，而且要有效引导质量型FDI的行业流向，使FDI在促进经济发展的同时可以有效改善地区产业结构，增加就业，带动相关产业的发展。另一方面，基础设施的状况与FDI企业的成本密切相关。在进一步改善东部地区投资硬环境的同时，在引进数量型FDI基础上，优化产业结构，使数量型与质量型FDI引进并重。

特别注意的是：对外资优惠政策的不同是造成我国FDI区域差异的重要原因。近年来，国家已经出台了一系列措施以扩大中、西部地区的引资力度，但是成效并不明显。这是由于在优惠政策与东部地区持平的情况下，外资不会主动投向既先天不足又有后天劣势的中、西部地区。因此，国家应该加大中、西部地区吸引外资优惠政策的倾斜力度，拓宽优惠政策的产业领域，使外商真正感受到投资于中、西部的利益所在。当前正值我国经济转型时期，西部地区各省市应抓住这一大好时机。适时调整和完善我国区域引资政策，促进中、西部地区更加积极合理有效地利用外资，充分发挥外资在中、西部地区经济增长中的推动作用。

8.5　本章小结

从我国 FDI 福利效应存在的外部原因与内在矛盾的分析来看，引进外资对促进我国福利水平的提升有较大作用，但表现出区域的不平衡性，究其根本原因，不仅是因为区域空间分布的外在影响，而且还表现在区位特征、产业集聚、劳动力供给、引资规模、市场开放度、基础设施、开放政策等因素的影响，更重要的是由于 FDI 效应的质量因子与数量因子的表现在我国东、中、西部的巨大差异，以及在时间动态变化下的不同效应凸显出巨大的反差，可以解释为 FDI 产生的福利效应表现在时空差异上的原因所在，对此，后危机时代为了防范 FDI 可能引致"贫困化增长"的结果，本研究在第九章中将构建 FDI 优化机制以试图避免可能产生的"贫困化增长"问题。

第九章

FDI 甄别、优化机制的构建及弹性政策体系的设计

"贫困化增长"理论向世人阐述了比较国际贸易行为所产生的各种效应的基本思想，FDI 效应理论为进一步分析 FDI 与"贫困化增长"的关系提供了更为广阔的理论平台与思维空间。基于国内外对 FDI 的研究及后危机时代的特征，FDI 效应重点聚焦于产出效应、要素效应、收入效应、消费效应、进出口效应、生态效应六个方面。通过归纳整理，发现反映这六大效应的指标均可以划分为数量型 FDI 与质量型 FDI 产生的效应总和。第八章分析的结果显示：目前 FDI 所产生的时空差异使 FDI 的正效应与负效应不同程度的发生。就其外在原因与内在矛盾而言，主要原因在于现行 FDI 政策与两大因子的政策

搭配出现了偏颇，使政策制定的初衷与政策实施的效果不尽如人意。因此，本章力求探寻二者的最佳搭配模式及框架，为数量型 FDI 和质量型 FDI 与 FDI 引进政策的有机搭配寻找突破口。以 FDI 数量效应及质量效应的均衡为双重目标，甄别二者之间的正负效用，通过委托代理模型构建双重目标下的 FDI 优化机制。在此基础上，提出具有"动态性、激励性、外部性、福利性"特征的 FDI 弹性政策体系。

9.1 现行 FDI 政策梳理与判断

改革开放以来，从中央及各省市引进 FDI 的相关制度法规来看，主要通过产业政策、区域政策、税收政策显示 FDI 在引进来、走出去中的行为表现；体现了不同时期、不同区域方面的差异性。通过梳理得到表 9-1 所示。

表 9-1 FDI 政策演进与归纳

项目		相关政策	主要内容
引进来	综合	三大基本法及其实施条例	1979 年五届人大二次会议通过《中外合资经营企业法》，1990 年和 2001 年两次修正	从法律的形式保障中外合资经营企业所享有的权利和应尽的义务，鼓励外商在平等互利基础上，在国内共同举办合营企业
			1983 年 9 月 20 日国务院颁布《中外合资经营企业法实施条例》，1986 年、1987 年和 2001 年进行修正	从公司的设立与登记、组织形式与注册资本、出资方式、董事会与经营结构、引进技术、场地使用权及其费用、购买与销售、税务、外汇管理、财物与会计、职工、工会、期限、解散、清算、争议等方面保障中外合资经营企业

第九章 FDI 甄别、优化机制的构建及弹性政策体系的设计

（续表）

项目		相关政策	主要内容
		1988年七届人大一次会议通过《中外合作经营企业法》，2000年进行修正	鼓励在中国境内举办中外合作经营企业，特别是产品出口或者技术先进的生产性合作企业，并对其应承担的义务做出规定
		1995年9月4日对外贸易经济合作部发布《中外合作经营企业法实施条例》	从合作企业的设立、组织形式、注册资本、投资与合作条件、组织结构、购买与销售、分配收益与投资回收、期限和解散及其他方面对合作经营企业进行规范
		1986年六届人大四次会议通过《外资企业法》，2000年进行修正	鼓励外商在中国设立全资公司，特别是利于国民经济发展的企业，保障其合法权益并规定应履行的义务
		1990年对外经济贸易部发布《外资企业法实施细则》，2001年进行修正	从设立的程序、组织形式与注册资本、出资方式与期限、购买与销售、税务、外汇管理、财物会计、职工、工会、期限、终止、清算等方面保护外资企业权益，并规定其义务
	其他法律法规	1994年《台湾同胞投资保护法》[主席令第60号]	鼓励台湾地区的公司、企业、其他经济组织或者个人投资大陆，促进海峡两岸经济发展
		1999年《台湾同胞投资保护法实施细则》[国务院第274号令]	保护台湾同胞投资者的投资、投资收益和其他合法权益免受侵害；简化审批程序，享受税收优惠政策、信贷支持，鼓励台湾同胞投资中、西部地区并按照规定给以适当放宽限制
		2002年《指导外商投资方向规定》[国务院令第346号]	将外商投资项目分为鼓励、允许、限制和禁止四类，保证外商投资方向与我国国民经济和社会发展相适应并保护外商投资合法权益
		2010年《海峡两岸经济合作框架协议》	旨在逐步减少或消除彼此间的贸易和投资障碍，创造公平的贸易与投资环境，进一步增进双方的贸易与投资关系，建立有利于两岸经济共同繁荣与发展的合作机制

(续表)

项目		相关政策	主要内容
		2012年《海峡两岸投资保护和促进协议》	保护海峡两岸投资者权益,促进相互投资,创造公平投资环境,增进两岸经济繁荣,对协议的适用范围、投资待遇等情形做了明确规定
		2013年《台湾投资者经第三地转投资认定暂行办法》[商务部、国务院台湾事务办公室公告2013年第12号]	保护台湾投资者合法投资权益,鼓励台湾同胞赴大陆投资,促进海峡两岸经济合作
	部门规章	1986年10月《国务院关于鼓励外商投资的规定》	规定给予优惠企业类型,以及从税收、进出口、外汇、企业经营管理等方面给予优惠
		1988年《中外合资经营企业合营各方出资的若干规定》和1997年《中外合资经营企业合营各方出资的若干规定》的补充规定	对中外合资经营企业合营各方出资方式、期限以及违约等内容做了详细规定,以加强对外商投资者的出资管理
		1996年《外商投资企业清算办法》[对外贸易经济合作部令第2号]	对外商投资企业清算期限、程序、组织、通知与通告、债权、债务、清偿、财产的评估作价与处理做出了详细规定
		1999年《关于审批和管理外国企业在华常驻代理机构的实施细则》对外贸易经济合作部第3号	从机构设立、延期、变更、终止、管理、首席代表和代表资格等方面对外国企业在华常驻机构进行详细规定
		2000年《国务院关于实施西部大开发若干政策措施的通知》[国发[2000]33号]	改善投资软环境,实施税收优惠政策,进一步扩大外商投资领域,开展BOT方式利用外资,支持符合条件的西部地区外商投资企业在境内外股票市场上市

第九章 FDI甄别、优化机制的构建及弹性政策体系的设计

（续表）

项目		相关政策	主要内容
		2000年《关于外商投资企业境内投资的暂行规定》	详细规范了在中国境内以有限责任公司形式设立的中外合资经营企业、中外合作经营企业和外资企业以及外商投资股份有限公司，以本企业的名义，在中国境内投资设立企业或购买其他企业投资者股权的行为
		2000年中外合资、合作经营企业中方投资人新增资本贷款管理办法［银发68号］	境内中资商业银行对中外合资、合作经营企业的中方投资人增加注册资本金时不足部分发放的人民币或外币中长期贷款条件及其他事宜进行详细规定
		2000年《关于外商投资设立研发中心有关问题的通知》［外经贸资发218号］	鼓励外商在华投资设立研发中心，从外商投资研发中心的形式及经营范围、设立条件、设立程序等方面进行规定
		2001年《关于上市公司涉及外商投资有关问题的若干意见》［外经贸委资发［2001］538号］	规范外商投资股份有限公司上市发行股票和外商投资企业进入股票市场的行为
		2001年《关于外商投资股份公司有关问题的通知》［外经贸资字39号］	规范外商投资公司性质的转换条件，申请上市发行A股和B股的条件以及其他上市问题
		2001年《关于上市公司涉及外商投资有关问题的若干意见》［外经贸委资发［2001］538号］	规范外商投资股份有限公司上市发行股票和外商投资企业进入股票市场的行为
		关于进一步做好清理整顿非试点外商投资商业企业工作的通知［国经贸外经［2001］787号］	对地方擅自越权批准设立的非试点外商投资商业企业分别做出通过、整改、注（吊）销的处理决定
		2002年《外商投资企业授权登记管理办法》［工商总局令第4号］	规范外商投资企业登记管理权的申请、授予、履行及监督检查工作

(续表)

项目		相关政策	主要内容
		2002年《外商投资创业投资企业管理规定》对外贸易经济合作部	鼓励外国公司、企业和其他经济组织或个人来华向境内未上市高新技术企业进行股权投资,并为之提供创业管理服务
		2003年《内地与香港关于建立更紧密经贸关系的安排》	逐步减少或取消双方之间实质上所有货物贸易的关税和非关税壁垒,逐步实现服务贸易自由化,减少或取消双方之间实质上所有歧视性措施,促进贸易投资便利化
		2003年《内地与澳门关于建立更紧密经贸关系的安排》	逐步减少或取消双方之间实质上所有货物贸易的关税和非关税壁垒,逐步实现服务贸易自由化,减少或取消双方之间实质上所有歧视性措施,促进贸易投资便利化
		2003年《外国投资者并购境内企业暂行规定》2009年《关于外国投资者并购境内企业的规定》[商务部令2009年第6号]	详细规定外资企业对中国本土企业、境内外商投资企业资产或股权并购所遵循的法律、法规、具体条件、程序、原则等
		2004年《外商投资商业领域管理办法》[商务部令[2004]第8号]	详细规定了外商投资商业企业的注册条件、经营范围、设立程序等
		2004年《关于外商投资举办投资性公司的规定》[商务部令2004年第22号]	从申请条件、程序、经营业务、监督等方面鼓励外国投资者在中国设立投资性公司
		2004年《设立外商投资会议展览公司暂行规定》[商务部令第1号]	鼓励外国投资者在境内设立外商投资会议展览公司,举办有国际规模和影响的对外经济技术展览会和会议,并鼓励引进国际上先进的组织会议展览和专业交流方面的专有技术设立外商投资会议展览公司

第九章 FDI 甄别、优化机制的构建及弹性政策体系的设计

（续表）

项目		相关政策	主要内容
		2005年《外商投资商业（分销）企业指引手册》	对审批部门、申报程序、申报材料、审批时限等进行分类介绍，方便外商投资者投资或查询
		外商投资物流领域指引	商务部根据外商投资物流领域法律法规众多、相互交叉，为了方便外商查询以解决经营过程中遇到的困难，制定本指引
		2005年《商务部办公厅关于扩大开放、提高吸引外资水平、促进中部崛起的指导意见》[国资字［2005］130号]	积极探索利用外资的新模式，完善政策法规，拓宽吸引外资渠道，发挥中部地区区域、人才、资源的比较优势，加大宣传力度，落实现有的优惠政策，支持外商投资重点企业和行业，鼓励外商投资高新技术产业和研究开发中心
		2005年《外国投资者对上市公司战略投资管理办法》	规范外国投资者对已完成股权分置改革的上市公司和股权分置改革后新上市公司通过具有一定规模的中长期战略进行并购投资行为
		2005年《商务部办公厅关于加强外商投资处置不良资产审批管理的通知》[商资字［2005］37号]	允许向外商转让所持有的股权、债权等不良资产，或设立外商投资企业从事债务重组、债权追偿等不良资产处置活动
		2005年《商务部、证监会关于上市公司股权分置改革涉及外资管理有关问题的通知》	详细规定并解决了股权分置改革涉及的与外资管理有关的问题，积极稳妥推进股权分置改革
		2005年《国务院法制办公室对于外商投资企业投资者出资及清算具体应用问题的复函的通知》[商法字32号]	对《中外合资经营企业合营各方出资的若干规定》、《〈中外合资经营企业合营各方出资的若干规定〉的补充规定》和《外商投资企业清算办法》三部行政法规在主管部门的实践工作中，存在一些与执行上述法条相关的棘手问题进行了明确的规定

(续表)

项目	相关政策	主要内容
	2005年商务部公告《下放外商投资企业备案和批准证书发放管理权限、进一步简化审批程序等有关问题》	对下放外商投资企业备案和批准证书发放管理权限、进一步简化审批程序等有关问题进行详细说明
	2005年关于废止外商投资转型企业有关规定的公告	从2006年12月1日起,外商投资转型企业,雇用非企业正式推销人员从事经营活动的,按照《直销管理条例》规定进行
	2009年《关于外国投资者并购境内企业的规定》[商务部令2009年第6号]	外国投资者在并购后所设外商投资企业注册资本中的出资比例高于25%的,该企业享受外商投资企业待遇。依照《外商投资产业指导目录》不允许外国投资者独资经营的产业,并购不得导致外国投资者持有企业的全部股权
	2010年《外商投资合伙企业登记管理规定》[国家工商行政管理总局令第47号]	规定对外商投资合伙企业的设立、变更、注销、登记程序、检验和监督、法律责任等情形做了规定
	2010年《中外合资经营旅行社试点经营出境旅游业务监管暂行办法》[国家旅游局、商务部令第33号]	进一步加快旅游业的对外开放,加强国际旅游合作,引进国际先进的旅行社经营模式,在试点的基础上,逐步对外商投资旅行社开放经营中国内地居民出境旅游业务
	2011年《商务部、外汇局关于进一步完善外商投资性公司有关管理措施的通知》[商资函[2011]1078号]	各级商务主管部门应加强对外商投资性公司审批统计信息的审核管理。外商投资性公司的境内贷款不得用于境内再投资。外商投资性公司可将其在中国境内获得的人民币利润、先行回收投资、清算、股权转让、减资的人民币合法所得,经所在地外汇局核准后,直接用于境内投资
	2012年《商务部关于涉及外商投资企业股权出资的暂行规定》[商务部令2012年第8号]	规范涉及外商投资企业的股权出资行为,对股权出资的资格、评估、比例、申请流程、备案、变更等具体情形做了详细的规定

(续表)

项目		相关政策	主要内容
		2013年《外国投资者境内直接投资外汇管理规定》及配套文件［汇发［2013］21号］	对境内直接投资登记、账户开立与变动、资金收付及结售汇等实施监督管理，自2013年5月13日起实施
地域政策	经济特区	1980年五届人大常委会批准设立四个经济特区	利用优势，鼓励外商投资，并在税收、金融、土地和劳动工资等方面给以适当优惠
		1988年七届人大批准建立海南省和海南经济特区	
	沿海开放城市	1985年4月国务院批转《沿海部分城市座谈会纪要》	开放沿海14个大中型港口城市，吸引外资
		1990年4月国务院批准开发开放浦东决策	利用地区优势和优惠政策，大力吸引外资
	沿海经济开放区	1985年国务院批准《长江、珠江三角洲和闽南厦漳泉三角洲地区座谈会纪要》	长江三角洲、珠江三角洲和闽南三角区划为沿海经济开放区，将山东和辽东半岛及沿海开放城市连成一片，形成环渤海开放区
		1988年初辽东半岛和山东半岛对外开放	
	沿江和内陆开放城市	1992年国务院开放沿江和内陆城市	先后开放六个长江沿江城市和18个内陆省会城市
	沿边开放城市	1992年国务院逐步开放内陆沿边城市	从东南、西北到西南地区不断开放13个内陆沿边城市

(续表)

项目	相关政策	主要内容
	国家鼓励中西部地区外商投资政策	中西部地区利用外资优势产业和优势项目目录，报经国家批准后实施，享受《外商投资产业指导目录》中鼓励类项目政策，对其进口国内不能生产或性能不能满足需要的自用设备及其配套的技术、配套、备件，按规定免征进口关税和进口环节税；放宽中西部地区吸收外商投资领域和设立外商投资企业条件，放宽中西部地区设立外商投资企业外商持股比例限制；对设在中西部地区的国家鼓励类外商投资企业，在现行税收优惠政策执行期满后的三年内，可以减按15%的税率征收企业所得税；外商投资企业到中西部地区再投资的项目，凡外资比例达到25%以上的，均可享受外商投资企业待遇；允许沿海地区外商投资企业到中西部地区承包经营管理外商投资和内资企业；国家优先安排一批农业、水利、交通、能源、原材料和环保项目在中西部地区吸引外资
产业政策	1987年国务院制定和颁布《指导吸引外商投资方向暂行规定》和《外商投资方向目录》	将外商投资产业分为鼓励、限制、允许、禁止四类，明确规范外商投资、引导进口操作。1995年6月国家又重新制定并颁布了《指导外商投资方向暂行规定》和《外商投资产业指导目录》，1997年12月又对《外商投资产业指导目录》进行了修订
	2003年、2004年、2007年、2011年对《外商投资产业指导目录》进行修订	扩大了国家鼓励外商投资的范围，大幅度减少了限制外商投资的条目，加大了对外商投资的开放程度，发挥市场竞争机制作用，将一般工业产品划入允许类，突出了产业重点，更加适应产业结构调整的要求和有利于引进先进技术的原则，同时充分体现了鼓励外商向中西部地区投资的政策

第九章 FDI 甄别、优化机制的构建及弹性政策体系的设计

（续表）

项目		相关政策	主要内容
		2000 年《中西部地区外商投资优势产业目录》，2004 年和 2008 年两次修订 2013 年 5 月发布《中西部地区外商投资优势产业目录（2013 年修订）》	总结中西部地区 20 个省市的优势产业，鼓励外商投资，并享受税收、海关等方面优惠，并根据经济发展和国内外市场需求变化，对目录进行不断调整
		2003 年《鼓励外商投资高新技术产品目录（2003）》	鼓励外商投资我国与国外差距较大的高新技术产品以及国家安全、环保等产业
		2005 年《关于实施〈促进产业结构调整暂行规定〉的决定》和《产业结构调整指导目录》	将投资项目分为鼓励、允许、限制和淘汰四类。明确规定《产业结构调整指导目录》是修订《外商投资产业指导目录》的主要依据之一，其中淘汰类直接适用于外商投资企业
		2006 年《中华人民共和国外资银行管理条例实施细则》［中国银监会主席令第 6 号］	对外资银行的设立与登记、业务范围、任职资格管理、监督管理、终止与清算等情形做了详细的规定
税收政策	1978—1991 年起步发展阶段	1980 年《中外合资经营企业所得税法》1983 年修正	对外资企业实行税收"超国民待遇"；所得税实行"免二减三"，在进口机器设备和原材料以及出口产品时，享受免税待遇；同时国家赋予外资企业进出口贸易更大的自营和报关权
	1992—1997 年持续发展阶段	1991 年《外商投资企业和外国企业所得税法》，1993 年《企业所得税暂行条例》	逐步取消外商投资企业所享有的"超国民待遇"，降低了对外资企业的绝对优惠水平，逐步向国民待遇体制转变

(续表)

项目		相关政策	主要内容
	1998年至今	2007年《企业所得税法》 2008年《企业所得税法实施条例》、《耕地占用税暂行条例》 2009年《房产税暂行条例》	将1991年《外商投资企业和外国企业所得税法》,1993年《企业所得税暂行条例》合二为一,取消了外资的"超国民待遇"企业所得税率定统一为25%。《企业所得税法实施条例》统一了内外资企业的工资薪金支出税前扣除政策;《耕地占用税暂行条例》,在有关纳税人范围的规定中增加外商投资企业和外国企业;2009年1月1日起,外商投资企业、外国企业和组织以及外籍个人,包括港澳台资企业和组织以及华侨、港澳台同胞,将依照我国《房产税暂行条例》缴纳房产税
走出去		1992年《关于鼓励企业开展境外带料加工装配业务的意见》	从指导思想、基本原则、工作重点、鼓励政策、项目审批程序、组织实施六个方面,提出了支持我国企业以境外加工贸易方式"走出去"的具体政策措施
		1997年中共十五大报告	鼓励能够发挥我国比较优势的对外投资,更好利用"两个市场、两种资源"
		2001年"十五"计划	将"走出去"战略写入"十五"计划
		2004年《关于对国家鼓励的境外投资重点项目给予信贷支持的通知》	发改委和进出口行共同建立境外投资信贷支持机制,每年专门安排"境外投资专项贷款",享受出口信贷优惠利率
		2004年《关于境外投资开办企业核准事项的规定》	中国企业境外投资实行核准制,由商务部核准,非中央企业在某些国家(国别适时公布)的投资由省级商务主管部门核准
		2004年《境外投资项目核准暂行管理办法》	简化了审批的程序和内容、下放权限,使中国企业境外投资管理更为有序、高效

(续表)

项目	相关政策	主要内容
	2004年《跨国公司外汇资金内部运营管理有关问题的通知》	允许中、外资跨国公司可通过财务公司运作、银行委托放款或直接放款等方式,在跨国公司内部进行资金跨境运作
	2005年《关于扩大境外投资外汇管理政策试点有关问题的通知》	扩大核准购汇额度,允许购汇和使用外汇贷款境外投资及扩大分局审批权限、简化审批材料
	2005年《关于调整境内银行为境外投资企业提供融资性对外担保管理方式的通知》	将境内银行(含外资银行)对境外投资企业提供融资性对外担保的管理方式从原来须逐笔经外汇局审批改为按年度余额控制;将办理融资性对外担保业务的银行范围从个别银行扩大到所有符合条件的境内外汇指定银行;将可接受境内担保的范围从境外中资企业扩大到所有境内机构的境外投资企业
	2009年《境内机构境外直接投资外汇管理规定》	对境内机构境外直接投资外汇资金来源、范围、管理方式及其境外直接投资所得利润留存境外的政策进行完善
	2011年《境外注册中资控股居民企业所得税管理办法(试行)》[国家税务总局2011年第45号]	为规范和加强境外注册中资控股居民企业的所得税收管理,办法对境外中资企业的身份认定、税务登记、账簿凭证管理、申报征收等做了相应的规定
	2012年《关于鼓励和引导民营企业积极开展境外投资的实施意见》[发改外资[2012]1905号]	加强对民营企业境外投资的宏观指导;完善对民营企业境外投资的政策支持;简化和规范对民营企业境外投资的管理;全面做好民营企业境外投资的服务保障;加强风险防范,保障境外人员和资产安全

综合以上 FDI 政策研究的发展过程，有以下几个特点：

第一，政策条文零散、割裂。从我国改革开放 30 年以来，FDI 引进政策在不同时期虽有所变化，大部分政策以暂行条例、行政法规、部门规章的形式出现。近年来，一些地方政府为实现其招商引资、发展地方经济的目标，在税法规定的减免税政策之外，施以更多的税收优惠，越权出台了一些税收优惠政策，以至于在同一地区、同一行业，甚至同一所有制企业适用完全不同的税收政策，造成不同程度的税收歧视；另外，大部分政策表现为部门规章和红头文件，出现在国务院、财政部、国家税务总局发布的通知或规定中，在政策内涵和总体规划上缺乏统一性和长远性。

第二，FDI 优惠政策与产业政策导向不一致。纵观我国引进外资的 30 年中，FDI 引进始终以其优惠政策导向其引进力度，但税收优惠没有充分体现产业政策的要求。我国现行税收优惠政策具有普遍优惠的特点，没有充分体现产业政策的要求，不利于产业结构的优化升级。同时，由于外资企业所得税实行全面的身份赋予型税收优惠政策，所以客观上诱导了外商投资于周期短、高回报率的项目，借助税收优惠待遇尽快收回投资成本并获得收益。因此，我国外资企业主要集中于一般加工工业和劳动密集型产业，而迫切需要发展的基础产业和高科技产业的比重较少。

第三，区域 FDI 政策的不一致性，使 FDI 凸显区域差异性。首先开放东部沿海地区的 FDI 政策导向不仅使原本经济基础较好的东部地区得到了更快发展,虽然在开发西部地区的过程中也实行参照东部地区的 FDI 优惠政策,但不同时期经济发展需求对西部地区的要求,使其凸显政策不适应性。

第四,FDI 政策制度与 FDI 效应的研究没有形成统一的研究框架。目前学术界对 FDI 效应的政策研究多是分割的,致使对 FDI 的评价忽视了两大因子在其中的重要意义。因此,将 FDI 政策制定与两大因子相结合纳入统一的研究体系,为后危机时代引进 FDI 更具有特殊的时代意义。

第五,后危机时代 FDI 政策制度的研究已经成为学术界研究的焦点。由于目前区域经济差异所决定的 FDI 政策在现阶段不能一刀切。我国西部 FDI 引进政策延续着东部 FDI 政策的轨迹,表现为区域产业结构与经济结构的不一致性,影响 FDI 效应的数量因子与质量因子政策的最优配置成为一个真空地带。因此,对 FDI 两大因子的政策设计将会为 FDI 理论做出贡献。

9.2　后危机时代 FDI 甄别设计

在分析"数量型"FDI 和"质量型"FDI 对东道国福利变化影响的基础后,结合已有文献中关于 FDI 对东道国福利变动的负面效应和正面效应,以及后危机时代的特征,将 FDI 抽象为"福利增进型"FDI 和"福利恶化型"FDI 两类。针对"在引进外资时,东道国如何更好地甄别 FDI 类型"这一问题,构建了带有"噪声"信息的信号甄别模型进行分析,并提出了"引资分割点"的概念。

为了方便讨论,本研究称能促进东道国福利增加的FDI为"福利增进型"FDI,记作K_p;反之,则为"福利恶化型"FDI,记作K_d。因此,东道国在引进外资时有必要对FDI加以区别对待,进而在经济增长的同时提升本国的福利水平,缓解本国的贫困状况。

假设国际间有大量待进入本国市场的FDI和众多FDI引资者,FDI知道自身对东道国福利的确切影响,由于他们(国际市场上的FDI和FDI引资者)之间存在着信息不对称,所以引资者不能确切地知道哪些是"福利增进型"FDI,哪些是"福利恶化型"FDI;并且国际市场上所有FDI引资者都是风险中立的,他们之间处于完全竞争状态。

9.2.1 基于噪声甄别模型的FDI特征描述

为简便起见,我们用K_p和K_d表示FDI对东道国福利的影响,其中$K_p>0$,$K_d<0$。在待进入本国市场的FDI中,属于K_p型的FDI占总FDI的比例为λ。假设在进入本国市场前,FDI投资者可以自由选择是否提供相关业绩证明,说明其本身对东道国的福利影响[①]。用e表示业绩证明,e是一个连续实数,$e \in E \in R^+$。对于资本K而言,获得业绩证明e是有成本的,且其成本函数满足如下性质:$c(0,K_i)=0, c_e(e,K_i)>0, c_K$

[①] 在一个竞争环境中,即使不通过第三方证明其业绩或能力,生产要素FDI自身也有提供相关信息的动机,参见《斯蒂格利茨经济学文集》第一卷(上册),142—143。

第九章 FDI 甄别、优化机制的构建及弹性政策体系的设计

$(e,K_i)<0, c_{ee}(e,K_i)>0, c_{ek}(e,K_i)<0$ [其中,$i\in(p,d)$;下标表示偏微分]。不失一般性,设 $c(e,K_i)$ 形式如下:

$$c(e,K_i)=\begin{cases}c(e)/K_p & K_i=K_p \\ |K_d|c(e) & K_i=K_d\end{cases} \quad (9.1)$$

假设不同类型 FDI 满足如下特征:"福利恶化型" FDI 与"福利增进型" FDI 相比,获得同样好的业绩证明需花费较大的成本,即对所有的 e 有: $\dfrac{\partial c(K_d,e)}{\partial e}>\dfrac{\partial c(K_p,e)}{\partial e}$ 成立,则不同类型 FDI 的业绩证明需求曲线如图 9-1 所示:

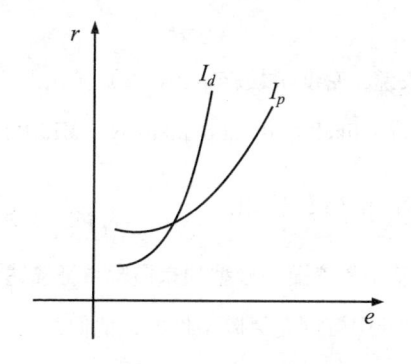

图 9-1 不同类型 FDI 业绩证明需求曲线图

资本追求的是自身的最大化收益,假设资本进入东道国后的利润率相同,那么决定其收益大小的就是东道国给予的优惠额度 r[①]。那么,不同类型 FDI 的收益可表示为: $U(r,e;K_i)=r-c(e,K_i)$,不失一般性,可将上述收益函数改写如下:

---

① 研究中优惠额度不仅仅指代税率等方面的优惠,亦指代政策性倾向等非量化含义。

$$U(r,e;K_i) = \begin{cases} r - \dfrac{c(e)}{A} & K_i = K_p \\ r - c(e) & K_i = K_d \end{cases} \quad (9.2)$$

对于业绩证明 e 而言，东道国无法完全观测其信息，即存在信息不对称。然而，东道国可以观测到一个带有干扰（噪声）的信息量 x（$x \in X \subseteq R$），x 可看作 FDI 的"福利系数"，即单位 FDI 对东道国福利影响的改变量。x 由业绩证明 e 和误差项 ε 两部分组成，其中误差项 ε 的分布满足可微函数 $\Phi(\varepsilon)$ ［且 $\Phi'(\varepsilon) = \phi(\varepsilon)$］。

$$x = e + \varepsilon \quad (9.3)$$

对于 ε 来说，密度函数族 $\phi(x-e)$ 满足严格单调概度比性质（monotone likelihood ratio property，MLRP），即：如果 $e_1 > e_2$，则概率比（或似然比）$\dfrac{\phi(x-e_2)}{\phi(x-e_1)}$ 是 x 的严格增函数。

9.2.2 基于噪声甄别模型的东道国特征描述

众多的 FDI 引资国是风险中性的，他们都在通过优惠政策积极争取 FDI，致使东道国的期望经济收益为零。由于东道国对第三方业绩证明存在信息不对称，因此优惠额度不能直接与业绩证明 e 挂钩。假设基于带有噪声观测的信息量 x 的优惠额度契约满足如下形式：

$$r(x;\hat{x}) = \begin{cases} r_p & x \geq \hat{x} \\ r_d & x < \hat{x} \end{cases} \quad (9.4)$$

其中 $\hat{x}$ 是内生决定的分割点。东道国认为：当 FDI 满足

$x \geq \hat{x}$ 时，该类 FDI 属于 K_p 类型；反之，则为 K_d 类 FDI。东道国在国际市场上以 $\hat{x}$ 为基础给予 FDI 优惠额度。不失一般性，假定 $r_p = r_d + y$，其中 y 表示 FDI 信息越过 $\hat{x}$ 后的增加优惠额度。假定类型 K_p，K_d 的 FDI 对优惠额度 r 的反应分别为 e_p 和 e_d，又因为噪声误差项 ε 的分布满足单调概度比性质（MLRP），即：$\Phi(\hat{x} - e_p) < \Phi(\hat{x} - e_d)$。所以，将式 9.4 中东道国提供的优惠额度改写如下：

$$r(\hat{x}; e_i) = r_d + \gamma \cdot y \qquad (9.5)$$

式 9.42 中，$r(\hat{x}; e_i)$ 可看作优惠额度分界线；$\gamma = 1 - \Phi(\hat{x} - d_d)$ 表示不同类型 FDI（K_i）越过 $\hat{x}$ 的概率；$i \in (p, d)$。式 9.5 的意思表示，当 K_i 发送的信号越过或等于 $\hat{x}$ 时，该类型的 FDI 将获得优惠额度 $r_d + \gamma \cdot y$；否则，只能获得 r_d 的优惠额度。

同时，东道国也可能给出一个混同优惠额度 r_a [$r_a = E(K) = \lambda K_p + (1 - \lambda) K_d$]。因为在噪声干扰下，真正的业绩 e 不易观测。所以，东道国对任意类型 FDI 以平均业绩 $\bar{e}$ 给出一个优惠额度 r_a。此时，唯一的混同均衡 (r_a, $\bar{e}$) 可能出现在 (r, e) 象空间中。如图 9-2 中所示，其中，虚线部分表示当东道国对"福利恶化型"FDI（K_d）给予惩罚性优惠政策，且 y 保持不变时的优惠额度契约线。若国际资本市场中"福利增进型"FDI 的比例 λ 较大时，则东道国给出的 r_a 将随之增加。

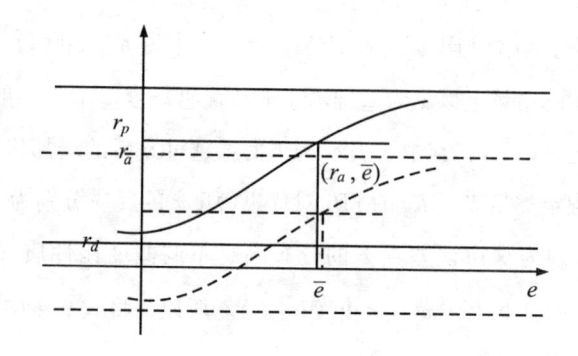

图 9-2 基于噪声信息的优惠额度契约线

9.2.3 博弈描述

综上所述,我们给出甄别模型的博弈顺序描述如下,见图 9-3 所示。

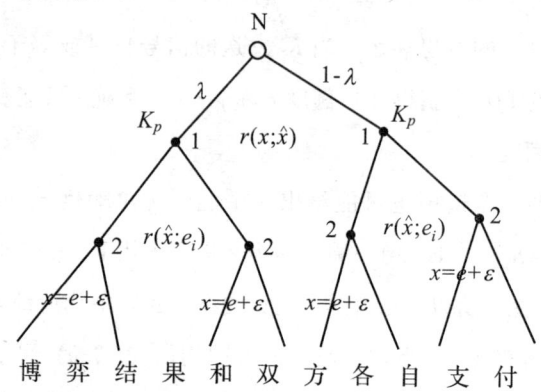

图 9-3 双方甄别博弈顺序图

第一,不同类型的 FDI 经过随机游走后,市场上的东道国同时宣布一个优惠额度契约 $r(x; \hat{x})$,不同类型的 FDI 则观测到优惠额度契约曲线为 $r(\hat{x}; e_i)$。

第二,在给定优惠额度契约线的前提下,不同类型的 FDI

选择是接受还是拒绝该契约。不同类型的 FDI 选择不同的业绩证明 e，但由于噪声干扰的存在，他们不知道最终结果如何。

第三，业绩证明过程会伴有噪声干扰。

第四，结果和双方各自支付情况。

分析该博弈的思路如下：首先，在给定东道国发出的优惠额度契约线 $r(x;\hat{x})$ 的情况下，我们计算出不同类型 FDI 的最优反映函数 $e_i(\hat{x})$；然后，根据不同类型 FDI 的最优反映函数 $e_i(\hat{x})$，选取最优的 $\hat{x}^*$ 最大化东道国的收益。

9.2.4 均衡分析

作为带有噪声的甄别博弈模型，该模型在一定的条件下存在分离均衡和混同均衡。分离均衡要求："福利恶化型" FDI 如果模仿"福利增进型" FDI 取得业绩证明，即使因此获取高补贴额度也不能补偿其过高的成本；混同均衡情形下，"福利恶化型" FDI 模仿"福利增进型" FDI 所耗成本小于其模仿收益。

命题 8：给定"福利增进型" FDI 的比例 λ，则该噪声模型存在唯一的分离均衡。政策引资分割点[①]$\hat{x}$ 低于最优分割点 $\hat{x}^*$ 时，则可能损害本国的福利；当政策引资分割点 $\hat{x}$ 高于最优分割点 $\hat{x}^*$ 时，则抑制了"福利增进型" FDI 进入本国的倾向。

---

① 研究中引资分割点可理解为反映 FDI 对增进东道国福利效应的信息变量。

该结论的证明,分两部分推导如下。

① 不同类型 FDI 的最优反映。给定优惠额度契约线 $r(x; \hat{x})$,不同类型 FDI 将选择不同程度的业绩证明 e 以最大化自己的收益,即:

$$\underset{e_i}{Max}[r_d + \gamma y - c(K_i, e_i)], \quad i \in (p, d) \quad (9.6)$$

对式 9.6 求一阶微分可得:

$$y \cdot \phi(\hat{x} - e_i) - c'(K_i, e_i) = 0 \quad (9.7)$$

对式 9.7 全微分可得如下关系式:

$$(y \cdot \phi'_{\hat{x}}) d\hat{x} - [y \cdot \phi'_{e_i} + c''(K_i, e_i)] = 0$$

则有:

$$e_i^{*'} = \frac{de_i}{dx} = \frac{y \cdot \phi'_{\hat{x}}}{y \cdot \phi'_{e_i} + c''(K_i, e_i)} \quad (9.8)$$

均衡结果如图 9-4 所示。

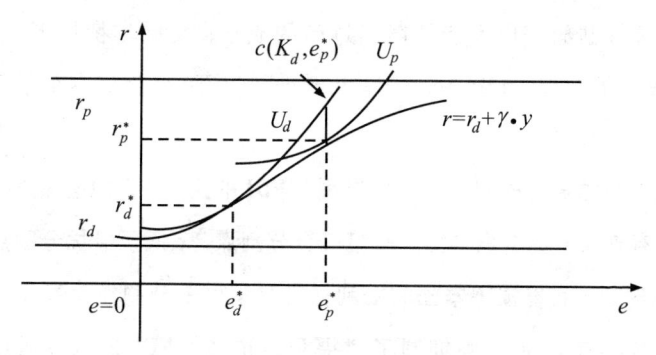

图 9-4 分离均衡示意图

② 东道国 $\hat{x}^*$ 的确定。考虑到不同类型 FDI 的最优反映,东道国决定优惠额度的分割点。在竞争的国际资本市场,东道国的期望利润为零。因此,有:

第九章 FDI甄别、优化机制的构建及弹性政策体系的设计

$$\lambda\{r_d + y[1 - \Phi(\hat{x} - e_p^*(\hat{x}))]\} + (1 - \lambda)\{r_d + y[1 - \Phi(\hat{x} - e_d^*(\hat{x}))]\} = \lambda K_p + (1 - \lambda)K_d \qquad (9.9)$$

假设在完全信息模型中,有 $K_d = r_d$,$K_p = r_p$,则上式可简化为如下形式:

$$f(\hat{x}) = \frac{\lambda}{1 - \lambda}, \text{其中} f(\hat{x}) = \frac{1 - \Phi(\hat{x} - e_d^*(\hat{x}))}{\Phi(\hat{x} - e_p^*(\hat{x}))} \qquad (9.10)$$

上式中 $f(\hat{x}) = \frac{1 - \Phi(\hat{x} - e_d^*(\hat{x}))}{\Phi(\hat{x} - e_p^*(\hat{x}))}$ 的经济含义是:"福利恶化型"FDI越过分割点 $\hat{x}$ 与"福利增进型"FDI没能越过分割点 $\hat{x}$ 的比例,随着 $\hat{x}$ 的提高,$f(\hat{x})$ 必然单调递减。这表明:$\hat{x}$ 与 λ 之间是一一对应的,上式必存在反函数。因此,我们可以把 $\hat{x}^*$ 的隐式形式记作:$\hat{x}^* = f^{-1}(\lambda)$。

给定"福利增进型"FDI的比例 λ,则该噪声模型的隐式均衡 $(r_d^*, e_d^*(\hat{x}^*))$,$(r_p^*, e_p^*(\hat{x}^*))$ 是唯一的。

均衡时,由(9.8)和(9.9)两式可得:$(1 - \lambda)[1 - \Phi(\hat{x} - e_d^*(\hat{x}))] - \lambda\Phi(\hat{x} - e_p^*(\hat{x})) = 0$。等式左边第一项的含义是:"福利恶化型"FDI越过分割点 $\hat{x}^*$ 获得 r_p^* 的概率;等式左边第二项的含义是:"福利增进型"FDI没能越过分割点 $\hat{x}^*$ 而获得 r_d^* 的概率。

令 $J = (1 - \lambda)[1 - \Phi(\hat{x} - e_d^*(\hat{x}))] - \lambda\Phi(\hat{x} - e_p^*(\hat{x}))$,若 $J \neq 0$ 说明东道国制定的引资政策不在平衡点上。当制定政策时分割点 $\hat{x}^*$ 处于契约线下方(即位于图9-5中Ⅰ区域),则表明:政策制定的引资分割点 $\hat{x}$ 低于最优分割点 $\hat{x}^*$,这使得

部分"福利恶化型"FDI很可能进入本国资本市场并获得优惠额度 r_p^*，损害了本国的福利；当制定政策时分割点 $\hat{x}^*$ 处于契约线上方（即位于图9-5中II区域），则表明：政策制定的引资分割点 $\hat{x}$ 高于最优分割点 $\hat{x}^*$，这使得部分"福利增进型"FDI很可能在本国资本市场只获得 r_d^* 的优惠额度，抑制了"福利增进型"FDI进入本国的倾向。

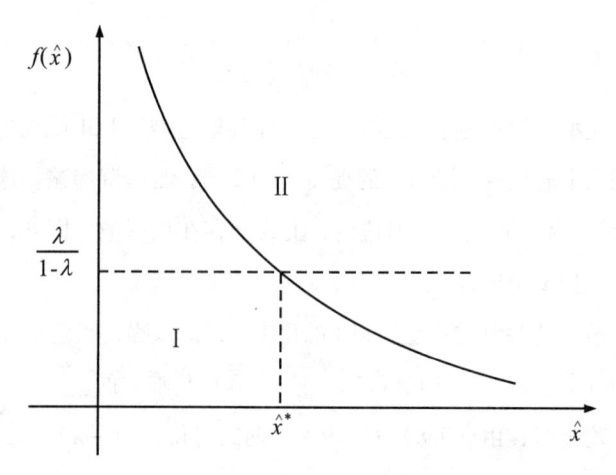

图9-5 引资政策契约线

命题9：存在"福利增进型"FDI与"福利恶化型"FDI分离均衡的充分条件是 $\lambda < 1 - \dfrac{c(K_p, e_p^*)}{r_p^* - r_d^*}$[①]，否则不存在分

[①] 该条件说明：若"福利增进型"FDI占总量FDI的比重超过一定比例后，东道国在制定差别的引资政策时则难以达到其政策效果；只有"福利增进型"FDI的比例较小时，差别的引资政策才能很好地区分两种不同类型的FDI。

离均衡。

在完全信息博弈状态下,不同于信号发送模型,信息甄别模型不存在混同均衡(张维迎,1996)。假定在噪声模型中,某一东道国给出一个如结论 7 中所述的潜在分离均衡引资政策 $(r_i^*, \hat{x}; \hat{x}^*)$,此时就会达到不同类型的 FDI 分离均衡,即 $\{(r_d^*, e_d^*, (\hat{x}^*)), (r_p^*, e_p^*(\hat{x}^*))\}$。若此时在引资市场上,另一潜在 FDI 东道国给出优惠政策 $(r^*, e^*) = (\bar{r}, 0)$,即给出一个潜在的混同均衡 $(r^*, e^*) = (\bar{r}, 0)$,其中 $\bar{r} = \lambda r_p^* + (1 - \lambda) r_d^*$。若满足 $r_p^* - c(K_p, e_p^*) < \lambda r_p^* + (1 - \lambda) r_d^*$,则策略 $(r^*, e^*) = (\bar{r}, 0)$ 帕累托优于上述分离均衡 $\{(r_d^*, e_d^*(\hat{x}^*)), (r_p^*, e_p^*(\hat{x}^*))\}$。此时,均衡情况会从图 9-6 中位置 1 移到位置 2。然而,策略 $(r^*, e^*) = (\bar{r}, 0)$ 也不是一个均衡策略。此时,如果另一个潜在的 FDI 东道国给予引资政策 $(r_1^*, \hat{x}; \hat{x}')$ 且 $\hat{x}' < \hat{x}^*$ 则可能打破策略 $(r^*, e^*) = (\bar{r}, 0)$,即会从均衡位置 2 移到位置 3。如此反复,各引资国家恶性竞争,最终恶化本国福利。因此,只要 $r_p^* - c(K_p, e_p^*) < \lambda r_p^* + (1 - \lambda) r_d^*$,那么该噪声博弈就不存在均衡。

在噪声甄别博弈中,存在分离均衡的充分条件如图 9-7 所示:

$$r_p^* - c(K_p, e_p^*) > \lambda r_p^* + (1 - \lambda) r_d^* \qquad (9.11)$$

其中,$r_p^* = r_d + y [1 - \Phi (\hat{x} - e_p^*)]$。

$$\lambda < 1 - \frac{c(K_p, e_p^*)}{r_p^* - r_d^*} \qquad (9.12)$$

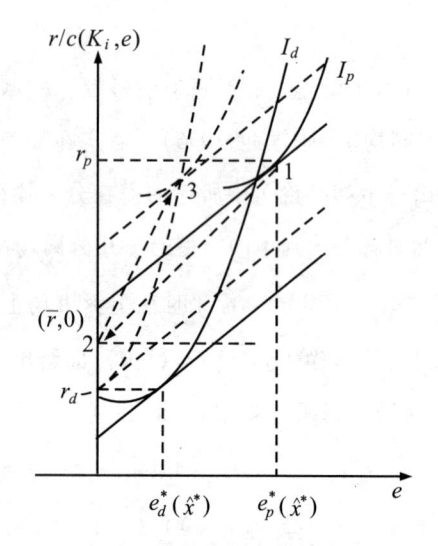

图 9-6　无均衡存在示意图

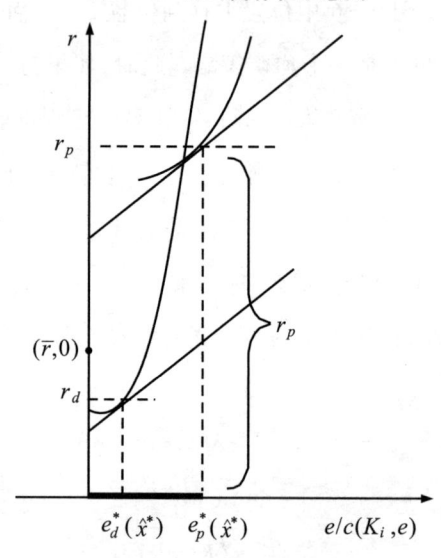

图 9-7　均衡存在示意图

第九章 FDI 甄别、优化机制的构建及弹性政策体系的设计

因此，在含有噪声的 FDI 甄别模型中，只有当 9.12 式条件满足时，才存在分离均衡。

命题 10：优惠的 FDI 引进政策不一定能带来东道国福利的增加；相反，优惠额度越大则越有可能恶化东道国的福利。

直观上来讲，优惠政策额度越大，则使得"福利恶化型" FDI 越有动机模仿"福利增进型" FDI。当优惠政策额度达到一定程度，"福利恶化型" FDI 的模仿后收益大于分离均衡出现时的收益，即 $r_d^* - C(K_d, e_d^*) < r_p^* - C(K_d, e_p^*)$，此时两种类型 FDI 存在混同均衡。用图形说明见下图 9-8 转变到图 9-9 所示。

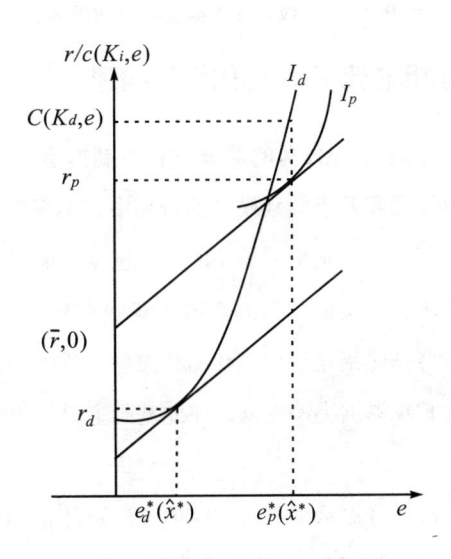

图 9-8 合理优惠额度情形图

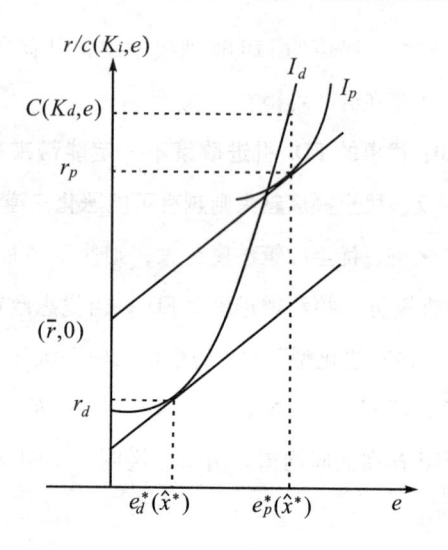

图 9-9　极大优惠额度时混同情形

9.3　后危机时代 FDI 优化机制构建

9.3.1　基于单一任务的 FDI 优化机制构建

在前面几章和基于甄别模型的研究中,不仅确定了 FDI 福利条件和外资分割点是引进 FDI 的基本依据,而且已经通过建立指标评价体系和实证分析测算出了我国 FDI 福利条件指数。对此,我们将具体阐述运用 FDI 福利条件为我国相关部门外资政策和引进 FDI 提供决策支持,在此基础上设计出合理的制度安排。

理论分析部分揭示了 FDI 效应的不确定性是 FDI 可能引致东道国"贫困化增长"的根本性原因。那么,是什么因素造成了 FDI 效应的不确定性呢? 根据各国引进 FDI 的实际经验,

第九章 FDI 甄别、优化机制的构建及弹性政策体系的设计

可以将其原因归结为两点：一是 FDI 的特点，二是东道国自身经济的特征。由于讨论问题范围的限制，在这里，本研究暂不考虑东道国经济本身的影响，而将 FDI 的特征看作产生效应不确定的根源，并采用"类型"这一概念来区别 FDI 在数量和质量[①]上的差异。很显然，要有效优化 FDI，防范 FDI 所引致的东道国"贫困化增长"，优化对象就是 FDI 的"类型"。我们按照 FDI 对东道国福利的不同影响，将其划分为两种类型：当东道国引进一定类型的 FDI 带来了该国综合福利的增长时，我们称这一类型的 FDI 为"福利增进型"；反之，当一定类型的 FDI 被引进时，不但没有促进东道国综合福利的增长，反而阻碍了其综合福利的增长时，我们称该类型的 FDI 为"福利恶化型"。

确定优化对象之后，将通过理论模型构建 FDI 甄别机制，从中获得建立有效的 FDI 优化机制的理论支持。在众多理论分析工具之中，委托-代理理论以其在机制设计方面的优越性，成为我们构建优化机制的不二选择。委托-代理问题可以描述为：委托人想使代理人按照前者利益选择行动但委托人不能直接观测到代理人选择了什么行动，而只能观测到一些由代理人行动和其他的外生随机因素共同决定的变量，即代理人行动的不完全信息，委托人该如何根据这些观测到的信息来

---

① 这里的质量主要是指 FDI 所携带的技术含量、管理水平等一系列内在特征。

奖惩代理人,以激励其选择对委托人最有利的行动。该问题模型化的方法最早是由威尔逊(Wilson R, 1969)、斯宾塞和泽克豪森(Spence M. and R. Zeckhauser, 1971)及罗斯(Ross. S, 1973)提出的"状态空间模型化方法"(state-space formulation),这种方法的优点在于能够将每一种技术关系都直观地表述出来,但无法得到有信息量的解。在此基础上,莫里斯(Mirrlees J., 1976)和霍姆斯特姆(Holmstrom, Bengt, 1979)提出了"分布函数的参数化方法"(parameterized distribution formulation),这种方法将自然状态的分布函数转化为含有策略变量的分布函数,通过技术关系导出新的分布函数和密度函数,解决了"状态空间模型化"方法中存在的问题。因此,我们将"状态空间模型化"方法作为基本分析框架,建立FDI优化机制博弈模型。

(1) 基本假设

①委托人是东道国政府,代理人为东道国内的外资企业。

②外资企业的策略行为是$a = (a_1, a_2)$,其中,a_1表示代理人在引进FDI对东道国福利影响的"数量效应"(即FDI对福利影响的数量方面,例如FDI对GDP、收入水平等的影响)方面的努力程度,a_2表示代理人在引进FDI对东道国福利影响的"质量效应"(即FDI对福利影响的质量方面,例如FDI对环境的影响、FDI对劳工素质方面的影响等)方面的努力程度。

③$C(a_1, a_2)$ 表示代理人在引进 FDI 不同影响时需要付出的成本，可以等价于货币成本；$R(a_1, a_2)$ 表示委托人的期望收入。假定 $C(a_1, a_2)$ 是严格递增的凸函数，$R(a_1, a_2)$ 是严格递增的凹函数（Holmstrom and Milgrom，1991），且 $R(a_1, a_2)$ 是福利条件 θ 的函数，令 $R(a_1, a_2) = b + \theta f(a_1, a_2) + \varepsilon$ 其中 b 为固定常数，ε 为随机干扰项。外资企业选择的 FDI 类型水平决定了委托人（东道国政府）的收益，$x = u(a_1, a_2) + \varepsilon$。其中，随机扰动项 $\varepsilon(\varepsilon_1, \varepsilon_2)$ 是独立同分布的，且服从均值为 0、方差为 δ_i^2 的正态分布，即 $\varepsilon_1 \mu(0, \delta_1^2), \varepsilon_2 \mu(0, \delta_2^2)$。$x = \begin{pmatrix} x_1 \\ x_2 \end{pmatrix}, x_1 = \mu(a_1) + \varepsilon_1, x_2 = \mu(a_2) + \varepsilon_2$，且满足 $\frac{\partial x_1}{\partial a_1} > 0, \frac{\partial^2 x_1}{\partial a_1^2} \leq 0; \frac{\partial x_2}{\partial a_2} > 0, \frac{\partial^2 x_2}{\partial a_2^2} \leq 0$。

④外资企业选择引进不同类型 FDI 的努力水平决定了委托人（东道国政府）观测代理人（外资企业）的信息量：

$$\pi^T = (\pi_1, \pi_2), \text{且} \pi_1(a_1) = k_1 a_1 e^{-a_1} + \theta_1, \pi_2(a_2) = (k_2 a_2)^{\frac{1}{n}} + \theta_2 \tag{9.13}$$

$$\forall \theta_1 \sim N(0, \sigma_1^2), \theta_2 \sim N(0, \sigma_2^2)$$

其中，π_1、π_2 分别为度量努力水平 a_1、a_2 的福利增长函数。具体来说，π_1 表示由于代理人的努力而获得的在 GDP、外贸增长额、劳工工资等方面的福利增长。$\pi_1(a_1) = k_1 a_1 e^{-a_1} + \theta_1$，表示：随着"数量型"FDI 引进的数量的增加，开始时对东道国政府的福利是增加的，又因为"数量型"FDI在社会资源有限的约束下，且"数量型"FDI不能带来技术进步等配套软件设施，那么"数量型"FDI对东道国政府福利的增加终将趋于减少；π_2 表示通过代理人努力引进"质量型"FDI，东道国政府在环境改善、劳工素质提高以及对东道国技术进步等方面的福利增长。$\pi_2(a_2) = (k_2 a_2)^{\frac{1}{n}} + \theta_2$（其中 $n>1$）表示：这种"质量型"FDI 的引进对于东道国政府的福利增长来说是"绿色"的，因此东道国政府始终都会欢迎这种类型的 FDI。假定：随机扰动项 $\theta(\theta_1, \theta_2)$ 是独立同分布（$Cov(\theta_1, \theta_2) = 0$）的，且服从均值为 0，方差为 σ_i^2 的正态分布（张维迎，2007）。

④政府的策略是设计一个激励合同 $s(x)$ 用以激励外资企业引进"数量型"FDI 和"质量型"FDI 的行为选择。$s(x) = \alpha + \beta_1 x_1 + \beta_2 x_2 = \beta^T x$，其中 α 是大于 0 的常数，表示企业引进 FDI 的固定收入，β_1 表示企业引进 FDI 在福利数量方面影响后政府给予的奖励，β_2 表示企业引进 FDI 在福利质量方面影响后政府给予的奖励。

⑤假设东道国政府是风险中性的，代理人（外资企业）是风险规避的[①]。

⑥θ 为 FDI 的"福利条件"，即 FDI 对东道国福利的影响

[①] 这里的风险指企业因短期利益的驱使而极端偏好于"数量型"FDI 的引进而带来对长期福利恶化的影响所承担的风险。

系数，它代表引进一单位的 FDI 将使东道国福利改变 θ 单位。同时，θ 是 FDI 类型 α 的函数，当 $\theta \geqslant 0$ 时，FDI 的类型为"福利增进型"；当 $\theta < 0$ 时，说明 FDI 为"福利恶化型"。

（2）模型设定与分析

根据上述假设，东道国政府希望引进的 FDI 不仅能带来"数量"（例如 GDP 和工资水平等）的增长，同时也希望能够带来"质量"（例如环境和劳工素质等）的改善。其效用函数为：

$$U = \gamma x_1 + (1-\gamma)x_2 - s(x) \qquad (9.14)$$

为简便起见，假设 $x_1 = a_1 + \varepsilon_1$，$x_2 = a_2 + \varepsilon_2$，同时，令严格递增的凸函数

$$C(a_1, a_2) = \frac{1}{2}\theta_1 a_1^2 + \frac{1}{2}\theta_2 a_2^2 \qquad (9.15)$$

9.14 式中，γ 表示东道国政府对"数量型"福利的偏好系数，$(1-\gamma)$ 表示对"质量型"福利的偏好。偏好系数实际上可以看作福利中的"数量因子"在东道国政府总效用中所占的比重，是东道国政府倾向 FDI 类型的一个衡量指标。

将 9.14 式中的各变量代入 9.2 式整理可得东道国政府的目标函数如下：

$$\max_{\beta_1, \beta_2} E(U) = (\gamma - \beta_1)a_1 + [(1-\gamma) - \beta_2]a_2 - \alpha \qquad (9.16)$$

外资企业的目标函数如下：

$$\max_{a_1, a_2} E(V) = E[s(x) - C(a_1, a_2)]$$

$$= \alpha + \beta_1 a_1 + \beta_2 a_2 - \left(\frac{1}{2}\theta_1 a_1^2 + \frac{1}{2}\theta_2 a_2^2 \right) \quad (9.17)$$

代理者（企业）为了达到自己最优就会满足一阶条件，可得：

$$\begin{cases} a_1^* = \dfrac{\beta_1}{\theta_1} \\ a_2^* = \dfrac{\beta_2}{\theta_2} \end{cases} \quad (9.18)$$

此时，东道国政府的最优目标效用为：

$$\max_{\beta_1,\beta_2} E(U) = (\gamma - \beta_1) a_1 + [(1-\gamma) - \beta_2] a_2 - \alpha$$

$$s.t. \quad a_1^* = \frac{\beta_1}{\theta_1}, a_2^* = \frac{\beta_2}{\theta_2} \quad (9.19)$$

解得：

$$\begin{cases} \beta_1^* = \dfrac{\gamma}{2} \\ \beta_2^* = \dfrac{1-\gamma}{2} \end{cases} \quad (9.20)$$

此时，可知代理人最优努力程度为：$\begin{cases} a_1^* = \dfrac{\beta_1}{\theta_1} = \dfrac{\gamma}{2\theta_1} \\ a_2^* = \dfrac{\beta_2}{\theta_2} = \dfrac{1-\gamma}{2\theta_2} \end{cases}$

$$(9.21)$$

这时代理人（外资企业）最优报酬和东道国政府最优效用分别为：

$$s^*(\theta) = \alpha + \beta_1 x_1 + \beta_2 x_2 = \alpha + \frac{\gamma^2}{4\theta_1} + \frac{(1-\gamma)^2}{4\theta_2}$$

第九章 FDI 甄别、优化机制的构建及弹性政策体系的设计

$$U^* = \gamma x_1 + (1-\gamma)x_2 - s(\theta) = \frac{\gamma^2}{4\theta_1} + \frac{(1-\gamma)^2}{4\theta_2} - \alpha$$

(9.22)

命题1：代理人引进"数量型"FDI 福利的努力程度随着东道国政府对"数量型"FDI 引进的偏好增大而增大，最优"质量型"FDI 引进的努力程度则反之。

通过 9.21 式、9.22 式得知，东道国政府越是偏好于"数量型"福利，外资企业引进 FDI 时考虑"质量型"福利的努力程度越小。究其根源，由于东道国政府的目标是双重的，同时追求"数量型"福利和"质量型"福利。而代理人观察到东道国政府的这种偏好后，从最大化自身收益出发，迎合东道国政府的偏好，将努力转向引进能带来更多"数量型"福利的 FDI，减少对能带来"质量型"福利的 FDI 引进的努力程度。这样的一个直接后果是东道国"数量型"福利的 FDI 增加很快，而"质量型"福利的 FDI 则较为不足。正如现实中，一个国家在注重 GDP 发展而大量引进外资时，往往不顾及环境和资源利用率、生态等的破坏而对经济可持续发展不利。

命题2：东道国在设计引资政策时，要尽可能考虑福利条件的影响，使其作为东道国选择 FDI 类型及政策引导的决定性因素。

证明：根据 9.9 式，有：$\dfrac{a_1}{a_2} = \dfrac{\theta_2}{\theta_1} \times \dfrac{\gamma}{1-\gamma}$

如果政府对 FDI 引进没有数量型与质量型的特殊偏好时，

将得出的一个重要条件是：$\gamma = 0.5$。该条件表明：要使东道国效用实现最大化以及最大限度发挥 FDI 对本国福利增长的作用，就必须在设计激励合同时尽可能地消除掉与 θ 无关的 FDI 固定收益率，使 FDI 总体回报率随 θ 的变动而变动。这时对两种 FDI 类型的努力程度依据其对福利影响的福利系数来决定，可以明显地看出，经济发展水平初期，人们更偏好于对数量型经济的需求，但经济发展到一定程度以后，则更偏向于对质量的追求。

9.3.2 基于双重任务的 FDI 优化机制构建

在前述假设下，有代理人获得政府激励的收益是：

$$s(x) = \alpha + \beta_1 x_1 + \beta_2 x_2 = \beta^T x \tag{9.23}$$

其中，$\beta^T = (\beta_1, \beta_2)$（上标 T 表示转置）。由于代理人的收益 W 受 ε 的影响，W 是不确定的。又因为代理人是风险规避的（假定代理人的效用函数为 $u = -e^{-\rho\omega}$，其中 ρ 是 Arrow-Pratt 绝对风险规避度量，$\rho > 0$，ω 是实际货币收入），所以他更希望能获得一个相同效用水平的完全确定性收入。因为代理人的确定性等价收入 y 与随机收入之间的关系满足 $u(y) = u(E(W))$，所以有：

$$CE = \alpha + \beta^T \mu(a_1, a_2) - \frac{1}{2}\rho\beta^T \sum \beta - C(a_1, a_2) \tag{9.24}$$

其中，$\alpha + \beta^T \mu(a_1, a_2)$ 为期望收益，ρ 为绝对风险规避度量，$\beta^T \Sigma \beta$ 为收入方差，$\dfrac{\rho\beta^T \sum \beta}{2}$ 为风险成本。进一步整理

9.24 式得到

$$y = \alpha + \beta^T \pi(a_1, a_2) - C(a_1, a_2) - \frac{1}{2}\rho\beta^T\beta\sigma^2 \quad (9.25)$$

将假设公式 9.13 带入 9.25 式整理得到

$$y = \alpha + \beta_1[k_1 a_1 e^{-a_1}] + \beta_2[(k_2 a_2)^{\frac{1}{n}}] - C(a_1, a_2) - \frac{1}{2}\rho[\beta_1^2\sigma_1^2 + \beta_2^2\sigma_2^2]$$

委托人的期望利润为：

$$R(a_1, a_2) - E[s(x)] = R(a_1, a_2) - \alpha - \beta^T\mu(a_1, a_2) \quad (9.26)$$

即 $R(a_1, a_2) - E\{s(\pi)\} = R(a_1, a_2) - \alpha - (\beta_1 k_1 a_1 e^{-a_1} + \beta_2 (k_2 a_2)^{\frac{1}{n}})$

由于代理人的固定收入部分 α 只影响总收入在委托人与代理人之间的分配，不影响 β^T 和 (a_1, a_2)；给定 β^T 和 (a_1, a_2)，α 由代理人的保留效用 μ 决定。因此，东道国政府面临的问题是选择 $\beta^T = (\beta_1, \beta_2)$ 解系列最优化问题：

$$\max_{\{\beta_1,\beta_2\}} R(a_1, a_2) - \frac{1}{2}\rho\beta^T\sum\beta - C(a_1, a_2) \quad (9.27)$$

同时，必须满足代理人的激励相容约束条件：

$$(a_1, a_2) \in \arg\max(\beta^T\mu(a_1, a_2)) - C(a_1, a_2) \quad (9.28)$$

同样如前述所设，假定 $x_1 = \mu(a_1) + \varepsilon_1 = a_1 + \varepsilon_1$，$x_2 = \mu(a_2) + \varepsilon_2 = a_2 + \varepsilon_2$，若所有的 a_i 严格为正（$a_i > 0$），则 9.28 式可简化为：

$$\beta_i = \frac{\partial C(a_1, a_2)}{\partial a_i} = C_i(a_1, a_2) \qquad (9.29)$$

9.29 式隐含地决定努力函数 $a_i = a_i(\beta^T)$，也就是代理人的行为完全取决于委托人对两种任务的激励程度。对 9.29 式求导可得：

$$\frac{\partial \beta}{\partial a} = [C_{ij}] \text{ 和 } \frac{\partial a}{\partial \beta} = [C_{ij}]^{-1} \qquad (9.30)$$

这里，$\frac{\partial \beta}{\partial a} = \begin{bmatrix} \frac{\partial \beta_1}{\partial a_1} & \frac{\partial \beta_1}{\partial a_2} \\ \frac{\partial \beta_2}{\partial a_1} & \frac{\partial \beta_2}{\partial a_2} \end{bmatrix}; [C_{ij}] = \begin{bmatrix} C_{11} & C_{12} \\ C_{21} & C_{22} \end{bmatrix}$

式 9.30 的第二个等式说明"价格"β^T 的变化如何影响努力水平 a 的"供给"。也就是说，代理人的行为取向完全是按照委托人的激励函数的形式来确定的。比如，当成本函数为：$C(a_1, a_2) = \frac{1}{2}\theta_1 a_1^2 + \frac{1}{2}\theta_2 a_2^2$，那么，$C_i = \theta_i a_i$，$C_{ii} = \theta_i$，$C_{ij} = C_{ji} = 0$，$\frac{\partial a_i}{\partial \beta_i} = \frac{1}{\theta_i}$，$\frac{\partial a_i}{\partial \beta_j} = 0$，$i \neq j$。则有：

$$\frac{\partial \beta}{\partial a} = \begin{bmatrix} \frac{\partial \beta_1}{\partial a_1} & \frac{\partial \beta_1}{\partial a_2} \\ \frac{\partial \beta_2}{\partial a_1} & \frac{\partial \beta_2}{\partial a_2} \end{bmatrix} = \begin{bmatrix} \frac{1}{\theta_1} & 0 \\ 0 & \frac{1}{\theta_2} \end{bmatrix}$$

由 9.29 式和 9.30 式，得到委托人最大化式 9.27 的一阶条件为：

$$\beta = (I + \rho[C_{ij}]\Sigma)^{-1} R' \qquad (9.31)$$

第九章 FDI 甄别、优化机制的构建及弹性政策体系的设计

其中，I 是单位矩阵，R' 是 R 的一阶偏导，Σ 是 ε 的协方差矩阵，即 $\Sigma = \begin{bmatrix} \text{cov}(\varepsilon_1,\varepsilon_1) & \text{cov}(\varepsilon_1,\varepsilon_2) \\ \text{cov}(\varepsilon_2,\varepsilon_1) & \text{cov}(\varepsilon_2,\varepsilon_2) \end{bmatrix}$。

进一步地，求下列问题最优化：

$$\max_{\{\beta_1,\beta_2\}} R(a_1,a_2) - \frac{1}{2}\rho\beta^T\Sigma\beta - C(a_1,a_2) \quad (9.32)$$

$s.t.\quad (a_1,a_2) \in \arg\max(\beta^T\pi(a_1,a_2)) - C(a_1,a_2)$

假定所有的 a_i 严格为正（$a_i > 0$），结合 9.13 式，则激励相容约束条件 9.28 式可简化为：

$$\beta_1 = \frac{\partial C(a_1,a_2)}{\partial a_1} \frac{e^{a_1}}{k_1(1-a_1)} \quad (9.33)$$

$$\beta_2 = \frac{\partial C(a_1,a_2)}{\partial a_2} \frac{n}{k_2}(k_2 a_2)^{\frac{n-1}{n}} \quad (9.34)$$

对 9.33 式求导可得：

$$\frac{\partial \beta_1}{\partial a_1} = C_{11}\frac{e^{a_1}}{k_1(1-a_1)} + C_1\frac{e^{a_1}k_1(1-a_1) + k_1 e^{a_1}}{[k_1(1-a_1)]^2} \quad (9.35)$$

$$\frac{\partial \beta_1}{\partial a_2} = C_{12}\frac{e^{a_1}}{k_1(1-a_1)} \quad (9.36)$$

对 9.34 式求导可得：

$$\frac{\partial \beta_2}{\partial a_1} = C_{21}\frac{n}{k_2}(k_2 a_2)^{\frac{n-1}{n}} \quad (9.37)$$

$$\frac{\partial \beta_2}{\partial a_2} = C_{22}\frac{n}{k_2}(k_2 a_2)^{\frac{n-1}{n}} + C_2(n-1)(k_2 a_2)^{\frac{-1}{n}} \quad (9.38)$$

其中：$C_{11} = \frac{\partial^2 C(a_1,a_2)}{\partial a_1^2}$，$C_{22} = \frac{\partial^2 C(a_1,a_2)}{\partial a_2^2}$，$C_{12} = C_{21}$

$$= \frac{\partial^2 C(a_1, a_2)}{\partial a_1 \partial a_2}$$

解式 9.32 最优化问题，得一阶条件为：

$$\frac{\partial R(a_1,a_2)}{\partial a_1} - \frac{\partial C(a_1,a_2)}{\partial a_1} - \frac{1}{2}\rho\left(2\beta_1\sigma_1^2\frac{\partial \beta_1}{\partial a_1} + 2\beta_2\sigma_2^2\frac{\partial \beta_2}{\partial a_1}\right) = 0$$

(9.39)

$$\frac{\partial R(a_1,a_2)}{\partial a_2} - \frac{\partial C(a_1,a_2)}{\partial a_2} - \frac{1}{2}\rho\left(2\beta_1\sigma_1^2\frac{\partial \beta_1}{\partial a_2} + 2\beta_2\sigma_2^2\frac{\partial \beta_2}{\partial a_2}\right) = 0$$

(9.40)

令 $R_1 = \dfrac{\partial R(a_1, a_2)}{\partial a_1}$, $R_2 = \dfrac{\partial R(a_1, a_2)}{\partial a_2}$

将上述各表达式代入并整理得：

$$\beta_1 = \frac{k_2[k_1(1-a_1)]^2(R_1-C_1) - \rho\beta_2\sigma_2^2 C_{21} n(k_2 a_2)^{\frac{n-1}{n}}}{k_2\rho\sigma_1^2[C_{11}e^{a_1}k_1(1-a_1) + C_1 e^{a_1}k_1(1-a_1) + e^{a_1}k_1]}$$

(9.41)

$$\beta_2 = \frac{k_2 k_1(1-a_1)(R_2-C_2) - k_2\rho\beta_1\sigma_1^2 C_{12}e^{a_1} - k_2 k_1(1-a_1)C_2(n-1)(k_2 a_2)^{\frac{-1}{n}}}{k_1(1-a_1)\rho\sigma_2^2 C_{22} n(k_2 a_2)^{\frac{n-1}{n}}}$$

(9.42)

将 9.42 式代入 9.29 式，化简整理得：

$$\beta_1^* = \frac{k_1(1-a_1)\rho\sigma_2^2 C_{22} n(k_2 a_2)^{\frac{n-1}{n}} k_2[k_1(1-a_1)]^2(R_1-C_1) - \rho k_2 k_1(1-a_1)[(R_2-C_2) + C_2(n-1)(k_2 a_2)^{\frac{-1}{n}}]\sigma_2^2 C_{21} n(k_2 a_2)^{\frac{n-1}{n}}}{k_1(1-a_1)\rho\sigma_2^2 C_{22} n(k_2 a_2)^{\frac{n-1}{n}} k_2\rho\sigma_1^2[C_{11}e^{a_1}k_1(1-a_1) + C_1 e^{a_1}k_1(1-a_1) + e^{a_1}k_1] - k_2\rho^2\sigma_1^2 C_{12}e^{a_1}\sigma_2^2 C_{21} n(k_2 a_2)^{\frac{n-1}{n}}}$$

(9.43)

将 9.41 式代入 9.42 式，化简整理得：

$$\beta_2^* = \frac{\begin{Bmatrix} (k_2\rho\sigma_1^2((C_{11}+C_1)e^{a_1}k_1(1-a_1)+e^{a_1}k_1)) \\ *k_2k_1(1-a_1)(R_2-C_2)-k_2^2\rho[k_1(1-a_1)]^{-2} \\ *(R_1-C_1)\sigma_1^2 C_{12}e^{a_1}+(k_2\rho\sigma_1^2(C_{11}+C_1)e^{a_1}k_1(1-a_1)+e^{a_1}k_1) \\ *k_2k_1(1-a_1)C_2(n-1)(k_2a_2)^{\frac{-1}{n}} \end{Bmatrix}}{\begin{Bmatrix} (k_2\rho\sigma_1^2(C_{11}e^{a_1}k_1(1-a_1)+C_1e^{a_1}k_1(1-a_1)+e^{a_1}k_1)) \\ *k_1(1-a_1)\rho\sigma_2^2 C_{22}n(k_2a_2)^{\frac{n-1}{n}}-k_2\rho^2\sigma_2^2 C_{21}n(k_2a_2)^{\frac{n-1}{n}}\sigma_1^2 C_{12}e^{a_1} \end{Bmatrix}} \quad (9.44)$$

命题3：当引进"数量型"FDI的努力和引进"质量型"FDI的努力的边际成本相互独立时，东道国政府最优的激励是分别视这两种类型FDI的完成效应给予奖惩；且激励系数β_1、β_2与代理人的风险规避度以及和代理人的努力边际成本的变化率成反比。

证明：因为随机扰动项$\varepsilon(\varepsilon_1,\varepsilon_2)$是独立同分布的，所以有：

$$\Sigma = \begin{bmatrix} \text{cov}(\varepsilon_1,\varepsilon_1) & \text{cov}(\varepsilon_1,\varepsilon_2) \\ \text{cov}(\varepsilon_2,\varepsilon_1) & \text{cov}(\varepsilon_2,\varepsilon_2) \end{bmatrix} = \begin{bmatrix} \delta_1^2 & 0 \\ 0 & \delta_2^2 \end{bmatrix} \quad (9.45)$$

又因为"数量型"福利的努力和引进"质量型"福利的边际成本相互独立，所以有$c_{ij}=0$，$i=1$或2，$j=1$或2，且$i\neq j$（C_{ij}表示C对a_i的二阶导数），且$[C_{ij}]=\begin{bmatrix} C_{11} & C_{12} \\ C_{21} & C_{22} \end{bmatrix}$。

将9.45式和$[C_{ij}]=\begin{bmatrix} C_{11} & C_{12} \\ C_{21} & C_{22} \end{bmatrix}$代入9.31式得：

$$\beta = \begin{bmatrix} 1+\rho\cdot C_{11}\cdot\delta_1^2 & 0 \\ 0 & 1+\rho\cdot C_{22}\cdot\delta_2^2 \end{bmatrix}^{-1} (R_1,R_2)^T$$

$$\beta = \begin{bmatrix} \dfrac{R_1}{1+\rho C_{11}\delta_1^2} \\ \dfrac{R_2}{1+\rho C_{22}\delta_2^2} \end{bmatrix} = \begin{bmatrix} \dfrac{\theta_1 f_1}{1+\rho C_{11}\delta_1^2} \\ \dfrac{\theta_2 f_2}{1+\rho C_{22}\delta_2^2} \end{bmatrix} \quad (9.46)$$

上述命题得证。

在现实中，评价代理人的努力程度存在不确定性。比如当外资企业出于某种原因过多地强调引进"数量型"FDI，不可避免地会忽视"质量型"FDI的"权重"。因此，代理人的两种努力成本之间存在一定的相互依存性。同样在现实生活和东道国政府对代理人的监督中，"数量型"FDI更容易被觉察和测量，如FDI对GDP的影响容易通过计算获得较为精确的结果；然而"质量型"FDI则不太容易观测。

如果两种努力成本存在一定的相关性，可以令成本函数 $C(a_1, a_2)$ 的交叉偏导 C_{ij} 进入最优化条件9.31式，但收益函数 $R(a_1, a_2)$ 的交叉偏导不进入最优化条件9.31式，即 $C_{ij} \neq 0$。又因为"质量型"的FDI不太容易观测，也设定代理人引进"质量型"FDI的努力程度不易测量。则现在唯一的信息是：$x_1 = a_1 + \varepsilon_1$（因为 a_2 不易观测，所以不能获得 $x_2 = a_2 + \varepsilon_2$ 的确切信息）。又因为我们假设 $a > 0$，那么下列条件一定会得到满足：$\beta_1 = \dfrac{R_1 - R_2 \dfrac{C_{12}}{C_{22}}}{1+\rho \delta_1^2 \left(C_{11} - \dfrac{C_{12}^2}{C_{22}} \right)}$（张维迎，1996）。将 $R(a_1, a_2) = b + \theta f(a_1, a_2) + \varepsilon$ 代入上式得：

$$\beta_1 = \frac{\theta_1 f_1 - \theta_2 f_2 \dfrac{C_{12}}{C_{22}}}{1 + \rho \delta_1^2 \left(C_{11} - \dfrac{C_{12}^2}{C_{22}} \right)} \qquad (9.47)$$

命题 4：若引进"数量型"FDI 的努力和引进"质量型"FDI 的努力的边际成本是互补关系时，则加强引进"数量型"FDI 的努力应该给予鼓励；且两种成本之间的互补关系越强，则引进"数量型"FDI 的努力越值得激励。

证明：因为引进"数量型"福利的努力和引进"质量型"福利的成本是互补关系，所以引进"数量型"福利的努力 a_1 与引进"质量型"福利的边际成本 a_2 的"变动方向"应该反向，即 $\dfrac{\partial a_1}{\partial a_2} < 0$。因此，在成本函数 $C(a_1, a_2)$ 出现的 a_1 与 a_2 交叉项的系数应该为负数，即 $C_{12} < 0$，且其替代效应的大小可用 $|C_{12}|$ 的大小来表示，$|C_{12}|$ 越大表示他们之间的替代性越大，反之，则表明替代性较小。结合 9.47 式可知，当 $C_{12} < 0$ 时，$|C_{12}|$ 越大，β_1 也越大，说明用在引进"数量型"福利的努力也应该越强，命题 4 得证。

命题 5：若引进"数量型"FDI 的努力和引进"质量型"FDI 的努力的边际成本是替代关系时，则引进"数量型"FDI 的激励应该弱化；且两种成本之间的替代关系越强，则引进"数量型"FDI 的努力越应该加以约束。

引进"数量型"FDI 的成本和引进"质量型"FDI 的成本是此消彼长的关系，即如果加强引进"数量型"FDI 的努力程度，将削弱引进"质量型"FDI 的努力程度。一般情况下，由于资源是有限的（努力程度也是一种资源），那么这两种努力程度可能存在此消彼长的关系。在这种情况下，如果政府过度地强调引进"数量型"FDI 而忽略"质量型"FDI 的话，代理人就会将大部分引进成本投入"数量型"FDI 的引进，进而使得"数量型"FDI 的福利边际贡献率降低，以致出现"贫困化增长"。

证明：类似命题 4

命题 6：若引进"数量型"FDI 的努力和引进"质量型"FDI 的努力的边际成本是互补关系时，若用努力程度 a_1 表示外资企业引进"数量型"FDI 的"量"（我们总可以认为随着努力程度的增大引进"数量型"FDI 也会随之增加），那么，当代理人成本函数 $C(a_1, a_2)$ 满足：$C_{11} + C_1 > \dfrac{1}{a_1 - 1}$，在引入的总量为单位"1"时，达到最大引入量，否则新引入的"数量型"FDI 的"量"将产生"贫困化增长"；或者当"数量型"FDI 的总额为 γ_2^* 时，引入一单位"数量型"FDI 给东道国政府带来的期望收益和引入一单位"数量型"FDI 外资企业需要付出的成本相同时，再引入"数量型"FDI 同样会产生"贫困化增长"，即产生"贫困化增长"的临界点是 $\min(a_1, \gamma_2^*)$。

证明：由委托人的最优契约方案 9.43 式知：

当 $C_{12} = C_{21} = 0$ 时，

$$\beta_1^* = \frac{[k_1(1-a_1)]^2(R_1-C_1)}{\rho\sigma_1^2(C_{11}e^{a_1}k_1(1-a_1)+C_1e^{a_1}k_1(1-a_1)+e^{a_1}k_1)} \quad (9.48)$$

由委托人的最优契约方案 9.31 式知：

当 $C_{12}=C_{21}=0$ 时，

$$\beta_2^* = \frac{k_2k_1(1-a_1)(R_2-C_2)-k_2k_1(1-a_1)C_2(n-1)(k_2a_2)^{\frac{-1}{n}}}{k_1(1-a_1)\rho\sigma_2^2C_{22}n(k_2a_2)^{\frac{n-1}{n}}}$$

$$(9.49)$$

由 9.48 和 9.49 式容易看出：β_i^* 是代理人的风险规避度 ρ 和代理人的努力边际成本 C_i 减函数，同时，因为 $\frac{\partial \beta_1^*}{\partial \sigma_1^2}<0$，所以东道国政府对引进"数量型"FDI 的激励系数 β_1^*，是预期波动 σ_1^2 的减函数。因此在引进"数量型"FDI 所能带来的福利增长预期波动较大时，东道国政府将减弱对外资企业引进"数量型"FDI 的激励。又因为引进"数量型"FDI 的努力和引进"质量型"FDI 的边际成本相互独立，所以"质量型"FDI 的引进力度不受"数量型"FDI 所带来的福利增长预期波动的影响。

当东道国政府感觉到引进的 FDI 产生"贫困化增长"时，那么就放弃引进该类型 FDI。由 9.48 式可知，$\beta_1^* = \frac{[k_1(1-a_1)]^2(R_1-C_1)}{\rho\sigma_1^2(C_{11}e^{a_1}k_1(1-a_1)+C_1e^{a_1}k_1(1-a_1)+e^{a_1}k_1)} = 0$ 表示东道国政府已经不愿再鼓励"数量型"FDI 的引入。那么有：$R_1=C_1$ 或者 $1=a_1$。若 $R_1<C_1$，显然引进的"数量型"FDI 必定引起

"贫困化增长"。若当 $1 < a_1$，那么根据上式分子还是正的，此时分母化简得：$\rho\sigma_1^2 e^{a_1} k_1 (C_{11}(1-a_1) + C_1(1-a_1) + 1)$，又有条件：$C_{11} + C_1 > \dfrac{1}{a_1 - 1}$，所以分母小于零。这时东道国政府会施加一个 $\beta_1^* < 0$ 对新引进的"数量型"FDI 加以惩罚。所以，东道国政府引进"数量型"FDI 的最大值即为产生"贫困化增长"的临界点是 $\min(a_1, \gamma_2^*)$。

命题 7：无论边际成本是互补或替代，"数量型"FDI 的极端偏好将会恶化其福利水平，引致贫困化增长的产生；且只有同时在引进"质量型"FDI 时才可能使本国的福利得到改进。

证明：9.47 式意味着，如果委托人不能使代理人在引进"质量型"FDI 时付出努力的话，那么东道国的最优选择是 $\beta_1 = 0$（前提是：$\alpha_i > 0$）。

分析如下：在数量型 FDI 的极端偏好情形下，可以假设东道国政府只对引进"数量型"FDI 作出明确的偏好 $\beta_1 \gg 0$，而对"质量型"FDI 没有兴趣。假设激励系数 $\beta_2 = 0$。那么，在这种情况下，东道国的最优选择应该是 $\beta_1 = 0$。因为 $\beta_2 = 0$ 意味着 $a_2 = 0$。又因为得出上述结论是在 $a_i > 0$（$i = 1, 2$）的前提下得到的，即只有在 $a_i > 0$（$i = 1, 2$），东道国政府才会给予代理人激励。若 $a_i = 0$（$i = 1$ 或 2），此时的委托人期望收益函数为：$B(a_1, 0) = B(0, a_2) = 0$，即 a_i（$i = 1$ 或 2）等于 0，那么委托人期望收益为 0。当然，此时东道国政府偏好

"数量型"FDI，则$\beta_1 \gg 0$，$a_1 > 0$。那么此时东道国政府的确定性收入为：$B(a_1, 0) - \frac{1}{2}\rho\beta_1^2\sigma_1^2 - C(a_1, 0) < 0$。也就是说，在这种极端偏好"数量型"FDI的情况下，东道国政府引进"数量型"FDI会"入不敷出"，即产生"贫困化增长"。东道国政府此时的最优选择是：$\beta_1 = 0$，即不引进"质量型"FDI的话，"数量型"也不值得引进。

9.4 后危机时代FDI的政策设计思路

随着外商直接投资的大量涌入，我国经济形势已产生了极大变化，但我国政府对外资政策的调整却相当微弱，仅限于1995年6月出台的《指导外商投资方向暂行规定》以及2002年4月1日起施行的《指导外商投资方向规定》（中华人民共和国国务院令第346号）。这使得我国外资政策与新的历史形势严重脱节，改革开放初期所制定的外资政策表现出强大的惯性。通过税收优惠、政策优惠等积极鼓励引进外商直接投资似乎成为政府对待外资一成不变的基本态度，有些地方甚至将引进外商直接投资的数量作为考核政府官员的一项指标。这些情况都在很大程度上助长了许多地方盲目引进外商直接投资的风潮，造成了"引资饥渴"，成为1998年以后外商直接投资可能引致我国"贫困化增长"的根源（王曦，1998），因此，当务之急，后危机时代必须对引进外商直接投资政策做出必要调整。

在总结了现有 FDI 相关政策的基础上，通过 FDI 甄别、优化机制模型的构建与分析，发现引资分割点对福利增进型 FDI 的引进具有甄别的作用，而对"数量型"FDI 和"质量型"FDI 的激励与约束条件的设计对优化 FDI 类型具有重要意义。在此基础上，针对 FDI 两大因子不协调的原因，以提升 FDI 质量的可持续发展为目标。根据国家商务部（2009、2012）的外资引导思想："未来政策将重点支持结构调整、扩大就业、区域发展和节能环保等方面的外商投资。"适应新形势下的新需求，后危机时代 FDI 引进拟以"福利条件"评价为依据，在产业结构调整、生产要素提升、消费结构改善、进出口平衡、生态环境改善等方面与"促增长、调结构、保民生"结合起来导向其引资条件及政策制定，拟构建 FDI 弹性政策体系。

9.4.1 FDI 弹性政策的定位与定义

政策的制定在本质上就是通过制度设计使其之间的关系和功能达到理想状态。为此，将针对第八章所揭示的原因，以提升 FDI 福利效应的可持续发展为目标，以政府、企业行为为重点，以制度设计为手段，从市场、成本、集聚、制度四个方面，结合甄别与优化机制的分析路径，展开本研究形成的理论思路，以营造制度为保证，以建立激励与约束条件为基础，以强化动态与激励双重功能为突破口的 FDI 弹性政策路径。

弹性政策是以动态约束为前提的，动态预算约束是根据折衷硬预算约束①与软预算约束提出的（Justin Yifu Lin，2002）。所谓的"软预算约束"（Soft Budget Constraint），是指当一个经济实体遇到财务上的困境时，获得外部资助得以继续生存的一种经济现象②。但是软预算约束具有明显的两面性。一方面可以通过向弱势群体贷款或补偿的方式，增强个体对投资导向、产业调整、就业结构、环境变化的抵御能力；另一方面软预算约束必然导致其公共政策的道德风险问题（Moral Hazard），从而导致资源的配置不合理以及严重的浪费（国锋，2004）。为了有效避免硬预算约束与软预算约束产生的弊端，针对东、中、西部的区域差异性，本研究设计动态预算约束的弹性制度思想，即在不同区域国家政策变量（指国家在投资政策、税收政策、产业政策等方面的投资或补贴）随着市场因素、产业集聚因素、成本因素、制度因素等变化而变化，政策设计力图兼顾公平性、效率性、避免外部性（Kazuo，Nishimura，1995）。同时，认为FDI弹性政策设计应该具备的四大特点：动态性、激励性、外部性和福利性。

---

① 所谓"硬预算约束"是指经济实体的一切活动都以自身拥有的资源约束为限，不存在补贴与优惠。

② 这一概念是科尔奈（Kornai）于1979年提出的，是相对于传统意义上的"硬预算约束"。软预算约束的形成至少有两个主体，一是预算约束体，是指那些以自有资源为限的前提下，如果收不抵支，产生赤字，在没有外部资助的情况下不能继续存在的实体；另一个是支持体，是指那些可以直接转嫁资源来救助陷入困境的预算约束体的实体（Justin Yifu Lin & Zhiyun Li，2003，Li，Daikui，1992）。

9.4.2 FDI 弹性政策的特征

（1） 动态性分析

目前，中国经济处于转型阶段，后危机时代对 FDI 提出了新的要求。FDI 溢出效应带来生产要素、产业结构、收入分配、环境变化、进出口结构等相关变量的边际产出弹性变化，从而导致对福利条件评价的差异。根据本章对甄别与优化机制的研究，在此基础上，基于产出、进出口、收入等数量参数与产业结构、环境变化、要素变化等质量结构偏离的视角，揭示了"数量型"FDI 与"质量型"FDI 动态变化的重要性。原有 FDI 政策都是静态或者部分动态体系，难以适应新形势下 FDI 的动态变化。其动态性保证了其适应性，如表 9-2 所示。

表 9-2 FDI 政策设计的动态性特征

影响因素	动态机理	具体措施
市场因素	市场规模与市场开放度在区域表现上的差异性及不同时期的变化显现时空的动态变化	厘清"数量型"FDI 与"质量型"FDI 对区域经济影响的政策贡献
成本因素	劳动力成本、劳动力质量和基础设施对区域 FDI 的影响具有不一致性，表现在数量因子、质量因子在不同时空上的差异性	兼顾影响 FDI 效应的数量因子与质量因子的均衡

第九章 FDI甄别、优化机制的构建及弹性政策体系的设计

（续表）

影响因素	动态机理	具体措施
集聚因素	FDI存量和产业集聚程度的动态变化。我国东部沿海地区的产业集聚程度与投资国的产业转移进程具有较强的吻合性，而中、西部地区产业结构距国际产业的梯度转移的要求还有很大差距	强化"质量型"FDI的政策实施
制度因素	对外开放政策在时间和空间上的差异很大程度上造成了外资地区分布的不平衡，形成非均衡发展模式下的自我强化力量	协调FDI政策的平衡与发展，体现效率与公平

从表9-2中看出，每项因素的影响都是在动态变化趋势的基础上，不拘泥于时点结论，为我国FDI的长远发展提出了思考方向。

（2）激励性分析

目前我国对FDI实施的是一种"普遍优惠政策"，即在税收、出口甚至市场准入等方面为一切外资企业提供比本国企业更为有利的待遇。在引进外资形势发生巨大变化的后危机时代，一些学者提出用"开放政策"取代"普遍优惠政策"，所谓的"开放政策"是指允许外资企业享受国民待遇，允许外资企业进入国内市场同本国企业进行平等竞争（陈志刚，

2004)。但须知,虽然外商直接投资负面效应日趋凸显,但不可否认它仍然对我国经济起着非同寻常的促进作用,后危机时代经济的发展仍然需要 FDI 的大量注入与刺激。若完全取消优惠政策,而以完全平等代之,那么我国必将失去对优质外资的吸引力,从而处于被动状态。所以,目前提倡"开放政策"的条件还不完全成熟。本研究所建立的甄别及优化机制的分析结果为当前调整外资政策提供了一种新的、切实可行的思维。正如命题 3 提出的对不同类型的 FDI 的奖励差异将对福利变化产生不同的影响,因此采用"选择性优惠 + 选择性惩罚政策"取代"普遍优惠政策",该政策的基本含义是指对那些引进的 FDI("质量型"FDI)能够促进我国福利增长的外资企业在税收、出口市场准入等方面给予比本国企业更为有利的待遇;而对那些引进的 FDI 项目(更多为"数量型"FDI)恶化我国福利的外资企业将予以税收、出口市场准入等方面管制,如图 9 - 10 所示。

根据总体的设计路径,其具体框架为:

基于福利条件指数与产出贡献的不一致性,"数量型"FDI 的扩张、制造业"加工贸易型"FDI 的扩大、"贫困化增长"趋势的特征,是我国在政策扭曲、数量扩张、绩效评价过程中的内生结果,导致反映综合效应概念的福利水平在数量与质量间的不平衡回报,在此基本判断下,后危机时代要选择性地引进 FDI 并实现福利最大化目标,政府必须把激励效率摆在头等重要的地位。因为这个时期经济发展水平不高和

第九章 FDI 甄别、优化机制的构建及弹性政策体系的设计

激励性的现实依据

```
国家利益 ─┐         ┌─ 以经济增长为目标
         ├─ 经济社会 ─┤
         │  可持续发展 ├─ 以产业结构调整为途径
地区利益 ─┘         └─ 福利提升为主导
```

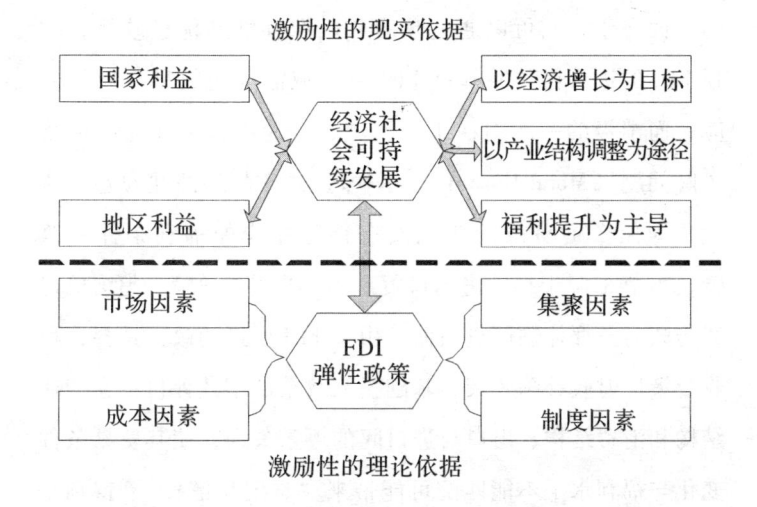

```
市场因素 ─┐         ┌─ 集聚因素
         ├─ FDI ───┤
         │  弹性政策 │
成本因素 ─┘         └─ 制度因素
```

激励性的理论依据

图 9－10　FDI 弹性政策激励性

法制的不完善决定了单靠政府的强制执行很难促使地区、企业积极遵循政府导向。FDI 弹性政策体系正是秉承了这一特点，其四项影响因素均以社会福利最大化为核心，以防范"贫困化增长"为目标，以区域协调发展为途径，以政府实施为主导，以选择性优惠为激励行为的政策路径设计（如图 9－10 所示）。

（3）外部性分析

本研究将着力研究 FDI 综合效应影响下的福利条件指数与经济增长协调发展的理论机理；FDI 引进政策在严格意义上来说属于"准公共产品"范畴，既具有公共产品的性质，又具有私人产品的性质，具有明显的两面性。积极

的一面在于，它可以通过政府和区域补贴的优惠政策，增强 FDI 的进入愿望并提高 FDI 对区域需求的数量与质量效应；而消极的一面则在于，区域、企业引进 FDI 存在道德风险问题（Moral Hazard）——即公共产品外部性问题：这就是为什么贸易条件变化没有伴随相应的福利条件的改善，可能来源于推动进出口贸易的 FDI 引进政策、超国民待遇与政府考评体制严重扭曲，由于 FDI 引进的政策选择，税收政策、财政补贴政策、基础投入政策的绩效评价，在产业结构和消费结构、出口与进口间的严重失衡，使其贸易条件变化与福利水平不能匹配可能带来"贫困化增长"。特别是急功近利的考评体制使地方政府在引进 FDI 的同时还普遍倾向于短期利益获得而忽视了 FDI 的长期影响，不可避免地将导致社会资源配置不合理以及严重的资源浪费；正如命题 11 提出的优惠的 FDI 引进政策不一定带来东道国福利的增加，相反，优惠额度越大则越有可能恶化东道国的综合福利。

如何防范外部性的道德危机？正如提到的"选择性优惠＋选择性惩罚政策"的实施过程中，必须解决两个关键性问题：一是如何选择，本研究构建的评价指标体系对 FDI 的各种效应进行综合评价的方式，已经为相关部门监管外商直接投资提供了有益的参考；一是优惠与惩罚的方式，出于分析问题的简便性，在建立优化机制的过程中仅将补贴和税收作为"奖惩"的方式。在现实中，东道国为了鼓励或限制 FDI 的引进有许多政策工具可以使用，除了补贴和税收以外，进出口配额、进出口管制、市场准入等都可以直接对FDI的引进进行有效控制与调节。另外，东道国利率、汇率、行业发展规划等相关法律、法规与政策也可以间接调整FDI的规模和流向。国家宏观经济部门应该利用这些相关工具，并使之有效地组合在一起，更好地为外资监管工作服务。

如图9-11所示：单靠国家政府提供税收补贴优惠政策，将导致外部性，引发道德风险；单靠地方政府支付优惠成本，又将面临市场出清问题，从而引发公平性问题；最终，借助国家政府、地方政府、FDI企业共同完成对FDI类型的优化，建立国家政府导向、地方政府约束、选择性优惠与选择性惩罚结合的弹性政策体系的合理路径。

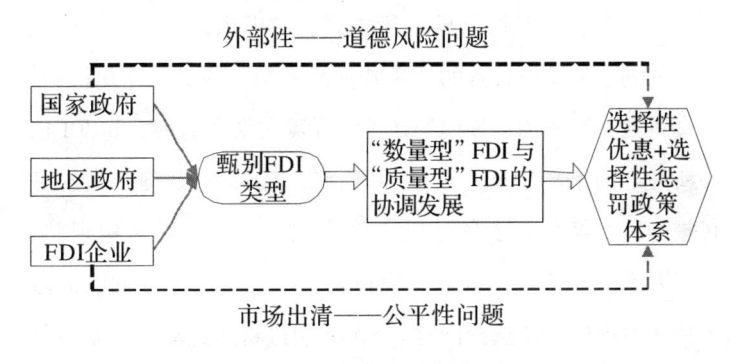

图9-11　FDI弹性政策的外部性

（4）福利性分析

对影响我国FDI实施的政策制度进行分析，目的是揭示影响FDI提升福利水平的深层次原因，以更好地推动"质量型"

FDI 的有效实施。对此,将分别从市场因素、成本因素、集聚因素、制度因素四个方面进行政策设计,为政策制度创新做一些尝试性的工作。因此,设计的 FDI 弹性制度模式不仅具有动态性、激励性、外部性,而且更加注重其福利型的提高。

如图 9-12 所示:①正如命题 2 提出的 FDI 甄别以福利条件为依据,FDI 类型判断拟通过 FDI 福利条件指数分析"数量型"FDI 与"质量型"FDI 的差异,确定了以社会经济可持续发展为核心,激励地方政府预防 FDI 政策中的外部负效应的产生;因此,该政策体系强调激励与约束行为对 FDI 进行的"选择性优惠+选择性惩罚"的行为与 FDI 福利综合效应评价的初衷是一致的。②FDI 弹性政策体系将通过理论分析与实证检验,摒弃"一刀切"的政策模式,考虑国家、地方、企业三方的利益关系,设置的"委托代理模型"的 FDI 优化机制,将真正使 FDI 的国家导向与地方实际需求结合起来。③FDI 选择所考虑的市场因素、成本因素、集聚因素、制度因素的最优规划,不仅考虑了各地区经济发展水平、产业结构现状、生产要素变化等现实问题,更设计了国家的产业导向、区域可持续发展的 FDI 选择问题。④FDI 引进将通过动态规划下的弹性分析,在"促增长、调结构、保民生"的路径指引下,构建 FDI 引进的动态性、激励性以及防止外部性特征的政策体系,促进"数量型"FDI 与"质量型"FDI 的协调发展,为提升 FDI 的整体福利水平提供政策思考(如图 9-12 所示)。

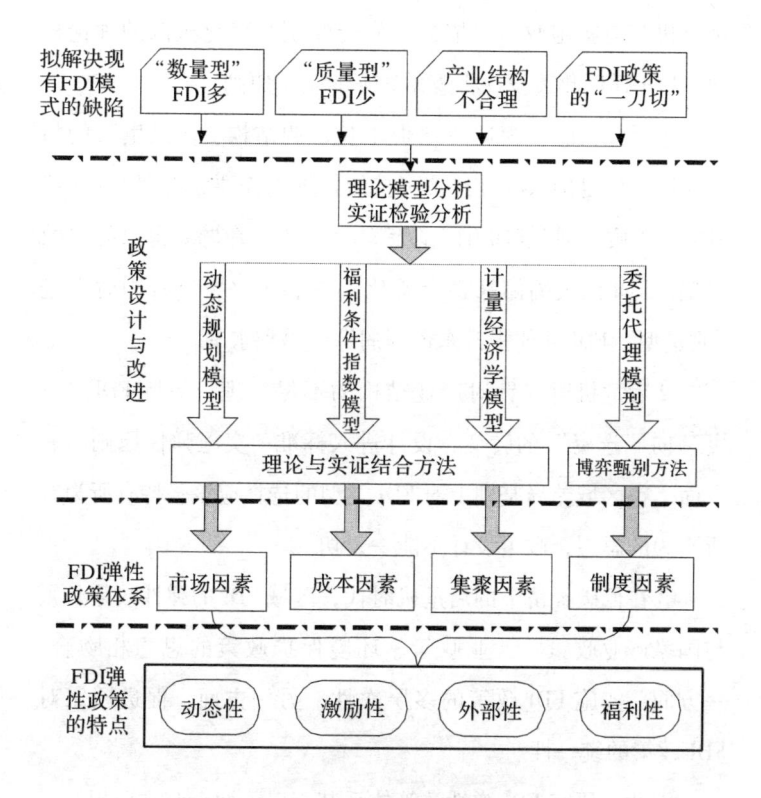

图 9-12 FDI 弹性政策的福利性

9.5 后危机时代 FDI 弹性政策体系的设想

政策是指标体系评价的实现形式和外在表现，政策的有效性取决于指标体系的合理性。后危机时代选择与实现我国 FDI 弹性政策体系，不仅应该遵循命题 8 提出的政策引资分割点为参考依据，使"数量型"FDI 与"质量型"FDI 的有机结合能够实现最佳的政策意图，最重要的就是建立科学合理的优化机制与实施政策。依据本研究甄别与优化机制的理论框架，FDI 弹性政策设计将遵循如下的基本原则：

①后危机时代为适应"促增长、调结构、保民生"的指导原则，满足国家社会经济可持续发展的需要，将"数量型"FDI 与"质量型"FDI 纳入政策体系。正如命题 8 提出的"数量型"FDI 的极端偏好将会恶化其福利水平，只有同时引进"质量型"FDI 才能提升东道国的综合福利水平。

②后危机时代针对产业结构的不尽合理，坚持 FDI "引资"向"选资"的转变，设计进入标准，实施弹性原则。一方面，在区域差异基础上对 FDI 类型的选择应该坚持有所为有所不为的思想，政策设计不能一刀切。

③在低碳经济下的后危机时代，区域 FDI 的弹性政策必须与国家产业政策、就业政策、环境保护政策的思想相吻合。一方面，实施 FDI 政策的多层次性，另一方面，促进国家对 FDI 政策的统一性。

因此，研究 FDI 弹性政策体系基于以下两个基本前提：

①建立全国统一的 FDI 福利条件指标体系作为判断国家 FDI 与区域 FDI 的福利水平。以 FDI "福利条件"替代传统的"贸易条件"作为判断是否出现以及防范"贫困化增长"的标准。

②后危机时代建立"动态性、激励性、外部性、福利型"特征的 FDI 弹性政策体系。现行政策的无针对性、静态性、优惠性特征显然不符合后危机时代对 FDI 质量提升的需求。本研

第九章　FDI甄别、优化机制的构建及弹性政策体系的设计

究对FDI弹性制度的设计旨在使FDI具有针对性、优惠政策体现激励与惩罚的有机结合以防范政策的外部性，使FDI的导向政策能够真正落到实处。

一是按照**"促增长、调结构、保民生"**的原则，制定实施后危机时代FDI的进入门槛标准（参考命题2）。FDI引进与两大因子的政策存在互动功能。研究结果体现了东道国对外商直接投资应持有的正确态度，即一种"有奖有罚"的思想，以外商直接投资的类型（"数量型"FDI与"质量型"FDI对我国福利产生的综合影响）作为是否引进的依据（参考命题7），以克服原有的以外商投资的规模为依据的缺陷，着力提高"质量型"FDI的引进力度。

二是根据东、中、西部地区的经济水平与现实基础，后危机时代提出有针对性的区域FDI政策并逐渐实施全国统一的政策体系；地方政府对FDI引进所产生的外部负效应不能完全归因于地方政府的急功近利，主要原因是缺乏针对区域FDI引进的优化机制。制度经济学的研究表明，制度的供给是受到约束的，几乎任何能带来预期收益的制度变迁都需要支付转制成本。事实上由于后危机时代FDI引进所体现的"动态性、激励性、外部性、福利性"特征，FDI引进必须在市场因素、成本因素、集聚因素、制度因素综合考虑的基础上，在"数量型"FDI与"质量型"FDI的优化判断中做出福利提升或恶化的甄别（参考命题9），在此基础上进行制度安排与政策选择。因此在总的政府行为引导下，FDI政策不能一刀切，

必须因时因地地设计 FDI 引进的弹性政策，以保证 FDI 的区域性与国家整体性的协调发展。

三是在 FDI 优化机制下，结合 FDI 福利条件的标准及福利改善或恶化的甄别模型，构建"数量型"FDI 与"质量型"FDI 协调发展的政策体系，推动 FDI 福利效应的整体提升以防范"贫困化增长"。

正是在中国目前处于经济转型期，扩大内需，稳定开放的背景下，本研究通过对以往 FDI 实施政策的梳理与分析，结合后危机时代 FDI 引进的需求，提出了**"调结构、重动态、加激励、促福利"的弹性政策体系。**

9.6 本章小结

本章在梳理 FDI 政策实施的前提下，在信息经济学委托-代理理论的基础上建立的防范"贫困化增长"的 FDI 甄别、优机制模型，通过模型的博弈均衡结果发现："数量型"FDI 与"质量型"FDI 的有机结合才能与提升"FDI 福利条件指数"相吻合。基于此，后危机时代构建"选择性优惠＋选择性惩罚政策"替代原有的"普遍优惠政策"的政策体系是具有"动态性、激励性、外部性、福利性"特征的 FDI 弹性政策的主要思路，是区域 FDI 与总体 FDI 协调发展的路径选择。

第十章

研究结论与政策运用

后危机时代强调综合福利效应的特征，本研究从"贫困化增长"理论中得到启示，从福利角度来研究FDI对东道国产生的效应。在"贸易条件"的基础上拓展其内涵与外延并提出了"福利条件"这一全新概念，作为衡量FDI影响东道国福利程度的依据。通过建立FDI"福利条件"指标体系，对我国1992—2011年的FDI"福利条件"进行评价，并测算出综合福利指数。在深入考察FDI福利指数评价的基础上，揭示出基于"数量型"FDI与"质量型"FDI协调发展的时空检验对提高FDI综合福利效应的重要意义。进一步，通过对引进FDI福利增进与恶化的甄别，将"数量型"FDI与"质量型"

FDI 双重任务下的 FDI"福利条件"引入基于委托—代理理论的 FDI 优化机制模型中，得到东道国实现福利最大化所必须遵循的引资政策的基本原则。在 FDI 政策梳理与分析基础上得出本研究的结论和政策建议。

10.1 研究结论

（1）以本体建模技术和层次分析法为基础构建的 FDI 评价指标体系包括产出效应、要素效应、收入效应、消费效应、进出口效应、生态效应六个方面的内容

FDI 评价指标体系应能充分反映 FDI 效应的共性和后危机时代 FDI 效应的特殊性。借助本体领域建模方法进行指标的选择，利用因子分析方法进行指标体系的检验，建立一般性和特殊性相统一的、突出体现数量因子与质量因子结合的、反映 FDI 效应六个方面的研究内容。同时，在层析分析法确定的 FDI 福利效应各指标权重的基础上，刻画出一个无量纲的反映 FDI 综合福利效应的"福利条件"指数。该指数作为评价 FDI 福利水平高低的综合指标，为提升 FDI 福利效应及政策建议提供依据。

（2）后危机时代以 FDI "福利条件" 指数作为判断 "贫困化增长" 的标准既有理论依据又有实证支持

①实证结果显示以往在引资过程中仅注重 FDI 产出效应的观念是片面的，GDP 对福利的影响并非最显著，因此从福

利角度全面考察 FDI 的综合效应才是十分必要的。

②根据多目标动态规划的分析结果揭示了后危机时代 FDI 通过产生六种基本效应来改变东道国福利的增长方式是可行的；FDI 引发东道国"贫困化增长"的根本原因是 FDI 产生效用的多样性及效应的不确定性。要判断 FDI 是否引发"贫困化增长"，就必须将 FDI 产生的各种效应综合起来加以评价。

③基于价格指数——贸易条件恶化——"贫困化增长"的传统思想，将其拓展为综合指数——"福利条件"恶化——"贫困化增长"的新路径是从 FDI 角度分析福利条件可能导致"贫困化增长"的一个新的切入点，通过多种效应综合的福利条件较之传统的依靠单一贸易条件评价经济增长更具有现实性与科学性。

（3）后危机时代 FDI 综合福利效应的提升是产出效应、要素效应、收入效应、消费效应、进出口效应、生态效应等相互协调统一的实现过程

①FDI 综合福利在评价过程中应该是产出、收入、消费、要素、进出口、生态等方面的结合和协调。其中，起重要作用的政策制度贯穿在对产出、收入、消费、要素、进出口、生态等方面的衡量中，其性质与功能决定了应该采取的政策支持与制度模式。

②后危机时代 FDI 对我国产生的效应多种多样，涉及了社会经济领域的各个方面。既有正效应，又有负效应，且各种

效应的大小也不尽相同。实证结果显示了 FDI 效应的多样性与不确定性。

③后危机时代 FDI 综合福利指数提高的六个方面的有机协调，从理想状态上看，是开放系统中的政策导向与 FDI 引进在制度或机制的作用下，产出、收入、消费、要素、进出口、生态等配合适当的良性循环态势。在逻辑上，客观存在一个受产业结构调整、就业扩大需求、生态环境优化实现程度及制度、效应、结构变化影响的资源配置的理想状态比例。其 FDI 在区域差异、投资环境约束给定的条件下，协调发展的实现取决于甄别、激励约束、政策设计与有效实施的科学合理的机制设置。

④后危机时代 FDI 福利指数提升过程中的六个方面的有机协调，其实现过程是受外部因素影响，内部多目标相交织、多层次相交叉、多任务相博弈的从产出、收入、消费、要素、进出口、生态到制度创新的系统动态过程。协调的基础是在市场经济条件下，中央政府、地方政府、企业功能的发挥，核心在于 FDI 政策的有效实施，关键是政府行为、企业行为与市场行为的协调。

（4）后危机时代 FDI 福利指数提高过程中六个效应的有机协调必须以科学的指标体系、评价方法和政策支持为条件

①本体建模技术与层次分析方法在 FDI 福利评价指标体系中的运用，克服了指标设计中的随意性和主观性，为科学

有效地评价 FDI 福利水平奠定了基础。

②以"福利条件"指标体系作为 FDI 福利指数评价的载体,不仅能凸显 FDI 在后危机时代对质量需求的特殊性,而且使之能客观合理地衡量 FDI 福利水平,从而有利于设计行之有效的 FDI 引资政策,提升与改善 FDI 的福利效应。

③在 FDI 评价指标体系构建的基础上,"福利条件"指数的建立为 FDI 福利水平的提升提供了衡量依据。"福利条件"既是影响 FDI 福利效应的逻辑起点,同时又是提升 FDI 综合福利效应的实现基础。当然,后危机时代"福利条件"会随着宏观形势的变化而变化,但无论怎样变化,评价指标体系的衡量与"福利条件"指数的确定对 FDI 六大效应的有机协调都将起到十分重要的作用。

(5)实证研究结果揭示了数量因子和质量因子对 FDI 的影响具有区域差异性

①实证研究结果显示 FDI 综合"福利条件"呈东、中、西递减趋势,"数量型"FDI"福利条件"呈东、中、西递增趋势,"质量型"FDI"福利条件"呈东、中、西递减趋势。同时,东、中、西三大区域内也呈现出聚集现象。中、西部地区在区位上的劣势以及前向和后向配套产业的不完善导致了利用 FDI 的区域差异性,更加剧了地区发展的不平衡性和地区福利的两极分化。

②动态分析的结果显示,引进 FDI 前期对"数量型"福

利指数的提升大于"质量型"福利指数。但后期 FDI 对"质量型"福利指数的提升大于前期，说明随着经济的发展，特别是后危机时代 FDI 对"质量型"福利指数的贡献度逐渐增大的要求，即对"质量型"FDI 的需求更加迫切。

（6）"数量型" FDI 与 "质量型" FDI 的互动与协调发展是后危机时代引进 FDI 使二者相互促进达成的最优供求均衡

①FDI 在产出、收入、消费、要素、进出口、生态等效应的表现无不体现出"数量型"FDI 与"质量型"FDI 的具体表达。而 FDI 福利水平的提升正是通过"数量型"FDI 与"质量型"FDI 的有机配合才能优化 FDI 的"福利条件"以推进综合福利效应的提高。

②"数量型"FDI 与"质量型"FDI 的供求取决于各地区的经济发展水平、市场发展程度、利益主体的博弈行为等。

③"数量型"FDI 可以在一定程度上增加国民产出与收入、拉动就业、扩大进出口规模等；"质量型"FDI 对改善产业结构、提高生产要素水平、优化生态环境等有积极作用。综合的 FDI 福利条件指数有利于 FDI 福利水平的整体提升。

（7）"数量型" FDI 与 "质量型" FDI 不能相互促进、协调发展的关键在于 FDI 贸易条件的制约

①"福利条件"与贸易条件不一致并不是偶然的现象，背后源于贸易条件指数与产出贡献的不一致性。"数量型"

FDI 的扩张、制造业加工贸易型 FDI 的扩大、"贫困化增长"趋势的特征是我国在政策扭曲、数量扩张、绩效评价过程中的内生结果，导致反映 FDI 效应概念的福利水平在数量与质量间的不平衡回报，因此要以衡量标准的改变为突破口，从理论上拓展贸易条件的内涵与外延。

②贸易条件变化为什么没有伴随相应的"福利条件"的改善？同样可能来源于推动进出口贸易的 FDI 引进政策、超国民待遇与政府考评体制严重扭曲，由于 FDI 引进的政策选择，税收政策、财政补贴政策、基础投入政策的绩效评价、产业结构和消费结构、出口与进口间的严重失衡，使其贸易条件变化与福利水平不能匹配，可能将带来"贫困化增长"的趋势。

（8）影响 FDI "福利条件" 的两大因子的不协调与 FDI 优惠政策具有的公共产品外部性有关

①FDI 优惠政策作为准公共品，是市场经济运行的一个重要补充。FDI 优惠政策决定了在目前 FDI"福利条件"不确定的情况下，FDI 类型选择可能导致与"福利条件"的选择相偏离。

②我国 FDI"福利条件"指数的构建是在不健全的贸易政策的初始条件下，受制于后危机时代对"质量型"FDI 的特殊要求，以及准公共产品制度不成熟制约和利益集团驱动下的路径依赖过程。

③FDI优惠政策构建的影响因素，除了具有和政策相同的影响因素外，还有以下特点：一是初始条件中，贸易条件的安排构成了重要的影响。二是政策变迁中的利益集团的影响，主要是中央政府、地方政府、企业集团之间的影响。

④FDI"福利条件"的偏离与我国区域经济发展水平差异下对"数量型"FDI与"质量型"FDI的需求是分不开的。将东、中、西部的FDI引进纳入国家的统一标准，其实施难以达到预期目标。

（9）后危机时代FDI "福利条件" 与FDI综合福利效应协调发展模式具有实现机理一致性和实现形态多样性的特点

①我国FDI"福利条件"与综合福利效应的协调发展，是针对市场经济条件下，借鉴国外已有的发展经验，依据产出、收入、消费、要素、进出口、生态等效应的概念内涵、基本特征、实现机理，将FDI"福利条件"的要素加以抽象、概括、类比、分析和逻辑演绎而构建的以指导中国FDI福利提升为目的的一种综合指数方案。

②我国FDI"福利条件"与福利效应协调发展的六大内容可以表现为"数量型"因子与"质量型"因子的集中表达。

③后危机时代我国FDI"福利条件"与福利水平协调发展模式应包括区域FDI在数量因子与质量因子表现上的不同背景、目标，它是协调发展系统、协调对象及其相互关系、作用方式与政策手段等协调机制实现形式的抽象表达。

④我国FDI"福利条件"与福利效应协调发展模式的总体框架受优化、甄别机制的发展机理决定,具有一致性,其形态取决于具体目标、约束条件、激励手段的最优组合。

(10) 后危机时代FDI "福利条件" 改善与福利水平提升的关键是基于委托代理模型基础上的FDI甄别、优化机制的构建与政策实施

①防范FDI所引致的东道国"贫困化增长"的前提是确定FDI的"类型",即对数量型FDI与质量型FDI的内容确定作为甄别FDI福利增进与恶化的基础。

②委托-代理理论以其在机制设计方面的优越性成为本研究构建FDI甄别、优化机制的工具选择。通过博弈理论与技术路径导出的优化模型作为评判FDI类型及福利表现的基本分析框架成为可能。

③一般而言,经济发展水平初期,人们更偏好于对数量型经济的需求,但经济发展到一定程度以后,则更偏向于对质量的追求。本研究认为在引进"数量型"FDI所能带来的福利增长预期波动较大时,东道国政府将减弱对外资企业引进"数量型"FDI的激励。相反,"质量型"FDI的引进力度不受"数量型"FDI所能带来的福利增长预期波动的影响。

④考虑到国际市场上的FDI和FDI引资者之间的信息不对称,建立在委托代理理论上的、确定东道国FDI优惠政策的分割点是引资者甄别"福利增进型"FDI、"福利恶化型"FDI

的关键所在。

10.2 政策运用

本研究通过对 FDI 与 "贫困化增长" 的机理分析以及 1992—2011 年的省际面板数据的实证研究，对 FDI 综合福利效应的评价，为后危机时代的引资政策提供了重要参考与启示。

（1）后危机时代以 FDI "福利条件" 替代传统的贸易条件作为判断 "贫困化增长" 的标准，强化对 FDI 的综合福利效应评价，是引资决策的客观依据

①后危机时代以 FDI 福利条件为标准综合评价 FDI 对宏观与微观经济因素影响的思路，应该成为引资决策的客观依据。对 FDI 福利条件加以考察，为引资政策的合理安排提供了一种全新的思维和理论借鉴，能有效防止政策制定的盲目性与片面性。

②构建 FDI 福利评价指标体系的落脚点在于对其的应用与推广。政府权威部门和专家对指标体系的内容及评价进行充分论证，能保持指标体系的相对稳定性和持续性，有利于对我国 FDI 福利水平的总体和动态评价。

③保证 FDI 福利评价指标体系既符合一般指标体系的总体框架，同时也符合国际指标体系的评价标准。后危机时代 FDI 福利评价指标体系的设置应该具有 FDI 六大效应的共性和转型时期 FDI 特殊性相结合的特点，并力求与国际上指标体系

的评价内容一致，以有利于 FDI 福利效应的横向比较。

④后危机时代构建的 FDI 福利评价指标体系的内容应体现经济的可持续发展和"以人为本"相结合的科学发展观思想。FDI 福利水平的提高，有利于社会整体福祉的改善。

（2） 完善本体建模技术、层次分析方法在 FDI "福利条件"评价中的应用

①建模就是把特别复杂而困难的问题细化分解后找出原始数据背后的规律，并能有效地将系统需求映射到模型结构中去。指标体系需要描述的是通过各项 FDI 效应指标来反映 FDI 综合福利水平的现状及其变化，这正符合本体建模的目的。

②FDI"福利条件"指数的评价主要体现在指标体系的选择与权重的确定两个方面。采用本体建模技术与层次分析方法主要是为了克服传统指标选择随意性的弊端以及对指标体系评价中的等权重转化为不等权重的处理。这两大难题的突破更需要不断地完善与应用。

（3） 后危机时代保持对 FDI 冷静的态度，是消除引资决策盲目性的根本

①理论与实证研究分别论证了 FDI 对我国产生效应的多样性与不确定性。FDI 在产生促进我国经济增长、居民消费、收入提高等正面效应的同时，也造成了国内资本闲置、就业

增长率下降、环境污染等负面效应。很长一段时间以来，我国各级政府及相关部门在引进外资和制定外资政策的过程中，都表现出一种对FDI产出效应的高度关注却对其产生的其他效应的不够重视的态度。这种错误的态度在很大程度上导致了引资决策的盲目性。一些地方甚至将引进外资作为政府官员考核的一项指标。对外资不考察、不评估，在一定程度上为外商直接投资引致的"贫困化增长"埋藏了祸根。因此，后危机时代对外商直接投资保持一种冷静的态度，是正确制定引资政策和防范"贫困化增长"的基础。

②后危机时代国情和经济发展的需要是"选资"的基本出发点。要综合评价FDI的各种效应，以此作为引资决策的客观依据，除了对FDI的各种效应大小的考虑以外，还必须确定各种效应在综合效应中所占的权重。而权重确定的依据应该符合转型期的基本国情和经济发展的需要。政府引进FDI的目的应转变到解决当前的主要矛盾上来，对FDI的需求再不能仅停留在"量"上，而应实现从"量"到"质"的飞跃。引资政策应倾向于那些有助于增加国内资本投入、增加就业、改善环境等的FDI项目，给予它们更多的优惠和扶持力度，使之更好地为我国国民经济持续、健康发展服务。

③后危机时代有选择性地引进外资，是我国经济转型发展的客观要求。外商直接投资对东道国各个经济变量的影响是不确定的，可能促进相关变量的增长，也可能替代（挤出）相关变量，这取决于东道国的外资政策、经济周期、国内企

业竞争力、外资产业分布及外商投资动机等多种因素。对外资进行有选择地引进，是当前新的经济历史形势下的最佳选择。所谓有选择地引进外资，就是相关部门要坚持从 FDI 的多种效应出发，全面客观地评价 FDI 对我国产生的综合效应，并将其作为引资决策的客观依据。

（4）后危机时代实施"弹性引资政策"，强化"数量型"FDI 与"质量型" FDI 互动发展的制度功能

①后危机时代强化"数量型"FDI 与"质量型"FDI 的协调发展功能，确立竞争优势观念与意识。在反映 FDI 福利效应的综合评价中，由于产出、收入、消费、要素、进出口、生态是数量因子与质量因子的变量选择与载体。"数量型"FDI 与"质量型"FDI 既是手段，又是目的。因此，加大对两大类型 FDI 的协调发展，既可以促使社会、经济与环境的可持续发展，又可以为 FDI 福利水平的提升营造良好的投资环境。

②后危机时代解除"质量型"FDI 不能真正提高的外部约束。适当提高外资进入制造业的门槛，限制技术含量低的项目转移。第一，前提约束：制定强有力措施落实避免公共产品外部性、克服"质量型"FDI 实施中的障碍及两大类型 FDI 的供给缺口等问题，使 FDI 类型真正与实际结合；第二，市场约束：市场经济体制的不断完善与规范需要加快其建设的步伐；第三，机制约束：激励机制与约束机制的相互配合是防范引资政策外部性的关键。

③后危机时代营造两种类型 FDI 协调发展的宏观制度环境。第一，以完善市场经济体制为目标，进一步规范和健全投资市场与公共服务市场；第二，以"弹性引资政策"为前提，实施 FDI 福利条件以保证 FDI 福利效应的整体提升；第三，以动态约束为基础，构建"数量型"FDI 与"质量型"FDI 的优化机制以保障 FDI 效应。

（5）后危机时代合理引导 FDI 流向，是促进我国区域经济平衡发展的有效途径

①实证分析指出，FDI 对我国东、中、西部福利拉动作用的不平衡，进一步加剧了我国地区经济的差距。而造成这种状况的主要原因是 FDI 在我国空间分布上的不平衡。因此，在加大 FDI 引进步伐的同时，注重 FDI 质量的筛选，成为了促进中、西部地区经济快速发展，缩小三大经济区域之间差距的重要途径。

②后危机时代积极引导 FDI 投资区域和产业的合理化，以及从成本引导型 FDI 向市场引导型 FDI 的转移。在西部地区吸引 FDI 投资劳动密集型产业；东部地区吸收资金密集型和技术密集型跨国公司。我国东部沿海地区经济发展已经接近发达国家水平，发展单纯的劳动密集型产业不再具备劳动力成本上的优势。相反，长期以来的经济和技术基础，已经使其具有从模仿到创新的能力。通过"质量型"FDI 的溢出效应促进当地和跨国公司企业的良性循环，增强共同的国际竞争力。

③后危机时代顺应世界绿色经济趋势,主动加大节能减排力度,通过提升低碳经济投资收益率,大量吸引在低碳经济中具有先行优势的发达国家的投资。以开发清洁能源、新能源和节能减排产业等为基本内容的"质量型"FDI的引进,将是转变我国经济增长方式、调整产业结构、增强产业国际竞争力、实现区域可持续发展的主要途径。

(6) 后危机时代 "选择性优惠+选择性惩罚政策" 是我国引资政策改革的基本思路

①根据回归分析的结果显示:2000年以前引进的FDI起到了增进我国综合福利的作用,但2000年以后引进的"质量型"FDI不仅没有起到促进我国福利增长的作用,反而恶化了我国的总体福利水平,造成了"贫困化增长"的可能。说明我国2000年以后的引资政策忽略了对"质量型"FDI的引进,后危机时代需要进行必要的调整。目前我国FDI引进在"量"上已颇具规模,因此在外资政策导向上更应注重对"质"的把握,转变以往"一刀切"的作风。

②通过甄别优化机制模型的建立,防范FDI导致的"贫困化增长"问题的关键是将FDI对东道国福利的影响力作为其投资回报率高低的决定性因素,根据FDI的类型对不同的外资项目实行区别对待:一方面,对"福利增进型"FDI采取补贴或其他优惠政策,鼓励其流入;另一方面,对"福利恶化型"的FDI采取征税、限制等手段,提高其流入我国的

门槛。

③通过建立FDI优化机制与相关博弈均衡分析，得到调整我国引资政策的系列启示："有奖有罚"是东道国对外商直接投资应持有的正确态度，外商直接投资的结果（即对我国福利产生的综合影响）是相关部门决策是否引进FDI的依据；"选择性优惠+选择性惩罚政策"取代"普遍优惠政策"，是目前我国所处历史时期和经济形势下的可行性选择。

④后危机时代在选择外资政策的时候，以"选择性优惠+选择性惩罚政策"取代以往的"普遍优惠政策"作为我国引资政策的基调。对于能够促进我国福利增长的外资企业应根据其产生效应的特点实施有针对性的优惠政策，促进外资与我国产业结构的合理化。而对恶化我国福利的外资企业应取消任何有别于内资企业的优惠政策，并予以税收、出口甚至市场准入等方面的管制。该政策不仅实现了以往所提倡的从"引资"到"选资"的飞跃，而且在客观上也促进了统一、规范、公开的投资准入制度的建立。

（7）后危机时代克服政府数量绩效考评的硬约束，构造以FDI"福利条件"为依据的FDI选资政策

①后危机时代防范"贫困化增长"的FDI引进政策必须克服现行政府绩效考评数量约束的缺陷。

②政府的数量绩效考评存在严重的道德风险问题，它是导致许多具有良好初衷的政策无法实施的一个重要原因。后

危机时代为了提高 FDI 福利效应，必须对福利效应提升约束下的政府考评绩效进行分析，从而找到一种能够化解道德风险、提高 FDI 福利水平的有效途径。

③FDI"福利条件"指数的构造有可能保证 FDI 福利效应提升的真正实现。后危机时代政府在制定 FDI 引资政策时采用 FDI"福利条件"指数，从单一的"数量型"FDI 转变为"数量型"FDI 与"质量型"FDI 结合的综合 FDI 评价。这种综合效应评价的 FDI 考评体制更符合后危机时代对 FDI 综合效应的提升，有利于避免产生公共产品外部负效应。

（8） 后危机时代避免西部 FDI 引资政策对东部的简单复制，优化 FDI 区域差异政策的制度机制

①实行全国统一的外资政策体系是国家最终要达到的目标，但在目前经济水平、投资环境差距较大的区域经济情况下不利于 FDI 引进的优化，实施弹性原则下的 FDI 区域差异性政策是现阶段的明智选择。

②后危机时代弹性约束下的 FDI 区域差异性政策的设计，使东、中、西部 FDI 引进达到福利最大化成为可能。实现区域福利最大化的条件更多地表现在政府所制定的 FDI 政策与区域产业、要素、投资环境变化的关系上，这可以说是动态约束下的区域 FDI 政策差异性相对于统一 FDI 政策体系的一个重要改进。

③后危机时代建立区域"数量型"FDI 与"质量型"FDI

的动态协调发展政策,可以有效防止外部性问题。动态约束下的西部地区 FDI 引资政策不仅考虑了"数量型"FDI 的现实性,而且,通过福利改进而向"质量型"FDI 推进的政策导向在一定程度上克服了政策一刀切约束下的外部性问题。

(9) 后危机时代设计具有"动态性、激励性、外部性、福利性"特征的 FDI 弹性政策体系是防范"贫困化增长"的保证

①东道国在设计引资政策时,要尽可能考虑福利条件与弹性政策的影响,使其作为东道国选择 FDI 类型及政策引导的决定性因素。

②对 FDI 弹性制度的设计旨在使 FDI 具有针对性、优惠政策体现激励与惩罚的有机结合以防范政策的外部性,使 FDI 的导向政策能够真正落到实处。

③后危机时代 FDI 引进所体现的弹性政策体现在市场因素、成本因素、集聚因素、制度因素的综合考虑基础上,区域 FDI 的弹性政策必须与国家产业政策、就业政策、环境保护政策的思想相吻合,不仅实施 FDI 政策的多层次性,而且促进国家对 FDI 政策的统一性。

④在总的政府行为引导下,FDI 政策不能一刀切。设置"委托代理模型"的 FDI 优化机制使 FDI 的国家导向与地方实际需求结合起来,因时因地的设计 FDI 引进的弹性政策,以保证 FDI 的区域性与国家整体性的协调发展。

10.3 研究展望

(1) 研究工作的局限性

《防范"贫困化增长"——后危机时代 FDI 评价、甄别与优化机制研究》是一个与中国国情紧密相关的选题，其研究内容是一个十分广泛且复杂的体系，涉及面的广博性，层次的多样性，使课题组虽采用了较为科学与可行的方法进行研究，但限于自身能力，本研究仍存在不足之处，主要体现在：

①在研究视角上，主要通过六大变量对 FDI "福利条件"影响的两大因子进行分析，揭示了"数量型"FDI 与"质量型"FDI 的协调发展对 FDI 福利综合效应提升的重要意义。但本研究没有对我国与国际上 FDI 对福利的影响作横向比较；对于我国 FDI 得出的结论与政策建议有一定地域性特征，虽然不会影响整个研究结论，但如果在以后的研究中能够获取世界范围内各地区类型的不同样本数据，这将极大地丰富与完善本研究的研究结论。

②虽然建立了两套指标评价方案，但只着重按照方案二的思路对 FDI 与我国综合福利的关系进行了评价。而针对特定 FDI 项目的方案一，只建立了相关指标体系和评价方法，并没有针对案例进行具体评价。

③在研究方法上，主要采用本体建模技术、博弈论和经济学方法，但有些问题结合其他研究方法可能更合适。如 FDI 优化机制的博弈框架构造，如果结合系统的分析方法，建立

系统动力学模型,或许能够更好地加以描述和分析。

④在构建指标体系评价模式时,为方便计算,对主观指标及福利条件的指标加以简化,假定该方案在其他变量不变的情况下存在。但事实上,许多参数是变化的。成果的简化研究虽然不影响基本结论,但在机制设计时,如果考虑未来获益是参数的函数的情形将可能使得选择范围更精确。

⑤对FDI优化机制还可能包括基于其他局中人互动博弈的一些机制,如地区政府与中央政府的博弈关系等,研究成果关于政府对FDI引进的激励约束机制进行了精致的描述,但还可以建立由于其他外生变量影响的信息经济学模型进行分析。本研究没有就这些问题一一展开,有待于在后续的研究中进行完善。

(2) 需要进一步研究的工作

本研究以区域FDI为研究样本,以数量型FDI和质量型FDI为内容进行研究,以防范"贫困化增长"为目标,只是完成了FDI评价研究的部分工作,后续研究所涉及的内容还很多,继续研究的空间也很大,需要我们进一步完善与修正。

①完善FDI综合效应评价指标体系的实证研究。本研究中的区域性实证研究为评价我国FDI福利水平提供了可供参考的依据。但是若能获得世界主要国家的样本数据,将能更好地佐证和修正研究结论。因此,世界主要国家样本指标的采集为更加科学合理地全面评价FDI福利效应提出了今后进一

步以此作为研究方向的必要性。

②开展"数量型"FDI与"质量型"FDI互动行为的政策实验和政策效应研究。本研究只是从理论研究的视角设计提高FDI综合福利效应的政策制度,但未对政策机制如何制定与规范进行论述,因此还需继续完善基于FDI"福利条件"的"数量型"FDI与"质量型"FDI博弈互动行为的政策效应研究,以检验理论是否对实践具有指导性,判断理论研究是否需要进一步修正,以审视现有政策的完备性、有效性以及产生的正负面效应。

③对"贫困化增长"的理论拓展做了精致地描述,并提出了"福利条件"替代贸易条件的理论依据,以此划分的"数量型"FDI与"质量型"FDI的优化机制做了博弈分析,但对二者影响FDI综合效应的具体变量没有进行专门研究,这是后续研究中的一个重要理论与现实问题。

总之,《防范"贫困化增长"——后危机时代FDI评价、甄别与优化机制研究》具有极其深刻的内涵和宽广的外延。研究发现并提出这一问题后,为系统而深入地研究这一问题做了"抛砖引玉"的工作,但研究还仅侧重于宏观与制度层面,研究的结果又进一步提出了向微观以及制度和技术操作层面深化的要求。

随着统计理论的发展、统计口径的规范化、统计资料的完善,上述不足之处将从目前的不可行变为可行;此外,由于作者能力有限,未能将多学科融合起来研究这一问题,但相信随着学科边界的日益模糊，学科交叉趋势的进一步加强，将为多学科的综合研究提供可行性和研究基础。因此，这将又是一个新的研究领域的发现之途，待有能力者尽快发现这一宝藏，作者拭目以待。

附 录

附表1 原始数据表

附表1-1 部分指标数据

时间	进口总额（亿美元）	出口总额（亿美元）	GDP（亿元）	外商直接投资额（亿美元）	就业人数（万人）	工业增加值（亿元）	6岁以上国民平均受教育年限（年）	城镇居民人均可支配收入（元/年）	农村居民人均可支配收入（元/年）
1985	422.5	273.5	9,016	19.56	49,873	3,448.7	3.54	739.1	397.6
1986	429	309.4	10,275.2	22.44	52,848.2	3,967.0	4.26	899.6	423.8
1987	432.1	394.4	12,058.6	23.14	55,823.4	4,585.8	4.58	1,002.2	462.6
1988	552.7	475.2	15,042.8	31.94	58,798.6	5,777.2	5.21	1,181.4	544.9
1989	591.4	525.4	16,992.3	33.93	61,773.8	6,484.0	5.89	1,375.7	601.5
1990	533.5	620.9	18,667.8	34.87	64,749	6,858.0	6.26	1,510.2	686.3
1991	637.9	719.1	21,781.5	43.66	65,491	8,087.1	6.35	1,700.6	708.6
1992	805.9	849.4	26,923.5	110.08	66,152	10,284.5	6.48	2,026.2	784

(续表)

时间	进口总额（亿美元）	出口总额（亿美元）	GDP（亿元）	外商直接投资额（亿美元）	就业人数（万人）	工业增加值（亿元）	6岁以上国民平均受教育年限（年）	城镇居民人均可支配收入（元/年）	农村居民人均可支配收入（元/年）
1993	1,039.6	917.5	35,333.9	275.15	66,808	14,188.0	6.56	2,577.4	921.6
1994	1,156.1	1,210.1	48,197.9	337.67	67,455	19,480.7	6.62	3,496.2	1,221
1995	1,320.8	1,487.8	60,793.7	375.21	68,065	24,950.6	6.72	4,283	1,577.7
1996	1,388.3	1,510.5	71,176.6	417.26	68,950	29,447.6	6.89	4,838.9	1,926.1
1997	1,423.7	1,827.9	78,973	452.57	69,820	32,921.4	7.05	5,160.3	2,090.1
1998	1,402.4	1,837.1	84,402.3	454.63	70,637	34,018.4	7.23	5,425.1	2,162
1999	1,657	1,949.3	89,677.1	403.19	71,394	35,861.5	7.45	5,854	2,210.3
2000	2,250.9	2,492	99,214.6	407.15	72,085	40,033.6	7.62	6,279.98	2,253.42
2001	2,435.5	2,661	109,655.2	468.78	73,025	43,580.6	7.68	6,859.6	2,366.4
2002	2,951.7	3,256	120,332.7	527.43	73,740	47,431.3	7.73	7,702.8	2,475.6
2003	4,127.6	4,382.3	135,822.8	535.05	74,432	54,945.5	7.85	8,472.2	2,622.2

(续表)

时间	进口总额（亿美元）	出口总额（亿美元）	GDP（亿元）	外商直接投资额（亿美元）	就业人数（万人）	工业增加值（亿元）	6岁以上国民平均受教育年限（年）	城镇居民人均可支配收入（元/年）	农村居民人均可支配收入（元/年）
2004	5,612.3	5,933.2	159,878.3	606.3	75,200	65,210.0	7.92	9,421.6	2,936.4
2005	6,599.5	7,619.5	183,217.4	603.25	75,825	77,230.8	8.04	10,493	3,254.93
2006	7,914.6	9,689.4	211,923.5	630.21	76,400	91,310.9	8.36	11,759.45	3,587.04
2007	9,559.5	12,177.8	249,529.9	747.68	76,990	107,367.2	8.52	13,785.81	4,140.36
2008	11,325.7	14,306	314,045.4	923.95	77,046	130,260.2	8.68	15,780.8	4,760.6
2009	10,059	12,016	340,902.8	900.33	77,510	135,239.9	8.74	17,174.7	5,153.2
2010	13,962	15,777	401,512.8	1,057.35	78,388	160,722.2	8.86	19,109.4	5,919.0
2011	17,434.8	18,983.8	472,881.6	1,160.11	77,660	188,470.2	8.85	21,809.78	6,977.29

注：6岁以上国民平均受教育年限：大专以上文化程度16，高中文化程度12，初中文化程度9，小学文化程度6，文盲0。

数据来源：历年《中国统计年鉴》。

附表1-2 另一部分指标数据

时间	城镇居民的消费支出（元/年）	农村居民的消费支出（元/年）	城镇恩格尔（%）	农村恩格尔（%）	外商投资企业进口额（亿美元）	外商投资企业出口额（亿美元）	工业废气（亿立方米）	工业废水（万吨）	工业固体废物（万吨）
1985	673.2	317.42	53.3	57.8	20.641	2.967	73,970	2,574,009	52,590
1986	798.96	356.95	52.4	56.4	24.3031	5.8203	69,679	2,602,380	60,364
1987	884.4	398.29	53.5	55.8	31.2218	12.0809	77,275	2,637,531	52,916
1988	1,103.98	476.66	51.4	54	57.4671	24.5642	82,380	2,683,886	56,132
1989	1,210.95	535.37	54.5	54.8	87.9617	49.132	83,065	2,520,345	57,173
1990	1,278.89	584.63	54.2	58.8	123.0633	78.1379	85,380	2,486,861	57,797
1991	1,453.81	619.79	53.8	57.6	169.07	120.4725	84,734	2,356,608	58,759
1992	1,672	659.01	52.9	57.6	263.707	173.5619	104,787	2,338,534	61,884
1993	2,110.81	769.65	50.1	58.1	418.332	252.3717	109,604	2,194,919	62,016
1994	2,851.34	1,016.81	49.9	58.9	529.3418	347.1297	113,630	2,155,111	61,988

(续表)

时间	城镇居民的消费支出(元/年)	农村居民的消费支出(元/年)	城镇恩格尔(%)	农村恩格尔(%)	外商投资企业进口额(亿美元)	外商投资企业出口额(亿美元)	工业废气(亿立方米)	工业废水(万吨)	工业固体废物(万吨)
1995	3,537.57	1,310.36	49.9	58.6	629.4271	468.7587	118,230	2,218,943	64,474
1996	3,919.47	1,572.08	48.6	56.3	756.038	615.0636	111,196	2,058,881	65,897
1997	4,185.64	1,617.15	46.4	55.1	777.2135	748.9986	113,375	1,883,296	65,750
1998	4,331.61	1,590.33	44.5	53.4	767.1749	809.6189	121,203	2,006,331	80,043
1999	4,615.91	1,577.42	41.9	52.6	858.8361	886.2766	126,807	1,973,036	78,442
2000	4,998	1,670.13	39.2	49.1	1,172.7269	1,194.4121	138,145	1,942,405	81,608
2001	5,309.01	1,741.09	38.2	47.7	1,258.4296	1,332.181	160,863	2,030,000	88,840
2002	6,029.88	1,834.31	37.7	46.2	1,602.5439	1,699.8509	175,257	2,070,000	77,114
2003	6,510.94	1,943.3	37.1	45.6	2,318.6398	2,403.0598	198,906	2,120,000	100,428
2004	7,182.1	1,754.46	37.7	47.2	3,244.4849	3,385.9184	237,696	2,210,000	120,030
2005	7,942.88	2,555.4	36.7	45.5	3,874.5612	4,441.8252	268,988	2,430,000	124,324

(续表)

时间	城镇居民的消费支出（元/年）	农村居民的消费支出（元/年）	城镇恩格尔（%）	农村恩格尔（%）	外商投资企业进口额（亿美元）	外商投资企业出口额（亿美元）	工业废气（亿立方米）	工业废水（万吨）	工业固体废物（万吨）
2006	8,696.55	2,829.02	35.8	43	4,724.8045	5,637.7905	330,992	2,080,440	151,541
2007	9,997.47	3,223.85	36.3	43.1	5,597.9304	6,953.7077	388,169	2,466,493	175,632
2008	11,243	3,661	37.9	43.7	6,194.2848	7,904.927	403,866	2,416,511	190,127
2009	12,265	3,993	36.5	41	5,454.0486	6,720.7409	436,064	2,343,857	203,943.4
2010	1,3471	4,382	35.7	41.1	7,548.5663	8,622.2882	519,168	2,374,732	240,944
2011	15,160.89	5,221.13	36.3	40.4	8,646.7170	9,952.2704	567,702	2,395,563	322,772.3

注：(1) 1996—2006年工业废水和工业废气排放量来源：国家统计局、国家发改委、国家统计局；

(2) 国家信息中心等中经网数据中心整理；

(3) 外商投资企业进出口额：1989年以前合资与合作数据未分开，摘编自《中国贸易外经统计年鉴2008》；

(4) 其他数据来源于1986—2012年《中国统计年鉴》。

附表2 整理数据表

A1：FDI 对 GDP 贡献（由外贸依存度衡量）

年份	外贸依存度① (%)
1985	23.05
1986	25.29
1987	25.78
1988	25.60
1989	24.58
1990	29.98
1991	33.43
1992	34.24
1993	32.54
1994	43.59
1995	40.19
1996	35.55
1997	36.22
1998	34.28
1999	36.43
2000	43.91
2001	43.98

① 外贸依存度即一国进出口贸易总额与当年 GDP 的比值。

(续表)

年份	外贸依存度（%）
2002	48.85
2003	60.11
2004	61.55
2005	61.97
2006	63.89
2007	62.78
2008	57.29
2009	44.19
2010	50.24
2011	49.99

A3：FDI 对就业的促进作用

年份	外商直接投资	就业人数	就业人数/FDI（万人/亿美元）
1985	19.56	49,873	2,549.74
1986	22.44	52,848.2	2,355.09
1987	23.14	55,823.4	2,412.42
1988	31.94	58,798.6	1,840.91
1989	33.93	61,773.8	1,820.62
1990	34.87	64,749	1,856.87
1991	43.66	65,491	1,500.02
1992	110.08	66,152	600.94
1993	275.15	66,808	242.81
1994	337.67	67,455	199.77
1995	375.21	68,065	181.41
1996	417.26	68,950	165.24
1997	452.57	69,820	154.27
1998	454.63	70,637	155.37
1999	403.19	71,394	177.07
2000	407.15	72,085	177.05
2001	468.78	73,025	155.78
2002	527.43	73,740	139.81
2003	535.05	74,432	139.11
2004	606.3	75,200	124.03
2005	603.25	75,825	125.69

(续表)

年份	外商直接投资	就业人数	就业人数/FDI（万人/亿美元）
2006	630.21	76,400	121.23
2007	747.68	76,990	102.97
2008	923.95	77,480	83.86
2009	900.33	77,510	86.09
2010	1,057.35	78,388	74.14
2011	1,160.11	78,579	67.73

A4：劳动生产率

年份	工业增加值（亿元）	全员从业人员平均人数（万人）	全员劳动生产率（元/年）
1985	3,448.7	49,873	691.50
1986	3,967	52,848.2	750.64
1987	4,585.8	55,823.4	821.48
1988	5,777.2	58,798.6	982.54
1989	6,484	61,773.8	1,049.64
1990	6,858	64,749	1,059.17
1991	8,087.1	65,491	1,234.84
1992	10,284.5	66,152	1,554.68
1993	14,188	66,808	2,123.70
1994	19,480.7	67,455	2,887.95
1995	24,950.6	68,065	3,665.70
1996	29,447.6	68,950	4,270.86
1997	3,2921.4	69,820	4,715.18
1998	34,018.4	70,637	4,815.95
1999	35,861.5	71,394	5,023.04
2000	40,033.6	72,085	5,553.67
2001	43,580.6	73,025	5,967.90
2002	47,431.3	73,740	6,432.23
2003	54,945.5	74,432	7,381.97
2004	65,210	75,200	8,671.54
2005	77,230.8	75,825	10,185.40

(续表)

年份	工业增加值（亿元）	全员从业人员平均人数（万人）	全员劳动生产率（元/年）
2006	91,310.9	76,400	11,951.69
2007	107,367.2	76,990	13,945.60
2008	130,260.2	77,480	16,812.11
2009	135,239.9	77,510	17,448.06
2010	160,722.2	78,388	20,503.42
2011	188,572	78,579	23,997.76

注：全员劳动生产率＝工业增加值/全部从业人员平均人数。

A13：外商投资企业进出口总额占总进出口量总额的比值

年份	进出口总额（亿美元）	外商投资企业进出口总额（亿美元）	比重（％）
1985	696	23.608	3.39
1986	738.4	30.1234	4.08
1987	826.5	43.3027	5.24
1988	1,027.9	82.0313	7.98
1989	1,116.8	137.0937	12.28
1990	1,154.4	201.2012	17.43
1991	1,357	289.5425	21.34
1992	1,655.3	437.2689	26.42
1993	1,957.1	670.7037	34.27
1994	2,366.2	876.4715	37.04
1995	2,808.6	1,098.1858	39.10
1996	2,898.8	1,371.1016	47.30
1997	3,251.6	1,526.2121	46.94
1998	3,239.5	1,576.7938	48.67
1999	3,606.3	1,745.1127	48.39
2000	4,742.9	2,367.139	49.91
2001	5,096.5	2,590.6106	50.83
2002	6,207.7	3,302.3948	53.20
2003	8,509.9	4,721.6996	55.48
2004	11,545.5	6,630.4033	57.43
2005	14,219	8,316.3864	58.49

(续表)

年份	进出口总额 (亿美元)	外商投资企业 进出口总额 (亿美元)	比重(%)
2006	17,604	10,362.595	58.87
2007	21,737.3	12,551.6381	57.74
2008	25,632.6	14,099.2119	55.01
2009	22,075.4	12,174.7836	55.15
2010	29,740	16,006.1524	53.82
2011	36,418.6	18,598.9874	51.07

附表3 省际面板数据表

附表3-1 FDI对GDP贡献A1：FDI对GDP的贡献率由FDI和GDP的比值计算得来　　单位：%

地区	1992	1993	1994	1995	1996	1997	1998	1999	2000	2001
北京	2.7207	4.4502	10.9048	6.4657	7.9909	7.2949	8.9241	7.5198	5.6230	5.1430
天津	1.4453	6.5958	12.0637	13.8041	16.2357	16.8533	13.0940	10.0702	5.8881	9.5967
河北	0.4878	1.3513	2.0622	1.6021	1.9990	2.3077	2.7792	1.8879	1.1049	0.9941
山西	0.5208	0.7067	0.3200	0.4879	0.8777	1.4893	1.3622	2.1497	1.1317	1.0878
内蒙古	0.0680	0.9222	0.5064	0.5796	0.6067	0.5521	0.6306	0.4214	0.6245	0.5731
辽宁	1.9334	3.6653	5.0419	4.2590	4.5757	5.1017	4.6719	2.1069	3.6249	4.1378
吉林	0.7445	2.2092	2.2257	3.0175	2.8076	2.3047	2.1746	1.4934	1.5319	1.3751
黑龙江	0.4128	1.1125	1.8508	2.1426	1.9618	2.2492	1.5571	0.9094	0.7656	0.7929
上海	2.4428	12.0463	10.8092	9.8093	11.2900	10.4242	8.0845	5.8197	5.7482	7.1748
江苏	3.7777	5.4652	7.9937	8.4086	7.2146	6.7446	7.6257	6.5359	6.1977	6.0171
浙江	0.9687	3.1134	3.6985	2.9806	3.0491	2.6871	2.1879	1.9020	2.2116	2.7127
安徽	0.3762	1.3876	2.1424	2.0113	1.8006	1.3488	0.8166	0.7437	0.8677	0.8471
福建	9.9666	14.6120	18.9889	15.6308	13.1432	11.5951	10.6105	9.3832	7.2475	7.6239
江西	0.9828	1.7089	2.3787	2.0018	1.6508	2.3087	2.0785	1.3529	0.9392	1.5056
山东	2.5192	3.8852	5.6812	4.4890	3.6735	3.1077	2.5462	2.4404	2.8794	3.0877
河南	0.2291	1.0566	1.4984	1.3309	1.1890	1.4064	1.1716	0.9431	0.9088	0.6711
湖北	1.0292	2.1866	2.7612	2.1830	1.9057	1.8986	2.1746	1.9631	1.8268	2.1101
湖南	0.7335	1.9719	1.6843	1.9311	2.3408	2.5399	2.1724	1.6267	1.5210	1.6835
广东	8.8990	13.4984	19.2339	15.9210	14.9906	13.2705	12.5664	11.4013	9.6653	9.2754
广西	1.5523	5.7038	5.8044	3.4973	3.2472	4.0137	3.8552	2.6917	2.1186	1.4251

2002	2003	2004	2005	2006	2007	2008	2009	2010	2011
4.4432	4.9513	3.4959	4.1972	4.6155	4.1183	3.8001	3.4405	3.0523	2.8255
6.3836	5.1898	4.5785	5.3903	7.5804	7.9467	7.8526	8.1916	7.9617	7.5627
1.0581	1.1241	0.6834	0.4188	1.3944	1.3402	1.4828	1.4261	1.2713	0.8589
0.8683	0.7197	0.2091	0.1922	0.7980	1.7810	0.9710	0.4578	0.5255	1.4342
0.8342	1.4206	1.7196	0.2493	2.8659	3.1692	2.3342	2.2303	2.0640	1.8177
5.3628	3.8942	6.7072	0.3742	5.1785	4.2241	6.1069	6.9327	7.6104	7.0518
0.9017	0.6253	0.5100	0.7521	1.4180	1.2733	1.0732	0.9846	1.0977	3.0202
0.7571	0.6013	0.5909	0.6030	0.6216	0.5756	2.1279	1.8790	1.7377	1.5271
6.5379	7.2411	6.4703	5.9990	5.4676	4.9409	4.9776	4.7842	4.3856	4.0705
7.9328	7.0168	4.9364	4.2519	6.4198	6.3825	5.6310	5.0202	4.6897	4.2000
3.2659	4.3879	4.0732	3.1752	4.5014	4.1970	3.2595	2.9533	2.6865	3.0772
0.8938	0.7651	0.7452	0.8212	1.8119	3.0966	2.7382	2.6367	2.7465	2.7982
6.7856	4.1115	2.7628	2.5705	3.3850	3.3383	6.4334	5.6186	4.7384	3.2842
3.6546	4.7140	4.8963	2.0849	4.7903	4.2906	3.5903	3.5904	3.6535	3.3439
3.7134	4.0042	4.7739	3.9318	3.6111	3.2247	1.8416	1.6142	1.5845	1.5890
0.5429	0.6330	0.4084	0.4013	0.7929	1.5507	1.5544	1.6827	1.8312	2.4182
2.4443	2.4040	2.5630	0.9464	1.3055	2.2787	1.9892	1.9277	1.7171	1.4976
1.7994	1.8171	2.0803	1.4422	2.7532	2.7031	2.4073	2.4050	2.1883	2.0194
7.9937	4.7520	4.3926	4.5283	4.4219	3.7158	4.0139	3.5099	3.0934	2.7103
1.4066	1.2666	0.7130	0.7544	0.7387	0.8733	0.9607	0.9115	0.6451	0.5124

地区	1992	1993	1994	1995	1996	1997	1998	1999	2000	2001
海南	13.7341	15.7870	23.9092	24.3550	16.8423	14.2702	13.5278	8.5118	6.8784	7.0786
四川	0.3807	1.5705	2.8598	1.2798	0.8803	1.1275	1.3280	0.9248	1.0072	1.1244
贵州	0.3211	0.5947	1.0523	0.7559	0.3656	0.5203	0.4460	0.3713	0.2084	0.2158
云南	0.2563	0.7174	0.5752	0.6761	0.3644	0.8352	0.6723	0.6863	0.5425	0.2576
陕西	0.4663	2.0411	2.5204	2.7062	2.3066	4.0055	1.7984	1.3465	1.4376	1.5786
甘肃	0.0061	0.1850	1.6747	0.9647	1.0480	0.4397	0.3678	0.3645	0.5249	0.5741
青海	0.0428	0.1703	0.1503	0.0828	0.0453	0.1013	0.1316	0.1594	1.2459	2.7090
宁夏	0.0232	0.6604	0.4677	0.1919	0.2383	0.2637	0.6754	1.7599	0.5427	0.4660
新疆	0.3290	0.6040	0.6179	0.5556	0.5824	0.1951	0.1607	0.1703	0.1160	0.1134

数据来源：FDI 对 GDP 的贡献率由 FDI 和 GDP 的比值计算得来。

(续表)

2002	2003	2004	2005	2006	2007	2008	2009	2010	2011
7.0920	5.1968	1.2356	0.3997	5.7847	6.9620	5.9301	3.8737	4.9939	4.0475
0.9086	0.7229	0.5630	1.0994	1.2311	1.3109	2.2920	2.6905	3.6077	4.4961
0.2669	0.2759	0.3094	0.4457	0.3294	0.3508	0.2906	0.2339	0.1986	0.8119
0.4141	0.2815	0.3801	0.4092	0.6054	0.6327	0.9479	1.0076	1.2454	1.2623
1.4180	1.1453	0.3683	0.4133	1.6312	1.6577	1.3004	1.2630	1.2171	1.2156
0.4362	0.1486	0.1735	0.0873	0.1034	0.3321	0.2816	0.2699	0.2218	0.4956
3.4619	3.5939	3.9955	4.0105	3.4281	3.0082	2.1067	1.9480	1.5870	1.7008
0.5530	0.3744	1.0331	0.5694	0.4170	0.4316	0.3599	0.3584	0.3245	1.0516
0.0983	0.1025	0.1496	0.1494	0.2714	0.2694	0.3152	0.3445	0.2956	0.3272

附表3-2　1992—2010年全国29省市固定资产投入A2　单位：亿元

地区	1992	1993	1994	1995	1996	1997	1998	1999	2000	2001
北京	200.98	326.82	519.01	888.31	922.48	1,001.73	1,171.9	1,233.46	1,376.98	1,631.83
天津	185.12	246.16	345.46	428.48	491.9	582.43	640.15	631.92	695.1	805.34
河北	390.02	530.37	704.87	955.21	1,240.62	1,486.07	1,665.1	1,822.3	1,963.65	2,088.89
山西	175.52	242.55	290.9	314.06	434.1	434.11	562	605.35	657.6	723.04
内蒙古	149.24	219.4	250.23	273.16	275.54	317.47	350.2	383.37	430.42	498.02
辽宁	405.18	731.6	887.99	884.95	920.66	976.45	1,069.57	1,115.82	1,293.92	1,444.15
吉林	152.57	252.94	320.45	358.14	412.84	386.38	442.28	525.04	627.74	699.65
黑龙江	246.18	335	435.73	558.8	653.6	724.42	865.34	859.11	926.7	1,051.67
上海	382.01	624.31	996.48	1,380.85	1,711.46	1,795.83	1,804.81	1,801.59	1,933.01	2,099.99
江苏	747.29	1,201.41	1,434.95	1,756.88	2,062.17	2,295.97	2,642.29	2,842.65	3,125.42	3,443.16
浙江	316.18	683.83	1,006.39	1,357.9	1,617.53	1,694.57	1,848	1,970.59	2,267.2	2,645.4
安徽	200.3	324.83	474	619.07	710.63	779.21	822.73	839.29	928.09	1,012.31
福建	198.45	349.64	553.97	716.17	863.75	981.45	1,145.35	1,184.84	1,258.89	1,319.32
江西	136.93	222.47	282.84	325.55	395.85	477.3	520.58	552.67	605.54	696.7
山东	758.28	1,024.84	1,229.55	1,481.1	1,777.05	2,044.45	2,347.02	2,662.95	3,200.77	3,570.59
河南	346.67	485.19	670.35	874.87	1,076.78	1,255.59	1,414.85	1,472.53	1,659.58	1,806.41
湖北	235.63	377.95	571.68	778.25	985.03	1,102.1	1,238.9	1,320.1	1,451.85	1,610.93
湖南	228.29	330.54	422.61	534.12	678.32	725.73	846.37	956.1	1,082	1,233.17
广东	759.16	1,275.44	1,639.83	2,059.43	2,240.76	2,288.69	2,651.24	2,974.2	3,175.93	3,492.18
广西	150.11	278.07	382.59	423.37	483.57	487.29	573.1	629.07	670.65	735.56
海南	104.73	144.82	198.35	192.64	167.33	162.36	173.48	187.91	196.4	207.42
四川	400.91	609.38	822.54	1,042.79	1,163.96	1,369.94	1,701.52	1,788.8	1,983.12	2,336.58
贵州	92.25	122.11	150.84	183.09	229.24	278.67	339.6	398.46	458.84	579.55

附 录

2002	2003	2004	2005	2006	2007	2008	2009	2010	2011
1,913.12	2,211.56	2,600.8	2,827.2	3,296.4	3,907.2	3,814.7	4,616.9	5,403.0	5,578.9
926.65	1,180.54	1,446.49	1,495.1	1,820.5	2,353.1	3,389.8	4,738.2	6,278.1	7,067.7
2,219.17	2,654.03	3,452.08	4,139.7	5,470.2	6,884.7	8,866.6	12,269.8	15,083.4	16,389.3
855.65	1,113.18	1,454.12	1,826.6	2,255.7	2,861.5	3,531.2	4,943.2	6,063.2	7,073.1
715.06	1,209.46	1,809.26	2,643.6	3,363.2	4,372.9	5,475.4	7,336.8	8,926.5	10,365.2
1,627.56	2,102.1	3,025.13	4,200.4	5,689.6	7,435.2	10,019.1	12,292.5	16,043.0	17,726.3
824.2	998.1	1,182.15	1,741.1	2,594.3	3,651.4	5,038.9	6,411.6	7,870.4	7,441.7
1,158.34	1,267.1	1,516.85	1,737.3	2,236	2,833.5	3,656.0	5,028.8	6,812.6	7,475.4
2,354.1	2,648.4	3,246.16	3,509.7	3,900	4,420.4	4,823.1	5,043.8	5,108.9	4,962.1
3,994.23	5,480.8	6,972.68	8,165.4	10,069.2	12,268.1	15,300.6	18,949.9	23,184.3	26,692.6
3,255.13	4,455.21	5,563.87	6,520.1	7,590.2	8,420.4	9,323.0	10,742.3	12,376.0	14,185.3
1,133.42	1,362.18	1,877.75	2,525.1	3,533.6	5,087.5	6,747.0	8,990.7	11,542.9	12,455.7
1,443.46	1,752.48	2,210.11	2,316.7	2,981.8	4,287.8	5,207.7	6,231.2	8,199.1	9,910.9
931.8	1,303.23	1,673.31	2,176.6	2,683.6	3,301.9	4,745.4	6,643.1	8,772.3	9,087.6
4,261.94	5,275.17	7,033.2	9,307.3	11,111.4	12,537.7	15,435.9	19,034.5	23,280.5	26,749.7
2,030.16	2,466.51	3,273.99	4,311.6	5,904.7	8,010.1	10,490.6	13,704.5	16,585.9	17,769.0
1,699.78	1,875.78	2,316.48	2,676.6	3,343.5	4,330.4	5,647.0	7,866.9	10,262.7	12,557.3
1,380.89	1,613.12	1,959.75	2,629.1	3,175.5	4,154.8	5,534.0	7,703.4	9,663.6	11,880.9
3,892.49	4,934.87	5,939.32	6,977.9	7,973.4	9,294.3	10,868.7	12,933.1	15,623.7	17,069.2
842.72	990.71	1,296.55	1,661.2	2,198.7	2,939.7	3,756.4	5,237.2	7,057.6	7,990.7
223.68	262.97	307.85	367.2	423.9	502.4	705.4	988.3	1,317.0	1,657.2
2,750.8	3,419.59	4,140.13	5,518.4	6,820.3	8,767.5	11,107.4	16,586.2	19,805.6	21,695.6
668.58	774.73	878.85	998.3	1,197.4	1,488.8	1,864.5	2,412.0	3,104.9	4,235.9

449

地区	1992	1993	1994	1995	1996	1997	1998	1999	2000	2001
云南	208.41	287.57	334	395.03	465.05	549.42	689.35	720.87	701.43	747.86
陕西	165.22	247.41	300.27	358.75	406.94	464.8	573.49	651.33	796.21	887.24
甘肃	85.73	98.42	114.81	141.98	180.28	215.98	239.25	283.85	336.23	364.34
青海	29.04	41.03	47.76	57.48	79.24	101.55	116.38	131.12	156.97	202.17
宁夏	38.38	52.67	61.98	70.12	77.32	88.1	108.65	130.61	160.82	195.81
新疆	181.18	264.9	376.95	422.53	422.87	461.41	543.78	551.72	648.12	720.12

资料来源：各年《中国统计年鉴》。

(续表)

2002	2003	2004	2005	2006	2007	2008	2009	2010	2011
829.74	1,031.39	1,352.78	1,777.6	2,208.6	2,759	3,435.9	4,526.4	5,528.7	6,191.0
1,016.87	1,390.28	1,649.28	1,882.2	2,480.7	3,415	4,614.4	6,246.9	7,963.7	9,431.1
466.5	530.68	639.82	870.4	1,022.6	1,304.2	1,712.8	2,363.0	3,158.3	3,965.8
244	290.49	319.02	329.8	408.5	482.8	583.2	798.2	1,016.9	1,435.6
230.83	318.21	379.72	443.3	498.7	599.8	828.9	1,075.9	1,444.2	1,644.7
856.7	1,079.24	1,239.5	1,339.1	1,567.1	1,850.8	2,260.0	2,725.5	3,423.2	4,632.1

附表 3-3　FDI 对就业的促进作用 A3　　单位:%

地区	1992	1993	1994	1995	1996	1997	1998	1999	2000	2001
北京	107.66982	98.81	49.70	61.99	42.56	41.49	28.78	31.49	36.94	35.63
天津	91.124157	77.89	48.33	32.20	22.52	19.58	20.20	23.87	34.91	19.26
河北	905.33313	817.32	631.20	615.95	408.47	310.27	236.79	320.53	506.60	504.56
山西	1,935.2401	1,636.01	4,567.51	2,287.95	1,070.39	557.76	584.43	366.48	631.45	604.03
内蒙古	1,422.1298	1,171.71	2,525.83	1,772.18	1,451.16	1,433.86	1,108.79	1,575.28	962.34	946.46
辽宁	176.8396	152.60	139.51	142.78	116.86	93.59	83.00	169.16	88.68	72.85
吉林	519.79168	446.83	516.78	307.46	278.49	307.58	275.44	366.20	320.17	313.04
黑龙江	728.22494	642.22	438.53	300.35	276.48	225.71	327.32	527.84	543.44	478.10
上海	24.828685	23.42	30.86	26.55	19.39	18.23	18.60	23.87	21.30	16.12
江苏	147.54862	131.62	99.82	72.54	71.93	68.91	54.81	59.17	55.39	51.56
浙江	290.48059	257.72	235.4	214.67	177.70	179.61	201.14	215.88	167.43	125.34
安徽	1,386.1569	1,183.43	843.08	664.54	640.75	764.61	1,196.47	1,267.84	1,059.13	1,006.77
福建	55.047624	52.91	41.79	38.75	39.01	38.44	38.51	40.53	48.37	42.83
江西	1,074.2753	909.35	767.50	712.82	685.26	434.96	423.91	611.28	851.52	488.44
山东	258.7902	238.67	178.12	172.01	176.56	188.81	211.42	208.03	156.91	132.69
河南	1,737.7548	1,469.61	1,191.76	981.44	922.38	724.96	810.98	998.37	987.89	1,206.46
湖北	534.26452	482.30	444.09	433.04	395.47	342.79	268.88	281.13	265.77	206.29
湖南	874.47319	768.30	1,038.90	690.54	475.97	391.56	427.67	534.77	510.37	424.51
广东	47.409452	46.06	37.71	35.64	31.40	32.31	31.09	32.26	34.23	33.21
广西	254.45216	257.42	279.36	354.21	364.45	278.73	278.85	390.79	482.22	661.96
海南	46.360776	45.26	36.54	31.57	42.45	46.90	44.76	67.29	77.53	72.82
四川	1,310.4833	1,088.71	678.80	1,169.76	1,427.81	992.98	769.09	1,055.45	891.24	720.33
贵州	4,700.2131	4,122.03	2,869.09	3,256.36	6,029.84	3,872.01	4,291.07	4,831.30	8,180.73	7,310.00

2002	2003	2004	2005	2006	2007	2008	2009	2010	2011
46.33	39.18	34.96	26.09	23.65	21.94	19.30	20.50	20.71	19.33
25.47	27.35	24.52	17.55	10.04	8.20	6.62	5.62	4.80	3.95
432.60	351.59	488.38	671.72	105.54	147.64	106.82	108.38	98.96	117.08
669.53	687.94	1,634.45	1,505.30	208.52	115.44	154.82	324.37	233.14	67.26
570.59	272.36	162.42	877.99	37.03	42.60	38.64	35.92	33.29	29.55
53.99	65.91	36.10	551.08	28.28	33.82	17.46	14.18	10.79	9.27
447.52	548.09	579.92	330.76	87.84	123.87	115.16	112.92	88.84	25.24
457.89	504.16	478.61	400.72	193.99	310.36	65.56	71.44	65.50	58.97
17.39	14.11	12.87	12.75	14.94	11.07	8.89	8.82	8.32	7.72
34.41	34.18	41.57	40.81	18.45	19.41	17.45	17.91	16.49	15.02
92.16	59.47	53.94	61.49	32.34	34.88	36.65	38.48	36.26	26.53
887.04	930.28	805.88	646.69	100.25	119.96	103.00	94.99	76.71	58.67
44.58	67.59	94.47	90.65	42.94	49.23	20.74	21.55	21.15	24.93
180.69	122.35	99.75	204.12	38.01	70.74	61.69	55.78	45.21	38.32
100.38	80.63	57.01	57.51	35.64	47.79	65.25	68.04	61.68	51.28
1,364.70	1,026.97	1,323.68	1,091.63	179.09	188.55	144.70	123.97	96.72	60.85
172.92	161.73	148.39	355.29	123.92	99.88	88.62	82.69	76.95	69.02
385.35	345.25	253.85	319.11	68.37	114.64	95.15	84.99	77.30	65.68
35.00	52.66	43.11	38.03	23.66	34.84	25.76	27.82	27.47	26.61
616.16	621.51	895.60	720.19	213.43	403.47	289.04	276.49	322.95	320.87
66.80	83.99	307.31	865.29	23.10	37.04	32.11	45.99	29.27	28.67
804.83	907.55	1,003.73	450.83	127.30	260.45	110.56	83.77	51.63	32.14
5,446.22	4,685.69	3,458.46	2,057.76	639.28	1,804.60	1,544.30	1,747.09	1,779.38	340.40

附 录

453

地区	1992	1993	1994	1995	1996	1997	1998	1999	2000	2001
云南	2,486.43	2,170.69	3,303.54	2,238.00	3,386.57	1,356.75	1,558.21	1,477.41	1,791.29	3,597.65
陕西	822.16173	733.25	731.45	547.54	551.32	288.45	600.47	736.04	628.60	507.48
甘肃	11,215.258	9,464.44	1,311.53	1,813.83	1,305.38	2,861.73	3,043.48	2,889.86	1,895.75	1,595.64
青海	8,528.6024	6,697.53	9,248.96	13,780.49	23,190.00	9,530.36	6,571.43	5,250.54	602.47	243.65
宁夏	2,262.5756	1,932.77	3,239.34	6,246.15	4,506.31	3,880.77	1,400.86	527.85	1,573.81	1,654.76
新疆	1,322.5648	1,218.87	1,345.13	1,206.19	1,051.02	2,794.09	3,128.75	2,787.02	3,516.48	3,366.09

数据来源：就业人数/实际 FDI（万人/亿美元）。

(续表)

2002	2003	2004	2005	2006	2007	2008	2009	2010	2011
2,095.98	2,802.48	1,696.74	1,418.70	302.31	659.21	344.91	299.99	211.74	164.44
520.21	575.87	1,333.64	989.13	116.87	161.30	142.13	127.07	107.25	83.34
2,050.32	5,567.89	3,734.67	6,541.75	1,730.53	1,164.55	1,081.36	1,051.05	1,060.64	376.29
173.13	150.09	116.93	100.60	46.80	89.13	89.58	92.60	92.90	67.86
1,281.82	1,667.24	444.66	710.96	463.42	613.24	487.21	462.68	402.45	96.86
3,691.42	3,101.03	1,831.49	1,609.39	479.64	641.46	428.62	384.41	359.11	258.36

附表 3-4 劳动生产率 A4   单位：元/人·年

地区	1992	1993	1994	1995	1996	1997	1998	1999	2000	2001
北京	645.2	725.7	867.9	1,189.2	1,447.8	1,719.0	1,964.2	2,161.5	2,394.9	2,760.1
天津	369.2	455.9	584.8	798.0	1,011.4	1,198.1	1,343.1	1,466.2	1,645.9	1,818.3
河北	1,205.0	1,485.8	1,784.2	2,473.5	3,224.1	3,820.1	4,325.2	4,657.7	5,104.3	5,550.0
山西	531.3	612.3	681.9	934.5	1,212.2	1,435.6	1,507.2	1,512.9	1,582.1	1,783.5
内蒙古	392.6	466.9	554.9	708.8	915.2	1,052.4	1,200.7	1,270.7	1,383.0	1,536.6
辽宁	1,380.5	1,745.5	1,980.5	2,406.0	2,926.5	3,474.7	3,909.1	4,230.9	4,673.7	5,033.1
吉林	516.7	637.6	776.8	980.2	1,247.4	1,395.1	1,570.4	1,703.7	1,847.0	2,006.4
黑龙江	882.8	1,048.1	1,327.8	1,735.2	2,243.3	2,594.3	2,787.0	2,993.2	3,309.3	3,532.7
上海	1,013.0	1,257.6	1,591.5	2,074.6	2,657.7	3,268.7	3,688.2	3,975.4	4,440.1	4,950.8
江苏	2,003.8	2,536.5	3,293.3	4,451.9	5,493.3	6,568.7	7,243.5	7,799.2	8,574.2	9,436.4
浙江	1,269.8	1,593.9	2,136.9	3,023.0	3,842.5	4,511.9	5,002.5	5,430.1	5,976.6	6,761.7
安徽	740.4	932.7	1,172.9	1,745.3	2,128.5	2,635.7	2,805.5	2,974.0	3,017.6	3,273.8
福建	743.8	982.2	1,345.0	1,875.5	2,439.2	2,950.2	3,296.5	3,582.6	3,839.4	4,309.7
江西	529.3	612.5	747.2	1,030.9	1,399.7	1,681.5	1,833.7	1,990.9	1,997.1	2,186.6
山东	2,056.7	2,466.3	3,137.9	4,253.7	5,438.3	6,468.9	7,205.4	7,716.1	8,525.4	9,271.4
河南	1,214.2	1,506.1	1,776.7	2,577.5	3,313.5	3,941.3	4,468.3	4,722.5	5,179.1	5,600.9
湖北	993.1	1,203.0	1,499.3	1,992.9	2,715.0	3,343.3	3,764.4	3,944.8	4,319.5	4,648.3
湖南	901.3	1,094.4	1,352.3	1,845.1	2,457.9	2,911.5	3,111.9	3,310.2	3,640.9	4,019.2
广东	2,137.5	2,652.4	3,484.4	4,720.8	6,092.5	7,179.1	8,064.3	8,619.5	9,528.8	10,722.8
广西	610.6	732.4	985.6	1,356.5	1,594.3	1,802.8	1,961.9	1,999.3	2,056.3	2,217.9
海南	167.2	209.3	261.2	320.9	373.5	406.6	451.1	479.3	512.8	554.3
四川	1,512.6	1,794.9	2,229.4	2,982.3	3,809.9	4,486.3	5,111.8	5,249.0	5,690.6	6,056.5
贵州	315.3	358.7	424.4	519.0	654.2	766.9	841.1	919.3	998.5	1,065.7

附 录

2002	2003	2004	2005	2006	2007	2008	2009	2010	2011
3,271.6	3,655.8	6,000.3	7,371.3	7,237.9	8,218.6	9,013.0	9,834.7	10,460.0	11,194.4
2,059.4	2,423.4	3,041.1	8,533.6	10,318.4	11,201.4	12,669.6	14,974.4	17,105.5	20,636.6
6,184.4	6,945.8	8,123.5	2,860.3	5,326.3	3,670.7	4,128.9	4,449.9	5,220.3	6,076.5
2,050.3	2,413.2	3,430.7	2,767.2	4,696.7	3,536.0	4,309.9	4,619.3	5,363.9	6,364.2
1,752.8	2,104.1	2,934.9	3,654.1	7,400.4	5,384.4	7,282.7	8,548.3	9,546.8	11,388.7
5,324.2	5,902.2	6,446.4	3,918.1	5,379.3	5,063.8	6,225.7	6,943.0	8,003.5	9,396.5
2,257.4	2,492.7	2,999.0	3,244.3	6,311.5	4,600.1	5,346.2	6,139.6	6,693.6	8,049.6
3,909.5	4,390.5	4,576.7	3,349.8	6,488.1	4,038.2	4,716.2	5,079.2	5,724.4	6,777.9
5,381.9	6,244.6	7,899.0	10,601.0	9,640.9	13,473.5	14,844.5	16,258.5	18,004.3	19,531.5
10,717.5	12,337.5	14,412.7	4,623.7	6,623.4	5,885.7	6,707.2	7,629.0	8,433.2	9,717.5
7,866.8	9,219.8	11,211.5	4,141.7	5,416.1	4,985.2	5,535.2	6,103.5	6,692.6	7,506.1
3,589.5	3,906.0	4,554.4	1,521.2	4,336.7	1,943.9	2,319.4	2,752.2	3,115.1	3,726.8
4,705.5	5,190.6	5,541.7	3,439.9	5,441.3	4,398.4	4,977.4	5,746.0	6,545.2	7,494.5
2,448.0	2,808.0	3,339.8	1,892.7	4,326.2	2,390.4	2,956.7	3,433.8	3,977.3	4,789.2
10,626.4	12,300.6	14,499.8	3,562.5	6,132.9	4,726.5	5,488.8	6,220.0	6,729.5	7,546.8
6,162.6	6,937.6	8,115.6	1,831.3	5,542.0	2,467.4	2,884.9	3,293.9	3,692.0	4,155.6
4,850.4	5,285.4	5,370.1	2,367.6	4,850.1	3,187.8	3,707.3	4,303.2	4,978.5	5,908.0
4,161.7	4,530.0	5,368.1	1,739.9	4,176.4	2,323.7	2,859.7	3,354.1	3,880.9	4,614.5
11,902.3	13,544.6	18,315.1	4,649.8	7,485.1	5,663.4	6,361.1	7,164.9	7,723.9	8,503.4
2,477.7	2,705.2	3,288.8	1,472.5	4,991.7	2,034.1	2,320.5	2,769.9	3,155.0	3,709.6
600.5	670.3	765.2	2,333.5	5,876.3	2,808.7	3,411.2	3,860.3	4,418.1	5,247.5
6,870.5	7,619.2	8,697.1	1,631.5	4,969.8	201.5	2,602.3	3,043.6	3,521.0	4,243.7
1,197.0	1,340.0	1,613.3	884.3	3,722.2	1,128.8	1,438.3	1,693.0	1,861.4	2,222.7

地区	1992	1993	1994	1995	1996	1997	1998	1999	2000	2001
云南	568.1	642.4	817.1	994.8	1,372.2	1,576.4	1,763.9	1,861.3	1,997.0	2,093.6
陕西	488.2	584.8	644.5	840.4	1,071.4	1,240.5	1,404.0	1,521.1	1,669.3	1,826.0
甘肃	296.4	322.6	365.1	461.9	648.1	759.3	878.6	954.9	988.3	1,031.3
青海	81.0	96.8	113.5	140.1	165.7	192.8	218.7	239.6	264.9	293.3
宁夏	76.8	90.8	108.8	145.0	181.3	203.2	227.5	244.7	266.6	293.7
新疆	370.5	447.5	531.7	689.3	825.5	1,012.7	1,114.5	1,199.8	1,372.6	1,428.3

数据来源：用实际 GDP 除以从业人员的取值。

(续表)

2002	2003	2004	2005	2006	2007	2008	2009	2010	2011
2,236.8	2,436.1	2,907.5	1,391.5	4,274.7	1,721.5	2,009.8	2,250.9	2,474.8	2,967.6
2,125.0	2,358.5	3,080.1	1,979.9	4,120.0	2,705.8	3,533.0	4,234.1	4,988.1	6,031.5
1,161.4	1,290.4	1,650.5	1,411.1	4,396.5	1,863.7	2,107.4	2,378.5	2,764.5	3,271.3
333.4	382.6	451.6	2,014.2	4,890.7	2,660.5	3,342.9	3,689.1	4,358.4	5,272.4
331.3	378.9	517.9	1,993.7	4,048.2	2,725.8	3,651.6	4,089.0	4,980.5	5,963.3
1,607.9	1,870.1	2,189.7	3,383.6	6,046.2	4,170.2	4,757.7	5,120.4	6,112.9	7,211.5

附表3-5　6岁以上国民平均受教育年限A5　　单位：年

地区	1992	1993	1994	1995	1996	1997	1998	1999	2000	2001
北京	8.6844	9.0175	9.0480	9.2464	9.5753	9.5013	9.7494	9.9816	9.9864	10.2815
天津	7.6037	7.6692	7.9220	8.2137	8.0163	8.3756	8.1235	8.7111	8.9811	9.3288
河北	6.4778	6.4893	6.7490	6.7823	6.8861	7.1740	7.4666	7.4636	7.7132	7.8804
山西	6.9119	7.0603	7.2013	7.5511	7.5637	7.6823	7.5712	7.8231	8.0288	8.1827
内蒙古	6.6438	6.4889	6.9220	7.0103	7.1172	7.1816	7.4336	7.3542	7.7596	9.0513
辽宁	7.2204	7.2664	7.5227	7.6456	7.8479	8.1017	8.0322	8.1839	8.4146	8.5673
吉林	7.1796	7.4300	7.4802	7.7836	7.7552	8.0274	8.0252	8.2288	8.2395	8.4038
黑龙江	7.0323	7.0529	7.3267	7.5342	7.7340	7.8562	7.8497	7.8246	8.2458	8.3938
上海	8.0940	8.2362	8.4329	8.8110	9.0068	8.8851	8.7709	9.2667	9.3100	9.5964
江苏	6.3384	6.3895	6.6038	7.0401	7.0155	6.9104	7.0383	7.3020	6.5936	7.9995
浙江	6.2115	6.2192	6.4716	6.4485	6.7069	6.8148	7.0258	7.1444	7.4832	7.5964
安徽	5.7506	5.5284	5.9913	6.1938	6.2961	6.5571	6.5369	6.5433	6.9978	7.1165
福建	6.0064	5.7477	6.2578	6.1449	6.2860	6.7342	6.7052	6.7740	7.5570	7.6598
江西	6.2178	6.1406	6.4782	6.3059	6.8505	7.0467	7.0116	7.1158	7.5593	7.6837
山东	6.1200	6.0174	6.3762	6.6882	6.4215	6.5031	6.6196	6.8247	7.5943	7.7522
河南	6.3886	6.3791	6.6561	6.7349	6.8529	7.1014	7.2538	7.1034	7.7270	7.8441
湖北	6.4705	6.4899	6.7414	6.7374	6.9428	7.2215	7.2980	7.2904	7.7694	7.9427
湖南	6.5170	6.5915	6.7899	6.7886	6.9372	7.2243	7.2873	7.4469	7.7954	7.9404
广东	6.6604	6.4431	6.9393	7.1169	6.7899	7.5044	7.5502	7.6151	8.0787	8.2295
广西	6.1970	6.2761	6.4565	6.5975	6.6970	6.6130	6.7940	6.8446	7.5772	7.7267
海南	6.4582	6.6705	6.7286	7.0396	6.6436	7.2121	7.2048	7.2512	7.6783	7.8242
四川	5.9708	5.9654	6.2208	6.3871	6.4289	6.5695	6.8274	6.6557	7.0771	7.1932
贵州	5.1301	4.6783	5.3449	5.6339	5.6865	5.8494	5.7267	6.0761	6.1505	6.2814

附 录

2002	2003	2004	2005	2006	2007	2008	2009	2010	2011
10.3090	10.3894	10.5585	10.6858	10.95011	11.08531	10.96959	11.17257	11.47685	11.55497
9.2137	9.3059	9.6472	9.5129	9.72924	9.80771	9.87755	10.05155	10.16402	10.39995
8.1006	8.4438	8.3804	8.16949	8.13010	8.16702	8.35792	8.42494	8.87226	8.66587
8.3023	8.4494	8.3835	8.41713	8.69654	8.77832	8.81059	8.87643	9.22159	9.15293
7.9974	7.8914	8.1696	8.22336	8.19216	8.35684	8.36925	8.49460	8.99411	9.22693
8.4894	8.9657	8.8384	8.74609	8.92241	8.98702	9.07838	9.23728	9.45787	9.46705
8.6569	8.7426	8.7996	8.46829	8.65970	8.77638	8.89018	8.90277	9.28111	9.10102
8.3601	8.4630	8.4917	8.45998	8.53196	8.69741	8.70089	8.74570	9.16004	9.11480
9.6714	10.1822	10.1113	10.0257	10.43824	10.45460	10.54542	10.64691	10.54533	10.48340
7.7124	7.8190	7.8076	8.13395	8.25266	8.43308	8.44295	8.54605	9.12895	9.16267
7.7977	7.8801	7.9507	7.61371	8.06019	8.10565	8.23819	8.40434	8.61713	8.82035
7.1346	7.7790	7.4868	7.0386	7.33728	7.24498	7.44030	7.62132	8.11814	8.24831
7.5756	7.7034	7.4914	7.54298	7.72628	7.74683	7.80386	8.34637	8.80374	8.82972
7.5701	8.3641	7.9829	7.53133	7.71202	8.24670	8.25545	8.52289	8.56744	8.73665
8.1804	7.9740	7.9439	7.72186	8.09367	8.22551	8.27506	8.31277	8.76043	8.67270
8.1539	8.0451	8.2193	7.98551	8.05400	8.18266	8.33583	8.38743	8.65650	8.70445
7.4663	8.0195	8.0960	7.82228	8.25800	8.42336	8.48551	8.48868	9.00895	9.04718
7.9823	8.1260	8.1568	7.99092	8.16877	8.41965	8.43277	8.46535	8.90830	8.80709
8.1584	8.0750	8.1298	8.36496	8.43781	8.68016	8.77292	8.87171	9.22805	9.33313
7.7077	7.8485	8.0156	7.65945	8.03394	8.03248	7.98318	8.09567	8.43746	8.61094
8.0216	8.2726	8.4061	8.10865	8.16899	8.32470	8.34530	8.43693	8.89535	8.87962
7.4415	7.5813	7.4002	6.97907	7.32654	7.50790	7.58439	7.75573	8.25491	8.36680
6.8944	7.0575	6.9817	6.41815	6.59396	6.84305	7.04555	7.08150	7.44094	7.58866

461

地区	1992	1993	1994	1995	1996	1997	1998	1999	2000	2001
云南	5.0945	4.6078	5.3078	5.3499	5.6182	5.7889	5.7886	5.8194	6.3584	6.4902
陕西	6.3891	6.4473	6.6566	6.8609	6.8135	7.0661	7.0486	7.1442	7.7160	7.8593
甘肃	5.3628	5.1352	5.5873	5.5102	5.7298	6.1273	6.0663	6.3517	6.5537	6.6853
青海	4.8246	4.6571	5.0266	5.1957	4.8987	4.6926	4.9062	5.9680	6.1940	6.2892
宁夏	5.8852	6.0867	6.1316	6.2425	6.5048	6.4475	6.5408	6.6620	7.0515	7.2116
新疆	6.5315	6.3608	6.8050	7.0513	7.2139	7.5120	7.4642	7.9416	7.7404	7.9432

数据来源：将居民的受教育程度为小学的年限定为6年，初中程度定为9年，高中程度定为12年，大学以上定为16年，根据各年《中国人口与就业统计年鉴》相关数据计算而来。

附 录

(续表)

2002	2003	2004	2005	2006	2007	2008	2009	2010	2011
6.3222	6.2267	6.8157	6.37782	6.66258	6.78506	6.90184	6.90530	7.56927	7.68605
7.5608	8.2146	8.2627	8.06237	8.29885	8.40039	8.51237	8.58454	9.12196	8.95192
6.9616	7.2121	7.2365	6.86	6.77738	7.06440	7.16634	7.29111	8.00539	8.15423
6.5709	6.9324	6.8030	6.75811	6.99272	7.17867	7.25587	7.44793	7.62972	7.78424
7.5418	7.4991	7.7029	7.37494	7.62515	7.82197	8.12797	8.21660	8.50139	8.38910
8.4439	8.4419	8.4858	8.20329	8.29537	8.51134	8.55580	8.65801	8.92173	9.17703

附表3-6 城镇居民人均实际可支配收入 A6   单位：元/年

地区	1992	1993	1994	1995	1996	1997	1998	1999	2000	2001
北京	2,325.842	2,980.504	4,071.017	5,315.431	6,569.892	7,419.943	8,273.438	9,128.032	9,999.71	11,229.68
天津	2,009.336	2,354.847	3,211.371	4,275.369	5,474.954	6,409.699	7,146.231	7,734.884	8,173.193	8,852.47
河北	1,764.373	2,051.23	2,591.599	3,403.993	4,148.273	4,791.014	5,167.276	5,468.909	5,678.235	5,955.025
山西	1,512.395	1,700.695	2,049.281	2,828.058	3,431.603	3,869.932	4,156.897	4,360.04	4,546.776	5,401.904
内蒙古	1,391.899	1,659.246	2,032.791	2,436.596	3,189.405	3,774.833	4,383.686	4,780.06	5,063.277	5,502.883
辽宁	1,826.523	2,008.854	2,464.119	3,192.506	3,899.166	4,382.25	4,649.748	4,968.154	5,363.163	5,797
吉林	1,515.741	1,734.547	2,123.632	2,755.903	3,549.907	4,041.08	4,240.524	4,571.429	4,878.296	5,271.964
黑龙江	1,492.949	1,706.969	2,130.353	2,907.149	3,518.487	3,918.295	4,251.494	4,747.004	4,997.864	5,382.837
上海	2,751.455	3,575.125	4,753.107	6,058.804	7,489.469	8,209.047	8,773.1	10,770.05	11,432.2	12,883.5
江苏	2,005.91	2,346.701	3,067.289	4,002.073	4,744.556	5,668.83	6,054.225	6,624.316	6,793.407	7,316.567
浙江	2,436.465	3,026.711	4,059.535	5,335.678	6,446.525	7,158.268	7,860.381	8,530.364	9,187.327	10,485.67
安徽	1,670.795	1,959.808	2,401.655	3,306.098	4,106.278	4,540.276	4,770.5	5,178.528	5,256.802	5,640.597
福建	2,155.619	2,460.312	2,931.045	3,912.326	4,884.703	6,040.905	6,505.115	6,922.099	7,279.432	8,422.594
江西	1,445.885	1,674.346	2,185.264	2,888.366	3,487.269	3,991.471	4,209.307	4,787.627	5,088.335	5,533.668
山东	1,848.783	2,231.677	2,791.248	3,625.935	4,461.953	5,049.416	5,412.575	5,849.95	6,477.046	6,975.54
河南	1,525.617	1,777.899	2,091.534	2,832.189	3,398.552	3,955.169	4,327.59	4,677.399	4,804.738	5,230.785
湖北	1,718.157	2,069.51	2,678.452	3,357.167	3,989.031	4,528.295	4,904.878	5,330.061	5,580.303	5,838.485
湖南	1,891.96	2,301.199	3,102.634	3,948.908	4,690.901	5,067.802	5,423.453	5,786.468	6,132.84	6,842.18
广东	3,240.168	3,809.539	5,231.717	6,525.175	7,624.112	8,402.061	9,001.731	9,293.177	9,626.824	10,488.62
广西	1,986.591	2,373.197	3,159.603	4,047.213	4,726.103	5,069.742	5,579.588	5,751.791	5,851.956	6,625.944
海南	2,132.567	2,491.16	3,094.081	4,202.996	4,723.298	4,811.409	4,987.564	5,430.621	5,300	5,927.716
四川	1,863.408	2,072.517	2,657.063	3,377.975	4,357.182	4,844.38	5,405	5,750.253	6,184.146	6,418.842
贵州	1,762.152	1,993.793	2,622.557	3,238.468	3,869.111	4,295.841	4,560.839	4,973.79	5,147.94	5,355.501

附 录

2002	2003	2004	2005	2006	2007	2008	2009	2010	2011
12,692.36	13,854.89	15,482.97	17,392.12	19,799.33	21,473.35	23,533.66	27,157.16	28,391.51	31,147.58
9,375.1	10,210.79	11,209.38	12,451.82	19,683.27	15,698.03	18,426.82	21,612.69	23,459.87	25,675.22
6,747.172	7,083.268	7,623.49	8,946.071	19,645.55	11,165.68	12,656.41	14,818.8	15,778.4	17,306.44
6,335.772	6,881.139	7,591.643	8,713.49	19,588.75	11,056.36	12,238.62	14,055.5	15,189.17	17,225.9
6,038.922	6,861.937	7,894.072	8,922.656	19,686.23	11,833.5	13,648.82	15,891.32	17,148.99	19,328.85
6,597.068	7,119.567	7,736.812	8,981.854	10,246.65	11,703.51	13,754.86	15,753.6	17,189.8	19,461.54
6,291.658	6,922.134	7,531.796	8,562.167	9,640.108	10,768.63	12,205.34	13,996.36	14,861.29	16,909.55
6,143.605	6,619.326	7,197.206	8,174.407	9,011.099	9,720.38	10,971.79	12,542.54	13,337.02	14,831.64
13,183.88	14,852.65	16,323.68	18,460.4	20,422.84	22,890.24	25,216.73	28,955.89	30,879.1	34,447.07
8,243.548	9,170.792	10,069.07	12,065.23	13,862.46	15,702.79	17,728.61	20,640.49	22,101.49	25,007.88
11,822	12,933.76	14,000.38	16,084.7	18,066.37	19,744.55	21,638.52	24,992.57	26,347.92	29,388.57
6,093.333	6,664.7	7,187.943	8,353.748	9,655.188	10,896.09	12,235.68	14,214.54	15,307.63	17,625.71
9,235.578	9,920.139	10,745.58	12,056.07	13,644.13	14,739.59	17,179.66	19,937.97	21,101.67	23,662.02
6,329.271	6,846.627	7,303.961	8,475.615	9,437.866	10,927.19	12,132.85	14,114.5	15,023.75	16,622.32
7,668.077	8,308.506	9,109.846	10,565.19	12,071.52	13,663.51	15,485.93	17,811.47	19,377.17	21,702.35
6,239.161	6,817.028	7,310.152	8,489.716	9,684.363	10,889.04	12,361.95	14,455.84	15,387.33	17,225.44
6,815.763	7,164.384	7,648.046	8,538.29	9,648.278	10,959.73	12,377.1	14,427.21	15,603.77	17,373.29
6,993.568	7,494.336	8,199.334	9,309.873	10,359.64	11,641.61	13,035.82	15,138.58	16,065.53	17,856.94
11,295.33	12,306.56	13,230.78	14,437.93	15,732.4	17,067.79	18,686.91	22,093.07	23,174.48	25,538.57
7,381.736	7,700.297	8,323.755	9,069.043	9,771.718	11,499	13,124.61	15,790.5	16,569.39	17,802.83
6,856.985	7,252.048	7,409.77	8,003.842	9,256.286	10,473.21	11,791.28	13,844.83	14,862.14	17,318.46
6,948.721	7,481.76	8,116.395	9,195.262	10,219.74	11,071.61	12,818.28	14,856.51	15,983.22	18,110.7
6,004.141	6,491.304	7,040.481	8,070.396	8,964.218	10,036.09	10,929.37	13,029.58	13,740.97	15,687.61

地区	1992	1993	1994	1995	1996	1997	1998	1999	2000	2001
云南	1,906.244	2,187.057	2,896.141	3,367.766	4,579.577	5,329.147	5,941.79	6,197.292	6,460.266	6,859.435
陕西	1,557.389	1,858.267	2,118.39	2,781.261	3,472.744	3,818.034	4,288.821	4,758.793	5,149.95	5,429.406
甘肃	1,593.097	1,735.269	2,148.828	2,631.469	3,043.466	3,491.156	4,050.101	4,585.246	4,941.005	5,175.865
青海	1,672.685	1,879.24	2,309.36	2,813.475	3,460.469	3,816.221	4,210.626	4,727.035	5,195.98	5,705.361
宁夏	1,681.163	1,899.038	2,425.589	2,888.813	3,382.116	3,696.05	4,112.4	4,531.814	4,932.129	5,456.89
新疆	1,797.33	2,144.248	2,502.21	3,478.195	4,208.054	4,671.842	4,990.818	5,461.807	5,678.974	6,149.038

数据来源:各年《中国统计年鉴》,由城镇居民年人均可支配收入/消费价格指数计算得来。

附 录

(续表)

2002	2003	2004	2005	2006	2007	2008	2009	2010	2011
7,255.11	7,552.964	8,368.774	9,137.968	8,947.605	10,855.63	12,535.76	14,366.92	15,486.6	17,715.54
6,401.213	6,692.625	7,267.216	8,173.913	9,130.739	10,241.05	12,089.13	14,055.2	15,095.74	17,260.8
6,151.4	6,584.768	7,210.85	7,951.622	8,806.111	9,490.37	10,137.18	11,782	12,669.03	14,157.97
6,031.769	6,613.039	7,092.733	7,993.948	8,858.612	9,639.831	10,573.89	12,364.48	13,150.88	14,700.91
6,104.024	6,421.337	6,960.366	7,973.99	9,006.143	10,302.97	11,920.55	13,920.56	14,744.25	16,531.15
6,941.247	7,144.92	7,306.134	7,934.657	8,757.423	9,775.773	10,579.81	12,167.69	13,077.48	14,642.51

附表3-7　农村居民人均实际纯收入 A7　　　　　单位:元/年

地区	1992	1993	1994	1995	1996	1997	1998	1999	2000	2001
北京	1,430.027	1,582.017	1,922.098	2,748.252	3,191.667	3,477.398	3,859.668	4,201.392	4,448.889	4,874.394
天津	1,175.045	1,252.636	1,480.403	2,087.077	2,752.018	3,146.169	3,412.764	3,449.039	3,636.948	3,900.889
河北	643.2611	706.3269	903.1811	1,448.524	1,918.768	2,208.696	2,444.411	2,488.787	2,486.359	2,590.647
山西	584.343	624.066	706.23	1,033.618	1,443.188	1,686.033	1,884.99	1,779.719	1,834.071	1,960.02
内蒙古	625.8845	681.858	789.1782	1,028.426	1,489.126	1,703.541	1,995.468	2,006.914	2,012.043	1,961.63
辽宁	932.6148	1,007.813	1,145.213	1,512.92	1,992.586	2,232.299	2,597.986	2,536.511	2,357.958	2,557.9
吉林	747.5926	791.8295	1,054.395	1,397.222	1,982.836	2,108.293	2,402.823	2,306.735	2,051.217	2,154.195
黑龙江	869.2308	895.8188	1,143.232	1,521.361	2,037.255	2,211.015	2,244.124	2,237.5	2,185.351	2,262.202
上海	2,023.545	2,268.719	2,773.688	3,576.748	4,437.821	5,133.268	5,406.8	5,329.163	5,459.902	5,870.9
江苏	995.0281	1,071.827	1,486.607	2,121.675	2,771.546	3,214.946	3,397.183	3,541.236	3,591.508	3,754.663
浙江	1,264.279	1,457.346	1,782.532	2,543.911	3,209.453	3,583.852	3,826.078	3,996.356	4,211.584	4,591.483
安徽	530.1294	631.6478	766.9031	1,134.843	1,462.875	1,785.587	1,862.9	1,943.047	1,921.152	2,009.95
福建	929.2729	1,048.96	1,259.138	1,778.299	2,353.636	2,739.135	2,955.266	3,119.475	3,164.055	3,425.228
江西	726.9631	758.9878	959.9685	1,315.141	1,724.723	2,065.98	2,027.723	2,159.736	2,128.913	2,242.814
山东	751.779	845.3416	1,069.449	1,458.418	1,903.558	2,229.669	2,467.606	2,567.573	2,653.892	2,754.912
河南	558.3491	630.3442	726.6773	1,057.511	1,429.14	1,675.266	1,911.897	2,010.733	2,001.815	2,083.317
湖北	618.4307	661.4865	935.9138	1,259.333	1,703.473	2,037.016	2,207.52	2,266.973	2,291.515	2,345.165
湖南	667.9313	729.3664	921.7877	1,197.647	1,664.16	1,981.615	2,060.778	2,116.915	2,166.864	2,320.383
广东	1,218.733	1,377.303	1,792.523	2,367.719	2,975.234	3,403.042	3,591.752	3,695.519	3,604.043	3,796.375
广西	690.9348	731.2295	878.5714	1,221.368	1,599.155	1,860.417	2,032.784	2,096.52	1,870.11	1,932.704
海南	775.345	804.5418	1,029.597	1,338.943	1,674.113	1,901.687	2,074.306	2,123.601	2,158.556	2,260.406
四川	590.5959	597.8596	759.4703	977.4684	1,329.735	1,596.499	1,790.663	1,809.96	1,928.882	1,942.188
贵州	469.4805	499.7414	640.7166	895.0577	1,170.211	1,255.803	1,333.167	1,374.093	1,381.106	1,386.739

附　录

2002	2003	2004	2005	2006	2007	2008	2009	2010	2011
5,497.454	5,590.419	6,109.208	7,237.695	8,201.655	9,218.389	10,148.236	11,851.302	12,951.442	13,949.500
4,295.884	4,520.792	4,906.647	5,497.409	6,135.901	6,727.505	7,505.229	8,773.080	9,729.502	11,751.114
2,712.323	2,791.977	3,040.364	3,420.079	3,738.269	4,100.697	4,515.503	5,184.849	5,780.294	6,736.001
2,184.756	2,258.546	2,487.608	2,825.67	3,118.549	3,504.455	3,822.271	4,261.975	4,597.475	5,323.872
2,081.836	2,218.885	2,532.945	2,918.818	3,292.493	3,779.254	4,403.337	4,950.925	5,358.010	6,290.494
2,781.901	2,885.349	3,195.266	3,639.26	4,041.897	4,541.798	5,329.351	5,955.058	6,704.047	7,889.029
2,312.563	2,500.395	2,881.46	3,215.754	3,590.858	3,999.37	4,692.779	5,262.184	6,014.767	7,135.638
2,422.155	2,486.521	2,895.183	3,183.073	3,486.192	3,920.579	4,600.055	5,197.047	5,977.876	7,172.590
6,192.637	6,647.253	6,914.188	8,166.109	9,030.287	9,830.058	10,814.882	12,534.066	13,556.936	15,263.558
4,011.895	4,197.327	4,566.667	5,167.767	5,721.683	6,290.518	6,981.979	8,038.112	8,783.315	10,258.214
4,985.267	5,288.518	5,720.982	6,574.482	7,255.005	7,932.006	8,814.667	10,162.543	10,884.844	12,402.987
2,138.99	2,091.937	2,391.675	2,604.497	2,933.874	3,377.274	3,958.348	4,545.507	5,124.308	5,903.813
3,556.583	3,704.266	3,932.115	4,354.56	4,796.379	5,196.844	5,926.380	6,803.410	7,195.120	8,339.618
2,304.196	2,437.996	2,692.56	3,076.588	3,418.508	3,859.447	4,429.375	5,108.656	5,617.545	6,547.913
2,968.479	3,116.222	3,385.521	3,864.848	4,325.079	4,775.23	5,357.903	6,118.917	6,790.985	7,943.361
2,213.487	2,200.492	2,422.391	2,811.538	3,219.181	3,654.269	4,161.638	4,835.139	5,335.473	6,252.189
2,453.916	2,511.546	2,755.005	3,011.856	33,6550.2	3,814.389	4,381.745	5,056.193	5,667.163	6,522.281
2,409.95	2,473.535	2,700.095	3,047.644	3,342.821	3,697.159	4,256.054	4,926.702	5,452.216	6,223.056
3,967.444	4,030.417	4,238.738	4,585.034	4,989.961	5,423.375	6,060.564	7,072.874	7,651.433	8,898.253
2,030.878	2,071.711	2,208.046	2,436.201	2,734.926	3,038.69	3,423.876	4,067.684	4,411.746	4,939.651
2,435.377	2,585.514	2,698.851	2,959.635	3,207.419	3,610.829	4,105.648	4,776.785	5,031.964	6,077.374
2,109.975	2,196.96	2,410.983	2,770.039	2,870.65	319.1885	3,915.338	4,489.079	5,020.458	5,985.954
1,504.949	1,546.146	1,655.385	1,858.376	1,951.445	2,231.194	2,599.653	3,044.443	3,373.298	3,942.444

地区	1992	1993	1994	1995	1996	1997	1998	1999	2000	2001
云南	567.4931	556.3067	673.6577	833.4707	1,130.911	1,318.792	1,364.11	1,441.926	1,510.317	1,547.629
陕西	506.6183	577.3652	635.2013	809.1597	1,062.078	1,214.981	1,428.455	1,488.65	1,451.156	1,476.04
甘肃	456.6231	477.2964	585.0445	734.808	998.7296	1,151.701	1,407.172	1,390.676	1,435.879	1,450.577
青海	558.7037	594.1696	713.711	872.7119	1,059.386	1,260.115	1,414.896	1,474.07	1,497.99	1,517.836
宁夏	545.7064	556.7804	704.3054	852.9462	1,308.801	1,457.129	1,721.2	1,777.305	1,731.225	1,794.39
新疆	681.768	688.1416	747.277	949.457	1,167.421	1,450.723	1,596.906	1,512.526	1,627.867	1,644.615

数据来源:各年《中国统计年鉴》,由农村居民年人均纯收入/消费价格指数计算得来。

(续表)

2002	2003	2004	2005	2006	2007	2008	2009	2010	2011
1,611.824	1,676.976	1,758.679	2,013.6	2,208.499	2,487.337	2,935.306	3,356.023	3,809.850	4,503.354
1,614.055	1,647.689	1,810.378	2,028.291	2,226.788	2,516.356	2,948.935	3,419.652	3,948.193	4,756.590
1,590.3	1,654.896	1,810.557	1,946.785	2,106.663	2,207.507	2,517.141	2,943.184	3,289.747	3,692.703
1,631.378	1,758.922	1,896.996	2,134.385	2,321.23	251,761.7	2,780.759	3,259.839	3,666.378	4,341.934
1,928.974	2,009.145	2,237.319	2,471.813	2,708.675	3,017.875	3,393.609	4,018.269	4,492.020	5,087.496
1,874.547	2,097.809	2,185.881	2,464.896	2,702.152	3,017.033	3,241.751	3,854.641	4,449.973	5,136.565

附表 3-8 城镇居民年实际消费水平 A8   单位:元/年

地区	1992	1993	1994	1995	1996	1997	1998	1999	2000	2001
北京	1,914.468	1,957.983	2,344.275	3,668.372	4,402.778	5,245.964	6,093.75	6,998.012	8,747.826	9,844.811
天津	1,991.921	2,380.102	2,984.677	3,942.758	4,934.404	6,024.248	6,950.754	7,427.705	8,088.353	8,872.53
河北	2,056.55	2,193.322	2,454.323	3,225.694	3,820.728	4,316.908	4,535.569	5,130.479	5,570.712	6,071.642
山西	1,794.967	2,136.403	2,201.278	2,919.589	3,514.829	4,046.557	3,957.404	3,947.791	4,150.144	3,914.83
内蒙古	1,360.335	1,537.248	1,857.608	2,282.553	2,784.387	3,167.464	3,264.854	3,772.545	3,879.566	4,380.716
辽宁	2,255.858	2,622.396	2,979.887	3,910.422	4,617.702	5,261.882	5,910.373	6,456.389	6,909.91	7,366
吉林	1,812.963	2,079.041	2,483.416	3,181.424	3,885.261	4,498.554	4,896.169	5,322.449	5,719.067	5,738.401
黑龙江	2,110.806	2,421.603	3,002.461	3,559.001	4,290.85	4,845.785	5,227.092	5,818.182	6,150.56	6,563.492
上海	2,928.182	3,981.697	4,956.416	6,486.942	8,097.07	9,712.062	10,541	11,766.5	13,042.93	14,447
江苏	1,724.203	2,203.046	2,745.13	3,594.991	4,391.125	5,345.133	5,986.922	6,321.175	6,582.418	7,209.325
浙江	2,321.86	2,761.269	3,717.949	5,084.048	6,250.695	7,355.058	7,652.959	8,081.984	8,394.059	9,477.956
安徽	1,521.257	2,082.825	2,102.443	2,997.387	3,580.528	4,372.162	4,675	5,097.137	5,285.998	5,777.114
福建	2,234.183	2,568.458	3,078.212	4,034.722	4,954.674	5,748.279	6,133.4	6,311.806	6,618.022	7,342.452
江西	1,202.46	1,326.353	1,706.068	2,278.015	2,704.336	3,137.255	3,234.653	3,531.44	4,474.576	4,869.347
山东	1,772.472	1,907.72	2,495.138	3,221.088	4,065.693	4,984.436	5,482.897	6,102.719	6,558.882	6,800.589
河南	1,402.277	1,596.014	1,977.636	2,588.841	3,132.127	3,773.913	4,141.538	4,348.813	4,941.532	5,320.755
湖北	1,778.285	2,128.378	2,381.484	3,132.5	3,897.166	4,620.155	5,212.398	5,414.11	5,776.768	6,422.732
湖南	1,902.439	2,224.315	2,601.756	3,263.866	4,006.5	4,616.732	4,803.393	5,263.682	5,626.233	6,028.254
广东	2,925.443	3,128.289	4,187.346	5,656.14	6,801.869	7,956.82	8,800.407	9,151.731	9,602.564	9,798.59
广西	1,643.059	2,028.689	2,764.286	3,585.304	4,268.545	4,808.532	4,936.082	5,104.401	5,292.879	5,586.481
海南	2,071.757	2,281.427	2,938.437	3,828.194	4,220.038	4,422.619	4,681.398	4,781.282	4,846.686	5,109.645
四川	1,807.263	1,946.918	2,323.435	3,113.08	4,001.372	4,858.79	5,312.755	5,594.54	5,985.772	6,035.819
贵州	1,525.974	1,682.759	2,204.397	2,852.554	3,408.341	3,843.327	4,192.807	4,368.952	4,539.698	4,448.919

附　录

2002	2003	2004	2005	2006	2007	2008	2009	2010	2011
11,573.32	12,749.5	14,822.77	13,048.47	14,693.17	14,971.13	15,667.22	18,173.48	19,467.25	20,811.46
9,440.763	10,164.36	11,113.39	9,510.601	10,392.17	11,544.03	12,734.36	14,947.05	15,994.05	17,571.6
6,670.707	6,929.55	7,437.2	6,581.208	7,220.737	7,865.301	8,556.25	9,744.87	10,010.59	10,983.65
4,841.463	5,081.532	5,827.089	6,200.029	7,030.333	7,745.545	8,215.54	9,394.50	9,505.72	10,791.74
5,594.81	7,106.654	7,303.207	6,766.211	7,553.31	8,873.289	10,240.60	12,402.75	13,560.38	15,038.77
7,961.577	7,027.532	7,456.039	7,267.525	7,892.777	8,972.15	10,733.74	12,318.49	12,888.09	14,063.17
6,183.92	6,749.012	7,348.703	6,694.296	7,251.124	8,168.225	9,255.77	10,906.72	11,262.11	12,362.15
7,197.382	7,546.085	7,443.16	6,104.753	6,531.335	7,134.042	8,169.17	9,611.64	10,283.37	11,390.25
16,375.12	18,156.84	20,347.36	13,637.04	14,586.71	16,720.33	18,337.51	21,078.33	22,501.59	23,866.51
7,804.435	8,045.545	8,707.973	8,444.486	9,476.959	10,273.39	11,367.82	13,209.82	13,830.12	15,932.58
10,576.19	11,470.07	12,302.21	12,096.49	13,203.27	13,523.21	14,432.53	16,942.27	17,198.22	19,393.42
6,415.152	4,850.541	5,112.919	6,279.753	7,208.231	8,102.469	8,970.75	10,327.56	11,162.15	12,486.88
7,818.09	8,661.706	9,313.462	8,605.098	9,729.871	10,508.68	11,957.00	13,698.69	14,289.77	15,827.99
5,132.867	5,086.31	6,086.957	6,007.266	6,566.739	7,452.987	8,220.34	9,804.56	10,304.98	11,161.32
7,195.368	7,655.786	8,229.73	7,332.655	8,384.554	9,259.205	10,453.44	12,013.02	12,744.23	13,864.64
5,916.084	6,440.945	6,986.717	5,913.83	6,599.388	7,425.731	8,256.92	9,623.09	10,469.10	11,679.22
7,239.96	8,221.135	7,357.483	6,546.706	7,280.827	8,302.653	8,918.52	10,336.86	11,126.80	12,446.91
6,377.889	6,875	7,233.111	7,336.256	8,056.509	8,513.939	9,380.40	10,867.19	11,468.29	12,700.78
11,044.62	10,408.55	11,113.59	11,544.35	12,212.4	13,825.33	14,704.90	17,262.51	17,929.90	19,228.66
5,994.955	6,768.546	7,137.931	6,867.969	6,704.788	7,682.62	8,932.25	10,579.28	11,157.11	12,132
5,494.472	5,636.364	6,002.874	5,841.172	7,021.458	7,897.99	8,799.13	10,155.59	10,422.55	11,919.73
6,675.866	7,341.078	7,610.738	7,657.73	8,267.465	840.5998	9,886.80	11,550.71	12,324.06	13,611.12
4,737.374	4,905.138	5,266.346	6,098.307	6,733.913	7,292.002	7,760.31	9,165.80	9,772.55	10,797.18

地区	1992	1993	1994	1995	1996	1997	1998	1999	2000	2001
云南	2,022.039	2,238.252	2,680.369	3,262.984	4,121.435	4,795.781	4,947.886	4,947.844	5,560.776	5,183.653
陕西	1,721.668	1,963.749	2,265.193	2,855.462	3,534.184	4,156.489	4,500	4,621.677	4,915.578	4,889.109
甘肃	1,761.194	1,941.941	2,155.214	2,527.546	3,368.875	4,273.081	4,306.061	4,728.484	4,914.573	4,869.231
青海	1,731.481	1,915.194	2,345.649	2,907.627	3,301.895	3,708.015	4,058.59	4,406.03	4,653.266	4,934.698
宁夏	1,656.51	1,909.011	2,242.08	2,648.164	3,080.524	3,351.638	3,633	3,863.222	4,541.165	4,831.693
新疆	1,364.641	1,553.982	1,584.057	2,149.541	2,670.136	3,209.257	3,606.786	4,094.456	4,428.571	5,450

数据来源:各年《中国统计年鉴》,由城镇居民人均消费/消费价格指数计算得来。

(续表)

2002	2003	2004	2005	2006	2007	2008	2009	2010	2011
5,548.096	5,908.103	7,408.491	6,900.296	7,242.208	7,112.436	8,587.19	10,161.49	10,675.67	11,680.93
5,901.921	5,978.368	6,443.259	6,577.53	7,441.655	8,018.135	9,187.81	10,649.93	11,370.35	13,039.1
5,344	5,481.701	6,054.741	6,420.059	6,884.709	7,465.194	7,678.26	8,780.65	9,505.56	10,568.47
5,433.04	5,982.353	6,377.907	6,195.694	6,427.274	7,047.27	7,441.93	8,559.88	9,125.22	10,321.86
5,458.753	5,465.093	5,803.279	6,309.665	7,071.217	7,416.774	8,811.03	10,203.67	10,891.06	12,127.39
6,294.769	6,304.781	6,190.847	6,164.369	6,643.643	7,463.763	8,023.04	9,259.19	9,773.85	11,174.6

附表3-9 农村居民年实际消费水平 A9　　　　单位：元/年

地区	1992	1993	1994	1995	1996	1997	1998	1999	2000	2001
北京	933.5759782	1,152.9412	1,406.7254	1,775.7886	2,125.448	2,527.0655	2,960.9375	3,149.1054	3,479.2271	3,715.8099
天津	903.9497307	1,040.8163	1,164.5161	1,606.2446	2,078.4404	2,598.4481	2,919.598	3,122.3458	3,427.7108	3,691.6996
河北	687.0876532	730.22847	816.47635	1,111.9792	1,364.1457	1,585.5072	1,668.6992	1,720.6932	1,821.4644	1,957.2139
山西	534.9487418	622.93658	630.19169	865.69718	1,046.8026	1,209.5053	1,135.9026	1,093.3735	1,163.6189	1,333.6673
内蒙古	638.7337058	682.73444	771.35883	1,075.7447	1,296.9331	1,461.244	1,583.0816	1,500	1,588.3514	1,574.5527
辽宁	828.4910965	924.47917	1,084.473	1,348.8372	1,598.2391	1,826.3822	2,062.4371	2,240.3651	2,405.4054	2,540
吉林	693.5185185	754.88455	880.59701	1,120.6597	1,352.6119	1,551.5911	1,594.7581	1,550	1,615.6187	1,910.1678
黑龙江	775.6410256	903.3101	1,060.7055	1,248.9233	1,471.5219	1,630.2682	1,643.4263	1,645.6612	1,693.7945	1,808.5317
上海	1,859.090909	2,333.6106	2,842.615	3,672.2831	4,478.022	5,273.3463	5,654	5,783.2512	6,142.439	6,923
江苏	799.249531	898.47716	1,190.7468	1,628.6701	2,072.2781	2,599.8033	2,618.7123	2,593.7183	2,648.3516	2,844.246
浙江	1,066.046512	1,089.3155	1,386.2179	1,833.6192	2,262.2799	2,669.2607	2,832.4975	2,830.9717	3,197.0297	3,440.8818
安徽	551.7560074	610.28771	763.59338	1,132.4042	1,408.5532	1,772.9516	1,845	1,982.6176	1,908.6395	1,975.1244
福建	1,064.21152	1,229.636	1,568.2362	2,208.3333	2,773.3711	3,274.3363	3,398.1946	3,534.8133	3,736.5328	3,952.381
江西	586.5657521	602.96684	727.34437	1,021.3858	1,274.4465	1,538.2353	1,583.1683	1,660.2434	1,787.6371	1,810.0503
山东	624.5318352	674.3567	857.37439	1,141.1565	1,464.4161	1,817.1206	2,010.0604	2,203.424	2,347.3054	2,509.8232
河南	444.971537	536.23188	623.80192	922.74678	1,128.0543	1,370.0483	1,436.9231	1,420.0206	1,599.7984	1,687.1897
湖北	650.5474453	737.33108	839.585	1,104.1667	1,401.2797	1,687.0155	1,820.122	1,736.1963	1,777.7778	1,910.2692
湖南	655.8265583	726.88356	819.63288	1,087.395	1,460.0743	1,800.5837	1,917.1657	1,935.3234	1,953.6489	2,055.4995
广东	975.7688723	1,061.6776	1,430.567	1,892.9825	2,371.028	2,861.629	2,946.0285	2,894.0937	2,815.5819	2,902.3162
广西	546.7422096	565.57377	711.11111	963.68243	1,209.3897	1,423.6111	1,502.0619	1,493.347	1,482.4473	1,509.9404
海南	753.449862	862.93593	993.68587	1,363.8767	1,605.9444	1,787.6984	1,942.446	2,093.591	2,190.9001	2,263.9594
四川	591.2476723	607.02055	760.0321	1,021.9409	1,227.1272	1,413.5447	1,500.5102	1,496.9667	1,632.622	1,590.2846
贵州	415.5844156	482.75862	552.11726	753.70475	912.00733	1,039.6518	1,070.9291	1,090.7258	1,125.6281	1,116.8959

附 录

2002	2003	2004	2005	2006	2007	2008	2009	2010	2011
4,470.4684	5,030.9381	5,443.5644	5,237.1527	5,673.439	6,249.2871	6,933.6803	9,036.9121	9,037.8525	10,486.6429
3,989.9598	4,278.2178	4,609.9707	2,991.0936	3,291.6847	3,395.691	3,629.3170	4,315.2147	4,767.5027	6,414.2329
2,141.4141	2,255.3816	2,534.9952	2,127.4263	2,453.6185	2,661.6714	2,943.0819	3,372.6232	3,730.2521	4,457.2694
1,311.9919	1,507.8585	1,693.5639	1,835.4839	2,209.0686	2,564.5985	2,889.6615	3,318.6785	3,556.5068	4,359.7129
1,744.511	1,631.1155	2,024.2954	2,388.8379	2,731.0049	3,112.9541	3,421.6369	3,978.9682	4,322.4134	5,216.5878
2,672.3964	2,586.0374	2,721.7391	2,767.1992	3,030.504	3,204.7193	3,645.0060	4,251.9295	4,356.9951	5,140.8567
2,011.0553	2,135.3755	2,315.0817	2,271.9015	2,663.3728	2,925.0382	3,275.7384	3,900.1387	3,999.3018	5,041.3003
1,927.4924	1,990.0892	2,149.3256	2,514.4763	2,569.3719	2,957.723	3,642.3932	4,233.3579	4,226.5420	5,039.8379
7,478.607	8,132.8671	8,889.4325	7,205.8812	7,911.0672	8,570.6202	8,621.1462	9,844.5258	9,902.9151	10,505.4283
3,134.0726	3,260.396	3,378.4822	3,493.7414	4,070.0886	4,588.8303	5,057.1222	5,829.5228	6,302.5415	7,684.9806
4,053.4813	4,578.0177	4,501.4437	5,363.228	5,991.2562	6,527.4472	7,173.3631	7,851.6337	8,598.9069	9,456.0242
2,109.0909	2,529.0069	2,784.689	2,165.9073	2,392.2332	2,615.4226	3,093.3211	3,688.4410	3,891.1587	4,696.0727
4,124.6231	4,323.4127	4,645.1923	3,221.7515	3,562.8968	3,853.1084	4,459.0245	5,108.2457	5,326.7655	6,213.8040
1,877.1229	1,948.4127	2,262.8019	2,442.1829	2,644.8617	2,857.3378	3,120.5320	3,556.0803	3,796.0469	4,427.4611
2,699.8993	2,910.9792	3,202.7027	2,690.0393	3,112.6733	3,468.9368	3,872.1457	4,417.2860	4,670.1258	5,618.5118
1,782.2178	1,867.126	2,129.981	1,852.6641	2,200.6713	2,539.2884	2,844.2339	3,408.3406	3,556.7149	4,089.7976
2,080.3213	2,132.0939	2,257.388	2,361.7007	2,689.4291	2,948.4733	3,437.1404	3,740.7266	3,974.9731	4,737.8709
2,129.6482	2,174.8047	2,472.883	2,694.4575	2,971.716	3,198.2765	3,588.7652	4,035.3367	4,180.2270	4,908.0481
3,043.6105	3,067.5944	3,275.7282	3,624.3695	3,817.2593	4,052.3819	4,614.1917	5,140.4144	5,348.6383	6,385.7632
1,641.776	1,659.7428	1,739.4636	2,294.5313	2,382.9516	2,579.9906	2,769.4933	3,301.9604	3,355.1586	3,976.1072
2,389.9497	2,397.6024	2,507.6628	1,939.9901	2,199.202	2,434.819	2,696.3722	3,109.6684	3,287.2301	3,927.8764
1,668.8409	1,742.4617	1,916.5868	2,179.8124	2,247.318	238.57686	2,854.5142	3,657.1501	3,643.9864	4,356.9232
1,197.9798	1,198.6166	1,258.6538	1,537.0198	1,599.8722	1,798.5996	2,012.9456	2,453.4051	2,771.4457	3,286.6266

地区	1992	1993	1994	1995	1996	1997	1998	1999	2000	2001
云南	691.4600551	652.92663	782.71812	877.16406	1,168.8132	1,416.1074	1,529.0069	1,890.672	2,050.0511	1,660.9485
陕西	476.881233	554.37666	625.88792	789.07563	969.46217	1,133.5878	1,194.1057	1,206.544	1,191.9598	1,280.198
甘肃	473.880597	474.00347	533.54891	637.72955	789.01996	947.52187	971.71717	975.40984	997.98995	1,013.4615
青海	647.2222222	661.66078	721.67488	833.05085	963.89892	1,100.1908	1,176.7627	1,216.0804	1,266.3317	1,312.8655
宁夏	543.8596491	575.67804	702.68375	941.076	1,096.9101	1,195.5684	1,290	1,314.0831	1,398.5944	1,335.6299
新疆	758.747698	863.71681	1,018.1531	1,450.2924	1,641.1765	1,823.5294	1,868.2635	1,935.3183	2,014.0845	1,372.1154

数据来源:各年《中国统计年鉴》数据,由农村居民人均消费/消费价格指数计算得来。

(续表)

2002	2003	2004	2005	2006	2007	2008	2009	2010	2011
1,781.5631	1,799.4071	1,897.1698	1,764.2998	2,154.7007	2,490.255	2,829.3543	2,913.2901	3,276.0703	3,814.6692
1,334.6815	1,371.6814	1,575.1697	1,873.9921	2,148.7685	2,435.0999	2,801.2374	3,331.7914	3,648.8986	4,249.3583
1,078	1,197.8239	1,340.176	1,789.1642	1,831.6782	1,912.0474	2,218.7947	2,732.1803	2,826.1001	3,461.7918
1,391.0068	1,499.0196	1,665.6977	1,960.3472	2,144.6358	2,295.0281	2,631.2218	3,126.6263	3,582.6797	4,274.4282
1,412.4748	1,666.6667	1,939.2478	2,063.5271	2,205.0736	2,397.3055	2,852.9062	3,323.0800	3,856.1847	4,444.9138
1,534.2052	1,612.5498	1,704.9659	1,911.0328	2,006.2784	2,228.0379	2,491.1113	2,929.0052	3,314.3583	4,150.8754

附表3-10 城镇居民恩格尔系数 A10　　单位:%

地区	1992	1993	1994	1995	1996	1997	1998	1999	2000	2001
北京	53.536	60.288	65.54	56.623	54.371	51.673	45.925	42.034	34.056	31.816
天津	49.473	45.313	46.452	46.571	44.594	39.098	34.459	33.485	30.472	28.824
河北	34.702	34.972	39.136	38.584	37.473	37.592	34.383	29.716	27.33	25.954
山西	34.148	30.895	35.889	37.129	36.923	33.502	36.217	35.766	31.911	36.166
内蒙古	40.24	39.527	42.186	44.81	41.709	39.831	39.133	34.635	34.44	32.294
辽宁	37.042	33.012	35.983	35.579	35.119	32.957	29.566	27.188	25.671	25.062
吉林	35.276	33.332	34.544	36.3	34.547	34.313	32.644	29.944	28.067	28.402
黑龙江	29.839	29.36	30.063	32.396	31.274	29.14	27.399	25.037	24.305	23.594
上海	43.437	39.028	40.58	40.523	38.628	35.156	32.9	31.083	29.289	27.838
江苏	51.893	43.833	45.627	47.017	43.136	39.757	37.059	35.384	33.234	30.191
浙江	44.259	42.675	41.752	41.771	40.098	35.83	34.658	32.927	32.464	30.535
安徽	53.086	42.005	51.54	49.337	49.266	43.667	40.017	37.007	36.348	34.43
福建	46.593	46.096	49.111	51.932	49.756	44.586	43.905	43.317	37.265	36.582
江西	56.884	56.941	56.208	55.437	53.87	50.566	49.244	44.911	34.748	32.768
山东	43.022	41.665	39.272	39.187	36.932	32.297	30.13	27.653	26.538	26.019
河南	48.512	45.335	43.384	44.393	41.586	38.564	36.033	33.88	28.29	26.594
湖北	40.995	37.361	43.804	44.709	40.61	37.198	34.855	33.681	31.114	27.932
湖南	39.653	37.629	45.914	48.87	46.039	41.568	39.634	36.715	34.07	32.534
广东	46.438	48.562	47.188	46.574	43.787	38.87	36.016	33.996	31.799	31.753
广西	55.925	49.947	48.16	48.563	48.132	43.59	42.383	40.784	36.689	35.018
海南	50.04	52.844	48.998	51.298	50.826	50.002	46.31	43.785	41.086	40.179
四川	46.048	46.583	50.117	47.718	46.686	42.578	40.63	38.655	36.698	35.93
贵州	53.769	52.213	49.871	50.494	51.601	45.689	43.6	38.62	40.68	38.613

附 录

2002	2003	2004	2005	2006	2007	2008	2009	2010	2011
30.551	27.575	26.221	31.829	30.762	32.185	33.788	33.175	32.07	31.411
27.725	28.871	28.835	36.702	34.89	35.326	37.289	36.514	35.868	36.166
27.185	27.004	27.619	34.565	33.938	33.878	34.725	33.587	32.323	33.829
32.143	33.097	31.616	32.428	31.412	32.096	33.779	32.837	31.172	31.336
27.333	23.483	26.945	31.43	30.307	30.436	32.816	30.499	30.094	31.253
26.349	33.511	34.262	38.823	38.837	37.755	38.981	37.98	35.075	35.531
29.408	28.666	28.498	34.674	33.419	33.208	33.992	33.326	32.262	32.688
22.172	23.431	25.527	33.532	33.291	35.019	36.276	35.281	35.424	36.074
25.036	22.573	22.088	35.867	35.558	35.499	36.646	34.988	33.521	35.479
31.541	31.589	32.341	37.182	35.962	36.665	37.943	36.293	36.519	36.116
33.15	30.445	30.13	33.788	32.913	34.721	36.433	33.594	34.261	34.575
32.204	45.386	46.959	43.682	42.377	39.667	41.002	39.588	37.955	39.804
37.038	35.561	35.046	40.881	39.298	38.862	40.627	39.674	39.259	39.223
35.884	38.615	36.452	40.84	39.68	40.875	41.676	39.852	39.509	39.798
26.978	26.503	27.102	33.695	32.021	32.903	33.611	32.918	32.061	33.155
25.616	25.402	25.196	34.242	33.138	34.592	34.85	34.209	32.991	34.149
28.953	27.132	32.602	38.973	38.776	39.719	42.166	40.417	38.681	40.746
31.294	30.957	32.618	35.835	34.898	36.08	39.922	38.552	36.549	36.887
31.776	34.225	34.536	36.115	36.227	35.27	37.783	36.928	36.489	36.895
37.054	33.699	36.596	41.331	42.07	41.688	42.41	39.89	38.057	39.495
44.556	43.655	43.447	47.564	43.466	42.768	44.926	44.691	44.807	44.877
34.387	33.284	35.12	37.676	36.955	39.039	41.649	38.984	38.491	39.830
38.136	39.649	41.273	39.912	38.681	40.245	43.093	41.506	39.904	40.218

地区	1992	1993	1994	1995	1996	1997	1998	1999	2000	2001
云南	39.128	39.3	45.13	45.697	44.007	42.173	44.169	44.482	38.422	40.991
陕西	38.231	36.992	37.202	39.423	37.699	34.16	32.843	32.588	31.325	32.187
甘肃	40.53	38.005	41.905	44.683	38.869	32.734	33.61	33.057	31.755	32.37
青海	44.251	44.765	43.822	43.923	45.133	41.004	39.782	37.744	36.955	35.36
宁夏	39.197	37.411	40.848	42.925	41.863	40.805	38.855	36.074	33.184	31.831
新疆	49.399	51.669	57.02	55.519	51.92	50.535	45.576	40.341	36.556	30.289

数据来源：由城镇居民人均食品支出除以城镇居民人均消费支出计算得来，恩格尔系数与消费福利呈负相关关系。

附 录

(续表)

2002	2003	2004	2005	2006	2007	2008	2009	2010	2011
43.767	41.923	36.873	35.148	42.04	47.295	47.069	43.723	41.48	39.208
31.401	32.242	33.667	36.078	34.275	36.355	36.698	37.257	37.062	36.571
33.544	34.43	35.583	36.035	34.533	35.862	38.319	37.784	37.413	37.382
33.294	32.555	31.238	36.305	36.239	37.318	40.475	40.39	39.369	38.887
32.7	34.534	35.831	34.799	33.932	35.316	35.078	33.387	33.245	34.766
30.571	31.397	32.763	36.366	35.467	35.06	37.324	36.305	36.234	38.325

附表3-11 农村居民恩格尔系数 A11 单位:%

地区	1992	1993	1994	1995	1996	1997	1998	1999	2000	2001
北京	54.279	44.06	45.322	56.812	50.308	45.287	40.076	38.92	36.232	32.644
天津	42.314	40.858	46.524	49.212	45.363	35.73	31.373	29.424	23.433	23.506
河北	40.947	48.941	44.126	48.977	49.959	42.742	37.57	34.639	29.697	28.876
山西	48.746	47.908	48.289	57.905	60.708	52.39	52.875	49.568	46.228	43.644
内蒙古	48.017	52.131	50.707	55.752	59.878	57.066	55.178	51.757	44.96	42.86
辽宁	46.086	48.685	53.383	56.648	57.785	52.687	43.892	37.026	33.945	32.059
吉林	50.935	47.788	50.141	65.213	55.407	55.631	50.55	47.354	44.281	39.168
黑龙江	48.914	44.224	51.903	56.097	54.156	49.877	48.806	45.48	41.009	37.614
上海	41.467	36.421	37.345	34.214	33.877	32.385	31.394	28.424	28.949	27.654
江苏	60.552	50.056	56.094	56.278	54.552	46.01	42.912	40.051	38.386	35.295
浙江	47.775	48.529	46.214	56.034	55.989	50.2	48.222	46.228	43.555	42.181
安徽	49.079	55.614	60.764	48.108	48.204	42.049	39.68	36.529	36.067	35.401
福建	42.875	45.687	45.725	42.983	39.196	33.039	32.515	30.254	30.731	30.51
江西	64.032	63.213	70.119	64.874	68.44	58.751	56.248	56.335	49.888	49.195
山东	52.744	54.684	54.509	55.79	54.299	46.665	40.27	37.514	33.244	31.413
河南	56.29	56.503	54.571	50.633	53.823	48.879	50.021	44.876	41.216	39.364
湖北	51.641	51.157	62.586	56.898	63.562	53.331	51.312	50.854	47.006	44.692
湖南	60.344	58.775	64.82	63.671	65.202	58.239	57.637	57.794	53.175	51.703
广东	54.078	56.855	60.138	56.905	52.55	46.948	47.38	47.175	46.147	46.846
广西	65.82	65.725	61.607	66.635	61.747	55.742	55.511	58.218	55.819	53.39
海南	51.013	45.808	53.67	47.623	50.4	44.978	40.603	36.769	38.117	35.888
四川	54.913	57.8	59.219	59.315	63.523	61.631	57.905	56.096	48.503	49.929
贵州	68.438	69.732	71.445	72.339	77.849	69.042	70.672	66.747	61.375	57.995

2002	2003	2004	2005	2006	2007	2008	2009	2010	2011
29.005	26.417	27.194	32.657	32.823	33.324	33.917	31.569	32.358	32.439
20.71	20.53	21.58	38.584	36.294	38.655	41.014	43.249	41.745	35.328
27.104	27.727	29.505	41.02	36.689	36.807	38.167	35.694	35.148	33.530
46.026	40.43	42.479	44.229	38.507	38.533	38.956	37.056	37.46	37.713
40.904	43.857	42.684	43.098	39.036	39.312	41.005	39.778	37.55	37.530
30.325	30.939	34.15	40.173	37.906	39.612	40.613	36.749	38.181	39.144
37.021	36.983	37.303	43.505	40.075	40.481	39.569	35.131	36.73	35.284
36.39	33.67	33.644	36.295	35.28	34.558	32.972	31.384	33.794	38.856
24.892	24.617	24.119	36.877	37.766	36.852	40.915	37.118	37.284	40.882
33.619	33.969	37.472	43.993	41.811	41.137	41.337	39.199	38.08	35.084
37.538	35.061	39.312	37.943	36.632	35.736	36.887	36.375	34.221	37.278
33.549	28.569	29.598	45.523	43.173	43.303	44.279	40.88	40.689	41.459
28.865	28.045	29.155	46.091	45.161	46.141	46.382	45.938	46.144	46.357
47.674	50.209	48.04	49.142	49.028	49.826	49.351	45.552	46.341	45.200
31.268	30.302	30.142	39.757	37.894	37.807	38.061	36.645	37.537	35.710
39.07	38.303	36.004	45.41	40.887	38.015	38.296	36.015	37.238	36.106
42.109	42.726	45.456	49.06	46.803	47.865	46.853	44.785	43.098	39.009
51.255	49.901	51.508	51.988	48.562	49.599	51.184	48.933	48.438	45.238
44.818	45.431	46.879	48.262	48.564	49.677	49.029	48.32	47.684	49.084
53.786	53.582	57.687	50.507	49.549	50.369	53.422	48.677	48.488	43.814
39.857	39.463	39.263	57.628	53.36	55.947	53.33	53.078	50.039	51.316
50.908	50.309	54.082	53.772	51.458	53.309	52.64	45.07	48.273	46.530
55.767	55.622	57.632	52.813	51.529	52.17	51.699	45.168	46.256	47.646

地区	1992	1993	1994	1995	1996	1997	1998	1999	2000	2001
云南	43.161	48.308	49.132	56.664	58.505	55.416	51.576	43.273	37.329	46.659
陕西	54.297	50.989	55.788	57.721	58.561	54.024	50.289	46.839	45.852	43.14
甘肃	48.78	54.424	67.258	84.987	76.987	57.579	57.89	52.395	52.89	49.317
青海	43.205	47.316	51.968	60.417	65.618	62.402	58.616	57.802	55.968	51.188
宁夏	54.652	49.696	56.555	56.053	63.474	56.148	54.775	51.735	49.627	48.032
新疆	40.631	37.592	33.31	27.16	33.824	35.394	38.104	36.414	30.879	47.645

数据来源:由农村居民人均食品支出除以农村居民人均消费支出计算得来,恩格尔系数与消费福利呈负相关关系。

(续表)

2002	2003	2004	2005	2006	2007	2008	2009	2010	2011
43.453	40.89	42.183	54.54	48.784	46.515	49.594	48.208	47.214	47.100
42.742	41.054	42.266	42.865	38.982	36.8	37.446	35.091	34.246	29.944
49.295	48.423	51.306	47.203	46.672	46.804	47.17	41.282	44.706	42.244
46.711	50.746	47.318	45.208	43.071	43.697	42.119	36.271	38.227	37.833
45.1	40.13	40.204	44.046	41.351	40.342	41.633	41.68	38.418	37.289
45.331	41.204	43.598	41.77	39.892	39.949	42.6	41.548	40.325	36.142

附表 3-12　进出口总额 A12　　单位：亿美元

地区	1992	1993	1994	1995	1996	1997	1998	1999	2000	2001
北京	31.67	36.8464	292.7426	370.3513	293.1833	303.8852	305.0608	343.5951	496.2189	514.9808
天津	30.0379	39.7768	55.4529	80.4358	95.4405	103.3137	106.1384	126.0094	171.54	181.6714
河北	24.5858	24.6152	31.5682	39.1775	41.9269	41.0328	42.2732	45.7995	52.3862	57.3182
山西	5.4554	6.5316	8.3887	14.0228	11.6376	13.4062	11.1113	12.875	17.6438	19.39
内蒙古	9.099	9.9151	9.2482	9.9723	10.4991	10.7301	9.6294	12.9415	26.2205	20.3463
辽宁	80.9984	85.198	102.3753	131.989	140.6871	149.0552	127.4402	137.1832	190.3148	197.9199
吉林	19.8298	25.0542	27.908	26.0704	21.0366	18.5359	16.5191	22.1234	25.7042	32.0672
黑龙江	30.0461	33.0012	24.2759	23.8645	24.4748	24.6456	20.1955	21.983	29.8637	33.8392
上海	116.7382	145.0028	180.6221	243.5732	271.3885	297.9998	313.7623	386.1812	547.0802	608.8332
江苏	69.56	92.4469	117.5685	163.0988	206.9761	236.2899	263.4158	312.5741	456.3636	513.4775
浙江	49.8602	67.3008	89.8715	115.0972	125.2851	142.4222	148.51	183.0561	278.3262	327.9667
安徽	9.69	12.3896	15.6644	20.0801	22.2141	23.7752	23.3149	26.4844	33.4684	36.1515
福建	80.5406	100.3808	121.8953	144.456	155.1259	181.8909	171.5296	176.1919	212.2046	226.224
江西	9.5992	11.6747	13.0702	13.2315	11.1549	13.3239	12.4628	13.1382	16.2405	15.3096
山东	58.5139	72.7936	96.195	139.4352	161.6405	176.4399	167.1389	182.6698	249.8976	289.4979
河南	11.5923	13.0931	16.355	22.2904	19.6826	18.9107	17.3372	17.4885	22.829	27.8047
湖北	17.2466	22.282	27.4586	34.0421	28.6164	32.0471	28.3213	26.7762	32.2286	35.772
湖南	16.3208	17.3281	21.5111	20.3888	18.6567	18.9342	17.8172	19.5546	25.1222	27.5792
广东	648.0315	783.4492	966.5215	1,039.223	1,099.101	1,300.473	1,297.98	1,403.424	1,700.989	1,764.868
广西	13.3813	20.5805	30.37	30.907	20.2605	28.6631	24.091	17.534	20.3379	17.9701
海南	17.5364	25.1797	27.6046	23.5572	22.6286	19.2684	17.4323	12.1704	12.8786	17.4693
四川	19.0701	22.3043	30.985	34.7996	37.3182	34.8611	31.267	36.7726	43.311	49.3269
贵州	3.1606	3.4338	4.6872	6.6427	4.8548	6.2924	6.2761	5.4758	6.5998	6.4642

附 录

2002	2003	2004	2005	2006	2007	2008	2009	2010	2011
525.0528	685.0017	946.5626	1,255.1	1,580.366	1,929.998	2,716.9290	2,147.3305	3,017.2155	3,895.5598
228.1141	293.4244	420.3175	532.8	644.6194	714.4973	804.0084	638.3123	821.0005	1033.7617
66.6525	89.7825	135.2526	160.7	185.3088	255.2342	384.2053	296.2725	420.6037	536.0084
23.1154	30.9013	53.8147	55.5	66.27099	115.7948	143.9506	85.6903	125.7623	147.4306
24.3403	28.2902	37.2147	48.7	59.6082	77.35885	89.1848	67.7407	87.2974	119.3090
217.3965	265.0917	344.3251	410.1	483.9025	594.7435	724.3385	629.3438	807.1215	960.3585
37.0247	61.4841	67.9275	65.3	79.14038	102.98	133.3213	117.4241	168.4518	220.6093
43.4916	53.294	67.9069	95.7	128.5655	172.9659	231.3059	162.2951	255.1542	385.2268
726.2711	1,123.396	1,600.173	1,863.4	2,275.242	2,828.539	3,220.5531	2,777.1361	3,689.5065	4,375.4862
702.8854	1,136.174	1,708.542	2,279.3	2,839.784	3,494.718	3,922.7193	3,387.3970	4,657.9896	5,395.8089
419.5576	614.1081	852.0854	1,073.9	1,391.417	1,768.474	2,111.3373	1,877.3086	2,535.3466	3,093.7777
41.8097	59.4781	72.1181	91.2	122.4514	159.3229	201.8385	156.7773	242.7337	313.0925
283.9737	353.2553	475.4776	544.1	626.5963	744.4738	848.2107	796.4959	1,087.8329	1,435.2243
16.9447	25.2805	35.2875	40.7	61.94864	94.48541	136.1793	127.7878	216.1918	314.6881
339.3448	446.3683	606.6552	767.3	952.1382	1,224.745	1,584.0751	1,390.5337	1,891.5629	2,358.8608
32.0316	47.1217	66.1964	77.3	97.94566	127.8513	174.7934	134.7642	178.3151	326.2258
39.5314	51.093	67.7119	90.6	117.6219	148.6895	207.0567	172.5102	259.3211	335.8693
28.7583	37.3236	54.4343	60	73.52256	96.85853	125.4719	101.4947	146.5639	189.4376
2,210.963	2,835.248	3,571.46	4,279.7	5,271.991	2,649.068	6,849.6880	6,110.9405	7,848.9612	9,134.6733
24.3049	31.8675	42.7759	51.8	66.67562	92.58997	132.3617	142.5473	177.3891	233.5597
18.6679	22.7491	34.0155	25.4	28.46208	35.14411	45.2852	48.8163	86.4758	127.5604
62.616	82.2905	107.2445	121.9	164.905	1,398.391	316.3504	318.8117	451.2094	769.3180
6.9147	9.8433	15.1361	14	16.17713	22.703	33.6621	23.0421	31.4680	48.8758

地区	1992	1993	1994	1995	1996	1997	1998	1999	2000	2001
云南	9.5116	11.7165	16.3181	21.4784	18.4976	16.7893	16.438	16.6011	18.1276	19.8832
陕西	9.8154	13.1394	14.2016	16.8287	17.4486	17.3109	20.5062	20.0576	21.4008	20.6065
甘肃	4.0129	3.9905	5.0286	5.9952	4.7362	4.7844	4.4788	4.0627	5.6953	7.7824
青海	0.95	1.0121	1.5253	1.5397	1.2802	1.286	1.1774	1.0785	1.5973	2.049
宁夏	0.8841	1.0231	1.7294	2.1963	1.8975	2.2603	2.3895	3.1799	4.4292	5.3273
新疆	6.2145	7.8607	8.5832	11.7146	9.3872	11.2366	15.2483	17.6535	22.6404	17.6864

数据来源:各年《统计年鉴》。

附 录

（续表）

2002	2003	2004	2005	2006	2007	2008	2009	2010	2011
22.2676	26.6913	37.5061	47.4	62.24836	87.93567	95.9692	80.4760	134.3012	160.2877
22.2403	27.8262	36.4258	45.8	53.60289	68.87339	83.2883	84.0539	121.0168	146.4727
8.774	13.2714	17.7338	26.3	38.24932	55.2367	60.9543	38.6555	74.0295	87.2858
1.9665	3.3914	5.7576	4.1	6.517241	6.12073	6.8882	5.8679	7.8896	9.2382
4.4291	6.5323	9.0826	9.7	14.37127	15.81515	18.7940	12.0248	19.5999	22.8575
26.917	47.6986	56.3527	79.4	91.03268	137.1583	222.1736	139.4783	171.3011	228.1967

附表3-13 外商投资企业进出口占总进出口量比值 A13 单位:%

地区	1992	1993	1994	1995	1996	1997	1998	1999	2000	2001
北京	46.80265	42.86796	6.727002	6.954667	11.0114	11.49381	13.37586	14.92195	15.65533	16.78655
天津	51.39108	42.75532	52.462	62.15715	73.54865	76.32202	76.84514	78.21282	79.82331	78.94391
河北	24.65203	26.34835	25.85925	25.2326	34.30781	292.3522	31.41659	31.80668	30.18868	31.46296
山西	27.36005	24.16253	17.79418	12.10814	15.36141	13.27073	16.39052	31.78951	23.73412	13.51986
内蒙古	10.96384	10.80574	13.06308	15.30038	14.62221	14.59819	10.31632	8.738554	6.924734	8.774077
辽宁	30.68814	32.41813	36.79257	37.88566	45.2765	49.65254	53.88002	60.1979	64.61389	61.6703
吉林	17.98808	16.33658	22.19614	32.614	41.40118	38.60562	51.50765	43.4011	43.67924	46.546
黑龙江	9.813254	9.309964	16.39568	22.02393	29.56102	25.76403	21.97915	19.83442	15.85637	13.36645
上海	38.19598	40.25446	42.10332	46.04739	54.78408	55.69531	58.06227	58.7006	61.07064	60.43854
江苏	55.79687	49.56305	47.36039	47.87797	58.64006	60.0517	63.13763	62.8227	66.13328	66.58777
浙江	37.62781	30.21168	27.38866	26.61759	37.76634	33.01922	31.69578	30.93959	33.73714	36.19715
安徽	26.30444	21.98941	21.30819	18.17919	30.66971	26.94615	26.58128	31.34147	28.31895	27.42403
福建	68.38576	60.39253	59.20384	56.96447	61.39549	57.96684	61.92698	64.36675	66.24456	66.45966
江西	36.19572	31.63079	23.7089	14.92348	14.3874	11.35103	14.06586	21.79294	19.5893	18.3238
山东	36.53491	36.47436	42.83851	44.20713	52.68339	54.62121	56.57534	55.76302	55.72559	56.18359
河南	26.92132	25.34388	24.83522	22.35043	31.49228	27.03549	27.01301	26.36189	25.27268	21.47083
湖北	38.77634	30.22215	23.80602	26.87555	39.4211	34.72389	33.37735	34.09334	32.48233	36.82321
湖南	15.51946	17.08843	13.49257	13.96992	19.40429	17.35325	15.89812	15.27006	18.99396	20.29138
广东	47.98784	43.6094	46.7708	51.19554	55.4701	53.44991	54.63493	52.24064	54.10792	55.88651
广西	37.45451	25.39297	28.8245	26.48979	34.48632	23.60491	29.59321	27.59439	27.20979	25.73219
海南	34.68842	24.7497	23.77683	24.13827	28.15906	18.32223	24.13279	32.17971	35.71273	46.34473
四川	24.70884	21.70344	17.0021	14.80362	30.57999	30.36479	22.53398	18.09717	21.68341	19.88388
贵州	14.83895	15.55128	15.04096	13.33946	13.97586	14.71299	9.781552	8.354944	8.621473	9.783113

附 录

2002	2003	2004	2005	2006	2007	2008	2009	2010	2011
16.7104	17.23578	19.57292	21.55053	24.64731	25.6593	20.90603	24.84083	23.14362	19.71813
80.28114	79.37239	81.10141	80.25439	81.69466	75.75083	71.17297	70.31121	71.63087	68.80951
33.79123	34.04548	31.49817	34.62912	37.67953	41.08015	43.501	45.34871	41.6286	37.72709
10.44715	13.34138	12.73277	16.2809	16.90998	12.78038	15.37356	19.03944	17.53767	17.94078
10.28377	7.398145	7.30061	17.0117	11.33326	10.22975	16.74446	16.04565	18.44989	20.64099
61.96043	62.50421	60.01729	59.18754	56.26962	52.64538	51.20932	48.89032	48.30992	47.88591
46.56729	43.98116	51.83217	43.39755	47.81313	47.93665	42.88029	47.3282	45.14657	41.67349
14.88057	11.86302	11.24289	9.1279	8.10405	6.632604	6.009565	4.827329	4.360195	2.951054
61.98	64.04892	67.01261	67.31387	67.45376	68.28097	67.59249	67.2283	67.73763	66.81058
70.96685	75.67671	79.3297	81.05324	81.35041	80.13582	77.36729	76.66569	74.53937	71.40935
34.76014	35.71324	38.29008	39.46657	41.16028	40.18903	39.55166	36.91001	36.44354	34.88483
27.00115	25.77668	27.20621	30.76316	33.69664	34.41933	34.74253	33.36836	33.44976	32.85168
66.195	67.01729	65.54738	65.74692	63.83838	62.11536	61.44942	54.95891	53.62642	47.85396
23.9898	26.58757	32.76146	38.17666	47.84087	52.58362	65.13604	60.3036	55.18592	42.99492
57.20085	54.56855	53.12026	53.87579	53.91578	54.34362	53.26868	54.36643	50.92352	45.54657
20.92715	22.5647	18.44285	19.36701	18.76334	20.16714	18.31903	27.94597	25.34738	45.91559
37.00046	39.50541	34.63202	35.25883	39.6223	37.39846	35.54362	40.79597	42.62801	41.9804
23.05352	20.59469	19.63229	21.34767	18.19193	17.22134	15.40995	17.94937	21.16536	24.03106
58.16784	61.6093	63.42797	65.11378	65.48553	154.0991	64.01567	62.57845	61.72684	60.19765
32.17623	32.54353	34.34387	34.55135	33.00766	31.2126	34.32738	25.79952	27.75305	29.73663
51.06948	36.34478	42.05054	36.74173	39.41131	41.48405	53.09948	61.74084	72.1161	78.87972
16.70452	19.13514	23.94836	25.03265	29.99182	5.710986	37.50727	38.62832	38.87646	47.81003
18.52575	28.20528	25.61162	19.14143	11.93518	10.75409	11.08105	8.092585	5.544887	4.583211

493

地区	1992	1993	1994	1995	1996	1997	1998	1999	2000	2001
云南	9.36856	8.059574	11.44251	9.381053	13.82125	13.6319	8.902543	8.423538	10.84424	10.65724
陕西	21.28899	16.29983	15.40319	12.15602	20.5432	20.60898	17.1709	16.36487	16.55686	17.76139
甘肃	13.6111	14.28142	11.58374	8.847078	13.969	13.79483	13.97696	9.96874	9.932752	11.44891
青海	0.757895	0.820077	5.415328	4.039748	7.116076	2.332815	5.138441	0.95503	5.791022	11.36164
宁夏	10.74539	9.520086	14.28241	6.765925	19.74704	19.9531	15.28353	14.39668	13.82868	13.96955
新疆	8.85027	7.227092	9.794715	8.891469	10.34494	7.535197	7.579861	7.99105	5.104592	5.416026

数据来源：由各年《统计年鉴》数据整理得来。

(续表)

2002	2003	2004	2005	2006	2007	2008	2009	2010	2011
11.39862	10.03188	8.435961	8.430591	7.802904	6.341457	6.629754	5.416842	4.802587	4.673115
18.16927	19.04644	18.05067	17.97838	17.49811	23.39541	24.98706	30.05519	41.82277	38.43407
15.39777	10.67084	9.397309	8.790114	6.201339	4.834987	3.280146	2.766254	1.948728	1.588983
5.786931	4.161113	1.660414	12.05366	7.084746	20.05124	37.46273	33.11613	17.06961	4.251541
21.08555	18.23692	14.81514	23.75052	26.342	25.80162	29.1037	18.41386	16.40714	17.53954
3.658283	3.098435	3.151224	2.344836	2.003907	2.050107	1.404637	1.961773	2.072949	1.458837

附表 3-14 工业废气排放量 A14   单位:亿立方米

地区	1992	1993	1994	1995	1996	1997	1998	1999	2000	2001
北京	3,039	3,085	3,106	3,360	3,071	3,342	3,227	3,083	3,227	3,035
天津	1,328	1,322	1,520	1,905	1,536	1,729	1,644	1,570	1,749	2,859
河北	7,117	7,010	7,437	8,085	7,889	8,314	9,506	9,032	9,858	11,457
山西	4,847	5,333	5,528	6,253	5,076	5,192	6,316	6,287	6,635	8,027
内蒙古	4,096	4,376	4,615	4,080	3,594	4,277	4,504	5,023	4,768	4,959
辽宁	9,445	9,645	9,507	9,686	9,260	9,318	8,963	8,880	9,432	10,042
吉林	3,360	4,264	4,261	4,434	3,348	3,266	3,008	3,008	3,082	3,237
黑龙江	5,447	5,509	5,345	5,451	4,197	4,107	4,053	4,059	4,326	4,617
上海	5,110	4,231	4,577	5,095	4,757	4,680	4,912	4,947	5,755	6,964
江苏	6,184	6,703	6,699	6,065	7,451	6,563	7,318	8,343	9,078	13,344
浙江	3,136	3,316	3,514	3,569	3,279	3,809	5,016	5,417	6,509	8,530
安徽	2,988	3,131	3,163	4,365	3,613	3,676	3,647	3,682	3,945	4,808
福建	1,858	1,825	1,928	2,545	1,827	1,636	2,007	2,321	2,828	3,305
江西	2,007	1,983	2,301	2,645	2,210	1,694	1,743	1,934	2,220	2,231
山东	7,975	8,216	8,742	9,176	7,800	8,504	9,089	9,841	12,179	14,453
河南	5,005	5,385	5,808	7,316	6,172	6,595	6,618	6,943	7,436	9,239
湖北	3,465	3,971	4,295	4,485	4,341	4,326	5,105	5,566	5,674	5,820
湖南	3,123	3,308	3,297	3,607	3,520	3,212	3,452	3,787	3,569	3,960
广东	5,193	6,060	6,698	6,636	6,125	5,248	6,344	7,165	8,326	9,456
广西	1,809	2,059	2,392	2,887	3,927	3,885	4,152	4,397	4,607	5,461
海南	153	182	185	184	294	313	327	341	434	502
四川	6,333	6,563	6,439	7,230	6,449	5,927	6,319	6,060	6,687	7,406
贵州	2,101	2,433	2,369	2,550	2,066	2,012	3,347	3,845	3,882	3,629

2002	2003	2004	2005	2006	2007	2008	2009	2010	2011
2,966	3,005	3,198	3,532	4,641	5,146	4,316	4,408	4,750	4,863
3,677	4,360	3,058	4,602	6,512	5,506	6,005	5,983	7,686	8,430
12,743	15,768	21,696	26,518	39,254	48,036	37,558	50,779	56,324	62,803
9,402	12,849	13,351	15,142	18,128	21,429	23,180	23,693	35,190	39,060
5,998	7,961	13,518	12,071	18,415	18,200	20,190	24,844	27,488	30,385
10,462	12,774	13,015	20,903	27,195	23,946	40,219	25,211	26,955	28,485
3,516	3,869	4,316	4,939	5,352	5,730	6,155	7,124	8,240	8,638
4,628	4,841	4,968	5,261	5,991	7,283	7,796	9,977	10,111	10,446
7,440	7,799	8,834	8,482	9,428	9,591	10,436	10,059	12,969	13,621
14,286	14,633	17,818	20,197	24,881	23,585	25,245	27,432	31,213	33,989
8,532	10,432	11,749	13,025	14,702	17,467	17,633	18,860	20,434	22,552
5,119	5,383	5,934	6,960	8,677	13,254	15,749	15,273	17,849	19,610
3,565	4,189	5,020	6,265	6,884	9,153	9,150	10,497	13,507	14,993
2,612	3,202	3,972	4,379	5,096	6,103	7,456	8,286	9,812	10,667
14,306	16,139	20,357	24,129	25,751	31,341	33,505	35,127	43,837	47,951
10,645	11,992	13,103	15,498	16,770	18,890	20,264	22,186	22,709	24,590
6,440	6,707	8,838	9,404	11,015	10,373	11,558	12,523	13,865	14,915
4,190	4,603	5,527	6,014	5,986	8,762	9,249	10,973	14,673	15,918
10,579	11,075	12,543	13,447	13,584	16,939	20,510	22,682	24,092	26,119
5,693	6,636	10,656	8,339	8,969	12,724	11,643	13,184	14,520	16,202
528	533	634	910	860	1,115	1,345	1,353	1,360	1,526
9,266	8,911	11,007	11,795	17,310	30,587	20,348	25,997	31,050	33,760
3,515	3,477	4,182	3,852	8,344	10,356	6,842	7,786	10,192	11,075

地区	1992	1993	1994	1995	1996	1997	1998	1999	2000	2001
云南	1,740	1,748	1,919	2,107	1,672	2,085	1,887	2,268	2,749	3,346
陕西	2,110	2,119	2,198	2,819	2,224	2,845	2,497	2,337	2,379	2,858
甘肃	2,505	2,463	2,481	2,807	2,434	2,599	2,772	2,659	2,800	2,793
青海	349	462	472	507	445	215	589	606	607	846
宁夏	1,021	1,106	1,015	1,085	987	438	1,041	1,102	1,445	1,312
新疆	1,723	1,782	1,802	2,400	1,622	1,820	1,790	1,839	1,944	2,353

数据来源:各年《中国统计年鉴》,污染排放量与环境质量呈负相关关系。

(续表)

2002	2003	2004	2005	2006	2007	2008	2009	2010	2011
3,659	4,197	4,940	5,444	6,646	8,082	8,316	9,484	10,978	12,096
3,424	3,861	4,374	4,916	5,535	6,469	9,706	11,032	13,510	14,897
2,972	4,033	3,690	4,250	4,761	5,818	5,685	6,314	6,252	6,560
937	1,002	1,238	1,370	2,099	2,492	3,237	3,308	3,952	4,490
1,631	1,727	2,338	2,844	3,140	3,981	4,403	4,701	16,324	18,888
2,512	2,934	3,806	4,485	5,053	5,797	6,154	6,975	9,310	10,174

附表3-15 工业废水排放量A15　　　　　单位:万吨

地区	1992	1993	1994	1995	1996	1997	1998	1999	2000	2001
北京	39,682	39,173	37,021	36,997	37,571	36,478	34,047	28,085	23,164	21,165
天津	21,084	21,290	21,988	21,897	20,446	20,188	19,328	14,185	17,604	21,250
河北	90,038	87,052	84,448	82,825	80,826	75,555	106,431	97,420	89,600	103,041
山西	40,578	40,856	39,035	40,656	39,549	42,072	47,325	42,588	32,406	31,093
内蒙古	27,025	25,488	27,051	28,239	28,074	25,243	24,005	22,954	21,844	20,960
辽宁	153,020	149,081	147,657	140,193	124,544	121,775	121,941	116,040	109,044	99,505
吉林	45,422	44,221	41,542	46,891	43,738	41,017	38,189	38,795	37,386	35,574
黑龙江	77,421	74,093	71,252	69,389	68,691	65,038	60,750	53,736	52,644	49,444
上海	137,032	128,083	118,126	116,116	114,057	96,544	90,020	85,280	72,446	68,012
江苏	22,4874	211,643	211,577	220,184	219,677	175,457	198,423	201,039	201,923	271,029
浙江	116,626	105,734	100,703	102,807	85,481	81,074	114,690	117,170	136,433	158,113
安徽	97,318	87,048	81,510	87,006	78,942	73,346	61,713	63,616	63,106	63,229
福建	63,408	57,316	60,671	66,381	58,411	51,490	52,482	53,620	57,617	69,724
江西	74,661	70,685	67,119	66,880	61,398	53,048	45,716	42,493	41,956	41,507
山东	86,412	86,350	87,316	95,345	101,018	96,076	117,172	107,975	110,324	115,233
河南	94,979	92,518	93,239	98,364	91,218	91,613	91,311	94,952	109,210	110,152
湖北	144,625	141,251	142,685	139,938	132,330	116,435	124,177	115,985	106,733	97,714
湖南	178,391	155,427	151,114	145,251	144,946	129,659	131,225	126,146	112,563	107,175
广东	141,939	139,762	131,531	128,259	118,154	98,513	117,637	114,844	114,055	112,812
广西	93,766	93,158	89,887	96,563	81,078	78,532	86,887	87,542	81,571	90,512
海南	10,302	9,950	8,658	6,985	69,303	7,354	7,515	7,114	7,064	7,001
四川	199,002	158,189	160,075	191,593	151,281	145,930	136,644	184,756	201,323	196,134
贵州	28,926	25,854	27,669	28,206	26,162	27,031	31,113	26,067	20,598	20,812

2002	2003	2004	2005	2006	2007	2008	2009	2010	2011
18,044	13,107	12,442	12,813	10,170	9,134	8,367	8,713	8,198	7,545
21,959	21,605	22,482	30,081	22,978	21,444	20,433	19,441	19,680	19,609
106,772	108,324	122,817	124,533	130,340	123,537	121,172	110,058	114,232	115,672
30,777	30,929	28,135	32,099	44,091	41,140	41,150	39,720	49,881	50,426
22,737	23,577	13,968	24,967	27,823	25,021	29,167	28,616	39,536	40,336
92,001	89,186	86,234	105,072	94,724	95,197	83,073	75,159	71,521	68,715
34,783	31,365	26,668	41,189	39,321	39,666	38,353	37,563	38,656	38,329
47,983	50,286	42,339	45,158	44,801	38,388	38,910	34,188	38,921	37,537
64,857	61,112	54,255	51,097	48,336	47,570	41,871	41,192	36,696	34,238
262,715	247,524	256,210	296,318	287,181	268,762	259,999	256,160	263,760	265,984
168,048	168,088	158,556	192,426	199,593	201,211	200,488	203,442	217,426	224,672
64,577	63,525	62,076	63,487	70,119	73,556	67,007	73,441	70,971	69,801
78,511	98,388	111,989	130,939	127,583	136,408	139,997	142,747	124,168	128,639
46,119	50,135	48,720	53,972	84,074	71,410	68,681	67,192	72,526	72,415
106,668	115,933	124,839	139,071	144,365	166,574	176,977	182,673	208,257	218,125
114,431	114,224	109,909	123,476	130,158	134,344	133,144	140,325	150,406	154,089
98,481	96,498	83,591	92,432	91,146	91,001	93,687	91,324	94,593	92,503
111,788	124,132	102,990	122,440	100,024	100,113	92,340	96,396	95,605	92,517
145,236	148,867	138,162	237,568	234,713	246,331	213,314	188,844	187,031	189,766
97,126	119,291	106,282	145,609	128,932	183,981	205,745	161,596	165,211	170,210
7,170	7,181	6,464	7,428	7,351	5,960	5,991	7,031	5,782	5,609
197,510	202,133	180,608	207,475	201,844	183,690	175,727	171,593	138,624	136,011
17,117	16,815	9,374	14,850	13,928	12,101	11,695	13,478	14,130	13,607

地区	1992	1993	1994	1995	1996	1997	1998	1999	2000	2001
云南	44,046	45,149	45,990	48,937	37,905	39,547	43,317	37,123	35,117	32,713
陕西	38,294	36,352	37,160	40,652	36,495	27,812	34,462	31,569	30,903	28,634
甘肃	37,562	26,298	36,387	38,393	37,664	33,867	34,026	29,576	23,795	20,722
青海	5,411	5,410	5,390	5,029	5,066	4,544	4,098	4,093	4,661	4,385
宁夏	7,887	8,118	7,655	7,813	8,372	8,296	9,723	8,954	10,942	10,450
新疆	18,624	16,794	17,943	19,001	16,928	17,376	19,473	16,919	15,365	16,797

数据来源:各年《中国统计年鉴》,污染排放量与环境质量呈负相关关系。

(续表)

2002	2003	2004	2005	2006	2007	2008	2009	2010	2011
33,696	34,655	28,697	32,928	34,286	35,352	32,996	32,375	30,926	30,356
30,496	33,526	33,737	42,819	40,479	48,523	48,477	49,137	45,487	45,901
19,677	20,899	13,390	16,798	16,570	15,856	16,405	16,364	15,352	14,646
3,583	3,453	2,223	7,619	7,168	7,318	7,098	8,404	9,031	9,278
11,534	10,740	7,676	21,411	18,500	21,089	20,448	21,542	21,977	23,195
16,426	16,417	10,847	20,052	20,558	20,960	22,875	24,201	25,413	25,832

附表3-16 工业固体废物排放量(工业固体废物产生量) A16 单位:万吨

地区	1992	1993	1994	1995	1996	1997	1998	1999	2000	2001
北京	833	868	1,128	1,068	1,116	1,129	1,234	1,161	1,139	1,136
天津	417	420	514	544	594	501	472	407	470	575
河北	5,623	6,216	6,005	6,186	6,058	5,931	7,242	7,156	7,028	8,847
山西	3,899	3,734	4,001	4,204	4,518	4,258	6,564	6,242	7,695	7,211
内蒙古	2,027	2,165	2,096	2,270	2,701	2,670	3,302	2,510	2,376	2,483
辽宁	8,064	7,591	6,765	6,920	6,891	6,767	7,330	7,545	7,563	7,865
吉林	1,522	1,674	1,677	1,672	1,661	1,661	1,650	1,770	1,604	1,635
黑龙江	3,864	3,265	3,027	2,681	6,225	3,379	3,048	2,881	2,694	2,925
上海	1,142	1,198	1,245	1,368	1,306	1,331	1,252	1,211	1,355	1,605
江苏	2,450	2,323	2,725	2,883	2,891	2,556	2,886	2,907	3,038	3,553
浙江	945	949	953	1,030	1,027	1,073	1,365	1,361	1,386	1,603
安徽	2,523	2,626	2,780	2,749	2,528	2,853	3,047	2,974	2,815	3,262
福建	676	701	731	728	747	725	1,086	1,590	2,191	5,133
江西	3,398	3,289	3,507	3,669	4,089	3,861	4,447	3,984	4,796	4,377
山东	3,941	4,021	4,263	4,484	4,652	4,778	5,100	5,166	5,407	6,215
河南	2,176	2,351	2,375	2,792	2,895	2,928	3,367	3,477	3,625	3,935
湖北	1,889	1,901	2,000	2,063	2,225	1,929	2,221	2,511	2,818	2,694
湖南	2,013	1,932	1,873	1,853	1,801	1,721	2,726	1,869	2,355	2,464
广东	1,758	1,611	1,463	1,465	1,352	1,406	1,772	1,877	1,694	1,990
广西	1,372	1,705	1,330	1,503	1,666	1,630	2,130	2,068	2,108	2,648
海南	129	132	105	87	82	74	72	69	95	75
四川	4,218	4,080	3,951	4,290	3,979	4,233	5,488	5,907	6,019	5,813
贵州	1,342	1,212	1,249	1,309	1,085	1,193	3,698	2,925	2,272	2,367

附 录

2002	2003	2004	2005	2006	2007	2008	2009	2010	2011
1,053	1,186	1,303	1,238	1,356	1,275	1,157	1,242.4	1,269	1,125.59
643	644	753	1,123	1,292	1,399	1,479	1,515.7	1,862	1,752.22
8,503	8,975	16,765	16,279	14,229	18,688	19,769	21,975.8	31,688	45,128.51
8,295	9,252	10,167	11,183	11,817	13,819	16,213	14,742.9	18,270	27,555.90
3,044	3,647	4,702	7,363	8,710	10,973	10,622	12,108.3	16,996	23,584.11
8,146	8,250	8,879	10,242	13,013	14,342	15,841	17,221.4	17,273	28,269.61
1,631	1,736	2,026	2,457	2,802	3,113	3,415	3,940.5	4,642	5,378.59
3,086	3,097	3,170	3,210	3,914	4,130	4,472	5,274.7	5,405	6,016.68
1,595	1,659	1,811	1,964	2,063	2,165	2,347	2,254.6	2,448	2,442.20
3,796	3,894	4,673	5,757	7,195	7,354	7,724	8,027.8	9,064	10,475.50
1,778	1,976	2,318	2,514	3,096	3,613	3,785	3,909.7	4,268	4,445.75
3,415	3,522	3,767	4,196	5,028	5,960	7,569	8,470.8	9,158	11,473.25
4,131	2,981	3,361	3,773	4,238	4,815	5,371	6,348.9	7,487	4,414.89
5,850	6,182	6,524	7,007	7,393	7,777	8,190	8,898.2	9,407	11,372.43
6,559	6,786	7,922	9,175	11,011	11,935	12,988	14,137.9	16,038	19,532.59
4,251	4,467	5,140	6,178	7,464	8,851	9,557	10,785.8	10,714	14,573.83
2,977	3,112	3,266	3,692	4,315	4,683	5,014	5,561.5	6,813	7,595.79
2,434	2,754	3,269	3,366	3,688	4,560	4,520	5,092.8	5,773	8,486.74
2,045	2,246	2,609	2,896	3,057	3,852	4,833	4,740.9	5,456	5,848.91
2,535	3,224	3,291	3,489	3,894	4,544	5,417	5,693.1	6,232	7,438.11
94	91	112	127	147	158	220	200.9	212	420.76
5,921	6,481	7,336	8,198	9,364	11,741	11,548	11,148.7	14,076	15,983.65
2,879	3,772	4,560	4,854	5,827	5,989	5,844	7,317.4	8,188	7,598.24

地区	1992	1993	1994	1995	1996	1997	1998	1999	2000	2001
云南	1,848	1,695	1,677	2,147	2,137	2,121	2,888	3,117	3,187	3,134
陕西	1,563	1,628	1,793	1,870	1,984	2,175	2,537	2,624	2,625	2,408
甘肃	1,214	1,287	1,356	1,432	1,435	1,529	1,707	1,699	1,704	1,286
青海	219	205	219	208	277	272	305	305	337	368
宁夏	384	456	401	397	412	422	413	419	479	431
新疆	426	472	495	602	562	634	684	702	718	784

数据来源:各年《中国统计年鉴》,由于污染排放量与环境质量呈负相关关系,故表中数据都取为负值,0表示缺失值。

(续表)

2002	2003	2004	2005	2006	2007	2008	2009	2010	2011
3,433	3,418	4,053	4,661	5,972	7,098	7,986	8,672.8	9,392	17,335.30
2,887	2,948	3,820	4,588	4,794	5,480	6,121	5,546.7	6,892	7,117.63
1,734	2,073	2,139	2,249	2,591	3,001	3,199	3,150.2	3,745	6,523.79
314	379	508	649	882	1,129	1,337	1,347.6	1,783	12,017.17
466	582	645	719	799	1,046	1,143	1,398.3	2,465	3,344.12
1,008	1,087	1,129	1,295	1,581	2,137	2,438	3,206.1	3,914	5,219.09

参考文献

[1] A Bende-Nabende, JL Ford, Policy and Endagenous Growth: Multiplier Effects from A small Dynamic Model for Taiwan, *World Development*: 1998, Vol. 26, No. 7, 311—354.

[2] Andreas Waldkirch Munisamy Gopinath, Pollution Control and Foreign Direct Investment in Mexico: An Industry-Level Analysis [J], *Environ Resource Econ*, 2008 (41): 289—313.

[3] A. A. Awe (2013), The Impact of Foreign Direct Investment On Economic Growth In Nigeria [J], *Journal of Economics and Sustainable Development*, 2013, Vol. 4, No. 2, 122—133.

[4] B. Higgins, *Economic Development*, *Principles*, *Problem and Policies*, New York, 1959: 373.

[5] Balasubramanyam, Foreign direct investment in Turkey: in, V. N. and Togan, S. (eds.), *The economy of Turkey since Liberalization*, London, Macmillan, 1996: 423—460.

[6] Batra, Raveendra Scully, Gerald W., The theory of wage differentials: Welfare and immiserizing growth, *Journal of International Economics*, (1971) Volume (Year): 1, Issue (Month): 2 (May), Pages: 241—247.

[7] Batra, R. and P. K. Pattanaik, Domestic distortions and the gains from trade [J], *Economic Journal*, 1970, Vol. 80, pp. 638—649.

[8] Bell, M. & A. Marin, Technology Spillovers from Foreign Direct Investment: the Active Role of MNC Subsidiaries in Argentina in the 1990s [J], *Journal of Development Studies*, May, 2006, Vol. 42 (4): 678—697.

[9] Bell, M. & A. Marin, Where do Foreign Direct Investment-Related Technology Spillovers Come From In Emerging Economies? An Exploration in Argentina in the 1990s [J], *The European Journal of Development research*, 2004, Vol. 16 (3): 653—686.

[10] Bertrand, T. J., Flatters, F., Tariffs, capital accumulation, and immisserizing growth, *Journal of International Economics*, 2002 (1): 453—460.

[11] Blomstrom, M. and E. Wolff, *Multinational Corporations and Productivity Convergence in Mexico*, Oxford University Press, 1994: 358—372.

[12] Borensztein, Eduardo, Jose De Gregorio and Jong-Wha Lee, How does Foreign Direct Investment Affect Economic Growth? *Journal of International Economics*, 1998 (45): 115—135.

[13] Brecher, Rand C. Diaz-Alejandro, Tariffs, foreign capital and immiserizing growth, *Journal of International Economics*:

2005, 317—322.

[14] Buckley, P. J. & J. Clegg & C. Wang, The Relationship Between Inward Foreign Direct Investment and the Performance of Domestically-owned Chinese Manufacturing Industry [J], *The Multinational Business Review*, 2004. Vol. 12 (3): 37—38.

[15] Collie, David R. (2009), Immiserizing growth and the Metzler paradox in the Ricardian model, *Cardiff Economics Working Papers*, No. E2009/11.

[16] Chen, Chung, Lawrence Chang and Yimin Zhang, The Role of Foreign Direct Investment in China's Post-1978 Economic Development, *World Development*, 1995, 23 (4): 691—703.

[17] Dunning, J. H., The determinants of international production [J], *Oxford Economic Papers*, 1973 (25): 289—336.

[18] Dong Wang, Zhang Lan Wu (2012), The Effect of FDI on Host Country's Environmental Pollution: Evidence from Chinese Cities [J], *Advanced Materials Research Vols*, 524—527 (2012): 3487—3490.

[19] Era Dabla-Norris, Jiro Honda, Amina Lahreche, Geneviève Verdier, FDI Flows to Low-Income Countries: Global Drivers and Growth Implications, *IMF Working Papers*, 2010 (6).

[20] G. Booch, Object Oriented Analysis and Design With Appli-

cations [J], *An Introduction to Booch Method*, 1994.

[21] Gunnar Myrdal, Inequality of justice, The Review of Black Political Economy, *Springer*, 1987 June, vol. 16 (1), 81—98.

[22] H. G. Johnson, The Possibility of Income from Increased Efficiency or Factor Accumulation in the Presence of Tariffs, *Economic Journal*, 1977, Chapter 22.

[23] H. W. Singer, The Distribution of Gains Between Investing and Borrowing Countries, *American Economic Review*, 1950 (5): 473—485.

[24] Hamada, K., An economic analysis of duty-free zone, *Journal of International Economics*, 2005 (4): 225—241.

[25] Herzer, Dierk, Hühne, Philipp, Nunnenkamp, Peter (2012), FDI and income inequality: Evidence from Latin American economies, *Kiel Working Paper*, No. 1791.

[26] Holmstrom, Bengt, Moral Hazard and Observability, *Bell Journal of Economics*, 1979: 74—91.

[27] Isabel Faeth, Determinants of Foreign Direct Investment——A Tale of Nine Theoretical Models, *Journal of Economic Surveys*, 2009, Vol (23): 165—196.

[28] J. N. Bhagwati and Richard S. Eckaus, *Development and Planning: Essays in Honour of Paul Rosenstein-Rodan*, MIT Press, 1973 (6): 248—262.

[29] Jing Lan, Makoto Kakinaka, Xianguo Huang (2012), Foreign Direct Investment, Human Capital and Environmental Pollution in China [J], *Environmental and Resource Economics*, Vol. 51 (2), 2012, 2, 255—275.

[30] J. N. Bhagwati, *Immiserizing Growth: A Note*, Review of Economic Studies, 1958 (25): 201—220.

[31] Jai S. Mah, Foreign Direct Investment Inflows and Economic Growth of China [J]. *Journal of Policy Modeling*, 2009 (32): 155—158.

[32] Jeffrey Wurgler, Financial Market and the Allocation of Capital [J], *Journal of Finance Economics*, 2000 (58): 187—214.

[33] John Gilbert, A "Live" Version of the HOS Model with Interventions, *Working Papers* 5, Utah State University, Department of Economics and Finance, 2009.

[34] Joze, P. Damijan, Mark Knell, David Parker, Technology Transfer though FDI in Top - 10 Transition Countries: How Important are Direct Effects, *William Davidson Working Paper Number* 549, 2006 (2).

[35] JR - Tsung Huang, Spillovers from Taiwan, Hong Kong and Macau Investment and from other Foreign Investment in Chinese Industries, *Contemporary Economic Policy*, 2004, Vol. 22, No. 1, January 13—25.

[36] Kindelbelger C. P., *Terms of Trade: A European Case Study*, 1956.

[37] Kumar, N., *Globolization and the Quality of Foreign Direct Investment* [M], Oxford University Press, 2002.

[38] Kumar, N., An overview of US foreign direct investment and outsourcing, *Review of Agricultural Economics*, 2005, Vol 27 (3): 379—386.

[39] Laura Alfaro & Andrew Charlton, Growth and the Quality of Foreign Direct Investment: Is All FDI Equal, CEP Discussion Papers dp0830, Centre for Economic Performance, LSE, 2007.

[40] Lipsey, R. E., *Price and Quantity Trends in the Foreign Trade of United States*, 1963.

[41] Lilas Demmou (2012), How product innovation in the North may immiserize the South: A new look at the Ricardian model with a continuum of goods, *Journal of Development Economics*, 97 (2012) 293—304.

[42] Luosha Du, Ann Harrison, Gary Jefferson (2011), Do Institutions Matter for FDI Spillovers? The Implications of China's "Special Characteristics", *NBER Working Paper*, No. 16767, 2011 (2).

[43] Makki, S. S. & A. Somwaru, Impact of Foreign Direct invest and Trade on Economic Growth: Evidence from Develo-

ping countries [J], *American Journal of Agricultural Economics*, 2004, Aug 86 (3): 795—801.

[44] Martin, R., Immiserizing growth for a tariff-distorted, small economy: further analysis, *Journal of International Economics*, 2004 (7): 323—328.

[45] Mirrlees, J., The optimal structure of authority and incentives within an organization, *Bell Journal of Economics*, 1976 (7): 105—131.

[46] Moran, P., Notes on Continuous Stochastic Phenomena [J], *Biometrika*, 1950, 37 (1/2): 17—23.

[47] Nadia Doytch, Merih Uctumb (2011), Does the world wide shift of FDI from manufacturing to services accelerate economic growth? A GMM estimation study [J], *Journal of International Money and Finance*, 2011, 30: 410—427.

[48] P. Sarkar and RW. Singer, Manufactured Exports of Developing Countries and Their Tennis of Trade, Since 1965, *World Development* 19 *NOA*, April 2006: 333—340.

[49] Peter, Lindeken, *International Economy* [M], Press of Renming University in China, 2006.

[50] R. Prebisch, The Economic Development of Latin America and its Principal Problems, *Economic Buletin for Latin America*, 1950 (7): 1—22.

[51] Robert Topel, What Have We Learned from Empirical Stud-

ies of Unemployment and Turnover? *American Economic Review*, 83 (2), Papers and Proceedings of the Hundred and Fifth Annual Meeting of the American Economic Association, 1993: 110—115.

[52] Ross, S., The Economic Theory of Agent: the Principal's Problem, *American Economic Review*, 1973, 63.

[53] Sajid Anwar, Sector Specific Foreign Investment, Labor Inflow, economies of Scale and Welfare, *Economic Modeling*, 2009 (26): 626—630.

[54] Sanna-Randaccio, F., The impact of Foreign Direct Investment on Home and Host Countries with Endagenous R&D [J], *Review of International Economics*, 2002, 10 (2): 278—298.

[55] S. L. Reiter, H. Kevin and Steensma (2010), Human Development and Foreign Direct Investment in Developing Countries: The Influence of FDI Policy and Corruption [J], *World Development*, 2010, Vol. 38, No. 12: 1678—1691.

[56] Spence M. and R. Zeckhauser, Insurance, information and individual action, *American Economic Review*, 1971 (2): 380—387.

[57] Shang-Jin Wei (Columbia University, CEPR, and NBER), Xiaobo Zhang (IFPRI), Immiserizing Growth (2013), Some Evidence (from China with Hope for Love), *Working*

papers, March 22, 2013.

[58] Sanjib Sarker, John Gilbert, Reza Oladi (2008), Adjustment Costs and Immiserizing Growth in LDCs, *Review of Development Economics*, 2008, 12 (4), 779—791.

[59] Tam Bang Vu and IIan Noy, Analysis of Foreign Direct Investment and Growth in the Developed Countries [J], *Journal of International Financial Markets, Institutions and Money*, 2009 (19): 402—413.

[60] Thomas Kemeny (2010), Does Foreign Direct Investment Drive Technological Upgrading? *World Development*, 2010, Vol. 38, No. 11: 1543—1554.

[61] Thee KW, The Role of Foreign Direct Investment in Indonesia's Industrial Technology Development, *International Journal of Technology Management*, 2006, 22 (5—6): 583—598.

[62] UNCTAD, *Trade and Development Report* [R], New York: UNCTAD, 2002.

[63] Vissak, T., Roolath T., The negative impact of foreign direct investment on the Estonian Economy [J], *Problems of Economic Transition*, 2005, 48 (2): 43—66.

[64] W. A. Lewis, World Production, Prices and Trade, *Manchester School of Economics and Social Science*, 1952, Vol. 20: 105—138.

[65] Wheeler, David & Mody, Ashoka, International investment location decisions: The case of US firms, *Journal of Blonigen*, Bruce A., 1997: 216—240.

[66] Wilson, R., The structure of incentive for decentralization under uncertainty, *La Decision*, 1969: 171.

[67] Wacker, Konstantin, M.(2011), Do multinationals beat down developing countries' export prices? The impact of FDI on net barter terms of trade, Discussion papers, Ibero America Institute for Economic Research, No. 211.

[68] Yanrui Wu and Xiaohe Zhang, *Chinese economy in transition: papers presented at the 5th Annual Conference of the Chinese Economic Association*, University of Adelaide, Adelaide, Australia, November, 1992: 12—13.

[69] A. 伊曼纽尔. 不平等交换［M］. 商务印书馆. 1988: 18—30, 107—123, 176—194, 269—276.

[70] 方贵宾、李侃、张罡译著. UML和统一过程——实用面向对象的分析和设计［M］. 北京. 机械工业出版社. 2003年1月第1版.

[71] Joseph Schmuller 著. 李虎译. UML基础、案例和应用（第3版）［M］. 人民邮电出版社. 2004.

[72] 阿尔弗里德·马歇尔. 对外贸易的纯理论与国内价值的纯理论［M］. 麦克米伦公司. 1879.

[73] 彼得·林德特. 国际经济学［M］. 中国人民大学出版

社，2001：243—247.

[74] 陈浪南，陈景煌. 外国直接投资对中国经济增长影响的经验研究 [J]. 世界经济，2002（6）：17—23.

[75] 陈昭，叶景成（2012）. 基于中国经济态势下"贸易条件恶化论"的实用性研究 [J]. 国际商务——对外经济贸易大学学报，2012（1）：71—80.

[76] 陈志刚. 外国直接投资与经济发展 [M]. 经济科学出版社，2004：12—16.

[77] 陈自芳. 提升 FDI 外溢效应及引进外资质量的定量化探索 [J]. 学术研究，2005（10）：48—54.

[78] 崔津渡，李诚邦. 中国对外贸易条件：1995—2005 年状况分析 [J]. 国际经济合作，2006（4）：27—29.

[79] 柴庆春，胡添雨（2012）. 中国对外直接投资的贸易效应研究——基于对东盟和欧盟投资的差异性的考察 [J]. 世界经济研究，2012（6）：64—70.

[80] 代永华. 比较竞争优势与中国产业的国际定位 [J]. 财经科学，2003（4）：26—32.

[81] 代迪尔，李子豪（2012）. 外商直接投资的碳排放效应——基于中国工业行业数据的研究 [J]. 国际经贸探索，2011（5）：60—67.

[82] 董国辉. 贸易条件恶化论——争论与发展 [J]. 南开经济研究，2001（3）：67—75.

[83] 都晓岩，朱新瑞，赵立成. 影响中国贸易条件制度因素

与改革方略［J］．经济与管理，2004（10）：8—11．

［84］杜哲俊．中国贸易条件变化趋势及问题分析［J］．科技情报开发与经济，2005（6）：86—87．

［85］方齐云．主持国家社科基金"信息不对称对我国利用FDI质量的影响及对策研究"．07BJY127．2007．

［86］傅元海．中国利用FDI质量问题的研究［D］．华中科技大学博士论文．2007．

［87］国家商务部吸引外资政策调整方向已定．http：//www.022net．com/2009/6－16/442420262775535．html．2009．

［88］国际贸易经济合作院课题组．1993—2000年中国贸易条件研究［J］．载经济参考资料．2002年第69期．

［89］龚家友，钱学锋．中国对外贸易贫困化增长的实证分析［J］．贵州财经学院学报，2003（4）：19—22．

［90］费宇，王江（2013）．FDI对我国各地区经济增长的非线性效应分析［J］．统计研究，2013（4）：70—75．

［91］冯晓玲，张凡（2011）．外商直接投资对中国收入贸易条件的影响分析［J］．世界经济研究，2011（4）：55—69．

［92］中国新闻网．两会前瞻："后危机"时代中国"两会"十大热点．CCTV．COM．2010（2）：20．

［93］胡祖六．关于中国引进外资的三大问题［J］．国际经济评论，2004（4）：3—4．

［94］黄庐进，何时有．论FDI对我国环境的负面影响［J］．

当代经济（下半月），2008（1）：90—92.

[95] 黄玲（2010）.多维视角下 FDI 流入的中国贸易条件效应［J］.世界经济研究，2010（3）：3—8.

[96] 黄平，索瓦罗.FDI 流向部门结构对我国贸易条件的影响——理论与实证分析［J］.云南财贸学院学报（社会科学版），2003（3）：5—6.

[97] 黄新飞.贸易开放度与通货膨胀：基于社会福利的分析框架［J］.南方经济，2007（2）：67—77.

[98] 江小娟.吸引外资对中国产业技术进步和研发能力提升的影响［J］.国际经济评论，2004（2）：3—4.

[99] 江小娟.跨国投资推动世界范围内创新合作［J］.中国日报，国际投资快报，2008（9）：11.

[100] 赖明勇，许和连，包群.出口贸易与经济增长：理论、模型及实证［M］.上海三联出版社.2003.

[101] 李宝值.浙江引进 FDI 经济风险防范［J］.经济论坛，2009（5）：69—71.

[102] 李亚芬.后危机时代中国外贸战略转型［J］.中国金融，2010（3）.

[103] 李子豪，刘辉煌（2010）.外商直接投资的环境效应——基于中国36个工业部门数据的实证研究［J］.系统工程，2010（11）：59—64.

[104] 廖发达.中国外贸贫困化增长原因初探［J］.世界经济研究，1996（6）：20—23.

[105] 林建红, 徐元康. 比较优势与竞争优势的比较研究 [J]. 商业研究, 2004 (9): 45—49.

[106] 林丽, 张素芳. 1994—2002 年中国贸易条件的实证研究 [J]. 国际贸易问题, 2005 (11): 17—21.

[107] 林林, 周觉, 林豆豆. 我国贸易战略选择与"贫困化增长" [J]. 国际贸易问题, 2005 (6): 14—20.

[108] 刘娟. 中国外贸要素交易条件指数与"贫困化增长"指标数据探析 [J]. 现代财经, 2005 (1): 52—56.

[109] 刘德伟, 李连芬 (2010). 过度竞争与贫困化增长——基于同质产品的产业内贸易的研究 [J]. 世界经济研究, 2010 (6): 3—9.

[110] 刘润东. UML 对象设计与编程 [M]. 希望电子出版社, 北京, 2001.

[111] 刘青海, 王忠 (2010), FDI 规模、政府行为与贫困化增长的防范 [J], 当代财经, 2010 (3): 102—108.

[112] 刘渝琳. 防范"贫困化增长": FDI 甄别与区域差异性检验 [J]. 国际贸易问题, 2010 (1).

[113] 刘渝琳. 防范贫困化增长的 FDI 甄别机制与评价指数构建 [J]. 数量经济技术经济研究, 2007 (5): 70—79.

[114] 刘渝琳, 梅新想 (2012). "贫困化增长"的衡量: 贸易条件及其局限性 [J]. 经济问题探索, 2012 (2): 165—172.

[115] 罗忠洲. 汇率波动的贸易条件效应研究 [J]. 上海金融, 2005 (2): 39—41.

[116] 马明和. 外商直接投资与经济增长、对外贸易. www.51lw.com. 2003 (3): 12.

[117] 普雷维什. 欠发达国家的贸易政策 [J]. 美国经济评论, 1959 (5): 121—123.

[118] 屈喜龙. UML 及面向对象的分析与设计的研究 [M]. 计算机应用研究, 2005 (9): 74—77.

[119] 钱学峰, 陆丽娟, 黄云湖, 陈勇兵 (2010). 中国的贸易条件真的持续恶化了吗?——基于种类变化的再估计 [J]. 管理世界, 2010 (7): 18—29.

[120] 任永菊. 外国直接投资与中国经济增长之间的实证分析 [J]. 经济科学, 2003 (5): 32—39.

[121] 桑百川. FDI 的未来机会. 中国经济周刊, 2010 (1): 4.

[122] 沈坤荣. 后危机时代的中国经济增长. 在"后危机时代的新兴经济体——新挑战, 新角色, 新模式"国际研讨会上的演讲. 2009 (10): 31.

[123] 沈坤荣, 耿强. 外国直接投资、技术外溢与内生经济增长——中国数据的计量检验与实证分析 [J]. 中国社会科学, 2001 (5): 82—94.

[124] 宋国青. 中国经济的"黄金增长"还将持续 20 年 [J]. 经营者, 2004 (2): 30.

[125] 时磊（2012）. 是 FDI 导致中国经济"冰火两重天"？——基于省级面板数据的检验［J］. 世界经济研究，2012（5）：43—50.

[126] 苏应蓉. 中国贸易条件分析及其战略［J］. 计划与市场探索，2003（9）：24—26.

[127] 沈桂龙，宋芳钊（2011）. FDI 对中国收入分配差距的影响及对策——基于多维变量基础上的实证研究［J］. 世界经济研究，2011（10）：69—74.

[128] 邵敏，黄玖立（2010）. 外资与我国劳动收入份额——基于工业行业的经验研究［J］. 经济学（季刊），2010，Vol. 9，No. 4，1189—1210.

[129] 隋广军，申明浩，罗晓杨. 贸易条件恶化与我国比较优势分析［J］. 当代财经，2003（8）：99—101.

[130] 孙俊. 中国 FDI 地点选择的因素分析［J］. 经济学，2002（2）：687—698.

[131] 田素华，张旭欣（2012）. FDI 对东道国本地投资有挤入效应吗？——基于中国事实的理论研究［J］. 世界经济文汇，2012（4）：31—50.

[132] 万国峰. 贸易条件恶化：劳动力市场均衡和比较优势［J］. 云南财经学院学报（社会科学版），2003（3）：32—35.

[133] 王恕立，刘军（2013）. 外商直接投资与服务贸易国际竞争力——来自 77 个国家的经验证据［J］. 国际贸易

问题, 2011 (3): 79—88.

[134] 王春法. FDI 与内生技术能力培育 [J]. 国际经济评论, 2004 (6): 3—4.

[135] 王如忠. 贫困化增长: 贸易条件变动中的疑问 [M]. 上海社会科学出版社、高等教育出版社, 1999: 45—47.

[136] 王少平. 外商直接投资对中国贸易的效应与区域差异——基于动态面板数据模型的分析 [J]. 世界经济, 2006 (8): 23—30.

[137] 王文治, 扈涛 (2013). FDI 导致中国制造业价格贸易条件恶化了吗?——基于微观贸易数据的 GMM 方法研究 [J]. 世界经济研究, 2013 (1): 47—54.

[138] 王曦. 论我国外商直接投资的规模管理 [J]. 经济研究, 1998 (5): 21—30.

[139] 王筱. 中国社会科学院第四届国际问题论坛会议纪要 [J]. 世界经济, 2004 年第 27 卷第 6 期: 79.

[140] 王新奎. 市场扭曲条件下的出口贸易过度竞争与"贫困化增长"陷阱. 博士论文, 2007.

[141] 王允贵. 贸易条件持续恶化——中国粗放型进出口贸易模式亟待改变 [J]. 国际贸易, 2004 (6): 14—16.

[142] 魏彦莉. 基于 DEA 方法的利用外资质量的综合评价 [J]. 电子科技大学学报 (社科版), 2009 (2): 25—28.

[143] 武海峰, 牛勇平, 黄燕. 贸易条件的改善与技术进步 [J]. 经济问题, 2004 (6): 68—70.

[144] 王文治, 陆建明 (2012). 中国制造业的贸易竞争力与价格贸易条件——基于微观贸易数据的测算 [J]. 当代财经, 2012 (9): 80—90.

[145] 王舒鸿, FDI、劳动异质性与我国劳动收入份额 [J]. 财经研究, 2012 (4): 59—68.

[146] 希克斯. 工资理论 [M]. 商务印书馆, 1995.

[147] 项本武. 对外直接投资的贸易效应研究——基于中国经验的实证分析 [J]. 中南财经政法大学学报, 2006 (3): 9—16.

[148] 许冰. 外商直接投资对区域经济的产出效应——基于路径收敛设计的研究 [J]. 经济研究, 2010 (2): 44—54.

[149] 谢飞. 贸易条件、技术进步与发展战略选择 [J]. 财贸研究, 2003 (6): 18—23.

[150] 徐建斌, 尹翔硕. 贸易条件恶化与比较优势战略的有效性 [J]. 世界经济, 2002 (1): 31—36.

[151] 徐康宁. 中国 FDI 的空间决定因素——来自省级数据的分析, "后危机时代的中国与世界经济" 国际学术研讨会. 2009.

[152] 许云华. 中国出口贫困化增长分析 [J]. 浙江大学学报 (人文社会科学版), 2001 (1): 31—34.

[153] 雅各布·瓦伊纳. 倾销：国际贸易中的一个问题 [M]. 商务印书馆，2003.

[154] 晏智杰. 西方经济学说史教程 [M]. 北京大学出版社，2002（10）：351—366.

[155] 严灿. 贸易条件恶化阻碍中国经济发展 [J]. 湖南税务高等专科学校学报，2005（3）：17—19.

[156] 杨海生，周永章等. 外商直接投资与环境库兹涅茨曲线 [J]. 生态经济，2006（9）：41—44.

[157] 俞海山. 国际直接投资中的外部效应及消解对策 [J]. 世界经济与政治论坛，2005（1）：50—52.

[158] 于津平. 外资政策、国民利益与经济发展 [J]. 经济研究，2004（5）：53—61.

[159] 余永定. FDI 对中国经济的影响 [J]. 国际经济评论，2004（6）：3—4.

[160] 余永定，覃东海. 中国的双顺差：性质、根源和解决办法 [J]. 国际经济，2006（3）：31—41.

[161] 余泳泽（2012）. FDI 技术溢出是否存在"门槛效应"——来自我国高技术产业的面板门限回归分析 [J]. 数量经济技术经济研究，2012（8）：49—63.

[162] 余永定. 2010 贸易保护主义年. 财经网，2010（2）：27.

[163] 余壮雄，王美今，章小韩.（2010），FDI 进入对我国区域资本流动的影响 [J]. 经济学（季刊），2010，Vol.

10, No. 1, 112—143.

[164] 元朋, 许和连等. 外商直接投资企业对内资企业的溢出效应: 对中国制造业实证研究 [J]. 管理世界, 2008 (4): 58—68.

[165] 曾铮, 胡小环. 我国出口商品结构高度化与贸易条件恶化 [J]. 财经科学, 2005 (4): 41—46.

[166] 张海洋. 影响我国 FDI 区域分布因素变迁的实证分析 [J]. 当代财经, 2003 (6): 89—93.

[167] 张建华, 刘庆玉. 中国贸易条件影响因素的实证分析 [J]. 国际贸易问题, 2004 (6): 23—28.

[168] 张维迎. 博弈论与信息经济学 [M]. 上海人民出版社, 2007.

[169] 张先锋, 刘厚俊. 我国贸易条件与贸易利益关系的再探讨 [J]. 国际贸易问题, 2006 (8): 12—17.

[170] 张小辉. 中国引入 FDI 的制度性因素及负面影响 [J]. 科学与科学技术管理, 2008 (3): 199—200.

[171] 张彦博. 应该鼓励和引导东部沿海地区吸引水平 FDI 吗? [J]. 国际贸易问题, 2008 (4): 128.

[172] 张幼文. 外贸政策与经济发展 [M]. 立信会计出版社, 1997.

[173] 张幼文. 双重体系的扭曲与外贸效益 [M]. 上海人民出版社, 1995.

[174] 赵勇. 对中国贸易条件状况的分析 [J]. 当代经济,

2004（7）：80.

[175] 赵玉敏，郭培兴，王婷. 总体趋于恶化——中国贸易条件变化趋势分析［J］. 国际贸易，2002（7）：18—25.

[176] 竺彩华. 外国直接投资与中国经济发展［M］. 经济科学出版社，2009.

[177] 庄芮. FDI 流入的贸易条件效应：发展中国家视角［M］. 对外经贸大学出版社，2005.

[178] 朱立南. 国际贸易政策学［M］. 中国人民大学出版社，1996.

[179] 朱廷君，于宾. 外国直接投资对东道国贸易条件的影响［J］. 国际经济合作，2007（1）：79—82.

[180] 邹全胜. 经济全球化下的要素演进与开放收益［M］. 中国财政经济出版社，2009.

[181] 张学刚. FDI 影响环境的机理与效应——基于中国制造行业的数据研究［J］. 国际贸易问题，2011（6）：150—158.